개정판

인터넷 커뮤니케이션

元佑鉉 外

傳 英 社

개정판을 내면서…

2002년 출간 이후 3년이 지나 개정판을 내게 되었다. 이 책은 꾸준히 팔리는 인터넷 원리에 관한 원론서로 자리매김을 하면서 steadyselling의 특징을 보인다. 원래 이 책은 언론학분야의 중심분야로 자리잡은 인터넷 커뮤니케이션을 기본교재로 수강생들에게 소개하는 입문서로서 공동저자들이 집필을 했다.

순간의 손놀림으로 큰 벽돌담을 쌓을 수 있는 clicking and bricking을 특징으로 하는 인터넷 세상을 서술하는 책으로서 쾌속의 쾌감을 느낄 수 있는 살아 움직이는 생동감보다, 각 분야의 중후한 이론을 모자이크해서 다른 저자의 다른 주제의 통합으로 구성된 특징이 있다. 이 책은 인터넷 세상과 디지털 혁명의 소용돌이 속에 사고와 의식의 중심을 잡아 주는 중심축 역할을 기대하고 싶지만 부족한 면이 적지 않음을 독자들에게 말씀드리지 않을 수 없다.

이 책의 차례가 제시한 대로 인터넷 커뮤니케이션 원리와 관련하여 인터넷과 디지털세계, 컴퓨터 매개 커뮤니케이션, 인터넷 발전과 정보사회, 인터넷과 매스미디어, 인터넷 콘텐츠, 인터넷과 사회 등을 기본 Chapter로 기술함과 동시에 신문, 방송, 광고, PR, 전자상거래 분야에서도 신문, 방송 등 매스미디어뿐 아니라 인터넷 세계에서는 그 실체가 무엇인지 살펴보았다. 그리고 인터넷 산업이나 인터넷 법제, 인터넷 방송국의 케이스를 소개함과 동시에 인터넷에 대한 비판적 시각도 첨부했다.

이 책의 기저에는, 정보기술로 인한 컴퓨터 매개 커뮤니케이션, 사이버 공간, 가상현실 등의 이름으로 디지털 세계가 무한대로 펼쳐지는 상황일수록 인간(人間)이 〈사람 사이의 커뮤니케이션〉으로 인하여 그 존엄성을 향유할 수 있다는 평범한 진리를 확인하는 데에 초점을 맞추려는 흐름이 있음을 감지할 수도 있을 것이다.

정보기술의 첨단인 인터넷 시대에도 철리(哲理)를 각 사람 마음에 품고 하늘의 섭리대로 운행되는 세상을 만들어 간다면 정보기술의 과학성과 인간의 심성이 어우러진 좋은 세상(哲宇)을 기대할 수 있을 것이다.

경희대 조영식 학원장의 격려로 1973년 경희대 교수로 입문하여 33년이 지나고 정년을 바라보는 긴 세월 동안 인간적으로나 학문적으로 신실한 과실을 맺지 못한 생활을 부끄러워하면서 이 책의 제작과정에 담긴 인간적인 신뢰를 소중하게 기억하고 싶다.

이 책을 엮는 데 동참한 저자와 주위분들의 인간적인 사랑에 감사드린다. 한 아파트에 사는 어머니, 아내와 분가한 아들들과의 사랑의 울타리가 마음의 평안을 주어 열심히 사는 힘이 되었음을 감사드린다.

끝으로 출간에 협조해 주신 안종만 회장, 이승복 이사, 박노일 차장에게도 고마움을 전한다.

2006. 4. 26. 철우방원에서
대표저자 고려대 언론학부 교수
元佑鉉

차 례

제 1 부 인터넷과 디지털 세계

제 1 장 인터넷 커뮤니케이션의 특징 (원우현)

제 2 장 디지털 시대의 디지털 문화 (원우현)

제 2 부 컴퓨터 매개 커뮤니케이션

제 3 장 컴퓨터 매개 커뮤니케이션 (원우현)

제 4 장 사이버 공간(Cyberspace)과 커뮤니케이션 (원우현)

제 3 부 인터넷 발전과 정보사회

제 5 장 가상현실(Virtual Reality)과 가상경험 (원우현)

제 6 장 인터넷 발전과 정보사회 (원우현)

제 4 부 인터넷과 매스미디어

제 7 장 인터넷과 신문 (이광엽)

제 8 장 인터넷과 방송 (오종환)

제 9 장 인터넷 방송국 구축과 운용 (남종훈)

제 5 부 인터넷 콘텐츠

제10장 인터넷과 광고 (정만수)

제12장 인터넷과 전자상거래 (강명현)

第13장 인터넷과 통합 마케팅 커뮤니케이션(박종민)

제 6 부 인터넷과 사회

제14장 인터넷 미디어와 산업 (노기영)

제15장 인터넷과 법제 (정윤식)

제16장 인터넷 비판 (박천일)

제 1 부

인터넷과 디지털 세계

제 1 장
인터넷 커뮤니케이션의 특징

원 우 현*

인터넷의 기술적 특성과 기능 때문에 일반 커뮤니케이션 과정에 인터넷이 작용하는 인터넷 커뮤니케이션은 그 나름대로 독자적 영역을 확보할뿐 아니라 다양한 변화를 수반한다.

기존 미디어가 지닌 일방향적 성격으로 인해 수용자(receiver)는 정보의 제공원에 의해 일방적으로 정보를 전달받는 수동적 위치에 있었다. 그러나 이제는 수용자들이 쌍방향을 지원할 수 있는 기술적인 발전으로 능동적인 성격의 사용자로 바뀌고 있고, 그 메시지도 과거와는 달리 종합적인 정보를 전달하는 형태로 나타난다. 물론 정보를 전달하는 매체(Channel)의 형태도 개별매체에서 종합적인 성격을 띤 미디어로 전환되고 있다.

이렇게 인터넷이 등장함으로 인해서 발생할 수 있는 미디어 환경의 다양한 변화들은 무엇인지 그 개념부터 살펴보도록 하겠다.

Ⅰ. 인터넷(Internet)의 개념

인터넷(inter-net)은 본래 network와 network를 연결하는 통신망을 뜻하는 일반 명사이다. 즉, 특정 집단이나 지역의 network와 타 지역, 집단의

* 고려대 언론학부 교수

network 간을 연결한 network를 의미한다. 따라서 영어로는 소문자 i로 시작하는 internet으로 표기한다. 특정 네트워크의 내부망을 의미하는 internet의 반대 개념으로 이해하면 된다. 그러나 현재 우리가 사용하고 이해하는 의미로서의 인터넷은 본래의 인터넷 개념에서 발전돼 IP, 즉 인터넷 프로토콜과 패킷 스위치를 사용, 컴퓨터를 통해 전세계인이 서로 데이터를 주고받을 수 있는 망을 뜻한다. 따라서 고유명사화된 인터넷은 영어로 표기할 때 대문자 I로 시작하며 정관서 the를 붙여 the Internet으로 한다.

정보화 사회, 사이버 스페이스, 온라인과 더불어 인터넷이라는 용어는 우리의 일상에서 빼놓을 수 없는 말이 되었다. 그러나 대부분의 사람들이 단순히 전화, 혹은 전용선을 사용하여 접속한 후 사용하면 되는 것으로 인터넷을 알고 있을 뿐, 과연 인터넷이 어떠한 원리로 구성되어 있는지는 구체적으로 알지 못한다.

인터넷은 네트워크(network)의 네트워크다. 즉, 첫째, 전세계를 연결하는 컴퓨터 통신망 또는 그 정보, 둘째, 여러 통신망들이 합쳐서 만들어진 네트워크의 네트워크, 셋째, 네트워크를 통하여 접근할 수 있는 모든 자원 또는 그 정보, 넷째, TCP/IP 프로토콜[1)]을 기반으로 전세계에 연결된 컴퓨터 통신망들의 집합이다.

즉, 구축된 통신망, 혹은 거기에 존재하는 정보를 일반적으로 인터넷이라고 부른다.

그 중 네 번째 TCP/IP 프로토콜을 기반으로 한 정의에 의거하여 인터넷의 성격을 살펴보면, 특정 프로토콜을 기반으로 하여 전세계에 연결되어 있는 통신망의 집합이기에 이 공간은 열려 있으며 또한 정보의 보고라고 할 수 있다. 그러나 국적을 초월하는 공간인 관계로 통제가 불가능한 자율적인 공간이며 실제 세계와는 다른 또 하나의 공간, 즉 가상공간에 존재한다는 것이 인터넷의 성격이다.

---

1) Protocol: 통신규약, 전송규약, 네트워크에서 데이터를 전송하기 위한 약속. 뒤에서 자세히 다루기로 함.

Ⅱ. 인터넷과 정보 전송모델

메시지 전송방식은 보다 많은 사람들에게 일괄적인 정보 전달의 필요성이 제기됨에 따라 대량 전달방식의 모델이 구축되었다. 그러나 대량 전달 방식의 문제점으로 정보에 대한 소비자들의 선택권 문제가 제기되면서 다양한 접근방식이 모색되었다.

상호작용성에 대한 다양한 기술 개발은 다채널 마이크로웨이브 방송(MMDS: Multi-channel Multi-point Distribution System)이나 직접 위성방송(DBS: Direct Broadcasting System), 그리고 고화질 TV(HDTV: High Definition 텔레비전)로 발전되면서 상호 작용적인 TV시스템으로 발전된다.[2] 물론 신문이나 잡지의 경우는 네트워크의 발전에 힘입어 전자적인 형태로 사용자들에게 제공되기 시작하였다.

따라서 정보의 제공방식도 전통적인 대량 매체의 형태에서 광범위한 대중들을 대상으로 무작위적인 정보의 전송이 이루어 졌다. 그러나 기술적인 발전에 따라 사용자들의 요구와 관심이 높아지면서 관심영역에 대한 정보가 보다 구체적이고 세분화되어 전송되었고, 인터넷의 발전으로 인하여 정보 전송모델은 개인화된 정보 전송 시스템을 구축하게 된다.

〈표 1〉은 대표적인 정보 전송모델의 변화를 간단히 표로 정리한 것이다. 전통적인 매체인 放送(브로드캐스팅)은 대상이 정해지지 않은 불특정 다수를 목표로 하였다. 그러나 관심 영역의 증대와 수용자의 세분화를 통해 케이블 TV

〈표 1〉 정보 전송모델의 변화

	전통모델	케이블TV	웹케스팅(cybercasting)
방식 대상	broadcasting 모든 사람	narrowcasting 관심영역이 확실한 시청자	pointcasting 개인정보전송시스템 (personal broadcasting system)

2) B. Kaye & N. Medoff, *THE WORLD WIDE WEB*, Mayfield Publication co., 1999. pp. 105-106.

에 의한 케이블 TV의 협송(Narrowcasting)방식이 도입되었고, 디지털 기술과 네트워크 기술이 비약적으로 발전하여 기존 전통적인 모델과는 완벽히 차별화된 개인별 정보 전송 시스템의 구축이 이루어지게 된 것이다.

이렇게 메시지의 전송 방식이 변화함에 따라 개인이 정보를 소비하는 양식도 급격히 변화하고 있다. 정보를 선택할 수 있는 권리가 없는 상황에서 수용자는 일방적으로 전송되는 정보 중에서 선택해 활용해 왔었다. 그러나 정보의 선택폭이 넓어지고, 단순히 시청하는 입장에서 정보를 선택할 수 있는 권리를 획득하게 됨에 따라 수용자들은 이제 보다 적극적인 형태로 메시지를 활용할 수 있기 시작했다. 즉, 정보를 소비할 뿐만 아니라 정보를 창출하며, 이렇게 만들어진 정보를 다른 사용자들과 공유하거나 이용할 수 있는 정보 소비 방식에서 변화가 일어나게 되었다.

더욱이 이를 위해서 뉴스 그룹이나 토론 그룹을 적극적으로 활용함으로써 정보소비 방식이 변화하게 되고, 이것은 더욱 급진적인 형태로 발전하고 있다. 따라서 이제는 정보를 소비하는 방식이 정보의 생산과정과 동일하게 이루어진다는 점이 가장 큰 변화의 조짐이라고 생각할 수 있다.

Ⅲ. 인터넷과 정보의 능동적 추구

일방향적 매체인 방송이나 신문의 경우 수용자들은 일방적으로 정보원이 제공하는 정보를 수용하는 입장에 있다. 단지 정해진 시간에 방송되는 프로그램을 시청할 수밖에 없다. 그러나 이제는 네트워크를 통해 뉴스, 방송, 정보, 엔터테인먼트, 영화, 비디오 등 전통적 매체에서 활용할 수 있었던 수많은 정보를 모두 활용할 수 있게 되었다. 따라서 전통적 매체가 지니던 S(sender) → M(message) → C(Channel) → R(receiver) → E(effect) 과정의 지배적인 모델이 변화를 겪고 있다.[3] 이제는 정보를 제공하는 정보원(sender)의 경우에도 소수의 몇몇에서 네트워크에 접속한 사람들 모두가 정보원이 될 수 있다. 따라서 정보의 전달 과정도 일방적인 일원적 모델에서 네트워크에 접속한 모든 사

3) 윤준수(1998), 『인터넷과 커뮤니케이션 패러다임의 대전환』, 커뮤니케이션 북스, p. 138.

람들이 정보를 전송할 수 있는 다극화 모델로 전환되었다.

정보의 전송 문제는 보다 적극적인 의미의 수용자 개념을 탄생시켰다. 정보를 수용하는 입장에서 정보를 찾아서 활용하는 의미의 향해사(navigator)의 역할이나, 또는 이용자(user)의 개념이 등장하게 되었다. 이제 정보를 적극적으로 추구하는 이용자들은 발전된 디지털 기술을 활용하여 직접 정보를 만들어 내는 정보 제공자로서의 역할도 수행하게 되었다. 따라서 기존의 일원적인 모델은 더 이상 네트워크로 연결된 종합 미디어 환경에서는 적합하지 않게 되었다.

적극적인 의미의 이용자들은 네트워크를 통해 자신의 의견을 개진하고 반영되기를 바란다. 뿐만 아니라 네트워크를 적극 활용하여 네트워크 공간에서 활동하기도 하고, 네트워크 공간에서 자신들만의 공간을 창출하기도 하면서 정보를 축적하고 다른 이용자들을 대상으로 정보를 제공하기까지 한다. 이러한 단계는 이제는 단순히 정보를 이용하거나 검색하는 수준을 넘어서 다른 이용자들에게 정보를 제공하는 정보제공자로 변화한 단계이다. 이처럼 정보를 소비(consumer)할 뿐만 아니라 정보를 생산하여 제공하는 생산자(productor)라는 개념을 동시에 수행할 경우 토플러가 말한 '생산 소비자(prosumer)' 로서의 사용자가 등장하게 된다는 것을 의미한다.

Ⅳ. 멀티미디어 정보전송 기술

인터넷이 등장하면서 텔레비전은 인터넷과 결합하여 새로운 형태의 서비스를 제공하는 방향으로 전환하고 있다. 이러한 서비스는 인터넷 방송, 웹캐스팅, 인터넷 TV 등 다양한 형식으로 정보를 제공하고 있다. 다양한 형태로 제공되는 인터넷을 활용한 영상 정보 서비스 등은 그 목적과 기술적인 특성에 따라 다음과 같이 분류될 수 있다.

① 목적별 분류: 기존 지상파 방송의 시청자들에게 방송 프로그램과 관련된 추가적 정보 제공과 이들의 참여를 유도하는 시청자 확대 전략으로 인터넷상의 영상 정보 서비스를 실시하는 형태가 있다. 다시 말하면

오프라인(off-line)상에서 존재하는 기존의 방송서비스를 온라인(on-line)과 결합하여 사용하는 방송 산업의 시장 확대 전략의 일환으로 사용하는 경향이 있다.

반면 지상파 방송과는 독립적으로 인터넷에서만 볼 수 있는 새로운 형태의 영상 정보 서비스가 존재한다. 이러한 종류의 방송은 오프라인에는 존재하지 않고 온라인 상에만 존재하기 때문에 오직 인터넷을 접속했을 때만 볼 수 있는 독립 인터넷 방송국이라고 말한다.[4)]

② 기술적인 특성별 분류: 인터넷에 접속할 수 있는 플랫폼(Platform)으로 개인용 PC를 활용할 경우는 웹 캐스팅이나 인터넷 방송, 또는 PC-TV로 칭하고, 기존의 텔레비전 수상기에 인터넷에 접속할 수 있는 셋톱 박스를 부가적으로 설치하여 방송 정보와 인터넷 정보를 활용하는 경우는 인터넷 TV 또는 Web-TV[5)]라고 한다.[6)]

③ 정보의 전송방식별 분류: 사용자들의 기호에 따라 끊임없이 정보를 업데이트해 주는 푸시(Push)기술을 채택하거나, 동영상 영상 정보를 끊임없이 계속적으로 제공해 주는 스트리밍(streaming)기술을 채택한다든가, 제한적이나마 영상과 관련된 정보를 사용자들의 편의에 따라 제공해 주는 온 디맨드(on demand)기술을 활용하는 경우가 있다.

최근의 추세는 이러한 기술들을 종합적으로 활용하는 방향으로 나아간다. 따라서 웹캐스팅을 광의의 의미로 정의해 보면, '인터넷에서 활용 가능한

---

4) 현재 우리나라의 인터넷 방송의 현황을 살펴보면 지난 1997년의 경우는 10개 안팎에 불과했으나 1998년에 50여개, 1999년 200여개에 이어 2000년 4월에 이르러서는 350여개에 달하고 있다. 인터넷 방송국의 분야를 보면 음악방송국(23.5%)이 가장 많고 종합방송국(20.7%), 교육(9.4%), 문화 · 예술 · 생활(8.0%), 개인 매니아(8.0%), 연예 · 오락 · 게임(6.1%) 등의 순이다. 채널별 콘텐츠 역시 음악이 64.5%로 압도적이며, 영화가 9.7%, 연예가 8.3%, 뉴스 · 경제 · 스포츠가 6.3% 등이었다. 우리나라의 인터넷 방송국을 운영 주체에 따라 중앙 언론소가 운영하는 인터넷 방송국과 독립적인 인터넷 방송국으로 분류하면 다음과 같다. 한은영, 인터넷 방송현황과 전망, 『KISDI IT FOCUS』, 정보통신정책연구원, 2000년 5월호 pp. 55-56.

5) Web-TV는 일반명사로 사용할 수 있는 단어이다. 이는 미국의 스티브 펄만이 1995년 Web-TV Network라는 기업을 설립하였기에 고유명사를 의미하기도 한다. 특수하게는 Web-TV를 지칭하면 이 회사가 개발한 셋톱박스나 서비스를 의미하며 일반적인 의미의 Web-TV라는 용어를 사용하기도 한다. 이 회사는 1997년에 마이크로소프트에 인수되었다.

6) 한은영, 인터넷 방송현황과 전망, 『KISDI IT FOCUS』, 정보통신정책연구원, 2000년 5월호, pp. 54-55.

〈표 2〉 멀티미디어 정보전송 기술

	목 적	구현방법	정보형태
푸시	수많은 정보의 바다에서 사용자가 정보를 찾아 헤매기 보다는 원하는 문자 및 정보를 받아 보도록 만들어 주는 서비스	사용자가 원하는 정보를 다양한 분류 카테고리에서 선택하여 등록하면 정보 서비스 운영자가 이에 해당하는 정보를 해당 사용자에게 지속적으로 전송해줌	문자중심의 뉴스나 주식시세, 부동산 정보
스트리밍	대용량 멀티미디어 정보를 이용자가 끊임없이 실시간으로 바로 볼 수 있도록 해주는 서비스	대규모의 정보를 전송하기 때문에 생길 수 있는 정보 전송의 지연을 방지하기 위해 정보가 전송됨과 동시에 정보를 저장하지 않고 재생하는 방식	영상 및 오디오 정보
멀티캐스트	스트리밍 기술처럼 멀티미디어 정보가 무리없이 전송될 수 있도록 해주는 서비스	네트워크를 보다 효율적으로 활용하기 위해 특정정보를 원하는 이용자들에게만 전송하는 방식	영상 정보
온디멘드	진정한 의미의 쌍방향 서비스를 제공	원하는 시간에 원하는 프로그램을 이용자들이 전송받을 수 있도록 해주는 서비스	원격 교육, 영화, 음악, 디지털 책
인터케스트	기존 텔레비전 수상기를 이용해 인터넷의 정보를 활용할 수 있도록 해주는 서비스	일반 텔레비전 방송 프로그램과 관련된 사항들을 인터넷의 정보와 연결시켜 활용할 수 있도록 해주는 서비스	인터넷의 정보

다양한 형태의 웹서비스를 이용자가 사용하는 환경'을 말한다.[7] 웹캐스팅이란 개념은 협소한 의미의 인터넷 방송보다 넓은 의미로 사용되어 인터넷을 통해

7) 웹캐스팅과 인터넷 방송이라는 개념은 광의의 개념과 협의의 개념으로 파악하여야 한다. 즉, 일반적으로 말하는 인터넷 방송이란 방송이라는 기존의 미디어 방식에 초점이 맞추어진 좁은 의미의 개념이며, 기술적으로도 스트리밍(streaming)기술에 의한 웹서비스라고 정의할 수 있다. 그러나 웹캐스팅은 PC로 수신할 수 있는 특정 메시지를 브로드캐스트(Broadcast)하기 위해 컴퓨터와 시청각적 요소를 결합시킨 모든 시스템을 의미하며, 따라서 스트리밍 기술 뿐 아니라 온 디맨드(on demand), 푸시(push) 등의 기술들이 모두 포함된 개념이다. 최영, 『인터넷 방송 커뮤니케이션』, 커뮤니케이션북스, 1999, pp. 17-20.

사용할 수 있는 다양한 서비스들을 포괄하는 개념인 것이다. 〈표 2〉는 웹캐스팅과 인터넷 텔레비전을 실시하기 위해 필요한 기술들을 간단히 정리한 것이다.

푸시 기술을 우선 살펴보면, 인터넷에서 정보를 전송(push)하기 위해 아세트와 그레그(Hassert & Greg)형제가 1992년에 포인트캐스트(Pointcast)라는 회사를 세워 서비스를 시작하였다. 1995년경 인터넷이 대중적인 발전을 이루자 푸시 기술도 지속적인 정보의 업데이트(update)를 시작하였다.[8] 웹이 대중적인 발전을 이루게 되자 그만큼 정보의 양이 많아지면서, 사용자들이 직접 필요한 정보를 하나씩 찾는다는 것이 어렵게 되었다. 따라서 푸시 기술은 텔레비전의 채널처럼 정보의 바다 인터넷에 몇 개의 관심 채널을 설정하고 자주 사용하는 정보와 사이트를 선택하면 이에 대한 정보를 전송받을 수 있는 기술이다. 즉 인터넷에 있는 다양한 정보 중 사용자가 자신의 취향과 관심사에 대해 정보를 제공하면 서버가 특정 사용자들이 신청한 내용의 정보를 '밀어 넣어(push)' 준다는 의미다. 특히 사용자의 입장에서 이러한 방식은 원하는 정보의 목록을 미리 제공한다는 면에서 사실상 정보를 '끌어온다(pull)' 는 개념도 포함되어 있다.[9]

이를 ① 푸시 서비스, ② 스트리밍 기술, ③ 멀티캐스트, ④ 온 디맨드, ⑤ 인터캐스트의 종류별로 살펴보면 다음과 같다.

① **푸시 서비스**에는 뉴스와 같은 일반적인 정보를 보내주는 '정보제공형' 형태의 서비스가 있고, 둘째는 소프트웨어의 업데이트를 위한 '소프트웨어 배포 및 갱신형 서비스' 가 있다. 마지막으로 조직의 원활한 커뮤니케이션을 위해 그룹웨어 내에서 제공되는 업무를 위한 '업무용 공문서 배포' 를 위해 사용되는 서비스를 들 수 있다.[10]

② **스트리밍 기술**[11] 일반적으로 인터넷을 사용하여 정보를 전송하거나 전송 받는다는 것은 정보를 보내는 사람이나 정보를 받는 사람의 컴퓨터

8) 목진자, 푸시기술을 이용한 웹방송의 현황과 전망, 『사이버커뮤니케이션 학보』, 통권 제 3호, 1998, p. 144.

9) 최영, 앞의 책, p. 64.

10) 목진자, 앞의 글, p. 149.

11) Streaming(스트리밍)은 사전에서 보면 Stream의 명사형으로 '흐름', '연속' 등의 의미가 있다. 이는 동영상 파일이 조금씩 조금씩 흘러서 연속되어 나온다는 개념으로 이해할 수 있다. 동영상 파일은 동시에 파일 전체를 보는 것이 아니라, 시간의 흐름에 따라 해당 분량만큼을

하드디스크에 있는 디지털 정보를 네트워크 망을 통하여 전송한다는 의미이다. 즉 보내는 측의 컴퓨터 하드디스크 디지털 정보는 네트워크를 통해 전송되어 받는 사람의 컴퓨터 하드디스크에 저장되고, 정보를 전송 받은 사람의 컴퓨터에서 이를 재생하면 정보의 활용이 이뤄지는 것이다. 따라서 정보의 양이 많은 음성이나 영상 정보의 경우는 정보를 재생하기 위해 정보를 전송 받아야 하는 시간이 무척 많이 소요된다.

그런데 스트리밍 기법은 기존의 다운로드 후 재생하는 방식과는 달리 텔레비전이나 라디오 방송처럼 사용자에게 정보가 끊임없이 흘러갈 수 있도록 하는 기술이다. 스트리밍 기법을 이용할 경우 정보는 하드디스크가 아니라 버퍼(buffer)[12]를 거쳐 바로 화면에 재생되기 시작한다. 물론 하드디스크에 정보를 기록하지는 않는다. 즉, 정보를 전송 받음과 동시에 곧바로 재생이 시작되는 실시간 방송이 이루어질 수 있는 기술이다. 따라서 기존의 방송과 유사한 내용을 인터넷에서 활용할 수 있는 기법인 것이다. 또한 시간이 지체될 경우 정보는 약간의 손실을 입지만 빠른 속도로 정보를 전송할 수 있는 방법으로 인터넷에서 방송이나 라디오 형태의 정보를 전송하거나 영화 등 다양한 대용량 정보를 제공하는 데 활용되는 기술이다. 예를 들어, 인터넷의 KBS홈페이지에 접속하여 사용자가 보고자 하는 프로그램을 선택하면 스트리밍 재생기인 미디어 플레이어를 통해 실시간으로 전송과 동시에 재생이 이뤄진다. 이런 스트리밍 기법은 대부분 Video on Demand형태로 정보를 제공한다.

조금씩 보게 된다. 동영상 파일의 용량이 크기 때문에 한꺼번에 파일 전체를 보내주기란 불가능하고, 이를 해결하기 위해서 조금씩 파일의 일부만(실제로 영상이 플레이되는 분량만큼만) 실시간으로 전송해 주는 체제이다. 인터넷에서 동영상을 다운로드가 아닌 실시간 전송에, 실시간 구현이라는 개념을 가능케한 것이 바로 스트리밍 기술이다.

12) Buffering(버퍼링): 사전적인 의미로 Buffer는 완충, 완화장치의 개념으로서 두 개의 매개 사이에서 충돌을 완화하는 역할을 한다. 컴퓨터 용어의 개념으로 이해해 보면 정보가 다른 장치로 전송될 때 일시적으로 데이터를 기억하는 중간 장치로 설명된다. 이는 동영상 파일이 사용자의 플레이어로 구현되면서 네트워크 상황에 따라 끊어짐이나 유동정보량이 줄어드는 현상이 발생할 수 있는데, 이 때 Buffering을 통해 일시적으로 데이터를 기억해 내어 다음 데이터와 원활하게 연결시켜 주는 역할을 하게 된다. 실제로 스트리밍이나 버퍼링은 동영상을 원활히 보기 위한 기반환경으로 작용한다. 인터넷 방송에서는 Streaming을 통해 끊이지 않는 연속성의 데이터를 유동하고, Buffering을 통해 불안정한 네트워크 문제로 인해 데이터 유동에 있어서 발생할 끊김과 중단현상을 일시적 기억시스템을 통해 동영상의 유동을 원만하게 하여 방송데이터를 원활히 시청할 수 있도록 하고 있다.

③ **멀티캐스트**　　멀티캐스트 방식은 정보를 전송하는 방법 중의 하나로 시작[13]되었다. 기존에는 사용자가 필요로 하는 정보 전송을 요청할 경우 그에 따른 정보 전송이 이루어졌다.

멀티캐스트는 이런 기술과는 달리 동시에 다수의 사용자들에게 패킷 정보를 전송할 수 있는 기술이다. 멀티캐스트의 대표적인 기술은 엠본(Mborn : virtual Multicast BackBohn On the interNet)을 들 수 있다. 이는 가상 네트워크(virtual network)의 일종으로, 멀티캐스트가 가능한 특정 부분(Multicast islands)을 포함하고 있는 인터넷의 특정한 부분이라고 할 수 있다.[14]

④ **온 디맨드**　　온 디맨드는 위에서 설명한 여러 가지 기술 중에서 가장 발전적인 형태의 서비스라고 할 수 있다. 기존 매체의 일방향적인 정보 전송 방식을 가장 혁신적으로 전환시키는 방식[15]이라고 할 수 있다. 온 디맨드는 매체의 이용자가 이용할 시간과 정보의 종류를 선택하여 결정을 하면 그에 따른 정보의 전송이 이뤄지는 것이다. 온 디맨드에는 디지털 비디오 영상물을 활용하는 비디오 온 디맨드(VOD: Video On Demand), 영화를 서비스하는 무비 온 디맨드(MOD: Movie On Demand), 디지털화한 책을 서비스하는 북 온 디맨드(BOD: Book on Demand), 디지털 방식의 맞춤 교육을 서비스하는 에듀케이션 온 디맨드(EOD: Education On Demand), 음악을 서비스하는 오디오 온 디맨드(Audio On Demand)등의 서비스들로 목적에 따라 세분화할 수 있다.

⑤ **인터캐스트**　　인터캐스트는 새로운 방식의 인터넷 정보 전송 방식이다. 인터캐스트 방식은 기존의 텔레비전을 활용하여 방송 프로그램과 관련

---

13) 유니캐스트(unicast) 방식은 특정한 사용자(client)가 요구한 정보의 한 카피(copy)가 해당 사용자에게 전달되는 방식이며, 두 번째는 브로드캐스트(broadcast)로 불특정다수가 볼 수 있도록 정보를 무작위로 전송하는 방식이며, 마지막으로는 여기에서 설명한 멀티캐스트의 방식이다. 최영, 위의 책, p. 70.

14) 최영, 위의 책, p. 71.

15) 기존 매체에서 상호 작용성을 구현할 수 있다고 생각되었던 케이블 TV의 경우도 사실은 사용자들이 그들의 선호도를 케이블 회사에 제공하고 그에 맞는 정보를 전달받는 피드백 수준에 불과했다. 케이블 TV를 이용하는 다른 사용자들과의 정보교환 등은 불가능했던 것이다. 그러나 웹의 경우는 이것이 가능하다. 무수히 많은 뉴스그룹, 토론 그룹들과 웹페이지를 이용해서 정보를 주고받으며, 사용자의 필요에 의한 정보를 맞춤형식으로 제공받거나 수정할 수 있게 된 것이다. 이 과정이 상호간 영향(reciprocal influence)을 미치는 것, 즉 진정한 의미의 쌍방향성의 구현이라고 할 수 있다. B. Kaye & Medoff, op.cit., p. 109.

된 인터넷 정보를 이용할 수 있다. 즉, 앞에서 살펴본 네 가지 방식은 주로 컴퓨터를 활용할 수 있는 방식이다. 따라서 인터캐스트의 경우는 마이크로소프트에서 개발한 Web-TV와 같이 고유명사로 쓰이기도 하고 통합적으로 인터넷 TV라고도 한다.

인터캐스트는 일반 지상파 TV 방송전파에 포함된 수직 귀선 기간(VBI: Vertical Blanking Interval)을 활용한다. 즉 방송 프로그램과 관련된 인터넷 정보를 같이 전송하여 방송 시청자들이 프로그램을 시청하던 도중 이에 관련된 인터넷 정보를 직접 볼 수 있는 방식이다.[16] 이 방식은 PC와 인터넷을 활용하는 방식들이 가지고 있는 정보 전송의 속도문제로 인한 어려움을 극복할 수 있다는 장점을 가지고 있다. 반면에, 정보를 활용함에 있어 인터넷처럼 정보들 간에 무한한 연결에 있어서는 한계를 가지고 있다. 이는 기존 방송의 전파에 인터넷 정보를 끼워 넣어 활용함으로써 방송 프로그램과 관련된 인터넷 정보만 한정지어 전송할 수밖에 없는 것이다.[17] 한편으로 이러한 한계를 극복하기 위해서 케이블 텔레비전의 경우 '홈네트 혹은 랜(Home net or LAN)'의 방식을 실시할 경우 셋톱박스를 통한 정보의 제공은 기술적으로 기존의 PC를 이용하여 인터넷과 접속하는 것과 동일하게 활용할 수 있다. 그리고 인터넷 텔레비전 또는 web-텔레비젼이 발전하게 되면 더욱 개인화된 방송이 이루어질 가능성이 높다.

V. 새로운 커뮤니케이션 연구영역으로서의 인터넷

(1) 인터넷의 매스미디어적 기능

매스미디어로서의 '전자 신문'이 갖는 기능에 대한 부정적 시각이 팽배하게 된 가장 큰 이유는 그것이 전통적인 신문에 비해 사용하기 어렵고 시각적으로 피로하여 독자층에게 친숙하지 못하다는 면이다. 그러나 인터넷, 특히

---

16) 김경수, 인터넷 방송의 개념과 특성, 『방송과 인터넷의 발전적 관계모색』, 제7회 목동포럼 자료집, 1999. 11, p. 10.

17) B. Kaye & Medoff, op.cit., p. 109.

월드 와이드 웹의 등장은 텍스트 중심의 단순한 메시지 전송수단에 머물러 있던 컴퓨터 매개 커뮤니케이션(CMC) 영역에 많은 변화를 가져왔다.

인터넷이 전자우편함(E-mail)이나 뉴스집단(newsgroup), 인터넷 폰 등을 통한 대면적 커뮤니케이션뿐만 아니라 인터넷 신문, 인터넷 텔레비젼, 인터넷 라디오 등을 통한 매스 커뮤니케이션 영역의 미디어기능을 제공하게 됨에 따라 커뮤니케이션 학자들은 인터넷의 대인 커뮤니케이션의 가능성에서뿐만 아니라 새로운 매스 커뮤니케이션으로서의 가능성에 대해서도 주목하기 시작하였다.

(2) 매스미디어로서의 인터넷

과거 매스 커뮤니케이션의 메시지 생산자와 수용자의 형태는 一對多數(one-to-many)의 동시적 커뮤니케이션만으로 특징되었으나, 인터넷 상에서는 메시지 생산자와 수용자는 일 대 다수, 다수 대 다수, 다수 대 일, 일 대 일 등의 여러 형태를 띤다. 커뮤니케이션 형태 역시 동시적인가 비동시적인가에 따라 또 한 번 분류될 수 있다. 인터넷이 매스미디어로 자리매김 되면, 커뮤니케이션 내용의 본질과 누가 새로운 미디어에 대한 의제를 설정하는가도 대상이 될 것이다.

(3) 인터넷의 매스미디어적 특성을 둘러싼 쟁점

인터넷이라는 새로운 환경에서는 '수용자'의 위상을 재개념화하는 문제가 제기된다. 인터넷 이용을 둘러싼 정보격차의 문제(Digital Divide)가 매스 커뮤니케이션학에서 중요한 연구대상 영역이다.

인터넷은 정보전달 채널인 동시에 오락채널로서의 잠재력이 있기 때문에 다른 오락매체와 동등한 기능여부, 언어폭력, 인터넷 중독현상, 정보원의 공신력 문제 등이 중요한 연구쟁점이다. 매스미디어의 수용자는 정보의 진실성에 의혹이 있을 경우, 미디어 기업에 대해 정정 보도를 요청하는 등의 청구권(claims)을 가지고 있지만 인터넷에서는 설사 어떠한 정보제공자에 의해 배포된 정보가 잘못된 것이라 할지라도 이에 대응할 수 있는 제도적 장치가 없는 실정이다. '정보 제공자'와 '정보 이용자' 간의 명확한 경계가 인터넷 상에서는 모호해졌다.

제 2 장
디지털 시대의 디지털 문화

원 우 현

Ⅰ. 디지털의 정의

디지털(Digital)이란 숫자를 뜻하는 디지트(digit)에서 파생된 단어다. 디지트는 손가락을 뜻하고, '수를 세다'는 뜻이다. 이것은 손가락을 이용하여 수를 세던 것에서 비롯되고, 디지트는 숫자 자체를 뜻하기도 한다. 숫자로서 디지트는 10진수를 뜻하는데, 이는 사람의 손가락이 열 개라는 데서 비롯되었다. 그래서 디지트의 형용사형인 디지털의 뜻도 '손가락의', '숫자의', '10진수'이다.

그러나 최근의 용법에서는 전자장치의 정보처리방식 중의 한 가지를 뜻한다. 여기서 디지털은 흔히 아날로그에 대비된다. 이 대비는 여러 가지 혼동을 낳는 방식으로 남용되고 있다.

원래 디지털과 아날로그는 정보를 전자적으로 처리하는 두 가지 방식을 가리킨다. 전자적 정보처리방식에는 이산적인 것과 연속적인 것의 두 가지가 있는데, 전자는 정보를 숫자로 환원해서 처리하는 방식이고, 후자는 원대상을 그대로 모방해서 재현하는 방식이다. 이것을 각각 디지털 방식(Digital)과 아날로그(Analogue) 방식이라고 부른다. 예컨대 정보를 전기신호로 변환했을 때, 디지털은 미리 정해진 전압의 값만 갖지만, 아날로그는 여러 전압의 값을 취하면서 연속적으로 변한다. 또한 어원상 디지털은 10진수를 뜻하지만, 실제 '디지털 정보처리방식'은 2진수를 이용한다. 이것은 컴퓨터의 사용이 늘어가면서 나타난 변화라고 할 수 있다.

디지털 방식으로 정보 처리하는 대표적인 기계는 바로 컴퓨터이다. 그리고 오늘날 우리가 사용하는 대부분의 컴퓨터는 존 폰 노이만이 1940년대에 고안한 '프로그램 내장형 컴퓨터' 인데, 이러한 컴퓨터들이 사용하는 정보처리 방식은 모두 비트[1]를 기본단위로 하는 방식이다. 이런 비트방식이 일반화되면서 오늘날 디지털은 사실상 비트를 뜻하는 것으로 정착되어 버렸다. 디지털이라는 말을 들으면 사람들이 흔히 0과 1을 떠올리는 것은 이 때문이다.

Ⅱ. 디지털과 아날로그

디지털과 아날로그에 대한 상식적인 관점에서의 사회통용적 용어의 남용을 다음 대비표로 약술할 수 있다.[2]

〈표 1〉 디지털과 아날로그의 잘못된 대비

디 지 털	아 날 로 그
정 보	물 질
정 신	육 체
무 한	유 한
자 유	구 속

(1) 디지털 VS 아날로그

아날로그 신호는 어떠한 전압값이라도 나타낼 수 있도록 자유로이 변화할 수 있는 신호로서 음성이나 영상신호는 모두 근본적으로 아날로그이다. 반면에 디지털 신호는 2개의 전압값(일례로 0볼트, 1볼트)만을 갖는 신호로서 컴퓨

1) 오늘날 정보량의 단위로서 사용되는 비트(bit)는 정보이론 혹은 통신이론의 창안자인 끌로드 샤논에 의해 고안되었다. 이것은 binary digit, 즉 이진수의 약자이다. 그는 0과 1만을 이용하여 모든 정보를 처리할 수 있다는 데에 착안하여 그 정보량을 재는 단위로서 이 용어를 고안했던 것이다. 그는 자기의 이름을 사용하여 '샤논단위' 로 쓰려고도 했으나, 사람들이 이 단어를 널리 사용하면서 '샤논단위' 는 잊혀지고 말았다.

2) 고건(2001), 『Digital의 세계』, (온누리 교회 전산위원회).

터의 데이터, 팩시밀리 신호 등이 이에 해당된다. 디지털 신호로 구성된 정보를 디지털 정보라고 하며 '0' 또는 '1'로 나타낸다. 엄밀하게는 전압값이 2개 이상이어도 한정된 수의 값만을 갖는 것은 디지털이라고 할 수 있다.

(2) 아날로그 신호의 디지털 처리

우리 주위의 모든 사물은 아날로그이며 우리가 이러한 사물을 느낄 수 있는 것은 인간의 인지체계 역시 아날로그를 처리하는데 맞게 되어 있기 때문이다. 따라서 아날로그 정보인 음성이나 영상 신호를 컴퓨터가 처리할 수 있도록 하기 위해서는 컴퓨터의 정보처리 방식인 디지털로 전환시켜야 하며 이 결과는 다시 인간이 인식할 수 있도록 아날로그로 전환시켜야 한다.

입력단계의 아날로그-디지털 전환을 A/D 변환이라하고 출력단계의 디지털-아날로그 전환을 D/A 변환이라 한다. A/D 변환을 위해서는 먼저 시간적으로 연속되는 아날로그 신호를 시간축에 따라 잘게 자르는 과정이 필요하다. 이 과정을 표본화(sampling)라고 부른다.

어느 정도 잘게 잘라야 복원했을 때 왜곡이 없을 것이냐가 문제인데 나이키스트 법칙에 따르면 표본화 주파수는 입력주파수의 두 배수만 넘으면 된다. 예를 들면 인간의 가청 주파수는 20Hz에서 20,000Hz이므로 음성 아날로그 신호를 디지털로 변환하기 위해서는 가청 최대 주파수의 20KHz의 두배인 40KHz면 되며 10%의 오차를 감안해 일반적으로 44.1KHz를 사용한다. 즉 1초 동안 신호를 44,100번 자르는 것이다. 물론 이 표본화 주파수가 크면 클수록 더 좋은 음질을 얻는 것은 사실이나 우리의 귀가 그 차이를 인식하기는 힘들다.

표본화 단계에 이어 양자화(quantization) 단계를 거치는데 이는 아날로그 신호의 진폭을 어느 정도로 잘게 자를 것이냐를 결정하는 것이다. 양자화는 보통 8비트나 16비트를 적용하는데 8비트 양자화란 최대 진폭을 2의 8승만큼, 즉 256개로 잘라 처리하는 것을 말한다. 양자화 역시 크면 클수록 원음에 충실하다.

(3) 디지털 정보의 압축과 전송

표본화와 양자화를 거쳐 만들어진 신호를 디지털 원신호라 부른다. 그러나 이 원신호는 데이터 양이 매우 크기 때문에 전송이나 저장을 쉽게 하기 위해 압축을 한다.

이처럼 디지털화된 신호의 양을 줄이는 것을 부호화(coding)라 한다. 부호화 과정에 발생하는 정보의 손실여부에 따라 부호화는 두 가지로 구분된다. 먼저, 정보의 손실 없이 데이터 양을 줄이는 것을 비손실 부호화라 하며 컴퓨터 압축 프로그램인 WIN이나 ZIP 등이 이에 해당한다. 데이터가 손실되어서는 곤란한 경우 사용되는 비손실 부호화는 손실이 없는 반면 압축률이 낮은 단점이 있다. 한편, 어느 정도의 데이터 손실을 감수하는 대신 압축률을 높이는 방법이 손실 부호화이다. 정지화상의 코딩에 사용하는 JPEG나 동영상 코딩에 사용하는 MPEG, DIVX가 대표적인 방식이다. 손실 부호화를 거친 영상이나 음성 신호는 복원시 원신호와 정확하게 일치하지 않지만 우리의 인식 체계는 이 복원 신호를 원신호와 유사하게 인식하기 때문에 그다지 문제가 되지 않는다. 따라서 동영상 같은 신호들은 일정 수준 이상의 화질과 음질이 보장되는 손실 부호화 방법을 사용하는 것이 일반적이다.

(4) 디지털 기술의 특징

디지털 기술은,

① 정보를 디지털화하여 유연하게 배분

② 화상, 음성 등의 고능률 압축

③ 디지털 변조를 통한 고능률 전송

④ 정보축적과 처리에 용이

⑤ 오류를 쉽게 정정

⑥ 전송정보의 임의 배열을 통한 암호화 용이

⑦ 품질열화가 적은 전송 가능

⑧ 약한 수신신호의 고품질 수신가능

⑨ 고밀도 집적회로(LSI)가 용이하여 저가의 장비공급이 가능하다는 특징을 지닌다

(5) 디지털화

디지털화를 좁은 의미와 넓은 의미로 나누어 살펴보는 것도 문명전환론적 디지털화론에 대한 비판적 이해에 적지 않은 도움이 될 것이다. 먼저 '좁은 의미의 디지털화'란 정보처리방식의 변화를 뜻한다. 즉 이것은 종래에는 디지털 방식으로 처리할 수 없었던 정보들을 디지털 방식으로 처리할 수 있게 되는 것을 뜻한다. 대표적인 예가 소리, 그림, 동영상 등의 시청각 정보들이다. 종래에 이런 정보들을 전자적으로 처리할 때는 모두 아날로그 방식으로 처리해야만 했다. 그러나 디지털 기술의 발달에 따라 이런 형태의 정보들도 모두 디지털 방식으로 처리할 수 있게 되었다.

다음 '넓은 의미의 디지털화'는 정보처리매체의 변화를 뜻한다. 그 가장 중요한 변화가 바로 멀티미디어화이다(한국전자통신연구소, 1994). 원래 아날로그는 하나를 뜻하는 ana와 이성을 뜻하는 logos가 결합되어 만들어진 말로서 하나의 대상에 하나의 표현이 부합한다는 의미를 가진다. 즉 아날로그는 연속적 정보처리 방식을 뜻할 뿐만 아니라 정보의 유형에 따른 매체 분립을 뜻하기도 한다. 좋은 예로 종래의 녹음기와 사진기를 들 수 있다. 디지털 방식은 이런 식의 매체 분립을 매체 통합으로 이끌어 간다.[3] 이로부터 내용물 곧 정보의 종류에 따라 분리되어 발전해 왔던 문화 산업의 여러 분야들, 예컨대 방송, 통신, 영화, 음반산업들이 독점을 향한 경제적 요구에 따라 빠르게 합쳐져 간다. 바로 이런 넓은 의미에서 디지털은 '새로운 정보통신혁명'을 상징하는 대표어가 되었던 것이다.

디지털 방식에서 기계는 숫자라는 단일한 매체를 이용하여 모든 정보를 동일한 형태로 처리할 수 있게 된다. 그러므로 이 변화를 '숫자화'라고 부른 것은 적절하다. 그러나 여기서 다시 한번 잊어서는 안 되는 것은 이것이 단순한 '숫자화'가 아니라 '전자화'에 기초를 둔 '숫자화'라는 사실이다. 즉 디지

3) 기존의 매체 분립은 기능에 따른 것이었다. 그러나 그 기능은 무엇인가? 정보를 처리하는 것이다. 결국 기능에 따른 매체 분립은 사실 정보의 형태별 분립에서 비롯된 것이다. 이것이 아날로그 매체의 분립원리이다. 이와 달리 정보의 형태적 차이가 의미를 잃게 되는 디지털 매체에서는 통합원리가 작동하게 된다. 디지털로 처리되었다고 해도 여전히 그림은 그림이고 소리는 소리이다. 그러나 그것은 그 때문에 매체 분립이 필요하지는 않게 된다.

털화는 '전자-숫자화' 이다. 숫자화를 강조하다 보면 때때로 전자화라는 더욱 근본적인 변화를 잊는 수가 있는데, 숫자화는 어디까지나 전자화를 배경으로 해서만 의미를 가진다는 사실을 잊어서는 안 된다. 지금 우리가 경험하고 있는 것은 무엇보다도 전자기술에서의 변화이고, 그것을 매개로 다양한 영역에서 전개되는 광범위한 사회학적 변화이다. 디지털화를 둘러싼 요란한 상업적 담론들은 이 명백한 사실을 오히려 불명확하게 만들고 있다. '전자-숫자화'로서 디지털화의 중요성은 무엇보다 그것을 통해 다양한 정보들을 통합적으로 처리할 수 있게 된다는 데서 비롯된다. 아날로그 TV나 영화는 통합매체처럼 보이지만, 사실 소리와 그림이 서로 다른 매체에 의해 처리되는 '결합매체' 일 따름이다.[4] 그러나 디지털 기술의 발달에 따라 진정한 통합매체가 나타나게 되었다.

디지털화는 단지 정보처리방식의 변화만을 뜻하지 않는다. 이런 정도였다면 디지털화가 그처럼 중요하게 부각되지도 않았을 것이다. 이것은 두 가지 면에서 살펴볼 수 있을 것 같다.

첫째, 디지털화는 무엇보다 컴퓨터가 단순한 정보처리기계의 수준을 넘어서 현대사회를 조직·관리하기 위한 기반 장치로서 널리 사용되게 되었음을 뜻한다. 디지털화란 결국 컴퓨터의 중요성을 대중적으로 표현하는 한 방식이라고 할 수 있다.

둘째, 디지털 기술의 발달을 통해 모든 형태의 정보를 숫자라는 단일의 매체로 통합처리 할 수 있게 됨으로써 정보통신산업계에 대변혁이 초래되었다.

예컨대 원래 컴퓨터가 처리할 수 있는 정보의 형태는 제한적이었다. 즉 숫자로 바꾸기 쉬운 정보들만을 컴퓨터는 처리할 수 있었다. 그러나 디지털 기술이 발달하면서 컴퓨터가 처리할 수 있는 정보의 종류는 이전에 비해 크게 다양해졌다. 현재 매체로 표현할 수 있는 모든 정보를 컴퓨터는 디지털 방식으로 통합처리 할 수 있다. 예를 들면, 글, 그림, 소리, 음악 등을 모두 통합해서 처리할 수 있다.

---

4) 아날로그 멀티미디어는 여러 개의 분립된 미디어를 하나로 묶어 놓은 것이지만, 디지털 멀티미디어는 여러 가지 분립된 정보를 중앙처리장치(CPU)라는 하나의 미디어로 통합해서 처리할 수 있다. '결합매체' 와 '통합매체' 라는 용어는 이런 차이를 나타내기 위해서 사용한다.

디지털이 시대의 변화를 상징하는 용어로 널리 정착된 실제 배경에는 컴퓨터의 보편적 이용이라는 현상이 자리잡고 있다. 사실 기술적인 면에 초점을 맞추자면, 정보사회란 결국 컴퓨터의 이용이 보편화된 사회라고 할 수 있다. 이점에서 디지털은 정보사회를 상징하는 용어로도 사용될 수 있게 된다.

그러나 바로 이 때문에 정보화를 디지털화로, 나아가 정보사회를 디지털 사회로 보는 것은 적지 않은 문제를 안게 된다. 다시 말해 기술적 변화를 중심으로 그보다 훨씬 더 거대한 사회-기술복합체의 변화를 상징하는 데서 여러 가지 문제들이 나타난다. 이 점에서 기술의 유혹을 즐기되 거기에 도취되지 않는 깊은 성찰이 새삼 중요해진다.

Ⅲ. 디지털 생활

(1) 디지털 문화

컴퓨터로 대표되는 현대 정보기술의 발달은 문화에도 큰 영향을 미치고 있다. 그것은 하위문화의 단계를 넘어서 생활양식의 차원으로 빠르게 확장되고 있다. 현재 이러한 변화는 흔히 '사이버 문화'라는 용어로 표현되고 있지만, 그와 함께 널리 사용되는 용어가 바로 '디지털 문화'이다.

그리고 우리의 일상이 이제 우리가 만들어 낸 기술에 의해 더 크게 규정된다는 점에서, 그것이 부정적이건 긍정적이건, 기술문화라는 용어에는 이미 강한 문명론적 함의가 스며들어 있다. 우선 이러한 기술문화라는 맥락에서 디지털 문화는 다음과 같은 두 가지 의미를 갖는 것으로 볼 수 있다. 하나는 자연을 인위적으로 가공하는 수단으로서 기술 자체를 문화의 가장 중요한 요소로 파악하는 것이다. 다른 하나는 기술을 이용하는 다양한 문화적 생산과 경험을 가리키는 것이다. 따라서 이 경우의 기술문화란 기술의 개발과 그 사회적 영향력에 초점을 맞추고 문화에 접근하게 된다. 이러한 기술문화의 문화관은 문화를 기술과 통합적으로 파악하려고 한다는 점에서 고전적인 문화관과는 구분된다.

지능기계시대의 기술문화로서 디지털 문화의 특성은, 우선, 기술적인 면에서 멀티미디어 문화, 하이퍼미디어 문화, 무한복제/변조 문화로 나누어 살펴볼 수 있다.

먼저 멀티미디어 문화는 정보를 종합적으로 다루는 문화이다. 우리는 향상된 컴퓨터를 이용하여 정보를 통합된 방식으로 다루게 된다.

둘째, 하이퍼미디어 문화는 모든 정보를 연계적으로 다루는 문화이다. 하이퍼미디어는 관련부분들이 상호 연결된 텍스트를 뜻하는 하이퍼텍스트에서 발전된 것으로 정보매체들이 상호 연결되는 것을 의미한다. 이것은 멀티미디어 컴퓨터의 동적인 작동방식을 뜻하는 것이라고도 할 수 있다. 오늘날 인터넷 그 자체로까지 여겨지는 월드와이드웹(WWW)이 그 대표적인 예로서, 웹문서는 텍스트들이 상호연결 되어 있을 뿐만 아니라 서로 다른 정보매체들이 상호 연결되기도 한다.

셋째, 디지털 문화는 정보의 무한복제/변조의 문화이다. 디지털 정보는 무한복제가 가능하다. 원본과 복사본 사이에는 어떠한 차이도 존재하지 않는다. 그 본질은 숫자이기 때문이다. 이 무한복제의 특성은 정보자본주의의 핵심제도인 지적재산권과 관련해 커다란 논란을 빚고 있다. 이러한 무한복제의 다른 면은 무한변조이다. 디지털 정보는 간단한 방식으로 쉽게 변형할 수 있다. 이러한 무한변조는 다양한 실험을 가능하게 한다. 최근에 국내에서도 큰 물의를 빚고 있는 '합성사진 포르노'가 그 좋은 예이다. 어느 경우나 디지털 정보는 아날로그 정보에 비해 유연하다. 복제와 변조가 자유롭다는 것은 그만큼 정보가 고정된 상태로 존재하지 않는다는 뜻이다. 그리고 정보의 변조와 복제를 중심으로 하는 다양한 문화적 실험은 사회 전체의 문화적 다양성을 증진시킬 가능성이 있다.

(2) 디지털 경제

사회각계에서 디지털을 소리 높여 외치는 이유는 무엇보다 그 경제적 가능성 때문이다. 여기서 디지털은 정보통신기술의 발달이 가져오는 새로운 경제적 가능성을 상징한다. 1990년대 들어와 계속 그 기록이 갱신되고 있는 거대정보통신업체들간의 합체야말로 이러한 의미의 디지털 경제를 대표한다. 요컨대 디지털 기술은 정보를 통합처리하고 이러한 통합성은 이종기업들간의 합체를 불가피하게 만들며 따라서 거대독점의 형성은 자연스럽고 바람직한 것이라는 논리가 디지털 경제의 저변에 자리잡고 있다. 그러나 이른바 디지털 경제는 단지 디지털 기술의 통합성에 바탕을 둔 기존 미디어기업들간의 통합만으로는 설명되지 않는 여러 가지 요소들을 가지고 있다. 그것은 컴퓨터 이용의 보편화와 관련해서 나타나는 다양한 '디지털 신산업'을 통칭하기도 하기 때문이다. 신산업의 대표주자로는 흔히 소프트웨어산업이 거론되기도 하지만, 사실 이것은 이미 1980년대 초부터 본격적인 산업화에 접어들었기 때문에 지금에 와서 이것을 신산업이라고 부르는 것은 정확하다고 할 수는 없다. 그렇지만 1990년대에 들어와서 소프트웨어산업이 크게 성장했고 그 종류도 폭발적으로 다양해졌으므로, 이런 맥락에서 소프트웨어산업을 디지털 신산업에 포함시키는 것은 잘못이 아니다. 소프트웨어는 크게 운영체제와 응용프로그램으로 나뉘는데, 운영체제는 응용프로그램들이 그 위에서 작동하는 프로그램으로 사용자들이 늘어날수록 독점이 강화되는 특징을 갖는다. 이 때문에 운영체제는 정보통신기술 분야에서 '자연독점'을 형성하는 대표적인 품목이 된다. 따라서 이 문제에 대해 적절한 제어수단을 마련하지 않으면, 정보사회의 기술환경 자체를 한 회사가 좌지우지하는 심각한 사태에 이르게 될 수 있다.

그리고 우리의 현실은 이미 사실상 거의 그런 수준에 도달해 있다. 예를 들면, 마이크로소프트(MS)의 독점이 바로 그것이다. 잘 알려져 있다시피 MS는 전세계 개인용 컴퓨터의 운영체계에서 90-95% 정도를 장악하고 있다. 이 세상의 모든 컴퓨터가 MS의 의도대로 움직이고 있다고 해도 지나치지 않을 것이다. MS는 이런 막강한 독점을 바탕으로 전체 정보통신기술의 변화를 사실상 좌지우지하고 있다. 이렇게 된 근본적인 까닭은 운영체제가 쓰기 싫다고 해서 쓰지 않을 수 있는 프로그램이 아니라는 사실에서 비롯된다. 이런 독점력을 바탕으로 MS는 정보통신의 모든 분야에서 기존의 표준을 무시하고 자사가 개발한 기술을 표준으로 확립하려고 획책하며, 이런 식의 행태를 통해 막대한 부를 축적하고 있어서 일부에서는 '세계를 터는 강도'라는 비난을 사고 있다(Cosmo & Nora, 1998).

1990년대 말에 등장한 디지털 신산업의 기업들이 가장 큰 수익을 올리는 것은 역시 노골적으로 투기화한 자본시장이다. 나스닥이니 코스닥이니 하는 신규 주식시장에 몰려드는 투기자본들이 이들의 가장 큰 돈줄이다. 주주들은 자산가치나 매출이익을 따지는 것이 아니라 사람들에게 얼마나 잘 알려져 있으며 얼마나 많은 회원을 가지고 있는가만을 보고도 돈을 쏟아 붓는다. 이런 점에서 디지털 경제는 이른바 '카지노 자본주의' 의 한 단면을 잘 보여 준다.

하지만, 이러한 '정보경제의 현실' 에 저항하여 디지털 기술을 이용하려는 사람들도 현실적으로 많이 있다. 이들은 디지털 기술을 경제적 이익을 위해서보다는 정보공유의 이상을 실현하기 위해서 개발하고 이용하려고 한다.

이 이상(理想)은 초기에 컴퓨터를 개발했던 사람들의 세계관과 가치관을 반영하여 나타난 것으로, 모든 정보를 공유함으로써 더욱 평등하고 자유로운 세상을 만들 수 있다는 목표가 있다. 포스트모던 미학이론에서 말하는 '저자의 죽음' 이나 '간텍스트성(intertextuality)' 등이 정보공유의 역사성과 사회성을 보여 주는 개념이라면, 사실 무한복제/변조의 가능성, 멀티미디어화, 하이퍼미디어화 등은 정보공유를 촉진하는 전자시대의 새로운 기술적 방식이라고 할 수 있다. 현재 정보 공유의 이상은 정보경제의 현실에 의해 크게 제약을 받고 있다. 저작권이 디지털 경제의 법적 수단이라면, 억만 장자의 꿈은 그 문화적 촉진제다. 이 디지털 경제를 주도하고 지배하는 사회세력은 정보기술로 무장하여 거대한 성공의 꿈을 실현시킨 '가상현실이 만든 계급' (virtual class)이다.

그러나 디지털 경제는 어느 틀속에 정착된 것이 아니라 생성하며, 따라서 변화하고 있다. 이 과정은 자본주의적 가상계급과 이상주의적 해커의 대립으로 나타나기도 한다. 그러나 디지털 경제는 기술환경의 변화를 전제로 하며, 따라서 모든 사람의 삶에 영향을 미친다. 정보공유의 이상은 이러한 디지털 경제가 추구하는 독점의 위험성을 경고한다는 점에서 더욱 중요하다.

제 2 부

컴퓨터 매개 커뮤니케이션

제 3 장
컴퓨터 매개 커뮤니케이션(CMC)

원 우 현

Ⅰ. 컴퓨터 매개 커뮤니케이션의 등장

전술한 바대로 단순한 정보처리장치로만 여겨졌던 컴퓨터가 통신망과 결합하면서 기존의 일방향성 대신 쌍방향성 커뮤니케이션을 가능하게 하였고, 이로서 컴퓨터를 매개로 한 커뮤니케이션이 주요 커뮤니케이션 형태로 대두되었다. 컴퓨터를 통한 커뮤니케이션의 특징은 텍스트, 비디오, 사운드 등의 상이한 정보를 한 매체를 통해 제공받을 수 있으며, 공급자와 수용자 간에 상호작용적 커뮤니케이션을 가능하게 한다는 점이다. 이를 '컴퓨터 커뮤니케이션' 혹은 '컴퓨터 매개 커뮤니케이션'(computer-mediated communication)이라고 한다.

컴퓨터는 과학적 용도로 사용되었으나 컴퓨터의 폭발적인 보급에 따라 컴퓨터 이용자들은 서로를 연결하는 수단으로 활용하게 되었다. 이제 컴퓨터는 이용자들의 커뮤니케이션 행위를 원활하게 해주는 연결 매체로 우리의 일상 생활 속에 자리매김하였다. 이 이유로 물리적인 이동에 의해 서로 대면을 해야 하는 대면접촉보다는 컴퓨터로 매개되는 커뮤니케이션을 통해 상호교류하는 추세가 늘고 있기 때문이다.

컴퓨터가 사람들간의 커뮤니케이션 행위를 매개함에 따라 마련된 컴퓨터 매개 커뮤니케이션에서는 컴퓨터에 의해 형성된 가상의 공간에서 송신자와 수신자가 연결되어 상호간의 메시지 교환이 이루어진다. 사람과의 대면을 통한 메시지 전달과는 달리, 컴퓨터 화면 앞에 앉아 기계를 대상으로 메시지를 주고 받을 상대자들을 상상하면서 메시지를 전달한다. 이는 기존의 커뮤니케이션 상황과는 아주 상이한 것이며 상이하게 전개되는 커뮤니케이션은 연쇄적으로 또 다른 변화를 낳는다.

CMC는 대면 커뮤니케이션의 취약점을 보완하여 새로운 커뮤니케이션 상황을 창출한다. 또한 신속하게 확산되고 있는 컴퓨터 이용은 커뮤니케이션 행위뿐만 아니라 커뮤니케이션에 대한 기존의 이론마저도 변화시키고 있다.

Ⅱ. 컴퓨터 매개 커뮤니케이션의 특성

컴퓨터 출현 이후 많은 학자들은 컴퓨터가 커뮤니케이션 행위에 영향을 미칠 것으로 전망했다. Williams는 컴퓨터가 새로운 커뮤니케이션 기회를 창출한다고 믿어 왔으며 최근 들어 컴퓨터와 커뮤니케이션 간의 관계에 대한 논의가 더욱 활발해지고 있다.

컴퓨터 기술과 텔레 커뮤니케이션망 기술이 합쳐져 CMC라는 새로운 영역이 마련되었다. CMC는 컴퓨터를 매개로 하여 이루어지는 커뮤니케이션 현상과 과정이다. 실제 공간에서 송 · 수신자간의 신체적인 만남(접촉)을 통해 이루어지는 커뮤니케이션 현상이 아니라 컴퓨터에 의해 형성된, 눈으로 확인할 수 없는 '가상공간(cyberspace)'에서 상대방을 상상하면서 이루어지는 다소 인위적인 커뮤니케이션 현상이다. 좀더 자세히 말하자면 가상공간에서 텍스트화된 메시지가 교환, 저장, 편집, 발송, 그리고 복사되어 동시적이든 비동시적이든 간에 거리에 구애받지 않고 송 · 수신되는 커뮤니케이션 상황이 바로 CMC이다.

이니스(Innis)는 커뮤니케이션 매체는 시간과 공간을 통한 메시지 전달에 큰 영향을 미쳤으며 매체에 의한 변화 및 영향을 파악하기 위해서는 매체의 특성을 분석하는 것이 중요하다고 했다. 매체는 이용자들에게 어떤 기능을 제공해 주고 그로 인해 결과가 양성된다. 그 결과 어떤 매체를 사용하는지 또는 사용하는 매체의 기능과 특성이 무엇인지에 따라 과정과 결과가 달라진다. 따라서 기존의 매체와는 상이한 기능(특성)을 제공하는 매체를 사용하게 되면 커뮤니케이션 과정이 달라질 뿐만 아니라 결과도 달라지는 것은 자명한 일이다. 그러므로 매체특성에 따른 커뮤니케이션 변화를 분석해야 할 것이다.

이러한 논의들을 토대로 〈그림 1〉을 설정할 수 있다. 일반적으로 매체의 특성은 그 매체의 근간이 되는 기술적 요인에 의해 결정된다. 따라서 매체의 기술적 특성이 곧 매체의 기능적 특성을 반영한다. CMC의 경우도 마찬가지이다. CMC는 컴퓨터라는 새로운 매체에 의해 양성된 분야이다. 그러므로 컴퓨터가 갖고 있는 기술적인 특성을 CMC가 그대로 반영한다. 이로 인해 첫째, CMC는 시간과 공간을 초월할 수 있는 동시적 또는 비동시적 커뮤니케이션 상황을 허용한다. 둘째, 커뮤니케이터들은 컴퓨터 화면을 상대하게 되므로 의사교환 대상자와는 직접 대면하지 않고 신체적으로 서로 떨어져 있다. 셋째, 말이 아닌 글로 표현된 메시지를 통해 커뮤니케이션이 이루어진다. 넷째, 커뮤니케이션을 구성하고 정보교환을 할 때 저장과 편집이 가능하다. 다섯째, 대화 대상자들의 신원을 모르는 채 익명성을 유지하면서 커뮤니케이션을 진행할 수 있다.

〈그림 1〉 CMC 특성의 관련요인

컴퓨터 특성 → CMC 특성 → 커뮤니케이션 상황변화

위에서 제시된 CMC의 특성이 한마디로 "사람과 만남"이 배제됨에 따른 현상이므로 CMC 특성은 "사람과 만남"과 관련되어 있다. 전통적으로, 대면커뮤니케이션(face-to-face communication)은 '사람들과의 만남' 을 통한 이상적인 커뮤니케이션 수단으로 간주되어 왔다. 이와 달리 가상공간에서 행해지는 CMC는 같은 공간에서 상대방과의 공존함이 없이 서로의 의사를 주고받는 다른 유형의 커뮤니케이션 형태라고 볼 수 있다. 물리적인 공간에서 상대방과 접촉없이 컴퓨터가 상호간을 연결하여 커뮤니케이션 상황을 형성하기 때문에 커뮤니케이션 상황에서의 가장 기본적인 조건인 "사람과의 만남"이 배제되어 있다. 결국 "사람과의 만남"의 배제가 커뮤니케이션 상황의 변화를 야기한다.

Ⅲ. CMC 특성과 인간접촉의 부재

커뮤니케이션 과정에는 착수(initiation), 실행(operation), 종결(termination)의 세 단계가 있다. CMC도 형태는 다소 다르지만, 이러한 3단계를 거치면서 커뮤니케이션 과정이 수행된다. 첫째 단계인 착수단계에서 컴퓨터 시스템을 작동하고 메시지를 전달하고자 하는 상대방과의 연결을 시도한다. 둘째 단계인 실시단계에서는 커뮤니케이터가 자판을 이용하여 전달하려는 메시지를 컴퓨터에 입력함으로써 의사표현된 내용이 전달된다. 셋째 단계에서 입력된 텍스트가 상대방에게 전달되고 상대방이 읽고 답신을 보내면 상호간의 커뮤니케이션 교류는 완결된다.

이러한 과정에서 CMC는 송 · 수신자간의 대면적 관계형성이 되지 않기 때문에 "사람의 만남"에 의한 메시지 교환이 행해지는 대면 커뮤니케이션 상황과는 차별된다. 즉, 전통적인 커뮤니케이션 상황에서의 기본 요건들, 즉 송 · 수신자가 물리적인 장소에서 만나 신체적인 대면(접촉)을 통해 상호작용하며 의사교환하는 것이 배제 · 무시된 다른 유형의 커뮤니케이션이 전개된다. 따라서 사람과의 직접적 만남 대신 전자식 만남이 있을 뿐이며, 상대방의 존재를 인식함으로 야기되는 사회 · 심리학적인 사람의 만남도 없게 된다. 이는 사람의 만남을 전제로 하는 기존의 커뮤케이션의 과정과 결과에 변화를 초래한다.

1. 사람 사이의 커뮤니케이션의 상실

(1) 사회적 실재(社會的 實在) 기능의 약화

"사람의 만남"이 없는 CMC에는 인간적 요소가 결여된다. 커뮤니케이션 행위에서 인간적 요소들은 참여자들의 태도와 감정을 표현하고 상대방과의 관계를 규정해 나가는 데 있어서 중요한 역할을 담당하므로 이러한 요소의 결여는 커뮤니케이션 과정에 영향을 미치게 된다.

그 중 대표적인 것이 "사회적 실재(social presence)"의 상실이며 그 결과,

첫째, 비언어적 전달이 불가능하며, 둘째, 상대방의 존재확인으로 인식되는 사회 규범적 요소가 제외되고, 셋째, 서로의 존재를 확인치 않는 익명에 대한 비인격적인 커뮤니케이션 상황이 전개된다.

1) 비언어적 전달기능의 실종

송신자와 수신자 간에 오고가는 상호작용, 감정적 표현, 의견 및 신체적 관계나 상황을 표현하는 수단인 비언어적 신호들이 CMC에서는 나타나지 않는다. 대면 커뮤니케이션에 있어서의 비언어적 행위, 즉 눈맞춤(eye-contact), 얼굴표정(facial expression), 육체적 접촉(touching), 제스처(gesture), 상석자리차지(taking a head seat)와 같은 것이 은연중에 커뮤니케이션 과정에 있어서 언어적 표현을 강조·보완하는 중요한 역할을 한다. 그러나 CMC에는 비언어적 요소가 없기 때문에 언어적인 메시지 이외에 송신자들간의 심리적 상태와 상호간의 관계에 관한 정보를 제공해 줄 어떤 장치도 없다. 이에 대한 연구 결과로써, Deasntics와 Gallupe는 CMC가 비언어적 요소가 적을수록 커뮤니케이션을 위한 상호작용 속에서 상대방에 대한 관심을 커뮤니케이션 내용에 좀더 집중하게 된다. 왜냐하면 의사교환 시 부수적으로 야기되는 비언어적 요소의 주관적인 의미를 파악할 필요가 없으므로 커뮤니케이션 과정에 참여하는 참여자 내지 대화 상대자에 대한 관심이 메시지로 환원되기 때문이다.

이렇듯 CMC에서의 커뮤니케이션 교류과정은 비언어적 요소없이 진행될 뿐만 아니라 표현수단에서도 비언어적 요소가 제외된다. CMC의 표현방식은 글에 의한 텍스트이다. 따라서 CMC는 글로 된 문장이외에는 어떤 표현수단도 배제되어 있어 비언어적 표현 창구가 없다. 그러므로 의사전달시 언어적 표현에 부수적인 비언어적 행위를 병행할 수 없다.

흔히 말은 억양과 악센트를 이용해 감정표현을 쉽게 전달할 수 있는 반면에 글에서는 감정적 표현을 글로 묘사해야 하므로 정확한 감정전달에 문제가 있음이 지적되고 있다. 따라서 텍스트화된 메시지가 통용되는 CMC에서의 감정적인 표현은 한계가 있을 수밖에 없는 것이다. Duransd와 Zeitzel은 말에 의한 의사표현과 글에 의한 의사표현 사이에서 야기될 수 있는 감각적인 차이점을 분석하였는데, 그 결과 말은 글에 비해서 훨씬 더 많은 감각적 요소를 내포하고 있다. 말에 의한 표현은 표현 속에 감정이 내포되어 있기 때문에 간혹 감각적 요소들이 부각되어, 표현된 내용을 포함한 상황적인 의미까지 감지할 수 있다. 반면에 글로 표현되면 감정이 포함되어 있지 않기 때문에 표현된 내용만을 이해해야 하며 표현된 이외의 것을 이해하는 데 한계가 있을 수 있다.

2) 사회적 실재 기능 약화와 사회적 규범의 결여

사회적 실재란 커뮤니케이션 상황에서 송 · 수신자가 실제로 존재하고 있음을 의미한다. 흔히 커뮤니케이션을 송 · 수신자가 "실제 상황에서의 존재함"으로써 진행된다는 의미를 담고 있다. 따라서 사회적 실재함(social presence)이란 신체적인 자아를 나타내 보이는 것이므로 흔히 가상공간에 대두되는 비자아(non-self)와 반대되는 개념으로 신체적인 근접함을 내포한다. 대면상황에서는 육안으로 확인할 수 있는 신체적 근접함에 의해 제공되는 여러 신호들이 사회 규범적 요인으로 작용한다. "실재함"에서 표출되는 신분, 지위와 같은 사회 규범적 요소들은 정보 및 의사교환을 통제하거나 저지할 수 있는 역할을 한다. 특히 위계질서가 표출되는 상황에서는 사회 규범적 요인들이 커뮤니케이션 교류에 영향을 미친다.

그러나 대면 커뮤니케이션에서 늘 표출되는 집단내부의 위계질서나 계급의식이 CMC에서는 대면 커뮤니케이션만큼 뚜렷하지 않다. 상대방의 존재에 대해 의식할 필요 없이 실시되는 커뮤니케이션 교류에서는 상대방에 대한 정보, 즉 메시지는 그의 지리적 위치, 소속된 조직, 지위, 직업, 나이, 성별을 가름할 아무런 단서를 제시하지 않는다. 상하계급과 지도자 존재 인식과 같은 사회규범의 강력한 역할이 CMC에서는 무시된다. 따라서 지위가 높은 사람의 메시지나 하위직 사람의 메시지는 똑같이 취급된다.

CMC에서처럼, 육안으로 확인할 수 있는 사회 규범적 요인이 결여되어 커뮤니케이션 과정에 대한 통제가 거의 없는 상황에서의 커뮤니케이션 특성은 다음과 같다. 첫째, 서로의 신분이 노출되지 않는 상태에서의 의견교환은 그만큼 솔직하고 주제에 보다 정확하게 접근할 수 있다. 둘째, 이용자들은 자기 중심적이므로, 커뮤니케이션 상황에서 다른 사람보다는 자기 자신 위주로 진행한다. 셋째, 커뮤니케이션이 특정 개인에 의해 영향을 받지 않으며, 또한 보다 자유로운 커뮤니케이션 상황이 형성된다. 넷째, CMC에서는 이용자들의 커뮤니케이션 과정에의 공평한 참여 기회가 보장되며 평등한 계급의식도 갖게 된다. 그 이유는 송신자의 상호과정에 영향을 미치는 사회 규범적 요소가 약화되면서 평등한 참여를 실현할 수 있기 때문이다.

3) 익명성과 비인간적인 커뮤니케이션 교류

CMC의 메시지는 가명 혹은 별명이나 E-mail ID를 통해 송신자와 수신자의 신원을 확인한다. 따라서 CMC에서의 이용자들은 자신들의 본명을 제시하지 않고, 익명을 사용하기 때문에, 신분이 노출되지 않아 상호간의 신분을 확인할 수 없으므로 직업, 사회적 지위, 근무 부서, 인종, 나이, 외모, 성별과 신체적인 조건을 평가할 방법이 없다. 이와 같이 신분이 노출되거나 확인되지 않는 익명에 의한 커뮤니케이션 상황은 참여자들에게 심리적으로 편안한 상태를 유도하며, 참여자 모두의 신분이 균등해지고 상대방의 존재를 확인을 할 수 없는 비인격적인 커뮤니케이션 상황이 연출된다.

커뮤니케이션 과정상에서 볼 때, 익명성 보장에 대한 긍정적인 측면은 심리적인 안정감이다. 신체상으로(물리적으로) 거리를 두고 있는 상태에서 서로간에 익명을 사용하여 신분이 노출되지 않는다면 상호간에 친밀감(intimacy)은 상실되지만 안정감을 느낄 수 있다. 상대방을 의식하지 않는 CMC에서는 상대방을 의식함으로써 야기되는 상대방에 대한 연민이나 거부감, 혐오감, 또는 사회적인 비교의식과 수치심을 보다 적게 의식하게 된다. 또한 보복이나 거절에 대한 두려움도 감소된다.

그리고 신분이 노출되지 않기 때문에 심리적으로 편안한 상태에서 객관적인 의견을 피력할 수 있다. 상대방 신분에 대해서 알 수 없기 때문에 상대방에 대한 정보에는 관심을 갖지 않고 그 대신 주고받는 메시지 자체에만 관심이 집중된다. 이처럼 익명에 의한 의견표현이 정상적인 상황에서 보다 좀더 솔직하고 공평한 의견을 피력할 수도 있고 그 반대 경우도 있을 것이다.

익명성이 보장되기 때문에 CMC의 메시지들은 간혹 왜곡되고 과장된 표현과 상스러운 표현을 담고 있다. 사람들이 익명을 사용하게 되면 상대방에게 모욕을 주는 언사를 더 많이 사용하게 된다는 연구보고가 있다. 또한 커뮤니케이션 상황면에서, "사람의 만남" 없이 기계와의 접촉을 통해 이루어지는 커뮤니케이션은 비인간화된 상황을 유발하여 상대방을 실제로 의식할 수 없는 거리감을 조성한다. Desantics와 Gallupe의 주장에 의하면, CMC 상황에서의 커뮤니케이터들은 상대방을 의식하며 염두에 두어야 하는 심리적 또는 생리적(physiological) 인식과 즉각적인 피드백이 상실되기 때문에 상호간의 인간적인 관심이 소멸된다. 이렇듯, 상대방을 확인하면서 전개되는 대면 커뮤니케이션과는 달리 참가자들간에 형성되는 인간유대관계를 확인할 수 없는 CMC는 비인간화된 커뮤니케이션을 초래할 수 있다.

(2) 시간과 공간의 극복

현실적으로 "사람의 만남"은 공간과 시간상에서의 상호간 만남이 우선되어야 한다. 따라서 참여자들의 공간적 시간적 여건이 "사람의 만남"에 의한 커뮤니케이션 상황을 설정하는 데 걸림돌이 될 수 있다. CMC는 "사람의 만남"에 대한 물리적인 제약점들을 극복하여 언제, 어디서나 커뮤니케이션이 가능할 수 있는 새로운 커뮤니케이션의 지평을 열었다.

공간상의 CMC 특성

CMC는 물리적인 공간상에서의 이동 없이도 가능한 커뮤니케이션 상황을 만들어 낼 수 있다. CMC에서의 물리적 공간은 면대면 커뮤니케이션과는 달리 공유되는 공간이 아니다. 왜냐하면 참여자들이 각기 다른 물리적 공간에서 메시지를 송신하고 수신하기 때문이다.

면대면으로 만나 서로의 물리적인 존재를 확인하여 커뮤니케이션 해야 하는 면대면 상황을 만들기 위해서는 어느 특정한 시간과 공간을 설정해 참여자들을 이동하게 한다. 그러므로 커뮤니케이션 상황의 가장 기본적인 만남을 위해서는 물리적인 공간에서의 이동이 요구된다. 그러나 더 이상 공간에서의 만남이 커뮤니케이션 상황을 조성하는 데 요구되는 조건으로 필요 없게 되었기 때문에 신속하고 융통성 있는 커뮤니케이션이 가능하다. 특히 다수가 참여하는 조직 커뮤니케이션 면에서 살펴보면 지리적으로 분산되어 있는 참여자들을 하나의 매체를 통해 연결하여 커뮤니케이션 상황을 조성할 수 있게 되었다.

2. 시간적 선택과 비동시성

CMC는, 일반적인 커뮤니케이션에서 주요 장애가 되어 왔던 시간적 제약을 초월하여 커뮤니케이션이 동시적, 또는 비동시적으로 행하게 한다. 일단 컴퓨터 기억 장치에 저장된 메시지는 이용자가 원할 때는 언제나 접근해서 메시지를 확인할 수 있게 한다. 그러므로 송신자는 수신자를 의식하지 않고 편리한 시간대를 선택하여 어느 때라도 메시지를 발송할 수 있으며, 그 반면에 수신자들은 저장된 메시지를 언제라도 검토한 후 반응을 나타낼 수 있다. 그러므로, 송신자와 수신자의 의사전달 과정이 같은 시간대 안에서 이루어지는 것이 아니라 송신자나 수신자 모두가 편리한 시간을 택해 의사교환을 할 수 있다. 다시 말해서, 동시적인 시간대의 제한성에서 탈피한 CMC의 융통성 있는 시간대 활용은 의사전달에서 시간적 여유를 갖게 되므로 보다 진지하고 체계적인 의사교환이 가능케 된다. 한정된 시간대에서 제한된 대화 참여자들간의 동시적 커뮤니케이션만이 가능한 대면 커뮤니케이션과 비교할 경우, CMC는 시간적·공간적 제약이 없으므로 정보입수나 전달에서 보다 광범위하게 접근할 수 있으며 다양한 정보를 다각적으로 교환할 수 있다.

그러나 비동시적 시간대 활용이라는 측면에서 살펴보면 CMC에 대해 또 다른 시각에서의 설명이 가능하다. 즉, Hiemstra는 비동시적인 커뮤니케이션을 이용하는 자들은 동시적 커뮤니케이션에 비해 메시지를 착안하고 구성하는 데 보다 많은 시간을 투자한다고 지적한다. 그러나 비동시적 커뮤니케이션 활용이라는 의미는 곧 동시간 내의 의사교환이 되기 위한 즉각적 반응에 대한 의무감 상실이라고 볼 수 있다. 상대방 의견에 대한 반응을 반드시 주어진(같은) 시간 내에 즉각적으로 해 줄 필요가 없다는 의미로 해석 될 수 있다. 따라서 상호간의 편리한 시간대 활용이라는 측면에서는 비동시적 기능이 유용하지만 시간이 제한된 경우에는 커뮤니케이션 교환과 의사결정 면에서 비효율적일 수도 있다.

Ⅳ. CMC에 의한 커뮤니케이션 상황 변화

커뮤니케이션 상황의 변화는 첫째, 내용(content)의 변화, 둘째, 구조(structure)의 변화, 셋째, 과정(processing)의 변화가 있다. 커뮤니케이션에서의 인간적 요소가 제외됨에 따른 비언어적 요소가 결여된 텍스트 위주의 전달 내용, 사회규범적 영향력이 배제된 평등화된 커뮤니케이션, 물리적 이동이 필요치 않는 커뮤니케이션 상황, 업무지향적 커뮤니케이션은 기존의 커뮤니케이션의 내용, 구조와 과정의 변화를 가져오고 있다.

1. 대인적 커뮤니케이션 상황 변화

"사람과 만남"이 없어진 대인관계 속에서 커뮤니케이션 상황은, 첫째, 커뮤니케이션 상황에서 항상 유발되는 즉각적인 반응이 없고, 둘째, "사람과 만남"으로 인해 심리적으로 부담되었던 사람들이 안정감을 찾아 참여욕구가 증대되기도 한다.

(1) 비언어적 상호작용과 친근감 결여

일반적으로 대인적 관계에서 형성되는 커뮤니케이션 상황은 송 · 수신자가 나타내는 즉각적인 반응이 중요하며 그 메시지도 즉각반응 여부에 의해 좌우된다. 즉각반응(immediacy)이란 상대방에게 근접함(친숙함) 표현, 또는 상대방과의 비언어적 상호작용이다. 즉 신체적인 접촉, 눈맞춤, 얼굴표정, 고개 끄덕거림과 같은 일련의 비언어적 행위를 통하여 상대방에게 호의나 적대감, 감동이나 취향을 나타내는 반응이다. 이와 같이 즉각반응은 신체적 또는 심리적 표현, 커뮤니케이션에 활용할 수 있는 신호, 감각적 자극, 대인적 친근감을 전달하는 행위로 요약될 수 있다.

사회 실재감(social presence)의 결여는 즉각반응의 부재를 의미할 수도 있다. 면대면 접촉상황에서는 비언어적 요소를 동원하든지 혹은 비언어적 요소 자체가 상대방에게 즉각반응을 제시해 주지만, 비언어적 요소가 배제된

CMC에서는 비언어적 행위에 의한 즉각반응은 거의 기대할 수 없다.

커뮤니케이션이 언어의 표현에 의한 메시지 전달에 의해 진행되지만 이 못지않게 중요한 것이 바로 본능적인 즉각반응이다. 왜냐하면, 즉각반응을 통해 커뮤니케이션 상황 속에서 상호간의 전달과정이 지속적으로 엮여지기 때문이다. 말하자면, 커뮤니케이션에서의 즉각반응은 첫째, 대인간의 커뮤니케이션 과정의 확인 및 수정작업이다. 인간은 심리적으로 자신의 의사표현 중에도 자신의 표현에 대한 상대방의 반응을 알고 싶어한다. 다시 말해서 일대일 관계에서는 자기가 한 말이 옳은지 그릇된지를 대화 도중에 파악하려고 하며, 일대 다수의 경우에는 과연 본인이 대화의 흐름에 맞추어 표현을 했는지, 대화방향이 맞는지, 제대로 된 표현을 하고 있는지를 알기 위해 이야기하는 도중에라도 점검하고자 한다. 이때에 말하는 사람은 바로 상대방의 비언어적 반응을 감지하여 반응을 직감한다.

둘째, 즉각반응을 점검함으로써 완벽한 커뮤니케이션이 이루어지도록 한다. 즉각반응 없이는 완벽한 커뮤니케이션이 이루어졌다고 할 수 없다. Argyle와 Dean에 따르면, 커뮤니케이션 상황에서의 송신자와 수신자들은 상호작용할 때마다 심적 균형상태(equilibrium)를 유지하려고 한다. 그래서 송신자들은 대화도중에도 순간순간 즉각반응을 확인함으로써 상대방과의 심적 균형상태를 형성해 나간다. 상대방에게서 자신에 대한 친밀감(intimacy)을 확인하면서 상호간의 균형상태를 형성케 되며 형성된 심적 균형상태는 송신자에게 심리적인 안정감을 가져다 준다. 이처럼, 즉각반응은 커뮤니케이션 과정에서 상대방을 확인하게 한다. 인간은 커뮤니케이션 과정에서 항상 심적 균형상태를 유지하려 한다는 가설에 근거해서 살펴보면, CMC에서도 심적 균형상태를 유지하려는 의도는 마찬가지이다. 따라서 비언어적 요소가 결여된 CMC에서는 다른 형식으로 즉 언어적 형태의 즉각반응을 빌어 심적 균형상태를 형성하든지 아니면 심적 균형상태 형성을 포기해야 할 것이다.

셋째, 상대방의 즉각반응을 통해 친밀감을 감지할 수 있다. Mehrabian에 의하면, 일반적으로 감정을 상대방에게 전달하려고 할 때 오직 7%만이 언어적인 묘사로 표현되고, 37%는 준언어적 요인으로, 55%는 비언어적 행위에 의해 이루어진다.

의사결정과정에서는 한 안건에 대한 참여자들의 의견이 개진되어 찬반에 대해 논의를 하고 합의점에 도달해야 하기 때문에 상대방의 반응파악이 주요하다. 자신의 표현에 대해 즉각반응을 감지할 수 없다면 상대방의 의중을 알 수 없기 때문에, 논의과정이 길어지게 되어 의사결정에 도달하는 시간과 과정도 연장된다.

(2) 심리적 안정감과 참여의욕

송신자들은 일반적으로 편안한 상태에서 본인이 표현하고자 하는 의도대로 좀더 많은 의견을 제시할 수 있으므로, 심리적인 안정감은 커뮤니케이션 상황에서의 자유로운 의사표현을 유도한다. 커뮤니케이션 상황에서 갖게 되는 심리적인 안정감은 커뮤니케이션에 참여하고 있는 상대방을 어느 정도 심리적으로 인식하느냐, 즉 "사회 실재감"과 관련되며 사회 실재감은 "사람의 만남"에 따른 결과이다. 따라서 "사람의 만남"에 대해 심리적인 부담감을 갖는다면 이는 커뮤니케이션 행위를 저해할 수도 있을 것이다. 특히 "사람의 만남"이 있는 커뮤니케이션 상황에 대해 심리적인 부담감을 갖는 사람들은 성격상으로 내성적인 자나 신체상으로 장애가 있는 자들일 것이다. 이들에게 심리적인 부담감을 주는 "사람의 만남" 요소가 배제된다면 심리적인 안정을 얻어 커뮤니케이션 참여 의욕이 높아질 것이다.

Rice와 Case는 사람의 성격이 CMC를 통한 커뮤니케이션 효과에 영향을 미치는 중요 변수라고 했다. 또한 Bair는 내성적인 성격을 가진 사람들이 CMC에서 심적 안정감을 느껴 자신들의 의사표현을 잘한다는 연구결과를 발표했다. 이와 같이 성격요인 중 내성적 성격은 CMC 사용과 밀접한 관계가 있다. Myers-Brigg Type Indicator(MBTI)에 따르면, 내성적인 사람들은 다른 사람들과 교류하기 싫어하고 혼자 있기를 좋아하며 자신의 의사를 다른 사람들에게 표현하기보다 속에 담아두는 형이다. 또한 자신의 의사표현에 대한 다른 사람들의 반응에 민감하다. 따라서 상대방 면전에서 자유롭게 토의를 하지 못하며, 상대방을 의식하여 질문조차도 주저한다. 왜냐하면 상대방의 존재에 대한 의식이 강한 반면에 자신에 대한 심적 안정감이 결여되어 있기 때문이다. 내성적인 사람이 두려워하는 이러한 여건들이 CMC에서는 배제된다. 즉

CMC는 이들에게 의사표현에 대한 안정감과 편안함을 제공해 준다.

(3) 업무 지향적인 욕구의 강화

"사람의 만남" 요소의 제외됨은 커뮤니케이션 상황에서 사회 감정적인 요인의 감소를 가져온다. 이는 업무지향적 요인 강화를 초래하여 결국 업무지향적인 의사표현이 주가 되는 커뮤니케이션 상황을 만든다.

사회적 실재(social presence)개념을 도입한 조사 연구에서는, CMC가 정보교환면에서는 아주 효과적이고 유용하지만 그룹 내의 갈등해소나 문제점 해결에는 유용성이 낮기 때문에 인간적인 요인이 적은 업무적인 내용 교류에 활용되는 경향이 높다고 한다. 일반적으로 CMC는 업무수행에 필요한 정보를 교환하거나, 의문사항을 질의한다든지, 의견이나 지시 사항을 전달 혹은 교환할 경우, 아이디어를 창출해 내거나, 사회적 견제 및 관계유지, 일상적인 의사결정이나 협력적인 문제해결을 위한 사무적인 커뮤니케이션 활동이 필요한 업무 형태에 주로 적용된다.

Phillips와 Santoro의 연구에 따르면, CMC의 참여자는 문제해결을 위한 토론과정에 주의를 집중시킴으로써 상호간의 관심이나 내용에 집착하지 않게 한다.

2. 조직 커뮤니케이션 상황 변화

송신자와 수신자가 공간이 공유되지 않은 상황에서 상대방의 존재를 감지할 수 없을 뿐 아니라 비동시적인 커뮤니케이션이 가능해진 CMC 상황에서는 상호연결과 영향력, 정체성 확립의 강도가 약해져서, 조직적인 커뮤니케이션 상황을 기대할 수 없을 것이다. 상위자의 입장에서 물리적인 신체상의 거리감은 상의하달식의 의사전달방식에 방해가 된다. 가장 두드러지는 것은 CMC가 의사참여를 평등화하고 한편의 사회영향력과 지배효과를 감소시킴에 따라 조직 내의 커뮤니케이션 문화를 변화시켰다는 것이다. 그러나 작업을 신속, 효율적으로 수행하는 능률면에서는 조직 커뮤니케이션 상황에 적합하다.

(1) 위계질서가 없는 조직 커뮤니케이션

특정인의 지위와 신분이 표출되는 커뮤니케이션 상황에서는 사회 규범적 영향력이 미칠 수 있다. 그러나 사회 규범적인 요소가 배제된 CMC에서는 특정 개인에 의한 영향력은 감소한다. 참여자들의 신분이 노출되지 않은 상태에서의 의사교환은 지배의 의미가 전혀 개입되지 않으며 메시지 내용이나 전달과정이 강압에 의하거나 통제를 받지 않고 동등한 위치에서 사무적인 내용을 교환하기 때문에 지배효과가 나타나지도 않는다.

상호작용에 있어서 일방적으로 커뮤니케이션을 독점하는 행위인 지배는 한 집단 내의 상호작용에 있어서의 비균형적인 참여로 연결된다. 따라서 커뮤니케이션 상황에서의 참여와 일방적인 지배효과는 서로 관련되어 있다. 실제적으로 의견교환과정에 있어서 의사참여의 빈도(frequency) 및 지속기간(duration)과 사회적 지위에 의한 의사진행지배와의 상관관계를 측정한 결과, 대면 커뮤니케이션에 비해 CMC에서는 비교적 약하게 나타났다. 그러므로 CMC에서는 위계질서가 붕괴되고 좀더 평등화된 커뮤니케이션 체제가 구축된다. CMC가 면대면 상황에 비해 좀더 조직내에서 평등화된 의사교환을 보장한다는 실험 연구들이 이를 뒷받침해 준다. 이 연구들은 불평등 의사교환의 참여는 조직 내의 지배와 권력과 관련되어 있지만, CMC에서는 지배 및 독점효과가 크게 약화되어 조직내 평등화된 의사교환을 유도한다고 지적했다.

또한 Dubrivsky와 그의 동료들은 CMC 상황에서의 사회적 지위의 평등화를 측정한 결과, 조직에서 면대면 커뮤니케이션 대신 CMC를 사용할 경우, 커뮤니케이션 과정에서 외부적인 지위로 인한 영향력이 감소되었음을 발견했다. 그 원인은 문자로된 텍스트로 교환을 하거나 상호 대화를 하는 경우에, 일반적으로 미치는 사회 규범이나 비언어적인 요소가 영향을 미치지 않으므로 메세지 내용에만 관심이 집중되기 때문이다. 사회적 지위와 권위를 판가름하는 사회 규범적 영향력이 무시되기 때문에 보다 평등한 참여를 촉진하게 된다.

이처럼 기존의 많은 연구들은 대면 커뮤니케이션에서 상존하는 집단내부의 위계질서나 계급의식이 CMC에서는 뚜렷하지 않다는 점을 지적한다. 높은 지위를 가진 참여자가 보다 빈번하게 대화에 참여하고 의사결정에 보다 깊숙이 관여하고 지배하는 경향이 있다. 조직 커뮤니케이션 분야의 사례연구들은 CMC가 커뮤니케이션을 통제하는 사회 지위와 같은 사회 규범적 영향력을 감소시킬 수 있음을 입증했다.

(2) 조직내 의사결정과정의 변화

조직의 규범과 의사결정과정은 매체를 통해 전달되는 신호와 매체환경에 영향을 받는다는 연구결과들이 제시되었다. 따라서 의사결정과정에서 감정적 요소의 배제는 조직의 의사결정과정의 변화를 초래하며 CMC가 조직내의 커뮤니케이션에 기본적인 기능인 의사결정과정에 혁신을 가져다 준다.

첫째, 시간과 공간적 조건과는 상관없이 언제 어디서나 의사결정을 위한 연결이 가능하다. 둘째, 평등화된 의사교환 분위기로 말미암아 더 솔직한 의견이 많이 개진된다. 셋째, 의사결정과정에서 주로 안건과 관련된 의견만 전달할 수 있다. 물리적인 차원에서 시간과 공간의 한계를 극복해 주는 CMC에서 의사결정에 참여하는 참가자들은 지역과 시간의 제약에 구애받지 않고 모두 참여할 수 있다. 커뮤니케이션 참여에 있어서의 이러한 확대는 의사결정에 필요한 정보수집, 정보교환에 크게 기여하게 되며 의사결정에 중요한 영향을 미친다. 또한 기능적인 차원에서 CMC는 많은 조직원들의 신속한 정보교환을 용이하게 해준다.

소집단을 대상으로 의사결정을 위한 간단하거나 혹은 복잡한 안건을 설정해 준 뒤, 대면 커뮤니케이션과 CMC를 의사결정과정과 효과면에서 비교해 보는 연구가 있었다. 일반적인 미팅에서는 커뮤니케이션과 관련없는 행위들에 많은 시간을 소비하게 되고, 상호간의 정보교환이 덜 이루어지고, 집단 내의 제반문제들이 해결해야 할 과제로 대두되기 때문에 의사결정에 필요한 안건에 대한 논의에 집중할 수 없다. 그러나, CMC는 의사결정에 필요한 커뮤니케이션 교류에만 역점을 두기 때문에 효율적인 의사결정과정을 제공해 줄 수 있다. 요약컨대, CMC에서 통용되는 평등화된 참여와 최소화된 조직원에 대한 영향력, 지배력의 약화가 의사결정과정을 효율적으로 만든다. 그러나 다른 한편으로는 이런 속성이 의사결정 과정에서 합의를 더욱 어렵게 한다는 지적도 있다. CMC에서는 메시지 내용의 교류만이 있을 뿐이며, 다른 상황적인 설명과 정보를 제공해 줄 수 있는 채널이 없다. 글에 의한 표현이 말에 의한 표현에 비해 시간이 더 요구된다. 그래서 즉각적인 반응을 할 수 없기 때문에 제한된 시간 내에서의 의사교류는 일반회의 때보다는 상대적으로 적을 것이며 면대면 상황이 CMC에 비해 보다 많은 의사결정을 해낸다. CMC는 의사결정과정에 필요한 진솔한 의견이 다양하게 표출된다면, 면대면 커뮤니케이션은 결과를 중요시하는 경향이 있다

제 4 장

사이버 공간(Cyberspace)과 커뮤니케이션

원 우 현

기술 인프라를 토대로 온라인 커뮤니케이션 체계가 구축되고 시공간의 경계가 약화되는 일련의 단계들은 바로 사이버 공간의 기본적 조건이 된다. 인터넷이 만드는 사이버 공간의 개념과 특성을 살피고 사이버 공간이 우리생활에 주는 의미는 무엇이며 문제점이 무엇인가를 살핀다.

Ⅰ. 사이버 공간의 개념

사이버(cyber)라는 말은 그리스어의 쿠베르난(kubernan)에서 유래한 단어로 '조종하다', '안내하다', '통치하다', 혹은 '제어하다' 라는 의미이다. 어원상으로 보자면 사이버네틱스라는 용어는 〈키잡이〉를 뜻하는 그리스어 'kubernetes' 에서 유래한 것으로 뒤에 로마어로는 'governor' 라는 말을 의미했다. 오늘날 사이버 네틱스는 첨단 과학기술의 발전과 그를 통한 사회적 혁신을 시사하고 있다.

사이버 스페이스라는 말은 1984년 출간된 윌리엄 깁슨의 공상 과학소설인 뉴로맨서(Neuromancer)에서 처음 사용된 신조어로서, 소설 속의 주인공은 컴퓨터를 자신의 뇌와 직접 연결한다.

노버트 위너(Norbert Wiener)는 1948년에 컴퓨터를 사용하는 제어 시스템을 지칭하는 용어로 사이버 네틱스(cybernetics)라는 단어를 만들어 냈다. 그때부터 사이버라는 접두어는 로봇과 컴퓨터에 관련되어 사용되었고, 1960년대 BBC의 드라마 닥터 후에 나오는 악명높고 잔인한 적의 이름 사이버맨에도 사용되었다.

그 밖에 사이버가 들어가는 용어들은 사이버 펑크(cyberpunk)가 있다. 이는 1980년대의 과학소설의 장르이고, 사이보그(cyborg)는 의학의 발달로 인해 인체에 기계를 이식해서 만든 반인(半人) 반기계 등 사이버에 관련된 단어를 많이 접할 수 있다.

정보기술이 깁슨의 시나리오처럼 발전해 감에 따라 사이버 스페이스라는 용어는 점차 다양한 정의와 의미를 생성하며 보편적으로 쓰이게 되었다.

사이버 스페이스는 국제적인 통신에서의 정보처리기술, 저장 및 재생과 (각 단말기 상에서의) 화상, 음성 재생 기술이 시기적절하게 어우러진 것이다. 네트워크화된 통신기술에 의해 결합된 정보는 광대한 지식을 갖춘 가상 세계를 형성했다. 이는 기록된 데이터와 식별번호, (그 나름대로의) 표준, 방법 및 절차를 가진 또 다른 가상공간의 실제적 개념인 가상현실이다.

Cyberspace를 기술적으로 정의하면, 가상현실 기법과 네트워크의 결합이 만들어 내는 매체 매개적 공간을 말한다. 그 공간의 기본구성 단위는 정보이며, 정보는 자연세계를 구성하는 물질과는 다른 존재론적 성격을 가지기 때문에 그곳의 축, 좌표, 차원은 현실과 차이가 있다. 물질적인 기반에서 벗어날 수 있는 공간이라는 의미로부터 Cyberspace는 자유의 공간, 상상력의 공간, 이성의 공간으로 여겨지고 있다. 그러나 컴퓨터와 통신기술의 발전에 따라 사실적인 그래픽 처리와 실시간 전송, 그리고 가상현실을 구현할 수 있는 하드웨어들이 발전함에 따라 현실세계를 거의 완벽하게 모방하는 것이 가능해져 가상과 현실 간의 경계가 불분명해질 것이라는 논의들이 있어 왔다. 그러므로 Cyberspace는 물리적 공간은 아니지만 현실과 유사한 세계를 형성하고 있어서 '공동의 영상'을 표현하고 경험할 수 있는 비물질적 공간이다.

Cyberspace는 어딘가에 존재하고 있지만 확정지을 수 없고, 정보의 최소단위, 즉 Bit에 의해 구성되는 세계이다. 이는 무한히 확장될 수 있는 성격을 지닌 관계로 인간의 능력에 의해 정확히 측량되고 파악될 수 없지만, 인간의 지적 능력의 한계 내에서 경험을 중심으로 발전되어 온 이유 때문에, 앞으로의 전개 양상이 인위적일 수밖에 없는 기본적인 속성을 지닌다.

사이버 공간은 기술적인 차원에서 보면 통신망과 컴퓨터의 발달로 구현되는 것으로 볼 수 있다. 통신기술상의 획기적 전기를 가져온 컴퓨터 통신은 이전까지의 다른 통신에 비해 일반적으로 비동시성, 다대다통신, 쌍방향성 등의 특징을 갖는다. 바로 이러한 특성들을 통해 컴퓨터 통신은 일종의 공간을 형성하는 것으로 인식된다.

이렇게 형성된 사이버 공간에 대해서 학자들은 다양한 정의를 내리고 있는데, 대부분 사이버 공간을 사회적인 관점에서 접근하고 있다.

피에르 레비(1997)는 사이버 공간이란 컴퓨터와 정보기억장치들의 전지구적 상호연결에 의해 펼쳐지는 개방된 커뮤니케이션 공간이라고 정의하였다. 사이버 공간은 종래 라디오나 TV, 신문 등의 커뮤니케이션 공간과는 근본적으로 다르며, 이 모든 미디어를 합성해 놓은 것으로 인식된다. 인터넷을 통한 디지털 커뮤니케이션은 TV와 신문, 라디오의 공공적 커뮤니티 차원과 일대일 커뮤니케이션 방식의 전화의 상호작용과 교환의 성격을 모두 갖고 있기 때문이다(피에르 레비, 2000, p. 13).

또한 이 공간이 실제의 공간은 아니지만, '단순한 물리적인 공간이 아니라 사회적 공간' 이라고 하였다(윤영민, 1996). 여기서 사이버 공간은 컴퓨터 내부의 공간이 아니라 커뮤니케이션에 의해 형성되는 사회적 공간이라는 점에 주목할 필요가 있다. 즉, 물리적 의미에서 컴퓨터 통신의 공간이란 기억장치를 비롯한 각종 컴퓨터 장치와 복잡한 통신망을 의미할 뿐이다. 사회적 공간이라는 규정에는 이 같은 사실이 반영되어 있으며, 따라서 사이버 공간이란 결국 컴퓨터 통신을 매개로 형성되는 사회관계를 뜻하는 것으로 파악된다. 사이버 공간은 물리적인 한계를 뛰어넘은 만남과 관계, 접합과 결합, 공동체 구성이 이루어지는 커뮤니케이션 공간이라는 특성으로 이해될 수 있다. 이 새로운 형태의 사회관계가 공간으로 표상되는 것은 이제까지의, 그리고 지금도 대부분의 사회관계가 공간에 바탕한 관계이기 때문이다(홍성태, 2000, p. 29).

한편, 가상 공동체의 설립자이자 이론가인 라인골드(Rheingold, 1993) 또한 사회적 공간으로서의 사이버 공간은 컴퓨터와 인터넷을 통하여 참여자들

상호간에 의사소통이 이루어지는 공간이라는 낙관적 견해를 가지고 있었다. 그는 이러한 시각에서 사이버 공간을 "컴퓨터 매개 커뮤니케이션 테크놀로지를 이용하는 사람들에 의해 언어와 인간 관계, 자료와 부와 권력이 현재화되는 개념적 공간"이라고 정의하고 있다. 즉, 인터넷 사용자들은 실제생활과 같이 사이버 공간에서 친교하고, 사랑하고, 교육도 하고, 사업도 한다는 것이다. 사이버 공간에서는 우리들의 몸에 대한 단서 없이도 상호작용이 가능하여, 개인의 언어, 사고, 아이디어가 중심을 이루어 가고 있는 공간이라는 것이다.

한편, 스톤(A.R. Stone)은 사이버 공간을 가상현실(Virtual Reality)과는 분리된 사회적 상호작용이 이루어지는 현실의 확장으로 이해해야 한다고 주장했다. 사이버 공간은 현실 공간과 대비되는 개념으로 사용되어서는 안 되며, 물리적인 공간과 대비되는 개념으로 사용되어야 한다. 그런 점에서 사이버 공간은 현실 공간과 마찬가지로 사람들의 행동에 영향을 미치는 생활환경이자 행동 맥락이 되는 것이다.

Ⅱ. 사이버 공간(cyberspace)의 특성

사이버 공간은 뚜렷한 중심이 없고, 누구나 참여와 이용이 가능하며, 외부의 통제나 규제가 어렵고 시간과 공간의 제약으로부터도 자유롭다는 특성을 가진다. 이러한 특성들은 대체로 다음과 같은 6가지로 구분하여 살펴볼 수 있다(강상현, 1999, pp. 24-25).

(1) 사이버 공간의 특성

첫째, 사이버 공간은 개방적이고 탈중심화된 공간이다. 사이버 공간은 여러 컴퓨터간의 네트워킹에 의해 형성되는 공간인 동시에 그러한 네트워크의 네트워크에 의해 확장되는 공간이기도 하다. 때문에 네트워크에 연결된 누구에게나 열려 있는 개방적인 공간인 동시에 특정 중심이나 중앙이 따로 없이 누구나 비교적 대등한 수평적 관계 속에서 이에 참여하고 또 서로 상호작용할 수 있는 공간이다. 특히 비대면적 접촉을 통해 익명성이 보장되는 환경에서는 상호간에 사회적 지위나 성별, 연령, 인종 등의 선행조건들을 전제하지 않는 상태에서 대화와 토론이 가능한 수평적 커뮤니케이션의 공간이기도 하다. 특히 사이버 공간의 상호작용적 특징은 전통적인 발신자와 수신자의 수직적 관계를 보다 수평적인 관계로 전환시켜 주며, 이로 인해 커뮤니케이션 과정에 참여하는 사람들은 정보와 이미지의 수신자임과 동시에 발신자가 되며 그 역할이 수시로 상호변환될 수 있는 역동적 관계에 놓이게 된다.

둘째, 사이버 공간은 자유롭고 탈매개적이다. 특정 개인이나 집단의 인위적인 제약으로부터 자유롭다는 것이다. 사이버 공간에서의 정보접근이나 상호소통과정은 기존의 매스미디어 상황에서와는 달리 누군가에 의한 중간의 게이트키핑(gatekeeping) 과정을 거치지 않을 뿐 아니라 외부의 임의적 규제나 간섭이 용이하지 않기 때문에 타인으로부터 자유롭게, 그리고 보다 직접적으로 정보와 의견을 교환할 수 있다. 사이버 공간이 보장하는 참여자의 익명성은 외적 간섭이나 내적 중재 없이 보다 자유로운 상황에서 자신의 생각이나 의견을 표출할 수 있게 해준다.

셋째, 사이버 공간은 시공의 제약을 초월할 수 있다. 점차 고도화되는 정보통신 기술에 힘입어 어느 때 어느 곳에서나 동시 혹은 비동시적으로 정보에 접근하거나 의견교환을 할 수 있고 자신의 주장을 펼 수도 있는 공간이다. 따라서 이에 관여하는 사람들은 보다 적극적이고 능동적인 참여자가 될 수 있다.

넷째, 사이버 공간은 다양하고도 탈대중적이다. 사이버 공간은 개개인이 사용하는 컴퓨터를 통해 이루어지는 정보유통 및 의사소통 공간이라는 점에서 기본적으로는 개인 미디어라는 특성을 지니는 동시에 네트워크화된 집단과 조직의 미디어일 수도 있고 때로는 익명의 다수와 연결된 매스미디어적 특성도 동시에 지니는 공간이기도 하다. 기본적인 장비만 구비되어 있으면 비교적 적은 비용으로 사이버 공간에 참여할 수 있다. 이러한 특성은 개인에서부터 크고 작은 수많은 이해관계 집단들로 하여금 자신의 매체를 가질 수 있게 하며 보다 다양한 관점과 주장의 개진을 가능하게 한다.

다섯째, 사이버 공간은 개인뿐 아니라 집단에게 새로운 정체성과 권능을 부여하는 새로운 소통의 장이 된다. 전자적으로 매개되는 사이버 공간은 '주체구성의 민주화' 를 통해 개인에게 새로운 자아(cyber ego)를 갖도록 하는 공간이기도 하며, 사이버 공동체의 형성과 참여를 통해 새로운 집단적 정체성을 갖게 하는 공간이기도 하다. 사이버 공간은 개인의 주체를 새롭게 구성해 내고, 그 동안 소외되었던 여러 소수집단이 자기 목소리를 낼 수 있을 뿐 아니라, 보다 자유롭고 자율적이며 평등한 새로운 공동체를 건설할 수 있다는 것이다(Baym, 1995, 219-220 : Rheingold, 1993).

여섯째, 사이버 공간은 '대안적 공론권'으로서의 새로운 민주적 커뮤니케이션의 장이 될 수 있다. 디지털 네트워크 기술과 그것이 만들어 내는 커뮤니케이션 구조는 하의상달의 철학적 기조, 수평적 조직구조, 자발성, 상호작용성 및 이용자 친화적인 인터페이스 등으로 인해 보다 민주적인 사회구조에 적합한 새로운 공론권을 창출할 수 있는 잠재력을 지니고 있다(Brants, Huizenga & Meerten, 1996, p.246). 또한 사이버 공간은 모든 사람들에게 개방되어 있고 참여하는 사람들이 서로 동등한 입장에서 양방향적인 커뮤니케이션을 통해 어떤 주제들도 토론할 수 있다는 점에서 기존 미디어보다도 훨씬 더 공론권이 될 가능성이 높다는 것이다(김경희, 1998, pp.338-342).

(2) 인지가능한 사이버 공간

1) 데이터베이스(Database)

흔히 '정보의 바다'라는 Cyberspace에 대한 은유적인 표현은 그 속에 존재하는 무수한 디지털 정보에 초점이 맞추어져 있다. 이러한 경우 Cyberspace는 그 초기의 모습인 방대한 '데이터베이스(Database)'로서의 특성이 강조된 경우이다. 이전의 수직적이고 폐쇄적인 서버-클라이언트 방식의 비민주적인 정보 흐름은 전 지구적이며 수평적이고 개방적 네트워크인 인터넷이라는 거대한 데이터베이스에 점점 밀려나고 있다. 이 속에서 사용자들은 스스로가 정보의 생산자임과 동시에 소비자이며 자기 정보의 관리자로서의 자격을 획득한다.

2) 대안 미디어로서의 기능

현실세계에서는 대중매체가 지배계급의 손에 의해 일부에 독점되어 있기 때문에 대중은 지배계급의 메시지를 일방적으로, 그리고 수동적으로 수용해 간접적인 반응에 그칠 수밖에 없다. 그러나 Cyberspace는 현실 세계에서 직접적이고 능동적인 목소리를 낼 수 없는 힘없는 일반 대중들이 기성매체를 이용하지 않고도 얼마든지 자신의 생각과 메시지를 전지구적 차원으로 전파하고 여론을 형성할 수 있는 효과적인 방안을 제시한다. 현재의 상황을 보더라도 Cyberspace를 구성하고 있는 홈페이지, 웹진, 디지털 신문, 게시판 등 다양한 사이트(Site)들은 그 각각이 기성 매체들에 대한 대안 매체로서의 사회적인 역할을 한다.

3) 비물질성

Cyberspace는 그 구성의 기본단위가 정보라는 속성 때문에 근본적으로 비물질적인 성격을 띠며, 이러한 특성은 현실세계의 물리적인 제약으로부터 자유롭게 하는 가장 원초적인 조건이자 모든 가능성의 출발이 된다. 가상현실 기술을 통해 정보는 종래와는 다른 것이 된다. 벽돌이나 모르타르와 같은 물리적인 재료로서가 아니라 비물질적인 정보의 단위로 구축되는 새로운 공간은 신체성을 극복하고 탈육화된 자유로운 가소성으로 인하여 전혀 새로운 경험을 제공한다. 그리고 이러한 비물질적인 재료는 그것의 물질적 지주로부터 추출되면서도 감각의 형태를 보전하고 있는 추상적 이미지나 상징으로 나타난다.

4) 인위성(Artificiality)

Cyberspace는 자연의 세계처럼 '주어진' 것이 아니라 인간에 의해 '창조된' 것이라는 측면에서 이러한 새로운 공간을 지배하는 모든 원칙과 운동의 법칙 또한 주어진 것이 아니라 만들어야 하는 것이다. 규정되지 않은 것은 존재하지 않으며, 자연공간에서의 현상의 원리를 파악하고 설명하는 수단으로서의 인간의 이성은 새로운 세계를 창조하는 가장 중요한 기초로서 의미를 가지며, 이 과정에서 인간의 경험을 제공하는 현실세계가 그 준거로서 작용한다.

5) 논 리 성

Cyberspace는 그 고유의 비물질성으로 인하여 모든 점에서 자유로운 무한한 가능성을 지닌 공간으로 인식되기는 하지만, 그러한 가능성은 인간의 이성으로 판단될 수 있는 논리의 범주 내에서 찾아볼 수 있다. 그 근거로는 Cyberspace의 기반을 제공하는 컴퓨터와 네트워크 시스템 자체가 인간의 지적 논리에 기반해서 만들어졌으며 컴퓨터가 정해진 논리체계를 이탈하는 연산은 불가능하다는 점이다. 그러므로 논리적으로 가능한 일들만이 일어날 수 있다는 전제조건이 Cyberspace의 기본적인 특성이 된다.

6) 네트워크(Network)

Cyberspace는 앞으로의 기술의 발전에 따라서 현재의 인터넷을 능가하는 전세계를 포괄하는 공공적이고 보편적인 전지구적 네트워크로서의 공간이 된다. 누구나 어디에서나 접속이 가능하고 몰입이 가능하며, 의사소통의 문제에 있어서도 문자와 언어가 배제된 시각적인 상징과 이미지가 주요한 수단이 된다. 실질적인 가상현실이 도입됨으로써 기존의 인터페이스는 그 의미를 상실하고 언어가 생기기 이전의 단계로 돌아가게 됨에 따라 이미지와 상징 그 자체가 의미로 표현되고 인식된다.

Cyberspace는 위에서 살펴본 바와 같이 VR과 같은 컴퓨터 기술을 이용한 가상현실 기법과 현재의 Internet과 같은 전지구적 네트워크가 결합된 가상의 세계, 가상의 공간을 말한다. 또한 이 공간은 데이터베이스나 미디어로서의 Cyberspace와 같은 사회학적 의미와 관념적인 광의적 개념이 아닌, 인간의 지각능력에 의해 3차원공간으로서의 인지가 가능한 공간으로 제한하여 정의될 수도 있다.

Ⅲ. 사이버 공간의 기능

피에르 레비(1997)는 사이버 공간을 커뮤니케이션 공간으로 파악하면서 사이버 공간에 의해 가능해진 주요 커뮤니케이션 기능을 컴퓨터 통신의 기술적 측면에서 다음과 같이 구분하였다.

① 첫번째 주요 기능은 컴퓨터의 다양한 자원을 원거리에서 접근할 수 있

다는 점이다. 이러한 접근은 기술적으로 계산능력에 대한 실시간 접근, 데이터베이스 내용 또는 원격 컴퓨터의 기억장치에 대한 접근 등을 의미한다. 바로 이러한 원격 기억장치에 대한 접근으로 사이버 공간의 정보를 이용하거나 정보를 제공하는 것이 가능하며, 이를 통해 커뮤니케이션 할 수 있게 되는 것이다.

② 두 번째 기능은 파일 전송이나 원격로드 작업이 가능하다는 것이다. 파일전송은 디지털 기억장치의 정보보따리를 다른 곳에 재복사하는 것이다. 일반적으로는 원격 기억장치에서 자신의 개인용 컴퓨터의 기억장치나 자신이 작업하고 있는 사이트의 기억장치로 복사하는 일이다.

전자우편(이메일) 기능은 사이버 공간에서 가장 중요하고 널리 사용되는 기능 가운데 하나이다. 정보망에 연결된 사람들은 특별한 주소로 표시되는 전자편지함을 가질 수 있다. 이를 통해 상대방이 자신에게 보낸 메시지를 받거나, 통신망을 통해 전자우편주소를 가지고 있는 모든 이들에게 메시지들을 보낼 수 있다. 전자우편은 접속할 수 있는 어느 곳에서나 메시지의 송수신이 가능하다. 전자우편은 수신인 목록을 지정하는 것으로 이 목록에 있는 모든 사람들에게 동일한 메시지를 한번에 보낼 수 있다.

③ 세 번째 주요 기능으로 토론방(비동시적 토론광장)을 들 수 있다. 토론과 유사한 형태로 우편 목록(mailing list)이나 사용자망(usenet) 속의 뉴스집단(newsgroup)이 있다. 토론방은 단순한 게시판에서부터 특정 홈페이지 내에 토론 기능이 첨부된 게시판까지 다양한 형태로 나타난다. 사이버 공간의 토론방은 인터넷이 쌍방향적인 의사 소통의 도구가 될 수 있는 가능성을 보인 예이다. 그러나 실제로는 토론방에서 이루어지는 대부분의 토론들이 쌍방향적인 커뮤니케이션일 것이라는 기대에 비해 대부분 일방적인 자기 주장의 표현인 경우가 많다. 토론방이 사이버 공간에서 비동시적 쌍방향적인 커뮤니케이션 기능을 수행한다.

④ 네 번째 기능인 채팅은 동시적인 커뮤니케이션 기능을 하고 있다. 채팅은 실시간으로 이루어지기 때문에 마치 상대방과 직접 대화를 나누는 것과 같은 경험을 할 수 있다. 채팅은 채팅방이라고 구분되는 사이버 공간에서 타이핑한 글자가 컴퓨터 화면에 표현되는 행동이지만, 이것은 현실공간에서 직

접 얼굴을 마주보고 대화하는 경우보다 훨씬 강한 인간적인 교류를 가능하게 한다.

사이버 공간은 이와 같은 다양한 커뮤니케이션 방식이 개별적으로 사용될 뿐만 아니라 이들이 다양한 상호결합을 통해 새롭게 창출되어 가는 공간이기도 하다.

Ⅳ. 사이버 공간과 가상현실(Virtual Reality)

사이버 공간과 유사하면서 혼동이 되는 가상현실(Virtual Reality)의 개념을 비교하여 살펴보겠다.

〈표 1〉 사이버 공간과 가상현실

특성 \ 구분	가상현실	사이버 공간
그래픽 시뮬레이션	○	(부분 적용)
시각 의존성	○	(부분 적용)
상호작용	○	○
몰입	○	(부분 적용)
원격참여(Telepresence)	○	○
미디어 -새로운 커뮤니케이션의 도구	○	○
데이터베이스(Database)	(부분 적용)	○
비물질성	○	○
논리성	○	○
현실의 모사성	○	(부분 적용)
이상향(유토피아적 비전)	(부분 적용)	○

일반적으로 가상현실은 항상 사이버 공간을 구축하는 수단인 하위개념은 아니다. 사이버 공간과 가상현실은 서로 종속관계가 아니고 양립적이다. 그러

나 가상현실이 사이버 공간을 구성하는 도구로 유효적절하게 사용될 수 있다.

그 차이점으로 사이버 공간은 광범위한 데이터베이스와 네트워크로 이루어진 새로운 문화의 배경에 집중되어 그 존재의 시각적 접근보다는 새로운 공간세계에 집중되어 있는 반면, 가상현실은 대상의 시각적 표현과 실현에 초점이 맞추어져 있다. 그러나 공통적으로 이 두 가지는 인간과 매체 간의 상호작용을 바탕으로 미래의 인터넷 사회를 주도할 새로운 커뮤니케이션이다.

제 3 부

인터넷 발전과 정보사회

제 5 장

가상현실(Virtual Reality)과 가상경험

원 우 현

Ⅰ. 가상현실의 연혁

가상현실을 연구하는 사람들은 가상현실(virtual reality)의 출현을 텔레비전 등의 등장과 비슷한 것으로 비유한다(Biocca et al, 1995). 1941년 '멀리 있는 화상(vision at distance)'이라는 뜻을 가진 텔레비전(tele-vision)이 세상에 첫 선을 보인 이후, 미국 내에서 40년대 초 5천대에 불과하던 TV는 혁명적으로 늘어나 전국의 집집마다에, 그리고 사람들의 마음 속에 자리잡게 됐다. 이와 마찬가지로, 1988년 도입된 가상현실은 말 그대로, 우리의 머리를 감싸는 TV와도 같은 '머리에 쓰는 기구(head-mounted display)' 등의 장치와 함께 우리 앞에 나타났다.

가상현실[1)]을 일컫는 명칭들도 다양했다. 컴퓨터 시뮬레이션, 인공현실(artificial reality), 증대된 현실(augmented reality), 사이버 스페이스 등 더 많은 용어들이 이 기술의 진전과 함께 나올 수도 있겠지만, 수수께끼와도 같은

1) Clande Cadoz(1994, 심윤옥 역, 1997, pp.12-13)는 "가상현실"이라는 말은 엄밀히 말해서 정확한 용어라고 볼 수 없으며, 일반적으로 그 말이 지칭하고 있는 것은 대단히 광범위하고 명확한 움직임이 축소되고 한정된 일부에 불과한 것"이라고 평가한다. 그는 '통합적 재현(representation integrale)'이라는 용어가 더 적합할 것이라고 말한다. 왜냐하면 "컴퓨터는 인간이 창조해 낸 가장 보편적인 '재현'(강조:발제자) 수단 가운데 하나에 불과"하기 때문이며, "새로운 점은 그것이 어떤 도구보다도 완벽한 재현에 도달할 수 있게 해준다는 것과, 그것을 완벽한 재현의 도구로 사용할 수 있다는 것"이다.

용어 가상현실이 현재의 담론을 압도하고 있다. 가상현실이라는 용어는 그것의 목표 — 즉, 가상현실의 창조 — 를 부여함으로써, 이 기술의 미래를 정의내려 왔다. 가상현실은 기술이 아니다; 그것은 어떤 목적지를 의미한다. 이 용어는 재론 레이니어(Jaron Lanier)[2)]의 창안에 힘입어서, 가상환경, 가상세계, 가상공간, 인공현실들과 같은 다양한 목소리를 하나로 통합하여, 마치 먼 미래에서 들려오는 듯한 단일한 멜로디를 만들어 내고 있다.

MIT와 UNC, 그리고 군(軍) 연구센터들에서 이 용어는 대중문화적인 색체가 짙다는 이유로 환영받지 못했지만, 레이니어가 만들어낸 '가상현실' 사이버 슬로건은 TV와 잡지, 신문에서 컴퓨터 체험을 묘사하기에는 아주 적격인 용어로 받아들여졌다. 대체로 1960년대에 출생한 많은 저널리스트들에게는 시뮬레이션이라는 용어는 정보혁명(info-revolution)을 묘사하기에는 너무 현학적인 인상을 주었다. 신문, 잡지에서 이 두 가지 용어의 실제 사용빈도를 알아본 결과에서도 가상현실의 우위가 나타난다.[3)]

혹자들에게는 가상현실은 상상력의 경지로 나아가는 대모험의 첫발을 의미한다. 가상현실은 물리적 현실의 한계를 뛰어넘는 것을 약속한다. 그러나 다른 이들은 가상현실의 전반적인 아이디어에 대해서 냉소적이며 불편해하고 있다. 그들은 이 용어가 모순어법(oxymoron)이라고 생각한다; 그것은 불가능한 것을 약속하고 있다는 것이다. 유명한 에셔(Escher)의 계단처럼, 그것은 절대로 가능하지 않은 무엇인가에 대한 생생한 비전을 제공하고 있다는 것이다. 하지만 실현 가능성(reality)은 열렬한 가상현실 옹호자들에게 있어서 관심사가 아니다; 그들은 에셔의 계단을 상상만 하기보다는 체험할 수 있는, 컴퓨터가 창조한 세상(computer-generated world)을 원하고 있다.

---

2) Jaron Lanier는 가상현실 기술의 주요 생산업체인 VPL의 대표이사이며 수석 연구원이다. '가상현실(Virtual Reality)'은 그가 만들어낸 용어이다. 그는 나치 독일을 탈출한 공상과학 소설가의 아들로, 고향인 뉴멕시코에서 다니던 고등학교를 자퇴하고 다양한 음악에 심취해서 살다가, 대학에서 수학과 컴퓨터공학을 전공한 뒤 실리콘 밸리에서 연구와 사업활동을 벌였다 (Journal of Communication, Autumn, 1992, pp.150-151).

3) 미국내 96개의 신문과 173개의 잡지를 대상으로 1988년에서 1993년까지 '가상현실'과 '시뮬레이션'이라는 두 용어 가운데 어떤 것이 더 많이 쓰였나를 조사한 결과에 따르면, 1988년에서 1990년 사이에 시뮬레이션은 적어도 350회 이상 사용되었고, 가상현실은 1989년에 인용건수 0을 기록했지만, 1993년을 기점으로 가상현실이 시뮬레이션을 누르고 더 많이 사용되기 시작해서 인용건수 450회를 넘겼다.

Ⅱ. 본질적 모사와 가상환경

가상현실은 궁극적인 커뮤니케이션 미디어(ultimate media)로 나아가는 첫번째 걸음을 의미하는가? 가상현실의 선구자들 가운데 일부는 가상현실이 "인간과 기계 사이의 상호작용의 궁극적인 형태"(Krueger, 1991, Biocca et el, 1995 재인용) 또는 "인간의 정신을 축소시키지 않는 첫 번째 미디어"(Rheingold, 1991에서 인용된 Jaron Lanier의 말)라고 선전했다. 이러한 수사들 가운데 일부는 확실히 부풀려진 것임에도 불구하고, 가상현실은 궁극적인 미디어의 비전에 도달하려는 시도가 행해지면서, 현존하는 미디어와의 수많은 개념적 간극을 드러내 주고 있다.

컴퓨터 그래픽과 가상현실 분야의 선구자인 이반 서덜랜드[4](Ivan Sutherland, 1965 Biocca et el, 1995 재인용)는 "디지털 컴퓨터와 연결된 디스플레이(display)가 우리에게 물리적인 세상에서는 실감할 수 없는 개념들에 친숙하도록 만들어 줄 것이다. 그것은 수학적인 황홀한 나라(wonderland)를 들여다보는 거울이다 … 컴퓨터에 의해서 표현된 대상들이 물리적 현실의 통상적인 규칙을 따라야만 할 이유는 없다 … 물론, 궁극적인 디스플레이는 그 안에서 컴퓨터가 물질의 존재를 통제할 수 없는 어떤 공간이 될 것"이라고 말했다.

"궁극적인 디스플레이"에 대한 서덜랜드의 아이디어는 처음에는 다소 놀라운 것으로 받아들여졌다. 하지만, 가상현실은 그림, 사진, 영화, 그리고 TV와 같은 오래된 미디어들과 함께 다음의 두 가지 속성을 공유하고 있다. 미디어를 창조해 내는 카피에는 (a) 본질적인 모사(essential copy)를 위한 탐색(Bryson, 1983, Biocca et el, 1995 재인용), (b) 물리적인 세계로부터의 탈출이라고 할 수 있는, 물리적 초월(physical transcendence)에 대한 고대로부터 내려

---

4) Ivan Sutherland는 가상현실 분야의 선구자로서, 1970년대 초기에 머리에 쓰는 가상현실 디스플레이를 최초로 개발했다(Rheingold, 1991, 신동훈 역, 1993, p.48). 또한 클로드 카도즈(1994, 심윤옥 역, 1997, p.16)에 의하면 서덜랜드는 MIT 링컨 연구소의 동료들과 함께 다양한 종류의 HMD를 가지고 실험을 하기 시작했다. 개발된 최초의 몰입장치의 조작자는 빛의 모서리로 재현된 한 변이 10㎝인 정육면체가 '공중에 떠 다니는 것'을 볼 수 있었다. 그 정육면체는 단순한 모양이었지만, 조작자가 머리를 움직일 때에도 같은 자리에 안정적으로 머물렀기 때문에 매우 사실적으로 보였다.

오는 욕구가 있다. 본질적 모사(模寫)를 추구한다는 것은 감각을 우롱하는(fool the senses) 수단, 즉 완벽한 환상적 공간을 제공할 디스플레이를 찾는 것이다. 물리적 초월을 추구한다는 것은 육체의 "감옥"으로부터 정신을 해방시키려는 욕구에 다름 아니다.

궁극적인 미디어에 대해서 서덜랜드가 깊은 생각에 빠진 것으로부터 거의 2000년 전으로 거슬러 올라가서, 우리는 로마의 자연주의자인 플리니(Pliny)가 자세히 묘사했던 한 이야기로부터 본질적 모사에 대한 탐색의 욕구를 볼 수 있다.

> 제우시스(Zeuxis)와 동 시대인이며 라이벌이었던 화가들은 티만테스(Timanthes), 안드로시데스(Androcydes), 에우폼푸스(Eupompus), 파리시우스(Parrhasius)였다. 기록되기를, 한번은 이 가운데 파라시우스가 제우시스와 경쟁을 벌였다. 제우시스가 포도를 너무도 정교하게 그려서 새들이 그려진 포도송이를 먹으려고 내려 앉았다. 그러나 파라시우스는 너무나 생동감 넘치는 커튼의 그림을 그려서는 새들의 평결에 고무된 제우시스로 하여금 이제 커튼을 걷고 그림을 보이라고 요청하게끔 했다. 실수를 깨달은 제우시스는 겸손하게 패배를 인정하면서 자신은 단지 새들을 속이려 했지만, 파라시우스는 화가를 속였다고 말했다(Pliny, 1938, Biocca et el, 1995 재인용).

옛 화가들은 본질적 모사에 대한 욕구를 붓의 터치로 만들어낸 가상체계 위에서 마법의 창 또는 거울이 될 캔버스에 대한 욕구로서 표현했다. 사진술의 도래와 함께, 본질적 모사의 꿈은 더욱더 격렬해졌다. 올리버 웬델 홈즈 1세(Oliver Wendell Holmes Sr.)는 서덜랜드보다도 훨씬 더 놀랍고 예지적인 비전을 갖고 있었다. 1857년 그가 처음으로 입체 사진경(stereoscope)을 통해서 가상현실의 희미한 미래를 보게 되었을 때, 그는 만물의 본질적 모사들을 소장하게 될 거대한 우주적인 데이터베이스의 창조를 예언했다.

> 형태(form)는 그러므로 물질(matter)과 결별한다. 실상, 형태가

> 만들어지는 주형(鑄型)을 빼고는 가시적인 대상으로서의 물질은 별로 크게 쓰임새가 없다 … 물질은 언제나 고정되어 있고 비싸다. 형태는 값싸며 전이가 가능하다. (사진술의) 결과로 인해서 곧 형태들에 대한 엄청난 수집이 일어날 것이며, 광대한 도서관에 그것들이 분류되어서 정리될 것이다 … (Holmes, 1859, Biocca et el, 1995 재인용).

라디오와 TV가 도래하자, 궁극적인 디스플레이를 탐색하던 연구자들에게 본질적 모사가 더 많은 감각을 수용할 수 있으며, 가능하다는 것이 더욱 명확해졌다. 특히 이탈리아의 미래주의자들은 가상현실이 불가피하게 도래하기를 희망했다. "… 우리는 원격촉각(teletouch), 원격후각(telesmell), 원격미각(teletaste)이 발명되기를 기다리고 있다…"(Marinetti & Masata, 1922/1992, Biocca et el, 1995 재인용). 미래주의자들은 이러한 원격현전(telepresence)의 비전에 다음과 같은 말을 첨가했다. "육체노동으로부터 사람을 해방시키고, 정신을 확장시켜 주기로 되어 있는 바로 그 기계로, 누군가가 있어야만(With an identification of man) 작동하는 기계를 극복하는…" (Marinetti & Masata, 1922/1992, Biocca et el, 1995 재인용).

이 두 번째 인용에서 우리는 궁극적인 미디어(ultimate medium)에 대한 탐색을 이끌어 내는 두 번째 목표, 즉 미래기술의 대부분의 비전에 — 그것이 견실한 모델이든 공상과학 소설이든 간에 — 스며들어 있는 물리적 초월에 대한 욕구의 20세기 초반의 사례를 확인할 수 있다.

본질적 모사의 탐색과 물리적 초월을 향한 욕구는 컴퓨터 혁명의 출현기에도 표출되고 있다. 2차 대전이 막 끝났을 때, 반내바 부시(Vannevar Bush)는 "새롭고 강력한 도구들이 실용화되는 변화의 징후들이 나타나고 있다." (Bush, 1945, Biocca et el, 1995 재인용)고 주장하는 영향력 있는 논문을 썼다. 이 논문에 나타난 비전은 후일 ARPA(Advanced Research Projects Agency)와 스탠포드 연구협회(SRI)의 XEROX 연구단지의 핵심적인 기술자들을 비롯한 사람들에게 영향을 미쳤다.

부시의 가상현실에 대한 예언은 3차원 이미지를 깊이 있게 생각한 수준에서 그친 것이 아니라, "생각하는 대로 조작하는 것(manipulation of ideas)"

이 가능하도록 돕는 어떤 기계를 만들어 내려는 그의 욕구에서도 드러난다. 이것은 그가 Memex라고 불렀던 하이퍼미디어기계를 위한 유명한 제안이었다.

홈즈가 말한, 형태들(forms)을 모아 놓은 자연주의적인 도서관과는 달리, 부시의 Memex는 사고(thought)를 모아 놓은 개인적인 도서관을 뜻했지만, 결국은 사이버 스페이스 상에서의 다양한 형태의 정보들(텍스트, 이미지, 오디오 클립 등등)의 협력적인 네트워크로 확장되게 되었다.

미멕스와 함께, 본질적 모사라는 개념은 중대한 단계에 접어들었다 — 즉 본질적 모사는 정보의 모든 것을 가로지르는 가상환경(all-encompassing virtual environment)이 된 것이다. 그것은 정신이 살아서 작업을 하는 환경이다. 물리적 초월을 위한 욕구는 단지 물리적 환경에 의해서 인간에게 부여된 한계를 넘어서려는 일반적인 욕구뿐만이 아니라, 감각의 한계를 극복하고, 전기적 수단을 통해서 감각을 증대시키려는 것으로 묘사되었다.

> … 외부세계에서는 모든 형태의 정보가 — 그것이 음향이든 장면이든 간에 — 전달되기 위해서 전기회로 안의 다양한 전류의 형태로 축소되고 있다. 인간이라는 틀(human frame) 안에서도 정확하게 똑같은 종류의 과정이 발생하고 있다…(Bush, 1945, Biocca et el, 1995 재인용).

이런 궁극적인 디스플레이에 대한 현대적인 비전은 모튼 헤일리그(Morton Heilig)[5]의 논문에서 감각적 경험으로 합해지고 있다. 군인 원호법과 풀브라이트 장학 혜택으로 로마에서 영화를 공부하고 있던 그는 1950년대 초반의 시네라마(Cinerama)[6]와 3차원(3-D) 영화에 대한 미국 신문보도에 자극

5) Morton Heilig는 가상현실 오락기계인 센서라마(Sensorama)를 만든 사람이다. 그는 센서라마의 발명목적을 다음과 같이 설명하고 있다. "… 다양한 의미로 감각을 개발함으로써 바람직한 경험을 시뮬레이션하는 장치를 제공하는 것이 발명의 목적이다 … 발명의 그 이상의 목적은 한 사람 또는 그 이상이 시뮬레이션되어 상황을 경험하도록 그 장치를 사용하게 하는 것이다 … 또 다른 발명의 목적을 들면 시뮬레이트된 상황에서 현장감을 개발하도록 새롭고 개선된 장치를 제공하는 데 있다."(Rheingold, 1991, 신동훈 역, 1993, pp.71-72).

6) 시네라마(Cinerama)는 1930년대에 프레드 왈러(Fred Waller)가 발명한 것이다. 왈러는 당시 가장 큰 극장의 화면에 비추는 직사각형보다도 더 큰 가시면적을 볼 수 있도록 확대하고 싶었다. 사람들은 수직으로 155도, 수평으로 185도를 보는데, 영사막은 인간이 볼 수 있는 일부분만을 나타낸다. 왈러는 보다 범위가 넓은 가시영역을 내보내는 방법으로 다중영사기와 다중화

을 받았다. 그는 한 브로드웨이 극장에서 시네라마를 경험하고는 "내 인생을 전환시킨 중요한 경험"이라고 말했다. 그 경험은 헤일리그를 일깨워서, 가상현실로 일컬어지는 최종목적지를 향하는 고대로부터 내려오는 비전을 품게 만들었다. 그는 스페인어/영어판의 에스파시오스(Espacios)라는 잡지에 그의 글을 실었는데, 그 안에서 우리는 고대로부터 내려오는 비전의 모든 요소들을 확인할 수 있다. 이 책에서 우리는 감각적 현실의 본질적 모사를 창조해 낼 기술에 대한 오래된 요청의 현재적 메아리를 들을 수 있다.

> 사람의 신경체계 — 감각신경, 뇌, 운동신경 — 는 사람의 의식이 자리잡고 있는 곳이다(the seat of his consciousness). … 위의 모든 요소들이 기록되고, 혼합되고, 전자적으로 투영될 때 — 미래의 영화를 담은 릴 테입은 각각의 감각 자료를 위한 독립된 트랙을 담고 있는 마그네틱 테입 한 통이 될 것이다 … 눈을 뜨고, 듣고, 냄새 맡고, 느껴 보아라 — 모든 고상한 색감과, 깊이와, 음향과, 향취와, 결이 살아 있는 세상을 느껴 보아라 — 이것이 미래의 영화이다! … (Heilig, 1955/ 1992, Biocca et el, 1995 재인용).

헤일리그는 1962년 특허가 인정된 센서라마(Sensorama)라고 불리는 다감각적 엔터테인먼트 시뮬레이터에서 그의 "경험 극장"[7]의 비전을 성공적으로

면으로 실험을 시작했으며 공군과 계약을 맺고 비행 시뮬레이터를 위한 영화를 만들었다. 이후 개발된 시네라마 영화의 모든 장면은 세 개의 카메라로 각도를 조금씩 달리하여 촬영하였고, 관객의 주변 가시영역을 감싸도록 안쪽으로 커브가 진 세 개의 화면을 동시에 비췄다. 시네라마식으로 만들어진 첫 영화는 천만 달러를 조달한 마이크 토드(Mike Tode)를 제작자로 내세운 〈이것이 시네라마이다(This is Cinerama)〉였으며, 브로드웨이 최초의 시네라마 극장에서 크게 성공을 거두었다(Rheingold, 1991, 신동훈 역, 1993, pp.78-79).

7) 헤일리그가 생각해낸 "경험극장(experience theater)"은 사람들이 실제로 사로잡히고 경험하는 것으로 믿게 할 수 있는 인위적인 경험을 만들어 내는 인위적인 상황을 뜻한다. 그는 두뇌의 모형도, 감각통로, 운동 네트워크, 현실감에 기여하는 주요한 인지적 입력 개요를 그렸으며, 현실적인 감각에 기여하는 감각정보를 기계적, 전기적, 광학적으로 복사하도록 기술자를 고용하고, 이를 기록하는 방법을 찾고, 특수장치가 된 극장에서 상영하려고 했다. 그는 성명서를 내고, 헐리우드의 스튜디오나 정부에세 광범위한 R&D 투자를 통해 음향, 주변시각과 흔들리고 냄새 맡고 바람이 부는 요소 등을 장치하고자 요구했다. 그러나 경험극장을 개발하려는 헤일리그의 시도는 끝내 성공하지 못했다(Rheingold, 1991, 신동훈 역, 1993, pp.81-89).

구현했기 때문에 후일 가상현실 기술자들에 의해서 신봉되었다. 헤일리그의 게임센터 놀이기구(arcade ride)는 물리적으로, 그리고 정신적으로 새로운 세상의 황홀경에 빠지기를 원하는 미국에 다감각적인 경험을 제공할 매스미디어를 만들기 위한 훨씬 더 거대한 계획의 조그마한 실현에 지나지 않는다.

이러한 물리적 초월의 욕구는 커뮤니케이션의 역사를 이끌어 온 가장 강력한 힘들 가운데 하나이다. 커뮤니케이션 기술의 역사를 뒤돌아보면서, 다니엘 치트롬(Daniel Czitrom, 1982, Biocca et el, 1995 재인용)은 다음과 같이 말했다. "기계를 통한 초월의 꿈은 고대로부터 내려오는 것이며, 공간과 시간을 없애고자 하는 충동은 새로운 커뮤니케이션 미디어를 통해서 특히 격렬하게 표현되어 왔다 … 미디어 하드웨어와 소프트웨어의 가속화된 발전은 일반적인 모든 사람들이 유토피아적인 충동을 끊임없이 가지고 있기 때문에 지속적으로 이뤄지고 있다."

그렇다면 가상현실이 궁극적이 미디어의 창조를 위한 첫 번째 단계를 대표하는가? 또는, 과거의 사례에서처럼, 본질적 모사와 물리적 초월을 — 즉, 꿈의 기계를 — 바라는 오래된 욕구를, 또 다른 유망하긴 하지만 부적합한 기술에 쏟아붓고 있는 것인가?

가상현실이라는 약속은 아직 증명된 것이 아니다. — 그것은 아직 대체로 비전일 뿐이다. 가상현실이 밀레니엄의 끝자락에서 나타난 것은 적합한 일이다. 혹자는 궁극적 디스플레이가 메시아의 가시 면류관을 쓰고 있는 것은 아닌지 의심한다; 그것은 오랫동안 기다렸지만 아직도 오지 않는 테크노-고도(techno-Godot)[8]와 같다. 그것은 현실에 대해서 신과 같은 통제력을 가지려는 인간 욕망의 표현일는지도 모른다. 궁극적인 디스플레이는 절대로 도래하지 않을 것이다. 그것은 움직이는 표적과 같다. 감각 시뮬레이션 중독자들처럼, 우리는 언제나 더욱 확신을 주며 들뜨게 만드는 "본질적 모사," 더욱 압도적

8) 노벨 문학상 수상자인 극작가 S. Beckett의 부조리극 〈고도를 기다리며(En Attendant Godot)〉에서 차용한 개념이다. 이 연극에서 주인공인 블라디미르와 에스트라공은 미지의 대상인 '고도'가 오기를 끊임없이 갈망하는 사람들로 설정되어 있으며, 연극 자체가 고도를 기다리는 것으로 시작해서 고도를 기다리는 것으로 끝을 맺는다. 테크노 고도(techno-Godot)는, 이 연극의 '고도'가 신적인 존재일지도 모른다는 해석으로부터 의미를 변용해서 만든 용어인 것으로 보인다. 고대로부터 기다려 왔고 지금도 기다리고 있는 상태인 본질적 모사, 물질적 초월을 이룰 기술완성의 여망을 'techno-Godot'라는 개념에 담은 듯하다.

인 감각들, 진일보된 물리적 초월을 갈망하게 될 것이다.

Ⅲ. 가상현실의 특성

가상현실(VR : Virtual Reality) 시스템은 인간에게 감각에 대한 환상을 제공함로써 현실이 아닌 인위적으로 창조된 세계를 실제의 세계로 착각하도록 유도하는 기술이나 그 결과를 뜻한다.

'가상현실' 은 라니에(Lanier)가 사람을 몰입시키는 시스템 종류를 가리키는 용어로 사용하기 시작하였다. 하지만 다양한 컴퓨터 시스템에서 그 용어가 채택된 것은 1990년대 중반부터이다. 가상현실의 전 단계인 인공현실(AR : Artificial Reality)은 인간을 몰입시키는 기술은 거의 포함하지 않는다. 가상현실(VR)은 일반적으로 완전몰입기술(full-immersion technologies)을 수반하며 이 외에도 세 가지의 특징이 있다. 첫째, 가상현실은 컴퓨터로 매개된 경험(computer-mediated experience)이다. 둘째, 가상세계에서 대상물은 3차원 입체조형기술(3D modeling techniques)을 사용해 입체화된다. 셋째, 무작위 상호작용성(random interactivity)을 제공한다.

가상현실은 각종 게임들과 그 밖의 정보자원의 형태로 각 가정의 소비자들에게 환상세계를 제공하는 새로운 '인간과 컴퓨터의 조화' 이기도 하다. 깁슨(William Gibson)의 소설 Neuromance(1984)로부터 차용한 용어인 '가상공간'(cyberspace)은 사용자들이 쌍방향적인 소프트웨어로 만들어지는 환상적인 상황을 창조하고 경험할 수 있도록 해준다. 키보드 대신에 사용자들은 음성명령, 고개 끄덕임, 손가락 가리킴, 그리고 다른 자연스런 몸짓에 의해 명령을 내린다.

가상현실의 활용분야는 가상세계 몰입(virtual world Immersion)과 텔레프레즌스(telepresence)라는 두 가지의 기술적인 요소로 나눌 수 있다. 가상세계 몰입의 대표적 예로는 가상세계를 소재로 다룬 영화 〈론너 맨〉이나 〈브래인 스캔〉 등을 들 수 있는데, 인간이 직접 컴퓨터의 가상세계 속으로 들어가 여러 가지 범죄를 저지르고 다양한 경험을 한다. 텔레프레즌스는 실제로 존재하지만 위험하거나 멀어서 사람들이 갈 수 없는 경우, 예를 들면 원자로 내부

같은 것을 가상현실을 이용하여 들어갈 수 있다. 또, 가상도면으로 집을 지은 후의 모습을 직접 미리 볼 수 있어 앞으로 모델하우스를 대체하여 주거환경 홍보에 사용될 수 있다. 또한 네트워크화된 가상현실은 멀리 떨어져 있는 사람과도 상호작용할 수 있도록 해준다.

1) 시뮬레이션

오늘날의 컴퓨터 그래픽 기술은 정교한 이미지로 VR이라는 용어를 충족하게 할 만큼 상당한 수준의 실제성을 확보하고 있다. 한때 사운드 시스템이 재생음의 밀도 있는 성능 때문에 중요한 가치를 지니게 되었듯이 현재의 화상처리 시스템과 그래픽 테크놀로지는 진정한 VR을 실현할 수 있을 정도의 단계에 이르렀다. 예를 들어 GE 에어로스페이스사의 '시각공학' 장치가 만들어 내는 풍경은 사진을 찍은 듯 실제적으로 보이는 실시간의 직감으로 처리된 세계이며, 사용자들은 그것을 통하여 방향을 조절하기도 한다. 이러한 자료처리 기법은 군사적인 목적의 비행 시뮬레이션에서 유래된 것들이지만, 이제는 그 적용범위가 넓어져서 의학분야나 오락 및 교육 분야에까지 응용되고 있다.

2) 현실의 모사성

서구에서의 회화의 양식이 현실의 재현이라는 르네상스적 관습으로 발전되어 오면서 역사적으로 모사는 서구 예술의 주된 관심사였다. 이와 유사한 맥락으로 컴퓨터 그래픽과 시뮬레이션의 기본적인 목표는 현실과 구분이 안 되는 어떤 것을 창조해 내는 것이다. 또 현재의 컴퓨터 기술이 가지는 한계를 고려할 때에 가상현실은 거의 전적으로 시각적이며, 이러한 시각적인 환경을 만들어 내는 중요한 창조 조건으로서의 현실이 미치는 영향은 가히 절대적이라 할 것이다. 그러므로 디지털 영역에서의 이처럼 더욱 '유기적인' 재현에 대한 요구는 테크놀로지의 발전과 더불어 핵심적인 논제이다.

3) 상호작용(Interactivity)

최근의 예술작업에 있어서 상호작용(Interactivity)이라는 용어가 자주 등장하는 것을 볼 수 있는데, 예술이나 미술에서의 상호작용의 의미는 기존의 작가, 작품과 관객의 관계가 테크놀로지의 발전에 힘입어 피핑(Peeping)적인 것에서 상호작용적(interactive)인 것으로 바뀌어 가는 패러다임상의 전환이다. 이러한 경향은 TV나 사진, 영화와 같은 매체가 컴퓨터 인터페이스, 궁극적으로는 VR이라는 매체로 바뀌면서 일방향적인 대상간의 관계가 쌍방향적인 관계인 인터액티브적인 관계로 변화하는 것과 그 유사하다.

VR을 자신들이 상호작용할 수 있는 전자표상이라고 간주하기도 한다. 현재 컴퓨터의 주요한 인터페이스로 사용되고 있는 데스크탑(화면상의 작업환경)을 정리하고 싶다면 사용자는 마우스를 이용하여 쓸모없는 서류와 파일들을 휴지통에 버려야 할 것이다. 이때의 책상은 실재하는 책상은 아니지만 우리는 가상적으로 그것이 마치 책상인 듯이 다룬다. 운영체제의 데스크탑에 있는 휴지통은 파일 지우기 프로그램을 나타내는 그림에 불과하지만 우리는 그것을 가상의 휴지통으로 간주한다. 그리고 사용자가 처리하는 불필요한 파일들은 실제의 (종이로 된) 파일이 아니라 가상적으로 마치 파일인 듯 기능하는데 바로 이것이 가상현실이다. 컴퓨터 데스크탑 화면의 휴지통이나 가상의 책상을 TV 속의 만화나 사진과 다른 것으로 구별짓는 것은 우리가 철제 휴지통이나 나무 책상을 가지고 상호작용하듯이 가상의 책상이나 휴지통과 상호작용하고 있다. 광의로 보면 VR은 전자적 기반을 갖춘 생활의 여러 측면에 광범위하게 분포되어 있다. 단순히 컴퓨터의 데스크탑 화면을 포함하여 우리가 전화나 통신망을 통해서 알고 있는 가상의 사람들도 포함되며, 온라인상의 가상교실이나 가상의 대학도 일종의 VR의 범주에 포함시킬 수 있으며, 사용자는 이러한 대상들과 상호작용하는 것이다. 다시 말해서 VR은 그것의 정보처리능력뿐만 아니라 그 정보의 처리가 우리의 판단이나 행위와 연관되는 방식에서 기존의 다른 매체들과는 구별되는 것이다. 이러한 상호작용에 의해서 발전된 컴퓨터 기술을 이용한 VR은 도구로서의 역할을 초월하여 인간의식의 잠재적 표현의 개념까지 확장된다.

4) 몰 입

어떠한 관점에서는, VR이란 가상환경 속으로의 감각적인 몰입을 뜻한다. 헤드-마운티드디스플레이(HMD)와 장갑을 통하여 알려진 VR시스템은 재론

래니어의 가상 프로그래밍언어(Virtual Programing Language:VPL)회사를 통해서 처음으로 대중화되었다. HMD는 시각과 청각을 주변세계로부터 차단시켜서 그것을 컴퓨터를 통해 생성된 감각들로 대체시킨다. 사용자의 신체는 피드백 글러브, 보행발판에는 조이스틱 등을 사용하여 인조 공간을 돌아다닐 수 있다. 몰입을 보여 주는 가장 좋은 사례는 미 공군의 비행 시뮬레이션 하드웨어에서 찾아볼 수 있다. 컴퓨터의 피드백은 사용자의 감각을 재조정해서 의사비행 경험을 불어넣어 주는 것 이상의 역할을 한다. 이같은 경우에 조종사는 실제 세계와 연결되어 있는 가상세계 속에 깊이 몰입되어 그 속에 존재하게 된다. 이처럼 여러 가지 장치의 테크놀로지와 사용자가 결합되어 몰입함으로써 사용자는 가상현실 속에 존재한다.

5) 원격참여(Telepresence)

현전은 VR이 갖는 또 하나의 특성이다. 공간적으로 멀리 떨어져 있는 어딘가에 가상적으로 존재한다는 점에서, VR은 원격참여(Telepresence)라는 특성을 가진다. '참여'가 본래 물리적 환경에 대한 경험을 뜻하므로, '원격참여'란 통신매체를 통해 어떤 환경에서 참여를 경험하는 것이다. 이 원격참여의 개념을 이용하여 가상현실은 특별한 하드웨어 장치에 의존하지 않고도 규정될 수 있다. 즉, 가상현실은 인지자가 원격참여를 경험하는 실제 또는 모사환경으로 정의된다.

6) 또하나의 커뮤니케이션으로서의 가상현실

현재 전세계는 인터넷이라는 네트워크로 인해 거미줄처럼 연결되어 있다. 컴퓨터와 통신망을 통해서 네트워크가 구성되어 있고, VR은 네트워크의 구성단위이자 비물질인 정보를 지각이 가능한 형태로 변환시키는 인터페이스 기술이므로 당연히 새로운 커뮤니케이션 매체가 된다. VPR이라는 회사에서 만든 RB2시스템은 가상세계의 연결성을 강조한다. 이 시스템에 따르면 가상세계는 전화처럼 공유되는 구조물이다. 그러므로 이제까지 없었던 새로운 공유방식이 제시될 것이고, 이것은 '탈기호적 커뮤니케이션'이라고 불리운다. 사용자가 가상세계의 사물과 그 세계에서의 움직임을 규정지을 수 있으므로 그들은 단어나 실세계에 대한 지칭을 사용하지 않고서도 상상의 사물과 사건을 공유할 수 있다. 가상세계에서는 지금까지와는 전혀 색다른 종류의 약정들(Protocols)이 결정되어야 하고, 그러한 의미에서 가상현실은 전혀 새로운 단계의 커뮤니케이션 미디어이다.

이상으로 고찰된 가상현실에 대한 일반적 정의와 그 특성을 바탕으로 하여 본 연구에서는 가상현실을 다음과 같이 정의한다. "가상현실은 컴퓨터 기술과 광범위한 네트워크를 배경으로 일체의 철학적 관점이나 형이상학적 관점이 배제된, 현재의 테크놀로지를 통해 실현 가능한, 인간의 감각체계와 지각을 통해 경험될 수 있는 새로운 인터페이스를 말한다."

Ⅳ. 가상현실의 발전과정

비오카(Biocca)에 의하면 가상현실의 기원은 원근법의 발견과 모의체험과 재현을 통해 세계를 모사(simulation)하려는 시도에서 비롯되었다고 한다. 이러한 관점에서는 가상현실의 기원을 B.C. 4세기경 그리스에서 극장, 군중토론 등을 통해서 인간의 사고를 확장하는 방법을 터득하기 시작한 때부터 거슬러 올라갈 수 있다. 오늘날 가상현실은 완전히 새로운 기술이라기보다는 그 동안 지속적으로 발전되어 온 다양한 멀티미디어 기술의 융합체로서의 성격이 강하다.

가상현실을 구성하는 주요한 테크놀로지들은 지난 40년 이상 미국 정부가 지원한 연구에서 비롯되었다. 그러나 오늘날 가상현실이라고 부르는 기술적 경험을 창출하기 시작한 역사는 그리 길지 않다. 가상현실에 대한 초창기 연구는 암스트롱 우주연구소(Armstrong Aerospace Research Laboratory)의 The Super Cockpit Program과 같은 군사적 목적과 관련하여 정부나 군의 지원으로 이루어졌다. 미국 정부가 지원한 초기의 가상현실 연구는 주로 군사적 목적으로 행해졌는데, 특히 비행 시뮬레이션 부분에서 많은 연구가 있었다. 1980년대 말에 미 항공우주국에서 실시한 프로젝트는 가상현실 테크놀로지의 확산에 큰 기여를 했다. 1990년대 초부터 가상현실 산업에 참여하는 기업의 수가 크게 증가하였다. 그러나 당시만 해도 이들은 기업들은 가상현실용

제품의 실제 판매보다는 '가상현실' 이라는 말 자체에 대한 매력이 더 컸던 것이 사실이다. 1990년대 초 미국에서 이루어진 가상현실 장비 판매의 90% 이상이 대학이나 정부, 기업 등에 해당되었다. 많은 기업들이 가상현실 산업에 참여를 하고 있으나 시장이 불확실하고 운영기술이 미흡하여 상당수가 포기하기도 하였다.

현재 몇몇 중소기업 업체들과 마쓰시다, 세가, IBM과 같은 대기업들이 연합 체제를 형성하고 있는 상황이다. 1990년대 중반에는 가상현실의 신호기술(signature technology)과 헬멧형 표시장치인 HMD(Head Mount Display)를 만드는 회사의 수가 급속히 증가하였으며, 동시에 새로운 기술들이 속속 가상현실에 응용되었다. 새로운 HMD 장비들은 이전보다 개선된 해상도와 넓어진 가시화면을 제공하면서 무게도 더 가벼워졌다. 뿐만 아니라 '디즈니월드' 와 같은 대중오락 단지나 테마파크, 쇼핑센터에 있는 아케이드의 오락실에서 가상현실 기술을 이용하려는 노력이 눈에 띄게 늘어났다.

V. 가상경험의 종류

인간에게 감각에 대한 환상을 제공함으로써 현실이 아닌 인위적인 세계를 창조함과 동시에 이를 실제의 세계로 착각하도록 유도하는 기술에 따라 인간과 컴퓨터의 조화를 통해 가상경험을 할 수 있다. 이러한 가상경험의 종류에는 창문형 세계, 거울형 세계, 탑승형 세계, 동굴형 세계, 완전몰입형 환경, 확장현실이 있다.

〈표 1〉 가상경험의 종류

종 류	내 용
창문형 세계 Window Worlds	· 스크린을 바라보며 마치 가상세계에 들어가는 것처럼 스크린의 영상이 펼쳐지도록 하는 장치이다. 주로 컴퓨터가 이용되며, 특히 3차원 효과가 나도록 하는 스크린의 경우에는 3차원 효과를 느끼기 위해 특수 제작된 안경을 착용해야 한다.

거울형 세계 Mirror Worlds	· 비디오 카메라가 이용자의 움직이는 이미지를 잡아서 그것을 컴퓨터 그래픽으로 투사하는 방식이다. 이 장치를 이용하면 이용자는 거대한 스크린에 표시되는 자신의 모습을 볼 수 있다. 화면에 투사된 이용자의 실루엣은 화면상의 다른 대상물들과 상호작용할 수 있도록 되어 있다. 예) 가상경기장 : 축구장에서 공이 날아오는 장면이 나타나는 대형화면 앞에서 자신이 골키퍼가 되어 공을 잡는 것 같은 장면이 나타난다.
탑승형 세계 Vehicle Worlds	· 이용자가 가상현실 장치에 앉아서 기기조작을 통해 가상세계를 돌아다닐 수 있도록 하는 방법이다. 이때 가상현실 장치의 화면에는 컴퓨터 그래픽이 투사된다. 예) 가상우주여행 : 우주선처럼 생긴 장치에 앉아서 기기를 조작하면 마치 자신이 우주선을 타고 우주여행하는 것처럼 가상현실을 체험할 수 있다.
동굴형 세계 Cave Worlds	· 이용자가 연속적인 가상환경이 투사되는 거대한 스크린으로 둘러싸인 방에 들어가면 이용자의 신체 각 부위에 동작가응장치가 작동하도록 하는 방식이다. 예) 가상박물관 : 가상현실방에 들어가서 제어장치를 몸에 부착하고 제자리에서 움직이면서 거대한 박물관을 이곳저곳 돌아보는 것 같은 경험을 체험할 수 있다.
완전몰입형 환경 Full Immersive Environments	· HMD와 같이 화면표시장치와 헤드폰이 내장된 헬멧을 쓰고 센서가 부착된 장갑이나 옷을 입으면, 고개를 움직이거나 손발을 움직임에 따라 헬멧의 표시장치를 통해서 3차원 가상세계가 움직이도록 하는 방식이다. 예) 가상모델 하우스 : 가상현실 체험용 헬멧과 장갑을 쓰고, 제자리에서 움직이면 앞으로 건설될 아파트의 이곳저곳을 돌아다니며 방구조나 내부장식을 가상적으로 체험할 수 있다.
확장현실 Augmented Reality	· 완전몰입형 환경과 유사하지만 훨씬 진전된 형태의 가상현실 시스템으로 3차원 가상현실의 사물들을 실제세계에 중첩시킴으로써 현실세계의 장면과 가상화면 간의 구분이 모호해지도록 하는 방식이다. 예) 가상 가구배치 : 자신의 사무실에서 가상현실 체험용 헬멧을 쓰면 자신이 있는 사무실의 장면과 선택할 수 있는 가구의 그림이 표시되며, 이 중에서 하나를 선택하면 현재의 사무실에 어떤 디자인의 가구가 어울리는지 알 수 있도록 하여, 마치 실제로 자신의 사무실에 여러 종류의 가구들을 배치해 보는 것 같은 가상경험을 체험할 수 있다.

Ⅵ. 가상현실 기술의 개발동향

1990년대 초까지 HMD 디스플레이와 같은 몰입형 가상현실 기기의 90% 이상이 대학, 정부, 기업에 있는 연구기관에서만 소비되었으나 1995년부터 시장규모가 확대되기 시작하였다. 가상현실이 군사적인 목적의 연구에서 가정용 시장으로 이행하고 있기 때문에 가상현실에 대한 수요가 계속해서 커지고 있다. 특히, 항공분야, 과학분야, 의료분야에서는 가상현실 기술을 교육프로그램에 활용하기 위한 연구가 상당히 이루어지고 있다. 항공분야에서 가상현실 기법을 이용한 모의 비행훈련이나 의료분야에서의 가상수술 실습 등이 대표적인 경우라 하겠다. 미항공우주국(NASA)은 가상현실 기술을 이용한 가상행성탐사(Virtual Planetary Exploration) 프로젝트를 실시하고 있다.

NASA의 목적은 컴퓨터 상에서 위성을 통해 전송된 수천 장의 사진을 토대로 화성과 다른 행성들의 3차원적인 지형을 만들어 내는 것이다. NASA는 인간이 도달하기에 가장 가까운 행성으로 지표면의 온도가 섭씨 460도에 이르는 금성의 실제지형을 위해 위성사진으로부터 1조 바이트의 데이터를 축적하였다.

둘째로, 하드웨어와 소프트웨어의 측면으로 소비자 시장에서 예전에 비해 저렴한 가격의 소비자용 3차원 HMD의 등장이 주목된다. 이제 일반 가정에서도 가상현실을 접할 수 있는 기회가 점점 많아지는 것이다.

셋째, 세계 굴지의 가전업체들이 가상현실 시장에 진입하고 있다는 점이다. 닌텐도(Nintendo)와 세가(Sega)가 그 대표적인 기업으로 대중 소비자 시장에서 3차원 컴퓨터 그래픽 테크놀로지를 이용한 상품을 판매하고 있다.

한편, 최근에는 인터넷의 광범위한 보급과 흐름을 같이하여 네트워크상에서 가상현실을 제공하는 이른바 'VRML'(Virtual Reality Modeling Language) 기술개발이 상당히 활발하게 진행되고 있다. 네트워크 가상현실이란 지리적으로 분산되어 있는 다수의 사람들이 네트워크상에서 3차원의 가상세계를 공유하는 방식을 말한다. 네트워크 가상현실은 국방분야에서 지리적으로 분산되어 있는 군부대의 지휘관들이 공동으로 참여하여 가상전투 지휘훈련을 벌인 데서부터 시작되었으나 점차 오락분야나 원격회의 등에 응용되었다. 많은 가상현실 연구진들이 수년에 걸쳐 네트워크상에서 인터넷을 통한 가상현실 기법에 대해 연구를 진행해 왔으며, 그 결과 인터넷상에서 가상현실을 구현할 수 있는 언어를 개발했는데 그것이 이른바 'VRML' 이다.

1994년 봄에 스위스 제네바에서 열린 제 1회 '월드 와이드 웹 회의' (World Wide Web Conference)에서 Mark Pesce와 Tony Parisi는 확장되는 HTML에 3차원 환경묘사를 포함해야 한다고 제안함으로써 관심을 모았다. 이들이 제안한 언어는 기존의 '넷스케이프' 와 같은 웹 브라우저에 3차원 환경을 지원하도록 하는 데 목적이 있었다. 1996년 말, 미국 애플 컴퓨터사와 3차원 설계분야의 대표적 기업인 실리콘 그래픽스사(SGI)는 '개방형 개발언어' (Open Inventor Language) 표준 플랫폼 상호지원을 위해 협력한다는 내용의 'VRML 계획' 을 발표했다. 이 두 회사가 합의한 바에 따르면 먼저 애플이 자사 인터넷 커넥션 키트에 SGI의 'CosmoPlayer VRML 2.0' 웹 브라우저를 번들로 채용하는 한편, SGI는 자사 '코스모 플레이어' 의 윈도 NT 및 윈도우즈 95용 버전에 애플의 드로 3D 렌더링 엔진을 채용한다.

'CosmoPlayer VRML 2.0' 은 SGI와 넷스케이프 등 50개 업체가 3차원 인터넷 표준언어로 지원하고 있는 'Moving World' 기술을 기반으로 하며 윈도우즈 95를 비롯하여 윈도 NT, 맥 OS, 유닉스를 모두 지원하는 최초의 브라우저로 알려졌다. 또 2차원 웹 브라우저와는 달리 가상현실 인간인 '아바타' (Avatars)를 통해 현실에 가까운 의사표현이 가능해져 3차원 머드게임, 온라인 쇼핑 등 다양한 분야에 응용될 수 있어 VRML을 한 단계 진전시킨 것으로 평가되고 있다. 하이텔, 유니텔, 넷츠고 등 국내의 PC통신 서비스들도 가상현실 개념을 도입한 채팅 서비스를 계획하고 있거나 실시하고 있다.

이러한 VRML의 대중화는 인터넷의 대중화와 함께 인터넷 이용자들이 사용하는 개인용 컴퓨터의 프로세서와 메모리가 네트워크상의 3차원 기술을 수용할 만큼 발전되면서 비로소 가능했다고 할 수 있다.

제 6 장
인터넷 발전과 정보사회

원 우 현

Ⅰ. 정보의 개념과 가치

(1) 정보의 개념

정보(information)는 개념이나 아이디어를 뜻하는 라틴어의 informatio에서 유래됐다. 중세 영어에서는 information이 교육이나 훈련을 통해 사람의 마음 속에 어떤 형상을 심어 주는 의미로 사용됐다. 현대에 들어와서는 information의 정의에 대해 많은 사회과학자들이 자신의 입장에서 다양한 주장을 하고 있는데 그 중 데본스(Debons)의 '정보란 주어진 환경 속에서 인간의 모든 지적 행위를 구조화시켜 주는 유형적 표상의 결과 또는 상태이자 인간의 정신적 활동에 필요한 자료의 수집과 해석을 지속시켜 주는 과정' 이라는 입장이 널리 받아들여지고 있다.

정보의 의미를 좀더 명확히 하기 위해 데이터, 지식 같은 유사 개념과의 관계를 살펴보도록 하자. 데이터는 외부 대상과 관련된 사실들을 나타내기 위해 사용하는 구체적인 숫자나 상징물을 말한다. 반면에 정보는 이들이 유용하게 조직되거나 선택되는 연관을 가리킨다. 어떤 점에서는 외부 대상과 관련된 사실들 간의 관계를 함의한다는 뜻에서 정보는 데이터의 구조적 특성이라고 할 수도 있겠다. 지식이란 정보를 평가하거나 이해하는 힘이라 할 수 있다. 즉 우리의 관심이나 목적과 관련하여 정보의 의미를 파악할 때 그것은 지식이 된다.

이러한 데이터, 정보, 지식과의 관계를 맥도노(McDonugh)는 다음과 같은 도표를 통해 간략하게 설명하고 있다. 맥도노에 따르면 데이터는 평가되지 않은 메시지이며, 이 메시지를 특정 상황에서 평가하면 정보가 되며 특정 상황에서 일반적인 상황으로 확대가 가능할 때 지식이 된다.

〈표 1〉 McDonough 의 정보의 개념

지식 : 자료+일반적 상황에서의 평가
정보: 자료+특정상황에서의 평가
데이터: 평가되지 않는 메시지

결론적으로 “정보는 그 수신자(Recipient)에게 의미가 있는 형태로 처리된 자료(data)로서, 현재 또는 미래의 행위나 의사결정에 실제적인(real) 혹은 지각된(per ceived) 가치를 가지고 있다”고 할 수 있다.

(2) 정보의 가치

정보의 가치란 정보가 인간의 행동에 어떻게 동기를 부여하고, 효과적인 정책결정에 어떻게 기여하는가에 의해 결정된다.[1)]

1) 정보의 경제적 가치

· 소비의 비경합성과 비배제성을 갖는 공공재적 특성

· 적정요금을 지불하고 정보를 구입하는 사유재적 특성

2) 중간재로서의 가치

· 물질의 생산에서 투입되는 정보재로서 기계공정에서 수치제어에 관계되는 정보는 생산재를 생산하기 위해 사용되는 것

3) 수단재로서의 가치

· 목적 지향적 행동선택에 유용한 정보재를 의미

· 예를 들어 기업의 경영진이 경영전략의 결정을 위한 컴퓨터 정보 사용을 수단재로서의 정보로 설명할 수 있으며 그 경제적 효과는 기업제품에 직접 영향을 미치지는 않지만 경영 전체를 통해 이윤형태로 실현

1) 신윤식, 이철주, 박재천, 이정훈 공역(1993), 『정보사회론』, 데이콤 출판부, pp. 47-49.

(3) 정보의 특성[2)]

1) 시한성: 재화로서 정보는 시효가 지나면 정보의 가치절하가 일어나기 때문에 정보의 대부분은 전달 및 획득속도와 획득시점이 중요하다.
2) 비이전성: 정보는 타인에게 전달해도 본인에게 그대로 남아 있다.
3) 축적효과성: 정보는 생산, 축적되면 될수록 가치가 커진다. 이는 데이터 베이스의 실례에서 볼 수 있듯이 정보가 풍부하게 생산 · 축적되면 될수록 그 가치가 높아진다.
4) 신용가치성: 정보의 구입시 정보원의 신용이 중요한 판단기준이 된다. 즉 같은 뉴스라 해도 출처의 신뢰도가 높은 신문뉴스가 정보의 가치가 높다.
5) 무한가치성: 물질이나 에너지는 하나의 상품에 하나의 가치밖에 없지만, 정보는 한 가지 정보라도 필요한 사람이면 누구에게나 가치가 있다.
6) 무형성: 정보는 정보 자체는 물리적 형태를 지니고 않고 표현된 내용으로서만 존재한다.
7) 보편다재성: 정보는 모든 사실, 상황, 공상적 내용에서부터 유출될 수 있으므로 인간의 모든 분야에 걸쳐 고루 발생되고 문제시된다.
8) 매체의존성: 정보는 그 자체가 형태를 갖지 못하는 것으로 실제에 있어 어떤 매체에 기생한다.
9) 표현 다양성: 정보는 무형적이고 매체 의존적이므로 그 표현 양식에 있어서 인간의 감각기관 인지조건하에서는 매우 다양한 특성을 지닌다.
10) 표현의 전환성: 정보는 매체의존성에서 보는 바와 같이 정보가 매체와 매체 사이로 전환을 일으킬 때 정보내용에 변화를 가져와서는 안 되지만 표현하는 전환을 필연적으로 가져오기 마련이다.

2) 윗책, pp. 51-52.

Ⅱ. 정보사회의 이론적 토대

정보사회를 조망하는 이론은 학자에 따라 다양하지만 산업사회와 정보사회의 관계를 어떻게 볼 것이냐에 따라 크게 두 가지로 나뉘어진다. 하나는 정보사회가 산업사회와는 완전히 다른 이질적인 사회라고 보는 단절론이고, 다른 하나는 정보사회가 산업사회의 연장선상에 있으며, 결국 정보사회는 산업사회 안에서 일어나는 작은 변화로 보는 연속론이다.

단절론은 정보사회를 산업사회와 단절된 전혀 새로운 사회라고 보는 시각이다. 산업사회에서 고용의 중심이었던 공장이 정보사회에서는 서비스가 고용 사회를 지배한다. 따라서 산업부문에 종사했던 사람들이 서비스직으로 대량 이동되고 사회를 이끌어 가는 동인이 산업사회에서는 자본과 노동이었다면 정보사회에서는 지식과 정보로 변모된다는 것이다.

따라서 단절론은 정보사회가 산업사회와는 달리 상품의 생산과 유통보다는 지식과 정보가 부가가치를 만드는 사회라는 주장을 하고 있으며, 정보사회의 도래로 산업사회가 지니고 있었던 많은 문제들이 해결될 수 있다는 사회진화론적 입장을 취하고 있다. 반면 연속론적 입장은, 정보사회는 새로운 사회가 아니라 정보화와 관련된 일련의 변화가 자본주의 자기 적응 과정에 불과한 것으로, 정보화와 관련된 일련의 사회 변동을 산업사회와의 연속선상으로 이해하는 것이다.

따라서 연속론은 과학 기술의 발전이 인간의 소외를 가져온다는 입장에서 정보 기술의 발전은 산업사회의 부정적인 측면을 보다 강화시킬 것이라는 부정적인 전망을 하고 있다.

(1) 단 절 론

정보사회를 자본주의적 산업사회와 구별되는 또 다른 사회라고 보는 입장으로는 ㉠ 벨(Daniel Bell)을 중심으로 한 탈(후기)산업사회론, ㉡ 토플러(Alvin Tofler)의 제 3 의 물결 문명론, ㉢ 포스터(Mark Poster)의 포스트 모더니즘, ㉣ 피오르(Michael Piore)와 세이블(Charles Sable)의 유연 전문화론, ㉤

카스텔(Manuel Castell)의 정보적 발전 양식론이 있다.

이들의 시각은 정보사회에 대한 낙관적, 비관적 전망의 정도와 연구 초점에 따라 다시 세분될 수 있다. 그러나, 한결같이 연속성보다는 변화를 우신시하고 변화의 결과로 나타나는 산업사회와 정보사회 간의 단절성을 강조한다는 의미에서 공통점을 지닌다. 여기서는 정보사회의 특이성을 강조하는 이론들의 기본입장을 비교적 잘 대변해 주는 벨의 후기(탈)산업사회론의 요지만 살펴보기로 한다.

벨이 1973년 "탈 산업사회의 도래"에서 주장한 탈산업사회의 주요한 특징은 다음과 같다.

㈀ 지적기술- 산업사회에서 자본과 노동력이 전략적 자원이 된 것처럼 탈산업사회에서는 지식과 정보가 사회의 전략자원으로 중요시된다. 또한 종래의 기계기술보다는 정보에 기초한 새로운 지적기술과 이론적 지식이 더욱 중요시된다.

㈁ 연구기관 부상- 이론적 지식과 정보에 기초하는 만큼 탈산업사회는 대학이나 학회, 연구소 같은 각종 연구기관들이 핵심적인 기관으로 부상한다.

㈂ 서비스 중심- 산업사회가 재화중심의 사회인 데 반해 탈산업사회는 기술혁신으로 인한 서비스 중심의 사회이며 인간 상호간의 게임이 주가 되는 사회로 볼 수 있다.

㈃ 고도 서비스- 산업사회의 서비스는 상품생산을 보조하는 기능에 머문다. 그러나 탈산업사회에서의 서비스는 의료, 교육, 사회 산업분야 등에서 고도의 기술을 제공하는 서비스가 근간을 이룬다. 시스템 분석가, 디자이너, 연구개발가 등에 의한 서비스다.

벨은 1980년대 들어 정보사회론을 적극 주장한다. 벨이 정보사회를 들고 나온 것은 상품을 생산하거나 지적작업을 하는 데 있어서 "정보"가 중심적인 역할을 하게 될 것이란 의미에서다. 벨은 정보사회가 기술혁명에 의해 가능했다고 주장한다.

① 증기기관으로 200여년전 1차 기술혁명이 일어나고, ② 전기, 화학으로 100여년전 2차 기술혁명이 일어났으며, ③ 컴퓨터와 전기통신의 결합에 의한 정보가 3차 기술혁명을 가져왔다고 말한다.

벨의 관점에서 보면 지금 이 시대는 명백히 후기산업사회(Post-industrial Society)에 진입해 있다. 정보통신기술의 비약적인 발전, 지식과 기술의 보편화, 금융 및 교육산업 등을 중심으로 한 산업고도화는 이미 인류사회가 고도의 정보화사회에 들어섰음을 말해 주고 있다.

(2) 연 속 론

정보사회와 자본주의 사회의 연속성을 강조하는 대표적인 논의로는 ㉠ 쉴러(Herbert Shiller)의 네오 맑시즘, ㉡ 아글리에타(Michael Aglieta)의 조절이론 ㉢ 하비(David Harvey)의 유연적 축적론, ㉣ 하버마스(Jurgen Habermas)의 공론의 장 이론, ㉤ 기든스(Anthony Giddens)의 근대 사회관 등을 들 수 있다.

정보사회가 자본주의 산업사회와 별개라는 단절을 강조하는 이론들처럼 연속성을 강조하는 이론들도 세부적인 차원에서는 적지않은 차이점이 있다. 예컨대 하버마스의 정보사회관련 논의를 통해 이 범주에 속하는 이론들의 기본입장을 확인해 보면 그 다양성을 확인할 수 있다.

하버마스의 정보사회관을 이해하기 위해서는 그가 말하는 "체계" "생활체계" "공론의 장" 등의 개념에 대한 검토가 필요하다. 하버마스에 의하면, 생활세계가 합리화되면서 이로부터 화폐와 권력을 매체로 한 체계의 분화가 이뤄진다. 생활세계란 언어를 매개로 상징적인 재생산이 이뤄지는 곳이고, 경제체계와 행정체계로 다시 분화되는 체계는 물질의 재생산 기능을 수행하는 영역이다. 하버마스는 생활세계로부터 체계의 분리를 현대사회가 형성되는 자연스런 과정으로 파악한다. 문제는 체계가 생활세계를 구성하는 사적 영역과 공론의 장으로 범람해 의사소통과정을 왜곡시킨다는 점이다. 하버마스는 이를 '체계에 의한 생활세계의 내적 식민지'라고 부른다. 도구적 이성과 달리 생활세계의 영역에서 작동하는 의사 소통적 이성을 상징하는 하버마스의 이론은 의사 소통적 이성에 힘입어 생활세계 스스로가 체계를 제한할 수 있는 제도를 만들 수 있다고 주장한다. 이렇게 할 때만 생활세계의 내적 식민지화가 극복된다는 논리다.

이런 맥락에서 중요한 것이 공론의 장(The Public Sphere)이다. 하버마스는 정당이나 의회같은 조직화된 공론의 장뿐만 아니라 다양한 영역에 걸쳐 있는 비공식적인 공론의 장에서 이뤄지는 민주적인 의사소통의 활성화야말로 국민주권제도와 민주주의를 가능하게 한다고 주장한다. 정당이나 기업, 행정부, 이익집단 등과 같은 잘 조직된 집단들은 쉽게 자신의 의사를 표현하지만 시민들은 자신의 목소리를 낼 기회가 적다. 그래서 하버마스는 '사회 각부문의 민주화', '시민들의 더 많은 참여', '권력의 분산'을 복합적인 운영체제에 꼭 필요한 요소라고 강조한다. 시민사회의 비공식적인 공론의 장에서 자유롭고 민주적인 절차에 따라 여론이 형성될 경우 이것이 의사소통적 권력으로 바뀌고, 이 권력이 다시 국회에서 입법과정을 거쳐 행정권력으로 바뀔 수 있다고 주장한다.

하버마스는 19세기 중반에 형성된 '부르주아적 공론의 장'이 자본주의적 발전의 심화와 함께 점차 자율성이 축소되었다고 진단한다. 공론의 장을 효율적으로 운영하는 데 중요한 의미를 갖는 대중매체가 20세기 들어 독점적인 자본주의 조직으로 발전하면서 공론의 장에서 산출된 정보의 대변자 또는 여론 형성자로서의 역할보다는 관련기업의 이익옹호자로 둔갑하고 있다고 보고 있기 때문이다. 더구나 하버마스는 초국가적 미디어 복합체와 광고 문화가 확산일로에 있는 오늘날, 공론의 장에 스며드는 위장된 홍보활동이 마침내 여론을 조작하고 공론의 토대인 합리성을 소진시킴으로써 공론의 장을 위한 실질적인 공간이 확보되기 어렵다고 설파한다.

하버마스에서 엿볼 수 있듯이 연속성을 강조하는 이론가들은 이전의 자본주의적 산업사회와 정보사회 간의 단절성을 강조하는 이론이 과장에 불과하다고 판정한다. 이들은 정보사회적 특성이라고 거론되는 최근의 현상들이 수세기에 걸쳐 진행된 산업자본주의 발달기 후반에 속도가 붙은 삶의 정보화 과정으로 이해해야 한다고 강조한다.

결국 이들은 정보지향적 사회발전을 역사적 선행요소들과의 연속성 위에서 나타나는 기존관계의 표현이자 결과라고 주장한다.

Ⅲ. 정보화의 단계적 유형화

정보의 가치와 특성이 어떤 정보기술과 결합하여 자연환경, 사회환경, 미디어 환경의 영향을 받느냐에 따라 정보화의 과정과 단계가 다양할 것이다. 정보화란 결코 균일하고 일률적인 과정은 아니다. 그러나 컴퓨터나 전산화 과정을 중심으로 3단계로 구분해 볼 경우 다음의 도식으로 설명할 수도 있다.

1) 전산화(Computerization)-전산화는 하드웨어의 보급을 중심으로 한 기술 인프라의 구축으로 특징되는 단계이다. 전산화 효과는 전산정보기기를 통해 단순 반복적으로 활동을 자동화함으로써 인력과 시간을 절감하고 업무의 정확도를 높이는 등 주로 근로 활동의 효율화라는 도구적 목표와 관련이 있다.

2) 연계화(Networking)-연계화 단계는 전산화 기술과 원격통신기술의 결합으로 체제내외적 의사소통이 확산되어 가는 단계를 말한다. 온라인 체제의 구축을 내용으로 하는 연계화는 효율성의 차원을 넘어 보다 수준 높은 합리화를 추구함으로써 근로, 비근로 영역 모두에서 사회적 재구조화를 촉발한다.

3) 유연화(Flexibility)-유연화 단계에서는 사회 구조적 경직성이 완화될 뿐 아니라 인간의 사고방식이나 행동양식이 이완화됨으로써 시간적, 공간적 경계가 약화되는 상태에 이른다. 그 결과 특정세력이나 가치의 지배력이 약화되고 단위들간의 경계가 해소되는 다원적이며 개방적인 사회체제를 지향해 간다.

전산화, 연계화, 유연화의 3단계는 단계적 절차에 따라 처음 것이 다음 것에 포섭되어 새로운 통합적 단계를 지향하는 누적적, 융합적 과정으로 전개된다.

Ⅳ. 정보사회의 시대적 배경

정보화 진전단계를 〈그림 1〉의 사회적 단위로 볼 때 자동화 사회, 네트워크화 사회, 유연화 사회, 사이버 사회의 단계적 지향성을 나타낸다. 이러한 변화가 세계를 하나의 사회로 통합하여 지구촌을 형성하는 현상을 세계적 안목에서 그 주요 변화를 살펴보면 다음과 같다.

〈그림 1〉 정보화 진전단계

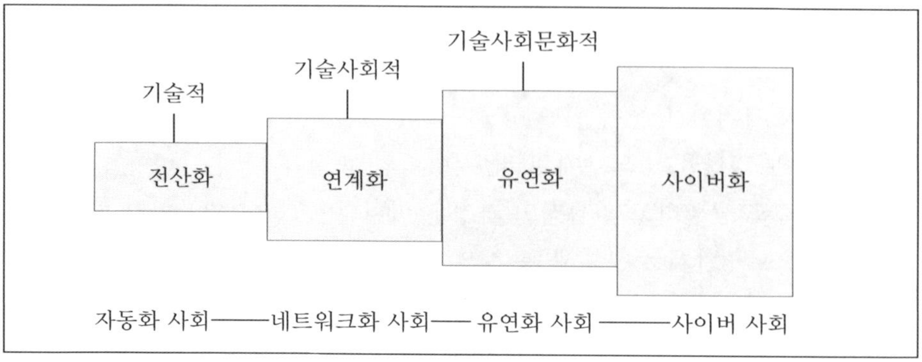

(1) 탈 냉 전

세기의 전환기인 20세기 후반에 일어난 가장 큰 변화는 역시 〈냉전의 종식〉이다. 냉전이 끝나면서 국제질서가 완전히 다른 방향으로 전개되고 있다. 2차세계대전 이후 4반세기를 지배해 온 미·소 양극구도가 완전히 깨졌다. 과거 1세계인 미국 중심의 자본주의, 2세계인 소련중심의 사회주의 공산체제, 그리고 이들의 영향력을 벗어나 보자던 제 3 세계. 이런 양극 내지 양극이 이완된 형태의 느슨한 3극체제는 종말을 하고 소련이 붕괴되고 소련을 신봉하던 공산권이 자동으로 소멸된 것이다.

(2) 범세계적 자본주의화

양극 내지 3극체제가 무너지면서 세계의 모든 나라가 (극히 일부 제외) 자본주의권에 편입했다. 구 소련을 계승한 러시아도 서방 경제 블록에 가입을 추진중이고 중국 역시 급속도로 경제부분의 자본주의화를 진행하고 있다. 공동의 적이 없어진 가운데 각자 국가들간의 경제전만이 남게 됐다.

(3) 국가간 정보화경쟁

결국, 세계는 국가간 경제 무한경쟁시대에 들어가게 됐다. 과거의 산업화를 통한 경쟁이 아닌 국가 정보화를 통한 무한경쟁이다. 국가 정보화 전략을 강력히 추구해 세계무대에서 중심국가로의 위상을 유지하고자 한다. 기존의 강대국들은 정보화를 앞당겨 추진하여 다음 세기의 우위를 노리고 후발국가들은 역전을 위해 국가 정보화에 나서고 있다.

(4) 정보통신 기술의 발전

정치적인 질서변화 외에 정보화 사회를 앞당긴 중요 원인은 역시 정보통신 기술의 획기적인 발달이다. 인터넷 혁명, 정보통신 혁명, 정보사회, 글로벌 사회의 현란한 용어는 모두 정보통신 기술 발전에 기인한다. 20세기 세계의 수많은 국가들은 제조업 중심의 산업화를 통해 국가 발전을 도모했지만 지금은 하루가 다르게 발전하는 정보통신 기술에 국가의 정보화와 운명을 걸고 있다고 해도 과언이 아니다.

V. 정보화 사회의 전제조건

모든 국가가 아무런 전제조건 없이 정보화 사회로 변이될 수 없다. 정보화 사회를 실현하기 위한 전제조건이 있다. 정보기술과 하드웨어, 그리고 정책의지만으로 어느 사회든 정보화 사회로 만들 수 있는 것이 아니라 법치주의 확립과 정치, 경제, 문화활동의 자유와 시장경제원리를 바탕으로 하지 않는 한 정보화는 그 사회에 뿌리를 내릴 수 없을 것이다.

(1) 정치활동의 자유

정치적 자유는 우선 정보입수의 자유를 국민에게 인정하고 언론, 표현, 집회, 결사의 자유와 동시에 정부의 자유로운 선택을 국민에게 허용하는 체제를 말한다.

(2) 경제활동의 자유

경제활동에 대해서도 최저한도의 규제만이 인정되는 법체계의 확립이 없으면 국민이 자유롭게 경제활동을 전개할 수 없다. 새로운 기업의 설립을 원하는 국민에게는 일정한 절차만 밟으면 기업을 자유롭게 설립하고 자유로운 경제활동을 보장해야 정보사회가 정착된다.

(3) 법치국가 확립

헌법과 법률에 의해서 보장된 국민의 자유 혹은 권리가 독립된 사법권에 의해 지켜지는 체계가 확립되어야 한다.

정보화 사회의 실현은 정권의 평화적 교체를 보장하는 정치적인 자유를 국민에게 부여하고 행정, 사법 전반에 걸쳐 무분별한 국가권력의 사용이 제한되는 나라에서만 가능하다. 독재정권이 지배하는 사회에서는 정보화 사회로의 진입이 명분에 불과하다. 따라서 정보화 사회를 실현화 할 수 있는 나라는 정치, 경제, 법문화의 풍요가 성숙한 시민사회를 뒷받침하는 최소한의 여건이 마련되어야 한다.

Ⅵ. 정보사회의 정의

1. 산업구조변화와 정보화

정보사회는 정보와 지식이 전략자원으로 자리잡는 사회다. 공업화 이전의 농업, 어업, 임업, 광업이 생산방식의 주류를 이루고 경제부문을 주도하던 시대엔 원재료(raw material)가 전략적 자원으로 역할을 했다. 그러나 산업혁명 산업사회에서는 전략적 자원이 금융자본으로 자리잡고 기계기술이 큰 역할을 했지만 탈 공업화 시대에는 정보와 지식이 전략적 자원으로 자리잡고 중요한 역할을 담당하게 되었다.

한 사회가 방향성과 축적성을 기반으로 전진해 나갈 때 공업화 이전에서 산업화 사회로, 그리고 탈 공업화 사회로 전환되는 과정에서도, 농업사회의 속성과 산업사회의 속성의 일부분을 유지하면서 그 위에 탈 공업화 현상이 사회의 중심부로 부상하는 것뿐이다. 정보화 사회는 정보와 지식을 근간으로 하는 사회지만 제 4 차 산업인 보험, 부동산, 무역과 제 5 차 산업인 교육, 레크레이션, 보건 등이 경제활동의 중심부에 와 있을때 비로소 그 진가를 발휘할 수 있다. 정보사회의 경제적 기반이 제 4 차 산업에서 제 5 차 산업으로 옮겨지면 석유, 석탄, 전기 등 제조업의 자원을 필요로 하기보다 정보와 지식을 더욱 총체적으로 필요로 하게 되는 것은 자명하다. 따라서 경제성장 위주의 공업화 사회에서 이론적 지식을 집대성하는 분야에 대한 사회적 평가가 높아지는 사회 분위기가 조성되고, 미래지향적인 예측과 계획을 중시하여 과거지향적인 농업사회와 전혀 다른 시간적 전망을 갖게 된다.

한마디로 정보사회는 경제부문에서 탈 공업화 사회의 증상이 나타날 때 정보와 지식을 중요시하게 되고 매스미디어를 비롯한 뉴미디어 등의 정보환경의 파격적인 조성으로 정보사회가 형성하게 되는 것이다.

1950년대의 컴퓨터의 등장 이후 오늘날에는 정보혁명이나 커뮤니케이션 혁명의 전기가 마련되었고 이는 속출되는 정보기술 개발로 더욱 촉진되고 있다. 정보의 공급이 수요를 능가하게 되어 정보의 수집과 확산의 범위가 증대되고[3] 정보가 단순히 중립적 데이터가 아니라 정치적 · 경제적 특성을 지닌 새로운 자원의 일종으로서 등장하였기 때문에 현시점을 정보사회로 다른 시대와 구분할 수 있다고 주장하기는 어렵다. 그 이유는 다니엘 벨의 말처럼 사회구분은 그 내재적 요소인 가치, 표현하는 상징과 감각을 담는 그릇으로서의 문화, 그리고 사회구조가 그 기본요소로 전부 조명되기 때문이다.[4]

새로운 정보사회로 접어드는 변화요인을 벨은, 첫째 인구팽창, 농촌의 급속한 도시화, 도심지로의 인구이동이고, 둘째는 그 결과로 인한 사회문제의 국가적인 이슈화, 국민투표 정치의 유행, 셋째로 자활적인 사회운동의 활발화로 인한 일반 공중의 힘 강화, 넷째로 후기 산업사회의 출현을 들고 있다.[5] 그 중에서 후기 산업사회의 증상이 정보사회와 밀접한 관계를 갖게 된다.

인류의 문명사회를 발달사적으로 보면 수렵시대 이후 목축과 농경이 정착단계로 전환된 농업사회, 산업혁명으로 인한 산업화 시대, 그리고 논의하는 정보과학과 컴퓨터의 발달 등 정보혁명이 초래한 정보화 사회로 나눌 수 있다. 그런데 그 구분 기준에서 그간 경제학자들은 생산함수나 분석방식을 이용

3) 이상철(1984), 『국제 정보론』, 일지사, p. 68.

4) Daniel Bell, 오세철 역(1980), 자본주의의 문화적 모순 전망사, p. 234.

5) Ibid., pp. 234-242.

하여 경제 활동을 자본과 노동으로만 설명하고 있으면서 지식의 역할이나 조직혁신, 경영적 측면은 간과해 온 실정이다. 그러나 노동시간이 단축되고 생산노동자가 줄어들면서 지식이나 정보의 활용으로 국민생산에 부가가치의 원천으로서 노동을 대신하는 역할을 명백히 하고 있다.[6] 이런 관점에서 공업사회에서는 자본과 노동이 중요변수가 되었으나 후기 산업사회인 정보사회에서는 정보와 지식이 결정적 변수가 된다.

한편 잉겔하트(R. Ingelhart)는 후기 산업사회에서는 개인의 가치체계에도 변화가 일어난다고 주장하면서 산업사회에서 요구되던 물질적 욕구, 경제적 안정, 질서유지와 같은 가치는 점차 약화되고 자기성취, 평등, 사회심리적 욕구 등이 더욱 가치 부여를 받게 된다고 말한다. 또한, 쉬멘트(Shement)에 의한 정보사회의 특성으로 크게 6가지 요인을 살펴보면 다음과 같다.[7] 첫 번째, 정보유물론 혹은 경제상품으로 교환되는 정보의 중요성 증대이다. 정보사회에서는 정보 그 자체가 제조상품이나 농업상품과 경쟁적인 위치에서 독자적으로 거래된다. 두 번째, 정보노동력의 확대를 들 수 있다. 정보사회에서는 정보를 다루는 일 자체가 노동력의 중요한 부분을 차지한다. 세 번째, 개인과 기관의 상호연관성(interconnection)의 증대를 들 수 있다. 정보사회에서는 정보기술과 정보관련기관 기능간의 전통적인 구분이 사라지고 있다. 즉, 정보기술간의 상호연계성이 증대함에 따라 은행, 신용카드 회사, 증권회사 등 각종 정보관련 기관들간의 정보유통이 확대되고 있다. 네 번째, 과학적 기술의 사회적 지위증대를 들 수 있다. 다섯 번째, 다양한 메시지와 채널로 구성된 사회환경의 형성을 들 수 있다. 특히 매스미디어는 현대사회의 각 부문에 걸쳐 깊숙이 영향을 주고 있다. 그 결과 엄청난 양의 메시지와 채널들은 결국 사람들이 현실을 이해하고 해석하는 중요한 토대로 작용한다. 여섯 번째, 정보기술의 광범위한 확산을 들 수 있다. 사람들이 정보를 조작하고 저장할 수 있는 능력을 증대시켜 주는 정보기술이 사회 모든 부문에 걸쳐 확산되고 그러한 기술을

---

6) 원우현(1987), 『한국 미디어문화 비평』, 나남출판사, p. 24.

7) Jorge Reina Schement, The Origin of the Information Society in the United States: Competing Visions, in Jerry L. Salvaggio(ed), *The Information Society-Economic, Social, and Structural Issues*, Lawrence Erlbaum Associate Publisher: NJ, 1989, pp. 30-31.

〈표 2〉 산업구조변화와 정보화

구분	공업화 이전사회	공업화 사회	탈 공업화 사회
생산방식 (경제부문)	자원체취 제1차: 농업, 광업, 어업, 석유, 임업, 가스	제조 제2차: 재화생산 제조업(내구제, 비내구재), 개규모 건설	처리: 반복적 서비스 제3차: 수송, 공익사업 제4차: 무역, 재무, 보험, 부동산 제5차: 보건, 교육, 정부 레크레이션
자원의 변형	자연력: 바람, 물, 가축, 인력	인공에너지: 전기 석유, 가스, 석탄, 원자력	정보: 컴퓨터 및 자료처리 시스템
전략적 자원	원재료	금융	지식
기술	수공업	기계기술	지식
기능 요소	수공업 노동자, 직공, 농부	기술자, 미숙련 노동자	과학자, 기술적 · 전문적 직업
방법론	상식, 시행착오, 경험	경험주의, 실험	추상적 이론, 모델, 시뮬레이션, 의사결정이론, 시스템 분석
시간적 전망	과거지향	임기응변의 적용성, 실험	미래지향: 예측과 계획
설계	자연에 대한 게임	인공적 미래에 대한 게임	인간간의 게임
기초원리	전통주의	경제성장	이론적 지식의 집대성

제공하는 정보기기는 마치 사회변화의 상징처럼 인식된다.

요컨대 정보사회로의 변화는 통신기술과 정보처리 기술의 개발, 그리고 사회구조적인 변화에 의해 가속화된다.

산업구조변화와 정보화의 관계를 나타내는 〈표 2〉에서 살펴볼 수 있듯이 산업사회는 규격화, 분업화, 동시화, 집중화, 극대화 등의 특징을 갖는다. 그러나 탈 공업화 시대에 정보와 지식을 공급하는 정보산업이 주류를 이루는 정보사회에 진입하면서 새로운 양상이 나타난다.

2. 정보사회에 대한 경제, 기술, 사회적 관점

정보화 사회란 개념은 이를 설명하는 학자들마다 각각의 시각에서 특징적으로 판이하게 나타난다. 경제부문을 강조하는 학자, 미디어의 변화를 강조하는 학자, 사회변화를 강조하는 학자 등 정보사회를 설명하는 위치와 학문적 배경에 따라 상이하게 설명하지만 많은 공통점을 찾아 볼 수도 있다.

정보사회를 경제활동 영역의 변화로 보는 시각은 다음과 같다. 정보사회에 대한 경제학적 관점은 정보를 여타의 상품과 마찬가지로 하나의 재화, 혹은 하나의 상품으로 간주하며, 정보가 그 사회의 중요한 재화 혹은 상품으로 부각되는 사회를 정보사회로 정의한다.

(1) 경제적 관점

1970년대의 1, 2차 석유위기 이후 인류는 석유, 석탄, 목재 등 부존자원의 고갈에 대비하여 새로운 대체 에너지의 개발을 서두르게 되었고 에너지 위기를 해결하기 위해 에너지 소비형 산업구조에서 에너지 절약형 산업구조로의 전환이 모색되었다. 또한 제한된 자원을 가장 효율적으로 이용하려는 생산성 향상에 대한 압력이 가중되어 시스템적 해결책이 필요하게 되었다. 이와 함께 과학과 기술분야의 급속한 혁신은 지식 및 정보의 중요성을 더욱 부각시켰다. 이러한 경제적 여건의 변화에 따라 물질, 에너지와 함께 정보를 또하나의 자원으로 보려는 움직임이 일어났는데, 이러한 움직임은 최근의 급속한 컴퓨터, 전기통신 기술의 혁신과 더불어 정보에 대한 관심을 더욱 고조시켰다.

또한 사회적 여건의 변화에 따라 산업사회의 대량생산, 대량소비라는 기존의 생산구조로는 도저히 다양화, 개성화된 개인의 욕구를 충족할 수 없게 되어 다품종 소량생산을 지향하지 않을 수 없게 되었다.

경제구조적 관점은 정보사회를 한 사회의 경제의 성격에 의해서 결정된다는 가정에 토대를 두고 있다. 특히 정보를 여타의 서비스 부문과 구분되는 독자적인 경제영역으로 간주하고 정보나 지식의 생산과 분배 정도에 따라 정보사회의 진전 정도를 평가한다. 정보소비적 관점은 정보재화와 서비스의 소비측면을 강조한다. 주로 일본학자들 사이에서 논의되어 온 이 관점은 '효과연구'와 '사회연구'로 대표되는데, 이들 연구들은 사람들이 정보를 얼마나 소비 혹은 이용하는가의 정도에 따라 정보사회의 진척 정도를 평가한다.

오브라이언의 정의에 의하면 정보사회는 경제활동의 초점이 상품의 제조에서 정보와 지식을 제조하는 영역으로 이동하고, 정보와 새로운 정보기술을 어떻게 효율적으로 이용하느냐를 대상으로 하는 전문영역이 각광을 받는 사회이다.

찰스 존셔는 정보자원과 경제적 생산성이라는 논문에서 정보의 경제적 가치를 측정하였다. 즉 경제를 정보부문과 생산부문으로 나누었는데, 이 정보부문은 정보의 생산, 처리, 분배 등의 모든 과정으로 구성되어 있는 것으로 보았다. 존셔는 실제로 미국 내에서의 생산부문에 대한 정부부문의 파급효과를 양적으로 측정한 바 있다.

마크 포렛(Marc U. Porat)은 "정보사회의 그 주요 경제활동무대는 정보상품과 서비스 생산업체이며, 노동력의 대부분은 정보상품을 서비스로 생산, 처리, 분배, 전달하는 데 종사하게 된다"고 하였다. 일본의 전기통신종합연구소(RITE: Research Institute of Telecommunication & Economics)는 정보사회의 척도로서 ① 노동인구의 정보부문 종사자, ② 적령인구의 대학생 비율, ③ 개인소득, ④ 정보비율(총지출 중 정보부문의 비율) 등을 정보화 인덱스로 삼았다.

(2) 기술적 관점

정보사회가 등장한 기술적 배경으로는 컴퓨터와 전기통신 등의 정보기술 혁신이 가져 온 새로운 사회적 기술의 등장을 들 수 있을 것이다. 이러한 정보기술은 과거 산업사회의 기술이 인간의 육체적 노동을 대체한 것과 유사하게 인간의 정신적 노동을 대체, 보강한다. 일례로 컴퓨터는 인간의 정보처리능력으로는 이제까지 해결할 수 없었던 방대한 양의 자료보존이나 계산처리를 매우 짧은 시간에 가능케 하였다. 컴퓨터 기술의 발전은 정보의 활용을 더욱 가속화시켰으며 경영과 행정분야의 기술혁신을 가져왔다.[8)]

8) 신윤식, 이철주, 유재천, 이정훈 공역(1993), 『정보사회론』, 데이콤 출판부, pp. 26-28.

기술공학적 관점은 컴퓨터, 정보통신기술과 같은 기술적 기반의 측면에서 정보사회의 특성을 규명하는 데 초점을 맞춘다. 이 때문에 정보사회의 미래에 대해서도 다른 관점에 비해 상대적으로 낙관적인 견해를 가지고 있다.

기술공학적 관점의 가장 큰 특징은 기술변화를 한 사회의 정치적 경제적 사회적 변화의 일차적 요인으로 간주한다는 점이다. 사실상 이러한 시각은 정보사회에 대한 가장 일반된 견해이기도 하다. 하지만 기술혁신의 방향이나 확산, 그리고 사회적 파급효과가 해당 사회의 정치적 · 경제적 환경 및 역학관계에 의해서 매우 가변적일 수 있으며, 나아가 이러한 상황적 요인 자체가 기술혁신의 방향을 결정하기도 한다. 따라서 이러한 상황적 요인을 고려하지 않고 사회변동이나 정보사회의 특성을 단지 기술결정론적으로만 규명하려고 할 경우 사회현상을 지나치게 단순화하는 오류를 범할 우려가 있다. 대표적인 예로서 마틴(Martin)[9]은 정보사회를 디지털 네트워크의 확산을 기반으로 하는 그물망 사회(wired society)로 규정하고, 이러한 디지털 네트워크 기술은 생산성의 향상과 노동시간의 감소, 여가시간의 증대와 같은 변화를 가져다 줄 것으로 내다보았다.

일본의 이토 유이치는 정보사회를 정보의 저장과 분배에 관계되는 테크놀로지에 중점을 두어 설명하였다. 즉, "정보사회란 풍부한 정보를 저장 · 유통시킬 수 있으며 정보의 분배와 변형이 신속하고 효율적이며 사회의 모든 구성원이 값싸게 정보에 접근할 수 있는 사회"로 정의하였다.

그러나 윌리암스(R. Williams)에 의하면 기술과 사회에 대한 이해는 상반되게 나타난다. 그 첫째는 기술개발이나 사회변화를 초래한다는 것이고 둘째는 사회가 기술개발이나 사용을 결정한다는 견해다.[10] 그러나 일반적 통설은 두 견해 중 한 견해만 선택하기보다는 '기술은 사회적이다' 라는 것이다. 단순히 컴퓨터나 텔레커뮤니케이션의 기술개발이 현대적 정보사회나 정보시대를 초래한 것이 아니고 사회적 욕구가 병행해서 정보사회가 생성되었다는 것이다.

---

9) J. Martin, *The Wired Society*, Englewood Cliffs, NJ: Prentice-Hall, 1981.

10) Raymond Williams(ed), Contact; Human Communication and Its History(N. Y.: Thomas and Hudson, 1981), p. 226.

(3) 사회적 관점

정보사회가 등장한 사회적 배경으로는 정보욕구의 다양화와 개인 욕구의 변화를 들 수 있다. 산업사회의 부산물인 TV, 라디오 등으로 대표되는 대중매체에 의한 대량적이고 획일적인 정보의 범람에서 벗어나 오늘날의 정보이용자들은 자신에게 보다 더 필요하고 취향에 맞는 정보를 선택하려는 경향을 보이고 있다. 즉 이제까지 대중매체가 던져 준 정보의 홍수 속에서 소극적 대중으로 남아 있던 개인들이 적극적이며 개성을 가진 주체로 나아가기 시작한 것이다. 다시 말해 물질의 풍요에 따라 현대인은 생리적 욕구 충족을 넘어서서 보다 고급 욕구인 사회적 욕구, 자아실현의 욕구 충족을 꾀하려는 경향이 늘고 있다. 따라서 사람들은 각 개인의 욕구를 충족시키기 위해 점차로 개성화된 제품을 요구하게 되었다. 산업사회가 고도화됨에 따라 사람들은 대중사회의 특징이었던 획일화, 대량화, 집권화, 그리고 물질 추구의 욕구 등에 점차 염증을 느껴 다양화, 개성화, 분권화, 그리고 정신적 만족을 추구하려는 경향으로 나아가고 있는 것이다.

정보사회에 대한 사회학적 관점은 정보사회의 기술적 토대가 되는 컴퓨터 기술이나 첨단 정보통신 기술의 영향력을 인정하면서도, 그러한 기술적 특성이 야기할 사회적인 변화에 더욱 초점을 맞춘다. 하지만 정보사회의 사회적 영향에 대해서는 비관론과 낙관론이 매우 상반된 입장을 취하고 있다.

1) 비판적 관점

정보사회에 대한 비판적 관점은 정보 테크놀로지의 도입으로 인한 사회적 혜택이 누구에게 돌아가는가에 대한 논의에 초점을 맞추고 있다. 이 관점은 기술 그 자체를 특정 사회의 정치 · 문화적 산물이자 권력의 이익에 봉사한다는 것으로서 파악하고 있다. 따라서 이들의 주된 관심은 기술발전 그 자체에 있다기보다는 그러한 기술발전이 정치적 권력과 자본의 힘을 보다 집중시키는 데 기여를 함으로써 정치적, 사회적, 경제적 지배력을 강화하는 데 이용된다는 입장을 취하고 있다. 비판적 시각을 지닌 학자들은 정보사회의 성격으로 '테크놀로지에 대한 비용을 지불할 수 있는 거대기업' 이 막강한 힘을 지니게 될 것을 지적한다. 즉 정보사회에서 대규모의 실업, 탈숙련화로 인한 노동자계급의 세력 약화, 정부와 다국적기업의 지배가 제도화된다는 것이다. 비판적 관점의 가장 큰 기여는 새로운 정보기술의 확산에 따른 사회적 역기능에 대해 신랄하게 문제제기를 했다는 점이다. 따라서 비판적 관점의 정보사회 비판은 그 자체가 정보사회의 부정적 측면에 대한 비판일 수도 있지만, 다른 한편으로는 정보사회의 예상되는 부정적 사회문제를 사전에 감지하여 그 대응책을 모색함으로써 정보사회의 보다 긍정적인 미래상을 적극적으로 만들어 나갈 수 있는 여지를 제공한다는 점에서 의의가 있다.

다니엘 벨 교수는 정보사회를 후기산업사회라고 명명하면서 "이 사회는 정보와 지식이 사회적, 경제적 교환수단으로서 중요한 역할을 하는 사회"라고 말함으로써 정보가 사회에서 갖는 의미변화를 중요시하였다. 다니엘 벨은 이 사회의 특징으로 서비스산업 사회, 전문기술직 종사자의 지배적 현상, 지식사회의 대두, 기술의 자기유지적 경향, 이론적 집중화 현상 등을 들었다. 엘빈 토플러는 다가올 새 문명은 제 2 의 물결의 특징인 표준화(Standardization), 동시화(Synchronization), 중앙집권화(Centralization)라는 산업사회의 제약을 뛰어넘어 에너지, 부, 권력의 집중화를 극복하는 길을 열어줄 것으로 예견하고 있다. 또한 존 네이스비트(John Naisbitt)도 인류는 앞으로 사회구성원 개개인의 의식발달에 보다 중점이 주어지는 탈공업사회에서 살게 될 것이라고 내다보았다. 그의 기본적인 문제의식은 산업사회의 역작용에 대한 반성으로 과학기술의 발전에 따른 사회체계의 이행을 '대변혁(Megatrends)' 으로 규정하고 있다.

2) 다원적 관점

다원적 관점은 정보사회를 기술적 발전이나 사회경제적 구조 변화의 특정한 측면만을 고려하지 않고 다차원적인 입장에서 고려한다. 다원적 관점의 대표적인 학자에 속하는 다니엘 벨은 현대사회를 '정보사회' 라는 용어보다는 '탈산업사회(post-industrial)' 라는 개념으로 해석한다. 그가 정의한 탈산업사회는 '농업사회' - '산업사회' 로 발전해 온 사회변화의 연속적 단계의 하나로 인식한다. 그는 정보사회라는 용어가 너무 제한적인 의미에서 쓰여지기 때문에 보다 포괄적인 개념인 탈산업사회라는 개념을 사용하였다. 하지만 탈산업사회의 경제에서 중심자원이 정보와 지식이며, 탈산업사회가 이전의 산업사회로부터 이전되는 데 가장 크게 기여한 요소가 다름 아닌 과학적 지식과 공학기술의 결합을 기반으로 하는 정보통신기술이라고 규정함으로써 탈산업사회의 실체가 정보사회라는 점에 공감한다. 또한 그는 정치적 행정적 중앙집권과 관료주의, 거대기업 중심의 불평등한 경제적 구조 등으로 특징 되는 산업사회의 제반 병폐들이 새로운 정보통신 기술의 보편화에 의해 보다 분권적이고 수평적인 다원적 사회로 전환할 것이라는 낙관적인 전망을 하였다.

한편 마쑤다(Masuda)[11]는 산업사회의 테크놀로지, 사회경제적 구조, 가치관 등을 새로운 사회와 비교함으로써 정보사회에 대한 다차원적 접근을 시도하였다. 그는 정보사회의 미래에 대해 다니엘 벨보다 더 낙관적인 견해를 가지고 있는데, 이러한 낙관론은 두 가지 점에 근거를 두고 있다. 하나는 정보사회에서 경쟁과 축적으로 대표되는 산업사회의 논리와는 달리 '공동 상승작용과 사회적 이익의 원칙' 에 의거하여 사회의 공공선(public good)이 극대화될 것이라는 점이다. 그리고 다른 하나는 정치적 함의로 과거 시민운동으로 성립된 의회민주주의와 물질만능주의를 넘어서는 참여민주주의가 실현될 것이라는 점이다.

다원적 관점은 기존의 정보사회에 대한 정의가 안고 있는 문제점을 몇 가지로 지적하고 있다. 우선 기술결정론적 시각만으로는 정보사회의 특징을 파악할 수 없다는 것이다. 첫째 이유로는 기술은 상당부분은 문화와 이데올로기의 산물이기 때문에 국가마다의 이데올로기나 문화의 특수성을 고려하지 않고 단순히 외형적인 기술적 단계만을 가지고 비교 연구하는 것은 무의미하다는 것이다. 둘째로, 정보사회는 다차원적인 현상이라는 것이다. 즉 한 사회의 특성은 기술 하부구조나 경제적 구조, 혹은 사회구조의 어느 한 단면에 의해 특징되는 것이 아니라 이들 요인들간의 복합적인 관계 속에서 파악되어야 한다. 따라서 정보사회에 대한 정의 또한 이러한 다양한 측면을 동시에 고려하여야 한다. 마지막으로 무엇보다도 정보사회에 대한 정의를 어떠한 고정된 이론적 틀 속에 끼워 맞추는 접근은 삼가야 한다. 이론은 복잡한 사회현상을 단

11) Y. Masuda, *The Information Society as Post-industrial Society*, Bethesda, MD: World Future Society, 1981.

순화하고 객관화하는 데 도움을 주지만 이론 그 자체가 연구자의 주관적인 세계관으로부터 완전히 자유로울 수 없으며, 관점의 차이에 따라 현실적으로 중요한 현상들이 이론적 관찰 요소로부터 배제될 수 있다. 따라서 주어진 이론적 틀에 지나치게 얽매어 정보사회를 바라볼 경우 중요한 사회적 현상이나 특징적 측면들을 간과하거나 왜곡하는 결과를 초래할 수도 있다.

3. 낙관론과 비관론

정보사회에서는 미디어도 크게 변화하는데 산업사회의 미디어는 신문, 잡지, TV, 라디오 등의 대중매체들로서 이들 미디어는 대중을 표준화된 방식으로 행동하도록 하는 데 막대한 영향력을 행사하며 성장해 왔으나 이제 정보화 사회는 탈대중화 현상에 따라 독자와 청취자, 시청자 등 수용자의 증가율이 절대적으로 감소하거나 오히려 절대적으로 줄어드는 등 한계를 맞이하고 있다. 현실적으로 미래학자들이 사회와 매체의 급격한 변화를 전망한 이래로 전자기술과 통신기술의 발달과 융합이 가속화되면서 대용량의 정보를 실시간으로 전달해 주는 정보통신기술을 통해 새로운 커뮤니케이션 양식이 창출, 급속히 확산되고 있다.

하나의 기술혁신이 새롭게 이루어졌을 때 일반적으로 그것의 기능, 효과, 영향에 관해서는 크게 긍정적인 면과 부정적인 면의 두 가지 측면에서 논의된다. 뉴 미디어에 의해 창출되는 미래사회의 모습에 대해서도 그 의견이 대립되어 있다. 따라서 정보사회에 대한 앞으로의 전망을 크게 긍정적인 낙관론적 관점과 부정적인 비관론적 관점에서 나누어 살펴봄으로써 정보사회의 양면성을 검토해 보고자 한다.

(1) 낙관론적 관점

다니엘 벨은 후기 산업사회란 것이 사회의 목표가 철저하게 조사되고 관심이 사회의 궁극적 목표를 위해 이행되는 사회를 전제한다고 주장한다. 그리하여 후기 산업사회는 개인의 이익추구보다는 사회우선순위, 직무만족, 책임성, 부의 균등한 분배 등이 고려되어서 경제적 합리화의 원리(economizing mode)는 사회화의 양식(socializing mode)으로 바뀜이 불가결하다고 한다.[12)]

여기서 사회화의 양식이란 사회적 필요를 판단함에 있어서 개인보다는 공공적 이익을 기초로 하는 원리를 말한다.[13)] 윌리암스(F. Williams)와 라이스(R. E. Rice)는 사회적 실재라는 개념을 등장시키면서 새로운 기술은 원래 그 자체가 비인간화의 도구가 아닌 만큼 그것을 더욱 이해하고 새로운 스타일을 개발 하는 전략이 필요하다고 하였다.[14)] 또한 실질적인 면에서 정보사회에서는 단순한 정보량의 증가를 넘어 쌍방향 통신을 가능케 하는 새로운 매체들의 등장으로 직접 민주주의의 운영이 용이할 뿐더러 탈획일화 현상으로, 산업사회의 원리가 대량생산, 대량전달, 대량소비라고 한다면 정보사회는 다품종 소량의 주문생산에 있고 그에 따라 이미지, 미디어, 생산, 소비, 시간, 생활양식, 가치관에 이르기까지 모든 면에서 비매스미디어화, 탈규격화가 이루어진다[15)]고 예견하였다. 또한 선택성의 증가가 이루어져 텔레비전, 라디오 등 종래의 전파미디어는 기록성, 반복성이 결여된 단점이 있으나 시간조정 능력을 지니고 있는 뉴미디어는 그러한 단점을 극복하면서도 수용자를 시간의 제약으로부터 자유롭게 한다. 또한 다미디어, 다채널에 의한 내용의 다양성은 프로그램 선택에서도 수용자는 좀더 자유로워진다고 보았다. 이러한 관점은 커뮤니케이션 테크놀로지가 인간의 커뮤니케이션능력을 증대시킴으로써 사회에 기능적으로 작용을 할 수 있다는 것이다. 여기에서 기술상의 변화는 곧 기술적 진보로 규정되고 기술적 진보는 곧 인간 환경의 개선과 [16)]동일시된다.

(2) 비관론적 관점

뉴 테크놀로지의 문제로 대두되는 것은 정보량의 격차와 정보의 질적 저

---

12) Frederick Williams, *The Communication Revolution*, (Sage Publication, 1982), p. 242.

13) 원우현(1999), 『현대미디어 이론』, 나남 출판사, pp. 234-235.

14) 원우현(1986), 『여론 선전론』, 법문사, p. 256.

15) Alvin Toffler, *The Third Wave* (N. Y.: Bantam Book, 1981),; John Naisbitt, *Megatrends: Ten New Directions Transforming Our Lives*, (N. Y.: Waner Books, 1982).

16) George Gerbner, Larry P. Gross, William H. Melody(eds), *Communication Technology and Social Policy; Understanding the New Cultural Revolution* (New York: John Wiley & Sons, 1973), p. 6.

하현상, 새로운 정보질서를 위한 주장, 텔레비전과 비디오게임의 병적 징후, 로봇 컴퓨터의 등장에 따른 비인간화 문제 등이 있다. 이와 같은 비관적인 관점에서 마르쿠제(Marcuse)는 현대사회에서 개인은 기술적 지배의 자발적 시민이 되어 자신을 이러한 문화와 동일시한다고 하였다. 하버마스(Habermas)도 현대의 기술사회는 시민의 자율성과 책임감을 박탈하고 과학과 테크놀로지가 이데올로기의 역할을 맡고 더 이상 해방의 힘이 아니라 현존 지배질서의 정당성의 기호가 된다고 하였다.[17] 결국 어떠한 환경에서는 새로운 테크놀로지가 문제의 해답이 될 수 있지만 또 다른 상황 속에서는 문제점이 될 수 있다는 것을 보여 주고 있다 하겠다.

한편 컴퓨터의 문제점도 드러나고 있는데, 즉 개인 자료의 정보화로 인하여 초래되는 프라이버시 침해, 증가하는 컴퓨터 범죄, 그리고 자동화로 인한 고용기회의 감소 등과 같은 것이 그것이다. 이 밖에도 과도한 정보부담 속에서 개인의 선택가능성이 점점 어려워질 뿐 아니라, 정보의 빈부차에 의한 정보의 독점현상 내지는 소외 현상이 두드러질 수도 있다.

4. 정보사회의 등장에 따른 문제점

뉴미디어뿐만 아니라 어떠한 새로운 개혁이나 혁신이 도입될 때 나타나는 변화가 반드시 애초에 의도한 결과와 같은 것은 아니다. 그 결과는 우리가 바라는 바의 긍정적인 영향이 될 수 있으나 그 반대로 부정적인 영향을 가져올 수도 있다. 뿐만 아니라 그 변화가 이미 예측된 것일 수도 있으나 미처 예측하지 못한 현상도 빈번히 발생한다는 점, 그리고 새로운 기술의 도입이 가져다주는 명백하고도 직접적인 영향뿐만 아니라 그로 인해 여러 분야에 파생되어 발생되는 간접적인 영향도 상존한다는 점도 뉴미디어의 사회적 영향에 대한 불확실성을 증대시키는 요인으로 작용한다. 뉴미디어 시대의 도래와 관련하여 현재 제기되고 있는 쟁점들을 정리해 보면 다음과 같다.[18]

(ㄱ) 뉴미디어 환경이 제공하는 채널과 미디어의 수적인 증대와 이로 인한

---

17) 이인호 外(1979), 『현대의 사회사상가』, 연등사, pp. 231-256.
18) 김영석(1997), 『멀티미디어와 정보사회』, 나남 출판사, pp. 400-435.

정보의 급격한 홍수가 몰고 올 부작용은 없는가?

(ㄴ) 끊임없이 등장하는 뉴미디어 상황이 오히려 정보 빈자와 부자 간의 격차를 심화시키지 않는가?

(ㄷ) 상호작용적 미디어의 출현이 우리에게 주는 편익에도 불구하고 오히려 그것이 개인 사생활을 침해할 수 있는 소지는 없는가?

(ㄹ) 각 국가 뉴미디어의 개발경쟁에서 또 한번 국제 정보질서의 불균형이 재연되지는 않는가?

물론 정보과잉이나 인간소외, 계층간 · 국가간 정보격차, 사생활 침해 등과 같은 사회적 쟁점들은 인간의 커뮤니케이션 환경이 새로운 미디어 기술의 확산으로 변화에 직면할 때마다 매번 제기되었던 인류의 역사적인 관심이다. 하지만 멀티미디어로 상징되는 금세기의 새로운 미디어 환경이 오늘날 우리의 일상생활에 미치는 영향은 20세기 초 라디오의 등장이나 20세기 중반 TV의 등장이 당시 사회에 미친 영향과 동일할 수는 없다. 마찬가지로 위에서 제기한 쟁점들이 비록 시대를 초월하여 반복되어 제기되는 것이라 할지라도, 그것이 라디오 시대나 TV시대에 갖는 사회적 의미와 오늘날 멀티미디어 시대에 갖는 의미와는 같을 수가 없다.

(1) 미디어의 양적 팽창과 미디어 수용

정보 생산량과 정보 소비량의 불균형: 현실적으로 뉴미디어가 제공하는 기술적인 가능성과 콘텐츠에 비해 수용자들의 수용능력은 한계를 지닌다. 이는 결국 정보과잉[19]을 초래한다. 그 결과 매스미디어의 무한경쟁체제가 성립되고 이러한 미디어의 무한경쟁체제 하에서 미디어 시장의 분화현상(fragmentation)이 발생한다.

(2) 정보접근과 정보격차

뉴미디어환경과 관련하여 제기되고 있는 또 다른 사회적 쟁점은 '정보사회의 모든 정보를 이용하기 위해서는 그에 상응하는 금전적 혹은 비금전적 비

19) 정보과잉(information overflow): 개인이나 시스템이 지나치게 많이 들어오는 정보를 처리하지 못해서 발생하는 정보처리의 장애현상을 말한다.

용을 지불해야 한다' 는 점이다.[20]

첫번째의 비용은 정보기기구입을 위한 비용이다. 두 번째 비용은 정보이용료의 문제이다. 정보이용자는 자신이 이용하는 정보량에 따라 이용료를 지불해야 한다. 물론 이 경우에도 공공자료인 경우에는 무료로 이용이 가능하지만 전문적인 정보는 대부분 유료로 제공된다.

세 번째 비용은 정보활용지식(information literacy)을 얻기 위한 비용이다. 정보 단말기나 정보서비스를 운용하기 위해서는 사용방법의 난해성으로 인해 그것을 어떻게 사용하는지를 알아야 한다. 그리고 이러한 학습은 최소한의 지적 수준과 경제적 부담을 요구한다. 특히 유의할 점은 이들 비용이 정보화의 초기 단계에서는 일반인이 부담하기 어려울 정도로 비싸다는 점이다. 따라서 정보사회의 각종 편익은 경제적으로나 시간적으로 여유가 보다 많은 상층계급 혹은 엘리트계급에게만 가장 먼저 돌아갈 수 있다. 이러한 이유로 인해서 일부 학자들은 산업사회에서 가진 자와 못 가진 자 간의 격차가 계급사회를 반영하듯이, 정보사회에서 '정보를 가진 자(the information rich)' 와 '정보를 못 가진 자(the information poor)' 간의 정보격차가 심화될 것이라는 예견을 하기도 한다. 이러한 주장은 언론학 분야의 지식격차현상(knowledge gap)에 관한 연구전통의 연장선에서 이루어지고 있다.

(3) 사생활 침해

정보사회의 모든 정보는 개인의 사적인 정보를 포함하고 있다. 일상생활의 편익을 증대시켜 주는 방대한 양의 데이터뱅크는 사실상 일반사람들에 관한 정보로 이루어져 있으며, 이들 중 상당부분은 극히 개인적인 사생활과 관련된 것들로 이루어져 있다. 이러한 모든 데이터베이스들은 한편으로는 국가의 보다 효율적인 정책수행과 국민개개인의 복리증진, 혹은 기업이나 조직의 효율적인 업무를 위해서 사용된다는 긍정적인 면을 가지고 있다. 하지만 이러한 목적의 순수성에도 불구하고 궁극적으로는 지금까지 전적으로 개인적인

20) Duncan Macrae Jr., Some Political Choices in the Development of Communication Technology, in H. Sackman and N. Nie(eds.), *The Information Utility and Social Choice*, Montvale H. J.: Afips Press.

영역으로 남아 있던 거의 모든 개인적 특성과 사회적 활동들이 타인에 의해서 관리되고 노출된다는 점에서 '사생활 침해'의 가능성은 상존하는 것이다. 이러한 사생활 침해의 유형은 다음과 같다.

(ㄱ) 시스템 운용자가 개인정보를 부당하게 이용

(ㄴ) 개인의 신상에 대한 비밀이 제 3 자에게 유출되는 경우

(ㄷ) 미디어 운용자가 가입자들에게 개인의 신상자료를 필요 이상 요구하는 경우

(ㄹ) 환경감시를 명분으로 정부기관이 사전동의 없이 개인의 정보를 거리낌없이 이용하는 경우

(4) 새로운 국제 정보질서와 국가 주권의 문제

뉴미디어를 바탕으로 형성될 새로운 국제 환경은 통신위성을 포함하는 첨단 통신기술을 바탕으로 한 이른바 커뮤니케이션의 지구촌 시대와 다국적 미디어라는 말로 일반화시킬 수 있다. 다시 말해 이제 더 이상 인간의 커뮤니케이션 활동이 특정지역, 특정국가에 한정되어 이루어지는 것이 아니라 전세계를 통해 이루어지며, 따라서 방송과 신문, 혹은 통신 등과 같은 미디어의 활동영역 또한 한 국가영토 내부만이 아닌 세계 각국으로 넓어지게 되었다는 것이다. 이처럼 공간적 · 시간적 한계를 뛰어넘는 인간 커뮤니케이션의 지구촌화 경향은 긍정적인 면을 지니고 있다. 우선, 국가간의 정보유통이 원활해짐에 따라 세계 각지에서 벌어지는 상황을 시시각각으로 확인할 수 있게 된다. 또한 서로 다른 문화의 가치관을 손쉽게 접하기 때문에 문화적 편견을 극복할 수 있는 가능성을 제공한다. 뿐만 아니라 기업활동이나 국제교류 또한 그만큼 원활하게 이루어질 수 있다.

하지만 이러한 긍정적인 측면에도 불구하고 다른 한편에서는 서로 이해관계를 달리하는 국가들간에 첨예한 갈등요인을 안고 있는 중요한 국제적 쟁점을 낳고 있음도 결코 간과할 수 없다. 특히 이러한 갈등이 기존 국제 정보질서 논의의 대상이었던 서구 선진국과 제 3 세계국가들 간에만 존재하는 것이 아니라, 서구 선진국들 사이에서도 발생하고 있다는 점이 특기할 만하다. 그 외에 통신위성 운용과 관련 주파수 및 궤도할당 문제, 직접 위성방송과 이에

따른 전파월경 문제, 초국경 데이터(TDF)[21] 유통의 문제 등이 발생하고 있다.

21) TDF란 초국가적인 컴퓨터 커뮤니케이션 시스템을 통해 한 지점에서 다른 지점으로 전달되는 국제적인 데이터 전송현상으로서, 국가 경계를 넘어 컴퓨터 정보가 처리되고 저장되고 검색되는 기계해독자료(machine readable data)를 의미한다. TDF가 국제적인 쟁점이 되고 있는 가장 큰 이유는 첨단 컴퓨터 산업과 정보통신기술의 발달로 인해 특정 국가 내부에 관한 방대한 정보들이 해당국가의 통제권이 미치지 못하는 외국으로 유출되기 때문이다. 따라서 이로 인해 발생하는 쟁점들도 주로 정보주권의 문제, 정보의 대외취약성문제, 그리고 국제적 차원의 사생활 침해 등 세 가지 차원에서 자주 논의되고 있다.

참고문헌(1장-6장)

고건(2001). 『Digital의 세계』. 온누리 교회 전산위원회.

김경수(1999.11). 『인터넷 방송의 개념과 특성』. 방송과 인터넷의 발전적 관계모색, 제7회 목동포럼 자료집.

김동윤 · 조준형 譯(2000). 『사이버 문화: 뉴테크놀로지와 문화협력, 그리고 커뮤니케이션』. (Levy, P.(1997), *Cyberculture*, Les Editions Odile Jacob, Paris) 문예출판사.

김영석(1997). 『멀티미디어와 정보사회』. 나남출판사.

김인환 역(1996). 『사이버스페이스 전쟁』. (Slouka, M.(1995). *War of the Worlds*). 한국경제신문사,

김정탁(2000). 『굿바이 구텐베르크』. 새천년.

노용덕 역(1994). 『가상현실과 사이버스페이스』. (Helsel, S. et al(1991). *Virtual Reality*. 세종대학교 출판부.

목진자(1998). 『푸시기술을 이용한 웹방송의 현황과 전망』. 사이버커뮤니케이션 학보, 통권 제3호.

신동훈 역(1993). 『가상현실과 새로운 산업』. (Rheingold, H.(1991). *Virtual Reality*). 다음세대.

신윤식, 이철주, 박재천, 이정훈 공역(1993). 『정보사회론』. 데이콤 출판부.

심윤옥 역(1997). 『가상현실』. (Cadoz, Claude(1994). *Les realites virtuelles*). 영림카디널

여명숙 역(1997). 『가상현실의 철학적 의미』. (Heim, M.(1993). *The Metaphysics of Virtual Reality*), 1993, 책세상,

오세철 역(1980). 자본주의의 문화적 모순(Daniel Bell). 전망사.

원우현(1986). 『여론 선전론』. 법문사.

______(1987). 『한국 미디어문화 비평』. 나남출판사.

______(1999). 『현대미디어 이론』. 나남출판사.

윤영민(1996). 『전자정보공간론: 컴퓨터네트워크의 사회학적 탐색』. 전예원.

______(2000). 『사이버공간의 정치』. 한양대학교 출판부.

윤준수(1998). 『인터넷과 커뮤니케이션 패러다임의 대전환』. 커뮤니케이션 북스.

이상철(1984). 『국제 정보론』. 일지사.

이상헌 역(1994). 『가상현실』. (Lavroff, N., *Virtual Reality Playhouse*). 김영사.

이인호 外(1979). 『현대의 사회사상가』. 연등사.

최영(1999). 『인터넷방송 커뮤니케이션』. 커뮤니케이션 북스.

한은영(2000). 『인터넷 방송현황과 전망』. KISDI IT FOCUS, 정보통신정책연구원, 2000년 5월호, 54-56.

홍성태(2000). 『사이버 사회의 문화와 정치』. 문화과학사.

Biocca, F., Kim, T., Levy, M. R.(1995). The Vision of Virtual Reality. *Communication in the Age of Virtual Reality*, Chap.1. LEA.

Castells, M.(1996). *The Rise of the Network Society*. Blackwell.

Frederick Williams(1982). *The Communication Revolution*. Sage Publication.

Gerbner, George, Gross, Larry P., Melody, William H.(eds.)(1973). *Communication Technology and Social Policy; Understanding the New Cultural Revolution*. New York: John Wiley & Sons.

Kaye, B. & Medoff, N.(1999). *THE WORLD WIDE WEB*. Mayfield Publication Co.

Lanier, J. & Biocca, F.(1992). An Insider View of the Future of Virtual Reality. *Journal of Communication*. Autumn, pp.150-151.

Macrae, Duncan Jr., Some Political Choices in the Development of Communication Technology. In H. Sackman and N. Nie(eds.), *The Information Utility and Social Choice*. Montvale H. J.: Afips Press.

Martin, J.(1981). *The Wired Society*, Englewood Cliffs, NJ: Prentice - Hall.

Masuda, Y.(1981). *The Information Society as Post-industrial Society*. Bethesda. MD: World Future Society.

Naisbitt, John(1982). *Megatrends: Ten New Directions Transforming Our Lives*. N. Y.: Waner Books.

Schement, Jorge Reina(1989). The Origin of the Information Society in the United States: Competing Visions in Jerry L. Salvaggio(ed.). *The Information Society-Economic, Social, and Structural Issues*, Lawrence Erlbaum Associate Publisher: NJ.

Toffler, Alvin(1981). *The Third Wave*. N. Y.: Bantam Book.

Williams, Raymond(ed)(1981). *Contact: Human Communication and Its History*. N. Y.: Thomas and Hudson.

제 4 부

인터넷과 매스미디어

제 7 장
인터넷과 신문

이 광 엽*

Ⅰ. 인터넷 신문의 발전

1. 인터넷 신문의 개념

인터넷의 발전과 확산 과정에서 빼놓을 수 없는 분야 가운데 하나는 뉴스 전달이다. 새로운 정보를 시시각각 실시간(real time)으로 전송할 수 있는 인터넷 매체의 장점은 뉴스 보도에서 유감 없이 발휘됐다. 종이신문들은 인쇄 매체의 한계를 극복하고 실시간으로 독자에게 정보를 제공할 수 있는 새로운 기회를 인식하고 인터넷 사업에 앞다퉈 적극 진출했다. 1455년 구텐베르크의 활판인쇄술 발명 이후 신문은 사상 처음으로 지면 공간과 기사 마감 시간의 장벽을 뛰어넘어 독자에게 직접 뉴스를 공급할 수 있는 채널을 가동하기 시작했다. 인터넷 저널리즘이 인터넷 보급 확대와 기술 발달에 힘입어 눈부시게 성장해 가면서 전통적인 저널리즘은 대변혁의 시대를 맞이하게 됐다

인터넷 신문(internet newspaper)을 지칭하는 용어는 다양하다. 온라인 신문(online newspaper), 온라인 뉴스(online news), 전자 신문(electronic newspaper), 이페이퍼(e-paper), 온라인 저널리즘(on-line journalism) 등의 말들은 일반적으로 인터넷 신문 현상을 공통적으로 가리키면서도 대상의 범위

* YTN 보도국 기자

와 의미는 다소 차이를 보이고 있다. '온라인 뉴스'와 '온라인 저널리즘'은 인터넷 신문뿐 아니라 멀티미디어가 특징인 방송사의 인터넷 사이트도 포함하는 말로 쓰이는 경우가 많다. 그리고 '전자 신문'은 PC 통신을 통해 신문 콘텐츠를 서비스하는 형태를 뜻한다. 텍스트 위주의 인터넷 뉴스를 표현할 때는 '인터넷 신문' 또는 '온라인 신문'이라는 용어가 적합하며 실제로 비교적 널리 사용되고 있다.

그렇다면 구체적으로 인터넷 신문의 정의는 무엇일까? 김택환(1999:1)은 "정치, 경제, 사회, 문화, 시사 등에 관한 보도, 논평 및 여론 등을 전파하기 위하여(정간법 제2조) 온라인이라는 수단을 이용하여 전자 방식으로 텍스트 중심의 정보를 제공하는 온라인 미디어"라고 설명했다. 최낙진(2000:17)은 인터넷 신문을 "정보의 1차적 뉴스 제공자가 웹(www)상에서 하루 1회 이상 정보 내용을 갱신하여 여론을 전달할 목적으로 발행하는 전자적 형태의 신문"이라고 정의했다. 처음으로 인터넷 신문의 실태를 조사한 한국언론재단은 특수 주간신문 등 기존 종이신문의 발간 주기를 고려해 신문 사이트의 업데이트 기준을 격주 한차례 이상으로 광범위하게 설정하고 인터넷 신문을 "집단 또는 개인이 정보 취재 및 가공 과정을 거쳐 정기적으로 월드와이드웹을 통해 텍스트 위주로 뉴스를 서비스하는 사이트"라고 정의했다(한국언론재단, 2001-02:22).

이러한 정의들을 종합하면 인터넷 신문은 "신문사 또는 다른 정보제공자가 보도 목적으로 정치, 경제, 사회, 문화, 국제 등 각 분야의 뉴스를 취재, 편집한 뒤 최소한 격주 한차례 이상 갱신되는 인터넷 사이트를 통해 텍스트 위주의 뉴스를 제공하는 것"이라고 말할 수 있다. 인터넷 신문은 대중을 상대로 한 보도 목적을 갖고 뉴스를 취재, 편집한다는 점에서 언론사로부터 뉴스를 공급받아 단순히 전달 통로 역할을 하는 일반적인 포털(portal) 사이트나 인터넷 서비스 공급업체(internet service provider)와는 다르다. 또 인터넷 신문은 텍스트 위주의 정보를 전한다는 점에서 멀티 미디어 형태인 방송사의 인터넷 사이트와는 차이가 있다. 그리고 인터넷 신문은 최소한 '격주 한차례 이상' 업데이트 된다는 점에서 월 1 회 발행 성격의 잡지 사이트와도 차별화된다.

2. 인터넷 신문의 발전 단계

(1) 파블리크의 3단계 발전 가설

파블리크(Pavlik, 1997: 36)는 인터넷의 뉴스 콘텐츠가 세 단계를 거쳐 발전해 왔다고 분석했다. 제 1단계는 온라인 기자들이 모 회사인 신문사의 콘텐츠를 대부분 재가공해 게재한 시기로 1997년 당시 대부분의 뉴스 사이트가 여기에 해당됐다.

제 2 단계는 기자들이 창의적인 뉴스를 취재 보도하고 독자들이 기사를 읽으면서 관련 기사나 다른 웹사이트에 곧바로 접속 가능한 하이퍼링크(hyperlink)와 기사 검색, 맞춤형 뉴스(customized news)와 같은 부가적인 서비스가 보완된 시기이다. 이러한 형태의 온라인 저널리즘은 1996년부터 꽃을 피우기 시작했다.

마지막으로 제 3 단계는 1997년에 태동하기 시작한 것으로 새로운 커뮤니케이션 매체로서의 웹 특성에 맞는 독창적인 뉴스 전달이 특징이다. 이 단계의 저널리즘은 온라인 공동체에 대한 재검토가 이뤄지고 특히 새로운 형태의 이야기 전개(storytelling)에 대한 실험 의지가 강렬했다. 그 대표적인 경우로 '몰입적인' (immersive) 이야기 전개를 들 수 있다. 이러한 보도 방식을 접한 독자는 더 이상 뉴스를 읽는 것이 아니라 뉴스 속에 들어가 항해하는 즐거움을 느끼게 된다.

파블리크는 콘텐츠의 독창성과 이야기 전개 방식에 초점을 맞춰 인터넷 신문의 발전 단계를 논의했다. 그런 까닭에 콘텐츠의 변화 뒤에 숨어 있는 시대적 흐름을 파악하는 데는 한계가 있다. 그리고 각 단계별 시대적 특징이 뚜렷하게 구분되지 않은 점도 보완이 필요한 부분이다.

(2) Pryor의 통제력 중심 분류

인터넷 저널리즘의 등장 이후 정보 제공자와 이용자의 관계는 기존 신문과 독자의 관계와는 질적으로 다른 양상으로 변화했다. 앞서 파블리크가 콘텐츠에 드러난 특성을 중심으로 시대 구분을 한 것과 달리 프라이어(Pryor)는 정

〈표 1〉 프라이어의 온라인 저널리즘 발전 단계

시 대 / 구 분	제 1 물결 (1982-1986)	제 2 물결 (1993-2001)	제 3 물결 (2001-)
애플리케이션 (application)	디지털 형태 텍스트 채팅과 게시판	무제한적인 데이터 접근 이메일 · 전자상거래 확산	개인 사이트 신문 · 방송 · 온라인융합
통제력 (control)	주요 미디어 회사 소유 사용자 혁신성의 억제	폐쇄/개방 네트워크공존 독자의 게이트키핑 가능	네트워크소유주-사용자 제휴관계(partner) 발전
하드웨어 (hardware)	TV 셋톱 박스 장치의 전화선을 통한 접속	빠른 모뎀, 케이블 접속, 휴대폰 · PDA 정보 전달	케이블 · 위성 광대역 통신망 통한 PC 연결

보 제공자와 최종 사용자 사이의 관계 변화를 통해 문제 해결을 시도했다. 프라이어(2002)는 텔레커뮤니케이션 학자인 바(Bar)의 통제력(control) 개념을 중심 축으로 삼아 온라인 저널리즘의 발전 단계를 설명했다.

바(Bar)는 인터넷이 전통적인 텔레커뮤니케이션 네트워크와는 대조적으로 최종 사용자(end-user)의 적극적인 참여로 창조되고 성장했다는 점에 근거해 정보 네트워크가 통제력(control)을 장악하기 위한 미디어 소유주와 최종 사용자 사이의 권력 다툼 속에 발달했다고 보았다. 사용자들은 온라인 시대 출범 때부터 새로운 기술을 커뮤니케이션 통제의 기회로 여겼으며 이들에게 상호작용성과 통제력을 부여한 기업들은 결과적으로 생존하게 됐다는 분석이다.

프라이어(Pryor, 2002)는 이러한 바의 가설을 한 축으로 삼고 인터넷 저널리즘의 시대를 세 단계로 구분한 크로스비(Crosbie)의 물결 개념을 다른 한 축으로 설정해 온라인 저널리즘의 발전 단계와 앞으로의 흐름을 통합적으로 제시했다. 그의 시대 구분을 간단히 정리하면 다음과 같다(〈표 1〉).

① 제 1 물결(1982-1986): 1982년 타임즈 미러와 나이트 리터(Times Mirror & Knight Ridder)는 TV 스크린을 통한 비디오텍스(videotex) 서비스를 야심차게 시작했지만 이 사업은 4년 만에 참담한 실패로 돌아갔다. 미디어 기업들은 커뮤니케이션의 변화를 희망하는 사용자들의 요구를 수용하지 못했다. 사용자들은 네트워크의 혁신을 추구했지만 고객 증가를 위해 단순히 기존 마케팅 전략을 고수한 미디어 기업의 경영층으로부터 외면을 당했다. 이 때 컴퓨서브

(CompuServe, 1980)와 프로디지(Prodigy, 1984), 에이오엘(AOL, 1989) 등 PC 통신망은 전통적인 저널리즘의 기반 없이 회원제 서비스를 실시하기 시작했다. 회원들에게만 제공하는 독점적 서비스가 PC 보급 증가로 확산되면서 채팅과 같은 커뮤니케이션은 각광을 받게 됐다. 이러한 커뮤니케이션 상황에서 소비자는 동시에 생산자가 됐으며 저널리즘의 세계는 지각변동을 겪게 됐다.

② 제 2 물결(1993-2001): AOL 등이 운영하는 '폐쇄형 네트워크'(closed network)와 최종 사용자나 소규모 사이트와 제휴 관계를 맺은 미디어 기업들이 통제하는 '개방형 네트워크'(open network)가 공존했다. 기존 저널리즘의 게이트키핑 역할은 계속됐지만 야후(Yahoo)와 같은 신생 미디어기업들은 스스로 게이트키퍼가 될 수 있는 소프트웨어를 개발해 독자들에게 제공했다. 맞춤형 소프트웨어의 등장으로 최종 사용자와 야후와 같은 미디어의 통제력은 확대됐다. 반면 전통적인 뉴스 조직들은 그만큼 통제력을 잃게 됐다. 또 정교하고 강력한 소프트웨어가 잇따라 개발되면서 사용자들은 음악과 비디오, 그리고 다른 콘텐츠들을 맘껏 저장하고 공유할 수 있게 돼 사용자로의 통제력 이양이 촉진됐다. 하지만 기업들의 수익 모델 개발 실패로 2000년 중순 무렵 이 부문의 투자가 한 때 중단되는 위기를 겪기도 했다.

③ 제 3 물결(2001-): 이 시대에 이르러 미디어 소유주들은 소비자들이 지불할 의사가 있는 정보를 개발하기 시작했다. 소유주들은 최종 사용자와의 제휴 관계를 통해 새로운 수익원을 창출하기 시작했다. 뉴욕 타임스의 nytimes.com, 워싱턴 포스트의 washingtonpost.com, 월스트리저널의 wsj.com, CNN의 cnn.com 등은 발전을 거듭했다. 성공적인 뉴스 사이트들은 최종 사용자의 요구를 귀담아 들었고 최종 사용자들에게 뉴스 네트워크를 형성하도록 허용함으로써 수익성을 높였다. 부음 소식에 꽃가게 사이트를 연결한 형태의 새로운 광고, 과거 기사를 역사 특집물로 탈바꿈시켜 기존 자원을 활용하는 방안 등 최종 사용자의 요구와 밀접하게 관련된 다양한 서비스가 개발됐다. 네트워크 소유주들은 포럼과 서베이 등을 통해 사용자들끼리 또는 사용자와 기자가 대화를 나눌 수 있는 길을 터 줌으로써 상호작용성을 높여나갔다. 소유주와 사용자의 제휴 관계를 통해 혁신성을 제고하는 새로운 모델의 기반이 갖춰진 시기이다.

제 1물결 시대에 소유주들은 모든 것을 통제했지만 제 2물결 시대에는 최종 사용자들이 통제력을 위해 투쟁했다. 제 3물결 시대에 접어들어서는 소유주와 사용자들이 통제력을 공유하기 시작했다. 미디어 소유주들은 사용자와의 긴밀한 협력 관계를 통해 가치를 발견하게 됐고 사용자들은 소유주들에게 이익을 남겨주려는 뜻을 내비쳤다. 온라인 뉴스 사이트들은 독자들이 원하는 것을 제공할 때에야 비로소 생존할 수 있다는 점을 깨달았다.

Ⅱ. 국내 인터넷 신문 현황

1. 역 사

국내 인터넷 신문의 기원은 전자 신문(electronic newspaper)에서 찾을 수 있다. 한국경제신문은 지난 1986년 신문 기사를 데이콤에 제공함으로써 온라인 데이터베이스를 구축했다. 전자신문은 컴퓨터와 통신, 신문의 융합으로 출범했지만 국내 PC 통신망을 통해 회원들에게만 접속이 허용됐다는 점에서 누구나 이용 가능한 인터넷 신문과는 구별된다.

본격적인 인터넷 신문 시대는 중앙 일간지들이 인터넷 서비스를 위해 사이트를 잇따라 개설하면서 활짝 꽃을 피우기 시작했다. 중앙일보(www.joins.com)는 1995년 3월 국내 처음으로 인터넷 사이트를 선 보였다. 세계 최초의 인터넷 신문인 미국의 시카고 트리뷴 전자판이 등장한 지 3년 만의 일이었다. 이듬해 조선일보의 '디지틀 조선' (www. chosun.com), 동아일보사의 '동아 마이다스' (www.dongailbo.com) 등이 그 뒤를 이으면서 인터넷 신문이 줄줄이 탄생했다. 이러한 신문 사이트들은 나중에 대부분 모 신문사에서 분사 절차를 거치게 됐다.

2000년 이후 온라인에서만 뉴스를 전달하는 사이트들이 속속 생겨나면서 인터넷 신문은 전환점을 맞이하게 됐다. 기존 신문사의 전유물로 여겨졌던 인터넷 저널리즘 영역의 질서가 역동적으로 변화하는 계기가 마련된 것이다. 경제 뉴스를 전문으로 하는 '이데일리(www.edaily.co.kr)와 '머니투데이' (www.moneytoday.co.kr), 정보통신 분야를 취급하는 '아이뉴스 24' (www.

inews24.co.kr), 그리고 기존 종이 신문의 편집 방향과는 다른 대안 언론 성격의 시사 종합지 사이트인 '오마이뉴스(www.ohmynews.com)와 '프레시안'(www.pressian.com) 등이 잇따라 인터넷 저널리즘 사업에 도전장을 냈다.

2. 인터넷 신문 유형

김동규(2001:85-86)는 인터넷 신문을 '오프라인 종속형'과 '독립형' 두 가지 유형으로 분류했다. '오프라인 종속형'은 자체 뉴스 생산보다 오프라인 신문의 콘텐츠를 가공해 온라인으로 전달하는 데 의존하며, 그 소유 구조 역시 오프라인에 종속돼 있는 인터넷 신문 사업자들을 가리킨다. 그리고 '독립형'은 온라인에서 시작하여 온라인 전용 뉴스를 생산하고, 기존 오프라인 신문과 다른 차별성을 가지고 틈새 시장을 노리는 사업자들을 말한다. 2000년 이후 기존 종이신문의 아성에 문을 두드린 인터넷 전용 사이트들이 여기에 속한다.

기존 신문사를 위주로 한 '종속형-독립형' 분류는 초기 인터넷 신문의 현상을 기술하는 데는 적합할지 모르지만 현재와 미래의 인터넷 저널리즘의 역동적인 흐름을 설명하는 데는 한계가 있다. 신문사로부터의 종속과 독립은 종이신문 기업에 지나치게 의존한다는 말이어서 혁신성이 뛰어난 인터넷 매체의 자생 능력을 제대로 표현할 수 없는 한계가 있다. 다시 말해 종속형 인터넷 신문이라고 하더라도 얼마든지 종이신문의 제약을 극복하고 독자적인 인터넷 미디어로 발돋움할 수 있는 잠재력이 있다는 점을 염두에 둬야 한다는 뜻이다.

앞서 온라인 저널리즘의 발전 단계에서 Pryor가 설명했듯이 인터넷 신문은 이용자에게 통제력을 넘겨주면서 상호작용을 늘려 가는 추세로 점차 변모해 가고 있다. 또 인터넷 신문들이 각종 사이트와의 제휴를 통해 규모를 늘려 가는 동시에 기존 종이신문을 통한 서비스가 불가능했던 새로운 멀티 미디어 사이트로 진화하면서 독창적인 인터넷 매체로 자리를 잡아가고 있는 모습에도 주목할 필요가 있다.

따라서 여기서는 신문사의 탯줄을 통해 태어난 사이트를 '인쇄지 인터넷 신문'(on & off-line newspaper), 그리고 신문사와의 연결 고리가 없는 새로운 사업 주체가 출범시킨 사이트를 '인터넷 전용 신문'(only on-line newspaper)으로 부르고, 이러한 틀을 중심으로 인터넷 신문 현황을 살펴보겠다.

3. 인터넷 신문 현황

한국언론재단은 2001년 말 처음으로 인터넷 신문의 실태를 조사했다. 조사 대상에 포함된 사이트들은 최소한 격주에 한번씩은 주기적으로 뉴스가 새로 바뀌고, 정보수집과 취재, 정보 가공 과정이 있으며, 월드와이드웹(www)을 통해 텍스트(text) 중심의 뉴스가 제공되는 것들이었다(한국언론재단, 2001-02:23-25). 이러한 기준에 따라 선정된 조사 대상 인터넷 신문은 모두 234개였다. 그러나 이 가운데 종이 신문의 콘텐츠를 그대로 온라인에 퍼 옮겨 싣는 '삽질식 제품'(shovelware) 사이트와 주소와 연락처 등을 알 수 없는 정체 불명의 사이트들은 제외돼 최종 실태조사에 포함된 인터넷 사이트는 121개로 줄었다. 이 가운데 '인쇄지 인터넷 신문'의 수는 85개(70%)로 인터넷 전용 신문 수(36개사, 30%)보다 훨씬 많았다.

종이신문사가 만든 인터넷 사이트인 인쇄지 인터넷 신문은 '중앙 일간지', '지방지', '지역지', '전문지'로 나뉜다. 그리고 종이신문과는 무관하게 새로운 정보 제공자가 제작한 인터넷 전용 신문은 '시사 온라인'과 '지역 온라인', '전문 온라인' 등으로 세분화된다. 한국언론재단의 분석 대상을 바탕으로 인터넷 신문의 현황을 간단히 정리하면 〈표 2〉와 같다.

인쇄지 인터넷 신문의 콘텐츠를 분석해 보면 통합형과 분리형, 전문형 등 크게 세 가지 형태로 나타난다(한국언론재단, 2001-04: 67-69).[1] 인터넷 전용 신문도 유형별로 출범 배경에서 큰 차이를 보인다. 이데일리 등 전문 온라인은 새로운 틈새시장을 공략하기 위해 출범했지만 시사종합지를 지향하는 오마이뉴스 등 경우는 기존 언론에 대한 불만과 불신이 중요한 역할을 한 것으로 분

1) '통합형'은 언론 서비스의 가장 기본이 되는 뉴스를 중심으로 구성된 사이트 유형으로 동아닷컴, 한국아이닷컴 등이 여기에 해당됐다. 다음으로 '분리형'은 인터넷 언론사 자신들이 개발한 특화된 콘텐츠를 제공하는 형태를 말한다. 디지틀조선일보, 인터넷한겨레, 조인스닷컴이 대표적이었다. 세 번째로 '전문형'은 언론사 자체 성격상 특화된 정보를 서비스하는 것으로 매일경제인터넷, 한경닷컴 등이 여기에 속했다.

〈표 2〉 국내 인터넷 신문 현황 (월드와이드웹(www) 주소)

<table>
<tr><td rowspan="4">인쇄지
인터넷
신문
(85개사)</td><td>중앙 일간지
통신사
(12개사 16개
사이트)</td><td>· 경향신문(khan.co.kr)
· 동아닷컴(donga.com)
· 디지틀조선일보(chosun.com)
· 매일경제(mk.co.kr)
· 스포츠서울(sportsseoul.com)
· 일간스포츠(dailysports.co.kr)
· 한경닷컴(hankyung.com)</td><td>· 국민일보(kukminilbo.co.kr)
· 대한매일(kdaily.com)
· 디지털타임스(digitaltimes.co.kr)
· 서울경제(sed.co.kr)
· 인터넷한겨레(hani.co.kr)
· 중앙일보(joins.com)
· 한국일보(hankooki.com)</td></tr>
<tr><td>지방지
(26)</td><td>· 강원도민일보(kado.net)
· 경남신문(knnews.co.kr)
· 국제신문(pusannews.co.kr)
…</td><td>· 경기일보(kgib.co.kr)
· 광주일보(kwangju.co.kr)
· 인천일보(inchonnews.co.kr)
…</td></tr>
<tr><td>지역지
(26)</td><td>· 경기동부신문(kdnews.net)
· 고령인터넷신문(koryeong.co.kr)
…</td><td>· 고창코리아(gochangkorea.co.kr)
· 목포투데이(mokpotoday.co.kr)
…</td></tr>
<tr><td>전문지
(21)</td><td>· 교수신문(profs.co.kr)
· 법률저널(lec.co.kr/index2)
…</td><td>· 기자협회보(journalist.co.kr)
· 한국금융신문(fntimes.co.kr)
…</td></tr>
<tr><td rowspan="3">인터넷
전용
신문
(36개사)</td><td>시사
온라인(8)</td><td>· 뉴스보이(newsboy.co.kr)
· 오마이뉴스(ohmynews.com)
…</td><td>· 망치일보(hammer.co.kr)
· 프레시안(pressian.com)
…</td></tr>
<tr><td>지역
온라인(18)</td><td>· 데일리인천(dailyinchon.com)
…</td><td>· 디지털성남(snilbo.co.kr)
…</td></tr>
<tr><td>전문 온라인
(10개사 11개
사이트)</td><td>· 머니투데이(moneytoday.co.kr)
· 이데일리(edaily.co.kr)
…</td><td>· 아이뉴스24(inews.co.kr)
· 잇이즈콤(itiscom.co.kr)
…</td></tr>
</table>

석된다(박인규, 2002: 257). 그렇다고 인쇄지 인터넷 신문과 인터넷 전용 신문이 각자의 고유 영역을 엄격하게 계속 지켜 나가는 것은 아니다. 온라인에서만 뉴스를 보도하는 인터넷 전용 신문도 오프라인으로 활동 반경을 넓혀 가는 추세를 보이고 있다.[2)]

2) 온라인에서 출범한 뒤 영향력을 높이고 수익원을 다변화하기 위해 오프라인으로 역진출하는

Ⅲ. 인터넷 신문의 특징

1. 무한 소비 상품

인터넷 신문과 인쇄 신문은 상품의 성격 측면에서 뚜렷한 차이를 보인다(최낙진, 2000: 65-69). 인쇄 신문 상품은 하루라는 짧은 수명을 갖고 있지만 인터넷 신문은 무한 소비상품이다. 인터넷 신문은 인쇄 신문의 기사를 그대로 올릴 수 있는 것은 물론이고 24시간 기사를 수정, 보완할 수 있는 '업데이트' 생산 방식을 갖추고 있어 한번 판매된 기사를 수시로 바꿀 수 있다. 인터넷 신문 상품은 복제 성격이 강해서 무한적 재생 이용이 가능해 경쟁에서 우위를 차지할 수 있다(〈표 3〉). 인터넷 신문과 인쇄 신문을 동시에 발행하는 기업 입장에서 보면 인쇄 신문 상품 판매로 인한 일시적 이익과 인터넷 신문 판매로 얻는 비순차적 이익이 동시에 발생하는 이중적 시장구조를 갖게 된다.

〈표 3〉 인쇄 신문과 인터넷 신문 상품의 비교

구 분 \ 신문 유형	인쇄 신문	인터넷 신문
상품 성격	1회 소비 상품	무한 소비 상품
판매 가능 시간	1일 한정	시간 제약 없음
사용 후 상품 가치	제로화 경향 강함	유지 또는 부가가치 창출

출처: 최낙진(2000).

2. 전자적 파트너십 공급 체계

인터넷 신문은 기존 신문 산업과 비교했을 때 전혀 다른 콘텐츠 공급 체계를 갖고 있다. 장용호(2001)는 이러한 독특한 공급 체계를 '전자적 파트너

경우도 나타나고 있다. 경제 전문 사이트인 '머니투데이'는 2001년 6월 일간지인 '머니투데이 경제신문'을 창간했으며, 대안 언론 성격의 '오마이뉴스'는 2002년 4월 주간지인 '오마이뉴스 2002'를 발매하기 시작했다.

〈그림 1〉 전자적 파트너십 모형

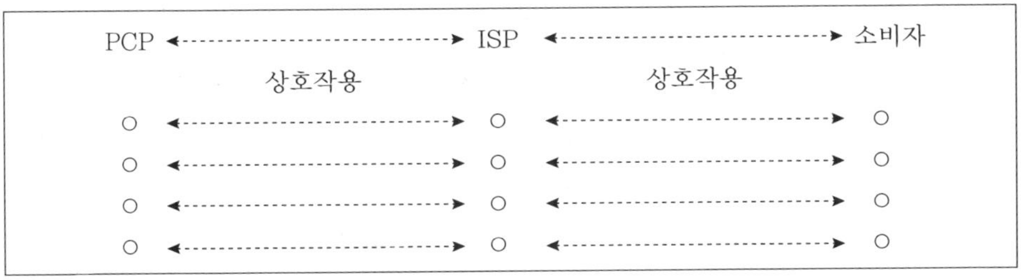

출처: 장용호(2001).

십'(electronic partnership)과 '허브-스포크'(hub-spoke) 네트워크 모형으로 설명한다. 일반적으로 오프라인을 통한 정보의 거래에 있어서는 수직적 통합 체계가 효율적인 구조로 인식되었기 때문에 제휴관계는 없었다. 그러나 인터넷 신문이 등장하면서 나타난 현상은 수직적 통합이 아니라 전자적 파트너십의 형성이었다. 인터넷 신문은 콘텐츠 독점 공급자(PCP; proprietary contents provider)와 인터넷 신문 기업 등 인터넷 서비스 공급자(ISP; internet service provider), 그리고 소비자들 사이의 상호 작용을 통한 전자적 파트너십이라는 독특한 제 3의 체계를 형성한다(〈그림 1〉).

무수히 존재하는 콘텐츠 공급자는 차별화 되고 전문화된 콘텐츠를 제공하는 독점적 공급자이면서 주변 역할을 하는 수레바퀴의 살(spoke)이 된다. 그리고 이들로부터 콘텐츠를 공급받아 네트워크를 통해 소비자들에게 제공하는 인터넷 서비스 공급자(ISP)는 일종의 장터이면서 수레바퀴의 중심(hub)이 된다. 인터넷 서비스 공급자는 또 정보재를 중간에서 중재해주는 정보 매개자(information intermediator)의 기능을 담당한다. 정보 매개자의 존재가 필요한 이유는 정보 상품의 질에 대한 평가가 어렵고 이로 인해 정보의 불균형을 야기하는 '비대칭적 상황'이 발생할 수밖에 없기 때문이다.

3. 매체적 특성

(1) 상호작용성(interactivity)

프라이어(Pryor)는 인터넷 저널리즘의 발전을 논의하면서 가장 중요한 잣

대로 통제력(control)을 제시했다. 최종 사용자가 뉴스 콘텐츠에 통제력을 갖게 된 것은 인터넷 신문의 속성이 본질적으로 상호작용이 가능한 매체이기 때문에 가능해진 현상이다. 종이 신문은 독자에게 일방향적인 정보를 전하는데 그치지만 인터넷 신문은 독자가 거꾸로 정보에 대한 반응을 보이고 정보 제공자와 소극적 또는 적극적으로 의사소통을 할 수 있는 상호작용 채널이다.

인터넷 신문의 상호작용 기제로는 이메일, 채팅룸, 온라인 투표와 설문조사, 토론 포럼, 독자 투고, 전자 게시판 등 다양한 방식을 들 수 있다(최영 · 김병철, 2000:180–181). 상호작용성에 기반을 둔 '맞춤식 뉴스'(customized news)가 아직 보편화된 것은 아니지만 앞으로 발전 가능성은 충분히 있는 것으로 나타나고 있다. 미국 뉴스 소비자들의 경우 5명 가운데 1명(18%)이 뉴스를 이메일로 받아 보고 있으며, 특정 뉴스 주제에 대해 업데이트를 해주는 맞춤식 페이지를 갖고 있는 소비자는 17%로 조사됐다(Pew Research Center, 1999:12).

(2) 하이퍼텍스트(hypertextuality)

종이 신문의 텍스트는 선형적이고 순차적이어서 독자는 신문의 편집에 순응적이게 된다. 독자들이 스스로의 의지에 따라 기사를 선택하고 첨삭하거나 몰입할 수 있는 여지는 별로 없다. 그러나 인터넷 신문의 텍스트는 비선형적인(nonlinear) '하이퍼텍스트' 구조를 지니고 있는 게 특징이다. 독자들은 자신의 선택에 따라 텍스트 형태를 얼마든지 변경할 수 있고 자료나 링크를 첨부하고 의견을 나타낼 수 있다. 또 하이퍼텍스트는 텍스트의 시작과 끝이 분명하지 않기 때문에 독자가 끊임없이 중심을 다시 결정할 수 있는 '다중심성'을 갖고 있다. 이러한 비선형성과 다중심성으로 인해 인터넷 신문 독자의 메시지 선택성은 높아졌고 기존 언론의 기자–독자 관계도 변화한 것으로 분석됐다(박선희, 2001: 123).

미국의 포인터 연구소와 스탠포드 대학은 인터넷 신문 매체의 이용 행위를 분석하기 위해 눈동자 추적 연구(eyetracking study)를 실시한 결과 수용자들이 헤드라인을 읽고 직접 클릭해 들어간 기사에 대해서는 전체 길이의 75% 이상을 열독한 것으로 나타났다고 밝혔다(poynter, 2000). 이러한 연구 결과는 종이 신문을 읽을 경우 우연히 기사 읽기를 중단하고 다른 기사로 넘어가는 비율이 높은 점과 비교했을 때 대조적이다.[3] 인터넷 신문 수용자들은 비선형적이고 다중심적인 하이퍼텍스트를 접할 때 자신이 선택한 기사에 대해서는 적극적으로 인지적인 노력을 기울인다고 해석할 수 있다.

하이퍼텍스트에서는 어떤 링크를 따라가는가에 따라 담론의 구도가 형성되므로 동일한 하이퍼텍스트라도 여러 관점에서 읽혀질 수 있는 특징을 갖게 된다. 링크의 흐름을 자율적으로 선택할 수 있는 하이퍼텍스트의 이용자들은 이런 형식으로 제작된 뉴스를 통해 복수현실(multiple realities)을 접하게 된다(윤영철, 2000:6).

4. 저널리즘의 특성 변화

(1) 사후 승인 방식의 의제설정(agenda-setting) 과정

언론의 대표적인 고유 기능은 의제설정에 있다고 해도 과언이 아니다. 어떤 이슈가 중요하고 사회 현상을 어떠한 관점에서 봐야 하는지를 제시해 사회적 합의를 형성하는 일은 언론의 핵심적인 역할이다. 이러한 의제설정 과정을 해부해보면 인터넷 신문은 종이 신문과 확연한 차이를 드러낸다. 미국의 '시카고트리뷴닷컴'(www.chicagotribune.com)과 한국의 '디지틀조선일보'(www.chosun.com)를 비교 연구한 박성희(2001: 147-148)는 편집기자의 기사 게재 방식이 한국과 미국의 두 사이트 모두 '사후 승인 방식'을 택하고 있다고 결론 짓는다. 종이 신문의 의제가 편집회의를 통해 사전에 결정되는 것에 비해 온라인 편집 기자들은 일단 공급원을 통해 들어오는 뉴스를 개인적인 판단에 따라 선별해 온라인에 올린 후 나중에 데스크의 승인을 받는 방식으로 뉴

---

3) 눈동자 추적 연구를 통해 분석된 결과 가운데 하나는 독자들이 인터넷 신문을 접할 때 대체적으로 피상적이지만 광범위하게 기사를 읽는다는 점이다. 요약기사(brief)를 보는 비율이 일반기사에 비해 3배 높았고, 검색한 뉴스 종류가 평균 24개에 이른 사실이 이를 뒷받침한다. 그러나 일단 수용자들이 선택한 기사에 대해서는 전체 길이의 75% 이상 깊이 있게 읽는 경향을 나타낸다. 이 조사는 피험자의 머리에 눈동자를 추적할 수 있는 'SMI EyeLink' 장치를 부착해 인터넷 사이트의 어느 부문에 시선이 고정되고 어느 곳이 클릭되는지 등을 자동으로 파악하는 연구 방법을 사용했다. 중요한 연구 결과 가운데 하나는 수용자들이 사진이나 그래픽보다는 기사 제목이나 요약기사 등 텍스트에 먼저 주목하며 이러한 수용 패턴이 지속적으로 나타난다는 점이다.

스를 처리하는 것으로 관찰됐다. 이 같은 사후 승인 방식은 온라인 뉴스가 속보성을 중요시 여길 뿐 아니라, 기사 내용을 기술적으로 즉각 수정할 수 있고, 기사의 수명이 길어야 2-3시간 정도에 불과해 휘발성이 강하며 기록으로 남지 않고 온라인 상에서 사라지므로 오보에 대한 부담이 적다는 특성에 기인한 것으로 분석된다.

(2) 게이트키핑(gatekeeping)의 변화

종이 신문에 기사가 실리기까지는 기자의 현장 취재와 데스크의 판단, 편집회의 결정, 또는 그 역순으로 편집회의의 결정과 데스크의 지시에 따른 기자의 취재 등 다양한 관문을 거치게 된다. 이러한 여러 단계의 게이트키핑 과정에서 데스크와 기자 등 게이트키퍼(gatekeeper)들의 가치판단은 뉴스 선택과 기사의 관점에 큰 영향을 미칠 수밖에 없다.

그러나 온라인 저널리즘에서는 게이트키핑 과정이 대폭 축소돼 때로는 기자 한 사람만의 게이트키퍼가 존재하는 보도 방식도 등장하게 됐다. 인터넷 신문은 종이 신문과 달리 실시간(real-time)으로 텍스트 뉴스를 전달할 수 있기 때문에 주요 뉴스의 경우 데스크의 판단이나 편집 회의를 기다릴 여유가 없다. 특히 경제 전문 뉴스 사이트들은 취재 현장에 있는 기자의 가치 판단에 따라 단 한 줄로 이뤄진 1보 기사를 먼저 시장에 알려야 하는 경우가 적지 않다. 뉴스에 민감한 주식시장에 정보를 신속히 전하는 것이 생명인 매체의 특성에서 비롯된 현상이다. 그래서 온라인 신문들은 언제 어느 곳에서든지 인터넷을 통해 주요 기사를 즉시 송고하고 때로는 곧바로 사이트에 게재할 수 있는 '선 발행 후 편집'(publish first, edit later) 체제를 갖추고 있다. 이러한 실시간 뉴스는 주식 거래자들로부터 적극적인 반응을 얻으면서 급속하게 새로운 틈새 시장을 형성하고 있다.[4)]

---

4) 미국에서 실시된 조사 결과 주식 거래를 많이 하는 사람들의 경우 인터넷 뉴스 이용이 상대적으로 많은 것으로 나타났다. 지난 6개월 사이 한 번 이상 주식을 사고 판 '적극적인 거래자들'(active traders)은 주식시장의 시황을 알고 싶을 때 인터넷에 들어가는 비율이 45%에 이른다. 텔레비전과 신문은 각각 24%와 21%에 그쳐 인터넷 뉴스 의존도가 월등히 높았다. 또 '적극적인 거래자들'이 투자에 관한 도움말을 얻을 때 인터넷에서 조회하는 비율은 35%로, 텔레비전(19%)이나 신문(18%)의 두 배에 이르는 것으로 나타났다. 반면 투자자들을 포함한 일반인들은 주식 관련 뉴스를 원할 때 텔레비전을 가장 많이 찾으며(37%), 다음으로 신문(24%)과 인

게이트키핑의 변화는 맞춤식 뉴스(customized news)에서도 관찰할 수 있다. 세계 정보통신 분야의 선구자로 불리는 네그로폰테(Negroponte, 1996: 153-154)는 디지털 시대에는 다른 사람들이 뉴스라고 생각하는 것을 더 이상 읽을 필요가 없게 될 것이라고 예측했다. 그는 개인 여과 장치(personal filters)의 변화를 들면서 디지털화를 통해 뉴스 선택의 경제적 모델이 바뀔 것이라고 내다보았다.[5] 개인의 입맛에 맞는 뉴스만을 골라 보내주는 'The Daily Me'와 같은 완전한 형태의 맞춤식 전자 신문은 아니지만 이미 초기 단계의 맞춤식 뉴스 서비스는 여러 사이트에서 실시되고 있다. 고객이 원하는 내용을 선택하면 뉴스 사이트들은 그에 적합한 뉴스만을 골라 이메일 등을 통해 기사를 보내주고 있다. 또 추가 비용이 드는 고급 정보를 원하는 수요층도 차츰 형성되고 있다. 인터넷 신문의 독자는 자신이 직접 선택한 뉴스만을 골라 보는 관문(gate)을 하나씩 세우고 있는 것이다.

인터넷 신문 시대에는 독자가 아예 뉴스를 직접 생산하는 게이트키퍼로 적극 나서는 현상도 볼 수 있다. 전통적인 신문에서 독자의 신문제작 참여는 상상할 수조차 없었다. 유일한 접근 창구였던 독자 투고란 역시 신문사의 편집권 아래에 놓여 있기는 마찬가지였다. 그러나 언제 어디서나 누구든지 접근 가능한 인터넷의 등장에 힘입어 뉴스 생산자(producer)와 소비자(consumer)의 경계선이 허물어지고 '생산자이면서 소비자'(prosumer)인 시민 기자가 곳곳에서 활약하기 시작했다. 이러한 현상은 언론사에 정보가 모이고 독자들은 수동적으로 이를 받아들이기만 했던 정보의 비대칭성이 서서히 균형점으로 이동하고 있는 과정으로 풀이되기도 한다.

시민들이 기자로 참여하는 '오마이뉴스'의 경우 기자 직업은 오마이뉴스

터넷(21%) 순이었다. 또 투자에 관한 도움말을 얻는 출처(source)도 텔레비전이 26%로 가장 높았으며 인터넷은 18%에 불과했다(Pew Research Center, 2000: 2).

5) 네그로폰테는 디지털 시대에 신문사가 한 개인의 요구에 딱 들어맞게 신문 면을 맞춤식으로 편집해 정보를 전하는 'The Daily Me'를 가상하고 있다. 이러한 새로운 서비스는 고객이 알고 있는 사람과 기업, 환경 위주로 신문 면을 꾸며주는 것이다. 이럴 경우 고객은 제대로 읽지도 않는 일반적인 100 면 분량의 신문보다 자신에게 필요한 10 면짜리 신문에 더 많은 돈을 지불할 것이라는 추정이다. 'The Daily Us'는 'The Daily Me'의 일요판 신문 개념으로, 재미있는 칼럼이나 낱말 퀴즈 등 휴일을 가볍게 보낼 수 있는 내용으로 꾸며져 있는 것으로 공동체를 위한 신문이다.

기자를 비롯해 언론인에서 문화 종사자, 학생, 회사원, 그리고 시민단체 종사자 등 매우 다양하다. 언론인 이외의 다른 직업을 갖고 있으면서 기자로 활동하는 '비직업기자' 들은 전체의 47.3%로 이 사이트의 전체 보도 물량의 절반 가량을 생산해 내고 있다(박선희, 2001: 137-138).

Ⅳ. 인터넷 신문의 문제점

1. 종이 신문에 대한 과도한 의존

인터넷 신문은 지난 1995년 첫 선을 보인 이후 눈부신 속도로 발전을 지속하고 있지만 유형에 따라 질적, 양적인 성장은 차이를 보이고 있다. '인터넷 전용 신문' 의 경우 애초 신문사에 대한 의존 자체가 불가능한 상황에서 출발을 했고 유일한 종합통신사인 연합뉴스와도 부분적으로 경쟁 관계에 있었기 때문에 통신을 뉴스 공급원으로 충분히 활용할 수조차 없었다. 이러한 악조건에서 틈새시장을 개발하고 생존하기 위해서는 창의력 있는 콘텐츠를 개발해 공급하는 데 주력할 수밖에 없었다. 특히 대안언론은 인터넷 사용시간이 상대적으로 많은 젊은층을 파고들면서 새로운 저널리즘 시장을 개척하는 데 성공했다.

그러나 모기업인 신문사의 자본 투입으로 출범한 뒤 분사[6]한 인쇄지 인터넷 신문들의 경우에는 신문 기사에 대한 의존도가 지나치게 높아 온라인 저널리즘의 잠재력을 충분히 발휘하지 못하는 한계를 극복하지 못하고 있다. 한국 인터넷 신문 시장에 대한 경제적 분석을 시도한 김동규(2001: 93)는 시장 행위의 특성을 살펴본 결과 인쇄지 인터넷 신문이 오프라인 신문의 대안이자 탈출구라기보다는 오히려 보조 매체로서의 성격이 강하다고 지적했다. 정보의 생산과 유통이 오프라인 신문에 대해 의존적이며, 다른 공급원에 대해서도 매

6) 언론사들이 인터넷 신문 사업을 별도의 독립 기업으로 만드는 분사 모델은 시장에 대한 신속한 대응, 독립된 회계 단위 구축과 평가 가능성, 주식시장에서의 가치 극대화, 기업 문화의 차이, 그리고 임금 구조의 차이 등 여러 원인에서 비롯된 것으로 분석된다(한국언론재단, 2001-04: 23-24).

우 폐쇄적인 체제를 형성하고 있다는 것이다.

인쇄지 인터넷 신문이 종이 신문에 많이 의존하는 원인은 바로 출범 배경에서 찾을 수 있다. 인터넷 전용 신문과 달리 인쇄지 인터넷 신문은 종이 신문의 하나의 창구(window)로서 생성됐다. 종이에서 출발한 신문 산업은 인터넷 등 전자 매개체로 새로운 배급 창구를 확장하면서 메시지의 다채널화를 통한 네트워크 효과의 극대화를 노렸기 때문이다(장용호, 2001: 562).

그러나 네트워크 효과가 기업의 수익성과 직결되는 시대에 인터넷 신문이 매체의 특성을 살리지 못한 채 종이 신문의 복사판으로 전락하는 것은 비생산적이다. 종이 신문과 차별화를 이루지 못한 인터넷 신문은 새로운 독자층 확보에 실패해 상승효과(synergy effect)를 거둘 수 없다. 미국 뉴욕타임스는 하나의 브랜드가 복수 채널(multiple channel)에서 번영할 수 있다는 믿음 아래 각 채널에 독자적인 생명력을 불어넣고 있다. 이 신문은 신문사와 온라인 미디어의 관계를 분사나 통합의 이분법적 시각으로 바라보지 않는다. 대신 광고주를 위한 독자 확보 측면에서 신문과 온라인 미디어는 공통의 목적을 갖고 있다는 사업 전략을 세워 놓고 있다(Runett, 2001).

2. 상호작용성의 낮은 활용도

최영과 김병철(2000: 195)은 10개 중앙 종합 일간지의 인터넷 신문을 분석한 결과 상호작용성이 제대로 활용되지 않고 있다고 지적했다. 상호작용 커뮤니케이션을 가능하게 해주는 가장 강력한 기제 가운데 하나인 토론 포럼의 경우 이를 도입하고 있는 신문은 4개에 불과했으며, 이 가운데 기자나 호스트가 토론에 참여하고 있는 경우는 단 1개 신문에 불과했다. 채팅 룸 역시 5개만이 이를 활용하고 있을 정도로 쌍방향 커뮤니케이션이 충분히 실현되고 있지 않는 게 현실이다. 아시아 지역의 온라인저널리즘에 대한 실태 조사 결과 독자와 언론인의 긴밀한 상호작용을 뜻하는 대인적인 상호작용(interpersonal interactivity)은 거의 이뤄지지 않고 있는 것으로 나타났다(해외언론동향, 1999).

뉴욕 타임스의 독자와 기자들을 대상으로 한 조사에서도 이메일과 온라인 포럼 등을 통한 기자와 독자, 독자와 독자 사이의 상호 작용이 기대만큼 원활하게 이뤄지지 않고 있으며, 신문은 상호작용의 결과물을 지면에 제대로 반영하지 않고 있는 것으로 분석됐다(Schultz, 2000).

3. 수익모델의 한계

인터넷 신문들이 종이 신문의 콘텐츠에서 크게 탈피하지 못하고 독자와의 상호 작용이 부진한 점은 짧은 역사에서도 일부 원인을 찾을 수 있을 것이다. 하지만 가장 큰 원인은 역시 수익 기반이 여전히 취약하다는 데 있다. 1990년대 말 전세계적으로 불어닥친 인터넷 투자 열풍 덕분에 인터넷 신문들은 손쉽게 모기업의 울타리에서 분사하는 데는 성공했지만 인터넷 거품이 순식간에 꺼지면서 사업 확장을 위한 자본 유치에 상당한 어려움을 겪게 됐다. 국내외를 막론하고 대부분의 인터넷 신문들은 해마다 쌓여 가는 누적 적자에 시달리게 됐고 종잣돈(seed money)을 구할 길이 막힌 상황에서 신규 투자는 엄두조차 낼 수 없게 됐다. 잇따른 인원 감축과 부진한 경영 실적은 인터넷 신문에 대한 현상 유지 전략으로 이어지는 악순환을 낳았다.

지난 2000년 주요 인터넷 신문의 수익률 관련 지표를 보면(〈표 4〉) 투입된 자본에 비해 경영의 효율성이 매우 저조한 것을 알 수 있다(한국언론재단, 2001-

〈표 4〉 인터넷 신문의 수익률 관련 지표(2000년 기준)

지 표 / 인터넷 신문	영업 이익률		자본 수익률 (ROE)
	영업 이익률	순이익률	
디지틀조선일보	3.6%	1.2%	1.9%
한경닷컴	-28.3%	-17.4%	-8.5%
인터넷한겨레	-0.9%	0.4%	0.4%
동아닷컴	-45.0%	0.9%	0.2%
조인스닷컴	3.5%	2.7%	6.5%
매경인터넷	9.5%	4.8%	1.0%

출처: 한국언론재단(2001-04).

04:179). 6개사 가운데 영업 이익을 낸 곳은 절반인 3개사에 불과하며, 그나마 영업외 활동에서 흑자를 낸 덕분에 총 매출에서 차지하는 순이익 비율은 간신히 마이너스를 면했다. 투자한 금액에 비해 수익이 얼마나 나는지를 나타내는 지표인 자본수익률(ROE: return on equity) 역시 일반 제조업에 비해 부실한 실정이다.

특히 종합 일간지 사이트의 경우 전자상거래 모델과 게임 등 부가서비스 모델에 집중하고 있지만 자신이 직접 생산한 콘텐츠를 수익원으로 활용하는 모델을 채택하는 예는 거의 없다. 자사만의 고유 콘텐츠를 보유한 경제 전문지나 방송사 사이트와 비교했을 때 인쇄지 인터넷 신문 사이트들은 전체적으로 수익모델이 다양하지 못하고 내용도 빈약한 상황이다. 전자상거래 모델 역시 수익성이 기대에 크게 미치지 못하고 있다(한국언론재단, 2001-07: 123-128).[7)]

그러나 세계적으로 수요가 크게 늘고 있는 광대역통신망과 이동통신 등 무선망은 신문 업계에 새로운 기회로 급부상하고 있다. 유럽과 아시아 지역에서는 휴대전화가 인터넷과 연결된 컴퓨터 보급률을 이미 추월한 상황이다. 네트워크 운영 업체들은 망을 소유함으로써 상대적으로 고객과의 관계 형성 면에서 우위에 서 있기는 하지만 콘텐츠에 있어서는 신문과 같은 고급 브랜드의 힘을 빌릴 수밖에 없다. 브랜드 인지도가 뛰어나고 신뢰도가 높은 신문들은 온라인 콘텐츠 공급업체로서 무선 스크린에 적합한 뉴스나 날씨, 생활 정보 등을 알맞게 제공할 수 있는 기반을 갖추고 있다(Mckinsey Quarterly, 2001: 77-79).

또 인터넷 신문 이용자들은 전자 상거래를 많이 이용하고 있어 이들을 상대로 한 마케팅이 효과를 볼 가능성은 여전히 열려 있다. 미국신문협회 조사에서 지난 6개월 동안 인터넷을 통해 상품이나 서비스를 구입했는지를 물은

---

7) 국내 언론사 닷컴들의 수익모델은 크게 네 가지 유형으로 분류된다. 기업이 기업을 상대로 한 'B2B' (business to business)에는 닷컴 자신이 생산한 기사 저작권을 다른 사이트에 유료로 판매하는 라이선스 모델이 포함된다. 기업이 소비자를 상대로 한 'B2C' (business to customer)에는 배너광고 모델과 구독료 모델, 전자상거래 모델이 해당된다. 소비자가 기업을 상대로 한 'C2B' (Customer to Business)는 쇼핑몰 등을 통한 공동구매 모델이 대표적이다. 그리고 소비자가 소비자를 상대로 한 'C2C' (Customer to Customer)에는 경매와 분류광고 (classified ads)가 포함된다. 국내 언론사 사이트들은 네 가지 비즈니스 모델 가운데 B2C 모델에 집중하고 있다(한국언론재단, 2001-07).

결과 인터넷 사용 경험이 있는 전화 응답자들은 49%가 구매한 적이 있다고 말했다. 반면에 인터넷 신문 이용자들을 직접 상대로 한 온라인 조사에서는 79%가 구입 경험이 있다고 응답했다(digital edge report, 2002: 13). 인터넷 신문 독자들은 일반적인 이용자들에 비해 인터넷 사용 시간이 많고 구매력도 높기 때문에 이들이 주로 온라인에 접속하는 시간대는 수익성 제고에 새로운 기회가 될 것이다.

Ⅴ. 새로운 생태계 조성

인터넷 신문의 등장과 성장에 따라 언론사들이 처한 환경은 급변하게 됐다. 과거 TV와 라디오, 신문, 잡지로 구분된 언론의 생태계에서 인터넷 신문이 새로운 경쟁 환경을 조성해 나가면서 생존을 위한 게임의 양상이 바뀌고 있다. 미디어 회사들간의 적자 생존은 더욱 치열해졌고, 저널리즘의 오랜 패러다임 또한 서서히 변화를 겪고 있다. 새로운 생태계에서 매체들의 역학구도가 어떻게 바뀌어 가고 있는지, 그리고 인터넷 신문 사이트는 어떤 방향으로 나아가야 하는지를 살펴보겠다.

1. 종이 신문과 인터넷 신문의 공존

인터넷 신문 등장 초기에 신문업계는 고객 이탈에 대한 우려의 목소리가 매우 높았다. 종이신문 구독률 증가 추세가 가구 수 증가에 미치지 못하는 현실에서 또 다른 문자 매체인 인터넷 신문이 널리 보급될 경우 종이 신문 업계는 기존 고객마저 빼앗길 수 있다는 비관적인 의견이 적지 않았다. 그러나 막상 인터넷 신문이 확산되자 종이 신문의 구독률은 별다른 영향을 받지 않는 대신 지상파의 방송 시청은 일부 타격을 받고 있는 것으로 나타났다.

미국의 퓨 연구소(Pew Research Center, 2000: 9)가 미국 전역에서 3,142명의 성인들을 대상으로 전화 조사를 한 결과 대학 졸업 이상의 학력을 가진 사람들이 정기적으로 지상파(network) TV의 저녁 뉴스를 시청하는 비율은 1998

〈표 5〉 지상파 TV 뉴스와 인터넷 뉴스 이용 변화(1998년/2000년) (단위: %)

	지상파 TV 뉴스			인터넷 뉴스		
	1998년	2000년	변화	1998년	2000년	변화
전체	38	30	−8	13	23	+10
남성	34	29	−5	17	28	+11
여성	40	31	−9	9	18	+9
대졸	40	28	−12	24	40	+16
전문대졸	39	30	−9	16	29	+13
고졸	39	32	−7	7	13	+6
고졸 미만	29	30	+1	6	8	+2
$75,000 이상	41	28	−13	26	41	+15
$50,000 ~	38	28	−10	19	33	+14
$30,000 ~	36	29	−7	15	21	+6
$20,000 ~	37	28	−9	7	16	+9
$20,000 미만	38	31	−7	4	9	+5

출처: 퓨 연구소(2000).

년 40%에서 2년 뒤인 2000년에는 28%로 12% 포인트 감소한 것으로 조사됐다(〈표 5〉). 반면 이들 학력 계층에서 한 주 사흘 이상 인터넷에서 뉴스를 접하는 비율은 1998년 24%에서 2년 뒤에는 40%로 무려 16% 포인트 껑충 뛰었다. 특히 연소득이 75,000달러 이상인 계층에서 지상파 TV 뉴스의 시청 감소와 인터넷 뉴스 이용 증가 현상은 더욱 두드러졌다. 그러나 케이블 TV 뉴스와 라디오, 인쇄 매체는 인터넷 뉴스 이용 증가로 인해 별다른 부정적인 영향을 받지 않은 것으로 조사됐다.

퓨 연구소의 조사 결과 정기적으로 인터넷에서 뉴스를 얻는 사람들 가운데 '하루 30분 이상' TV 뉴스를 시청하는 비율은 1998년 48%이었지만 2000년에는 그 비율이 40%로 큰 폭 줄었다. 반면 인터넷 뉴스의 비이용자들은 그 비율이 49%에서 47%로 2% 포인트의 감소에 불과했다. 인터넷 뉴스 이용자들 사이에 지상파 TV 뉴스를 외면하는 비율이 훨씬 높아지고 있는 것이다. 특히 인터넷 뉴스는 헤드라인 뉴스 형식과 신속한 업데이트 기능 덕분에 뉴스에 별다른 관심이 없는 젊은층을 뉴스의 세계 속으로 끌어들이고 있는 것으로 분석됐다. 새로운 독자층 개발이 시급한 종이 신문으로서는 인터넷 저널리즘 분야가 매력적인 시장이 아닐 수 없다.

미국신문협회(Newspaper Association of America)의 2002년 조사에서는 인터넷 신문 이용자들 가운데 3분의 1이 인쇄지 구독 시간을 줄인 것으로 나타났지만 전반적으로 보았을 때 인터넷 신문은 인쇄지의 대체재보다는 보완재로 인식되고 있었다. 이 조사에서 응답자들은 인터넷 신문의 이용 동기에 대해 속보와 기사 검색, 인쇄지 기사에 대한 배경 정보 탐색 등을 꼽았다(digital edge report, 2002: 11).

미디어 평론가 조지 길더(George Gilder)는 미래에도 문자 중심의 미디어가 시각물 중심의 미디어를 압도할 것으로 예측한다. 길더는 영상물은 대중에게 충격과 흥분을 주고 호기심을 자극하는 데는 효율적이지만 인간의 커뮤니케이션 중 자극적인 상황 전달이 차지하는 부분은 극히 일부분이라고 말한다. 인터넷 신문은 시각물을 첨가하기는 하나 문자 중심의 신문이며, 문자는 인간의 커뮤니케이션 방법 중 여전히 가장 강력한 수단으로 평가되고 있다(박금자, 2001: 42).

인터넷 신문이 주요 언론 매체로 성장할 수 있는 이유는 문자 매체라는 속성 외에도 간편한 취재 시스템과 콘텐츠 전달 방식에 있다. 문자 중심 매체는 영상 매체인 방송과 달리 기자 1명의 집중적인 단독 취재만으로도 생생하고 깊이 있는 기사를 세상에 알릴 수 있다. 그러나 방송은 기본적으로 취재 기자와 카메라 기자, 편집, 중계망 등 고비용의 생산 방식을 거쳐야 하므로 신문과 같은 그물망식 취재를 하기가 사실상 어려운 실정이다. 신문 기자는 취재원과의 전화나 단순한 접촉만으로도 기사 작성과 송고가 가능한 반면 방송 기자는 취재원과의 인터뷰와 촬영 등 복잡하고 번거로운 절차를 거치게 돼 있어 단위당 생산비용이 훨씬 높을 수밖에 없다. 방송 보도의 콘텐츠 가운데 상당수가 통신이나 신문 기사에 의존하는 이유가 바로 고비용 구조에 있다. 또 전문기자와 전문가들이 활동하기에 적합한 무대인 신문이나 인터넷 신문은 사회적 이슈로 떠오른 뉴스의 시각과 흐름을 주도하는 길잡이 역할에 가장 유리한 매체이다.

2. 콘텐츠의 특성화 필요

국내 인터넷 사용자들의 교통 흐름(web traffic)을 분석해보면 '인쇄지 인터넷 사이트'는 주변부 사이트들과의 관계에서 중심적인 교통로로 부각되지 않는다. 사이트 이동이 다음과 야후 등 포털 사이트들을 경유해서 주로 일어나고 있기 때문이다. 대부분의 언론사 사이트들은 백화점식 포털화 전략을 구사하고 있지만 실제 효과는 투자 비용에 훨씬 못 미치고 있다. 이런 점에서 언론사 사이트는 콘텐츠나 제공 서비스의 전문화와 특성화가 장기적으로 요구된다(한국언론재단, 2001-04: 116). 그 한 예로 들 수 있는 인쇄지 인터넷 신문은 월스트리트 저널 온라인이다.

미국의 경제지인 월스트리트 저널의 월스트리트 저널 온라인(www.wsj.com)은 가장 성공적인 인쇄지 인터넷 신문으로 꼽힌다. 세계적으로 권위 있는 경제신문의 콘텐츠에 바탕을 둔 이 인터넷 신문은 일찌감치 1996년부터 독자들에게 유료로 인터넷 서비스를 시작해 안정적인 수익 기반을 다질 수 있었다. 독자들이 경제적 부담에도 불구하고 월스트리트 저널 온라인을 선택한데는 맞춤식 정보와 깊이 있는 뉴스, 혁신적인 웹디자인 등 고객이 필요로 하는 고급 콘텐츠를 손쉽게 구할 수 있는 상대적 우위가 있었기 때문이다. 개성이 강하고 신뢰성이 높은 종이신문이 인터넷에 맞는 새 옷을 갈아입고 막강한 위력을 발휘하고 있는 것이다.

'인터넷 전용 신문'은 종이신문에서 출발한 경쟁 사이트에 비해 다소 차별화된 콘텐츠를 갖고 있다. 주식 시장이나 대안 언론 등 애초부터 틈새시장을 겨냥한 덕분에 순수 인터넷 신문은 규모는 크지 않지만 새로운 독자층을 비교적 수월하게 형성할 수 있었다. 그렇지만 인터넷 전용 신문 또한 고객들이 충분히 만족할 만큼 독창적인 정보를 제공하고 있다고 평가하기는 어려운 실정이다. 광고 수입의 한계와 수익모델의 부재, 신뢰성에 대한 의문 등으로 인해 종이 신문과 통신사 등 기존 매체와 어깨를 나란히 할 수 있는 제 2의 도약에는 적지 않은 시간이 걸릴 것으로 보인다.

그러나 인터넷 신문은 새로운 매체 환경에서 기존 생태계의 질서를 바꾸는 존재로 이미 자리매김했다. 앞으로 얼마나 독창적인 콘텐츠를 제공하느냐에 따라, 그리고 독자가 필요로 하는 서비스를 어느정도 제공하느냐에 따라 인터넷 신문들의 명암은 엇갈리겠지만 새로운 매체 공간이 자리를 잡기 시작한 것만큼은 틀림없다.

참고문헌

김동규(2001). 한국 인터넷 신문 시장에 대한 경제적 분석. 『한국언론학보』, 제45-4호, 76-117.

김택환(1999). 인터넷 신문 정책 · 법제 연구. 멀티미디어뉴스협회 발표 논문.

박금자(2001). 『인터넷 미디어 읽기: 인터넷 미디어와 신문의 미래』. 서울: 커뮤니케이션북스.

박선희(2001). 인터넷 신문의 뉴스 특성과 대안 언론의 가능성. 『한국언론학보』. 제45-2호, 117-155.

박성희(2001). 온라인 신문의 기사 게재 과정에 대한 질적 연구: 미국 chicagotribune.com과 한국의 디지틀 조선일보 사례 비교 연구. 『한국언론학보』, 제 45-특별호. 128-156.

박인규(2002). On-line/Off-line 공존, 『관훈저널』 제 82호. 253-261.

윤영철(2000). 온라인 저널리즘과 새로운 언론 패러다임. 사이버커뮤니케이션 학회 2000 봄철 학술대회.

장용호(2001). 인터넷 신문의 공급 체계: 일렉트로닉 파트너십, 허브-스포크 네트워크, 윈도우 모형. 『한국언론학술논총』, 533-570.

최낙진(2000). 『인터넷 신문: 정보화사회의 저널리즘과 인터넷 신문의 생존 전략』. 서울: 세계사.

최영 · 김병철(2000). 인터넷 신문의 상호 작용성에 관한 연구. 『한국언론학보』, 제44-4호, 172-200.

한국언론재단(2001). 『한국의 인터넷 신문: 실태와 과제』. 조사분석 2001-02.

한국언론재단(2001). 『언론사 닷컴, 현황과 과제: 경영 환경과 이용 행태 분석』. 연구서 2001-04.

해외언론동향(1999). 아시아의 온라인 저널리즘: 뉴스제공 긍정적, 대인 상호작용은 미흡. 9월호.

digital edge report(2002). Power Users: A Profile of Online Newspaper Consumers. Vol 1, No 3. http://www.digitaledge.org/pdf/2002_online_consumer_study.pdf.

Mckinsey Quarterly(2001). Another Chance for Newspapers on the Web. No.2, pp.74–81. http://mckinseyquarterly.com/article_page.asp?ar=1038&L2=17&L3=65.

Negroponte, N.(1996). *being digital*. New York: Vintage Books.

Pavlik, J. V.(1997). The Future of On Line Journalism: Bonanza or Black Hole?. *Columbia Journalism Review*, July/August, pp.30–36.

Pew Research Center(1999). The Internet News Audience Goes Ordinary. *Pew Research Center for the People & the Press*, Survey Reports. http://people-press.org/reports/print.php3?/ReportID=72.

Pew Research Center(2000). Internet Sapping Broadcast News Audience. *Pew Research Center for the People & the Press Survey Reports*. http://people-press.org/reports/print.php3?ReportID=36.

Poynter(2000). Standford Poynter Project: Introductory Highlights. www.poynter.org/eyetrack2000.

Pryor, L.(2002). The Future of News: The Third Wave of Online Journalism. *Online Journalism Review*, posted: 2002-04-18. (www.ojr.org/ojr/future/1019174689/php).

Runnet, R.(2001). NY Times Digital Finds 'Magical Mix' in Print/Online Media Relationship. *Electronic Publishing*, Newspaper Association of America. www.naa.org/artpage.cfm?AID=3720&SID=93.

Schulz T.(2000). Mass Media and the Concept of Interactivity: an Exploratory Study of Online Forums and Reader Email. *Media, Culture & Society*, Vol.22, 205–221.

제 8 장
인터넷과 방송

오 종 환*

Ⅰ. 인터넷과 방송환경의 변화

1990년대 이후 월드 와이드 웹(World Wide Web: WWW)을 기초로 한 인터넷의 급속한 발전은 방송과 통신의 융합(convergence)을 통해 새로운 커뮤니케이션 패러다임을 형성하고 있다. 미디어로서 인터넷은 텍스트, 오디오, 비디오와 같은 다양한 콘텐츠를 디지털 파일로 변환시켜 전지구적으로 연결된 인터넷망을 통해 전송함으로써, 신문 · 방송 · 출판 등 기존의 전통적인 대중매체들이 인터넷을 통해 다양한 멀티미디어 서비스를 구현하게 되었고, 여기에 대규모 사적 네트워크들과 기업, 그리고 개인들까지 인터넷으로 몰려들면서 인터넷은 모든 미디어가 융합[1]하는 새로운 공간으로 자리잡고 있다. 특히 인터넷 방송은 방송 · 통신 · 정보기술(IT)의 융합작용이 강화되는 추세의 정점에 서있으면서 엄청난 방송환경의 변화를 예고하고 있다.

인터넷을 통한 디지털 기술의 도입으로 인터넷의 매스미디어화가 급속하

---

* 경성대학교 디지털콘텐츠학부 교수

1) 일반적으로 융합이란 전통적인 방송/영상 산업 및 통신산업이 혼재하는 영역, 즉 서비스간의 중첩부문을 포함하는 지속적인 과정이다. 따라서 방송과 통신 등 유 · 무선 전자 커뮤니케이션과 인쇄미디어의 융합은 정보 및 정보 미디어의 디지털화에 따른 유사한 종류의 서비스를 각기 다른 네트워크 플랫폼을 통해 실행시킬 수 있는 능력, 전화 · 텔레비전 · 개인용 컴퓨터 등과 같은 소비용 장비의 혼합을 일컫는다(최영묵, 1999, p.86).

게 진행됨에 따라서 방송은 더 이상 독립적인 영역으로 남을 수 없게 되었다. 이러한 현상은 기존의 방송개념이 바뀌는 것을 의미한다. 이제까지 방송국에서 송출하는 프로그램을 시청자들이 일방적으로 받아보기만 하던 일방향 시스템에서 인터넷의 기술적인 특성들을 이용하여 방송과 관련된 정보를 실시간 접촉하고, 의견을 개진하며, 필요한 경우 저장하여 다시 볼 수 있는 쌍방향 시스템으로의 전환을 초래하고 있는 것이다(이준일 외, 2000, pp.166-167).

이러한 방송개념의 변화로 나타나는 현상으로 윤재식(2000)은 네 가지를 지적하고 있다. 우선, 직접 커뮤니케이션의 증가이다. 디지털 기술은 특정 다수의 이용자 개개인에 대한 고객정보시스템을 구축할 수 있기 때문에 이제는 개별적인 수요에 부응할 수 있는 마케팅이 가능해지고 이로 인해 방송과 사용자의 직접 커뮤니케이션이 증가하게 될 것이다. 둘째, 방송서비스의 고도화이다. 즉 각 매체간의 서비스가 고도로 통합되어 모든 것이 멀티콘텐츠를 제공하게 될 것이다. 셋째, 새로운 경영기반의 변화이다. 상업방송의 경영기반은 광고방송에서 출발한다. 디지털 시대의 새로운 경영기반은 광고수익뿐만 아니라 다양한 유료서비스를 제공함으로써 개척해 나가야 한다. 유료 데이터 서비스나 인터넷 방송과의 멀티유즈(multi-use) 전략을 취함으로써 수입구조를 전환시켜 새로운 경영기반을 구축하는 것이 디지털 시대의 새로운 급선무가 될 것이다. 넷째, 설비산업에서 소프트웨어 산업으로의 전환이다. 디지털 시대가 도래하면서 전통적인 방송산업의 성격은 설비산업에서 지적 경쟁력이 중요한 멀티콘텐츠 산업으로 변모하게 되었다.

방송과 인터넷의 결합은 단말기의 통합[2)]으로 나타나는데, TV와 컴퓨터가 통합된 새로운 정보기기의 출현은 방송 · 통신 · 컴퓨터 기능을 한 번에 수용할 수 있게 되었으며, 그 기술적 형태는 크게 세 가지(TV의 PC화, PC의 TV화, 인터캐스트)로 나타난다. 텔레비전이 주축이 되어 PC를 흡수하는 인터넷TV, PC를 주축으로 텔레비전을 흡수하는 웹캐스팅(Webcasting)과 하이퍼캐스팅(Hypercasting), 텔레비전의 수직 귀선 소거 기간(VBI:Vertical Blank

2) 브루스 M. 오웬(1999)은 인터넷은 방송영상의 매체로서 적당하지 않으며, 방송은 인터넷의 쌍방향 서비스를 제공하는 데 적당하지 않다고 지적하면서, 그럼에도 불구하고 인터넷과 영상을 통합하는 방법들을 제시했다(브루스 M. 오웬, 이은미 역, 2001, pp.401-402).

Interval)과 PC를 이용하는 인터캐스팅(Intercasting)이 그것이다. 이 세 가지의 형태는 디지털 미디어의 융합이 어떠한 방향으로 이뤄질 것인가에 대한 논의와 연결된다.

첫째, TV의 PC화는 기존 TV에 다매체 전송방식 통합 수신이 가능한 다기능 통합 셋탑박스(set-top box)를 장착하여 통신 네트워크와 연결함으로써 인터넷을 사용할 수 있게 한 인터넷 TV를 통해 이뤄지고 있다. 인터넷 TV는 TV를 통해서 인터넷을 이용하는 시스템을 말한다. 즉 TV를 단말기로 사용하여 인터넷을 이용하는 것이다. 결국 향후 TV는 방송, 웹검색, 화상회의, 팩스, 전자메일 등의 기능을 가져 방송·통신망을 함께 연결하는 컴퓨터/TV 복합형 다기능 기기로 변화할 것이다. 이것이 인텔리전트(Intelligent) TV로 발전하는 것이다. 〈표 1〉은 방송과 통신의 융합으로 탄생된 대표적인 뉴미디어인 인터넷 TV, 인터넷 방송, 인터캐스트의 특성을 비교하고 있다.

〈표 1〉 인터넷 TV, 인터넷 방송, 인터캐스트의 비교

	인터넷 TV	인터넷 방송	인터캐스트
플랫폼	TV(셋탑박스 포함)	PC	PC
주서비스 내용	인터넷 콘텐츠	인터넷 콘텐츠	TV 프로그램
주 사용자층	비컴퓨터사용자 주부, 노년층	컴퓨터사용자 학생, 직장인 등	컴퓨터사용자 학생, 직장인 등
주 사용장소	가정	직장, 학교, 가정	직장, 학교, 가정
정보 전송 방법	초고속통신망	LAN, 초고속통신망	LAN, 초고속통신망

출처: 최 영(2000), 인터넷 TV 현황과 발전에 관한 연구, 한국방송학보 2000년 여름호.

둘째, PC의 TV화는 웹캐스팅과 하이퍼캐스팅을 통해 실현되고 있다. 우선 웹캐스팅을 이해하기 위해서는 그 기능을 가능하게 하는 동영상 정보의 실시간 처리기술 및 매체의 특성을 이해할 필요가 있다. 라이브 스트리밍으로서의 웹캐스팅, 푸시서비스로서의 웹캐스팅, 인터넷 생중계인 이벤트 재생산으로서의 웹캐스팅이 그것이다. 웹캐스팅은 기본적으로 글로벌한 속성을 지니며, 상호작용성이 가능한 쌍방향 커뮤니케이션이다. 또한 실시간 및 비 실시

간성을 함께 가진다. 하이퍼캐스팅[3]은 비순차적인 정보검색이 가능하도록 관련정보들을 연결시켜 놓은 하이퍼텍스트와 텍스트 뿐만이 아니라 여러 형태의 미디어, 즉 오디오 혹은 비디오 정보를 비순차적으로 검색하는 하이퍼미디어 기술에 의해서 가능해졌다.

셋째, 인터캐스트(Intercast)[4]는 PC에 추가장비를 부착하여 TV신호를 수신할 수 있는 방법으로 TV방송파 중 사용되지 않는 VBI(Vertical Blank Interval)라인을 이용한다. 인터캐스트는 기존의 매체와 뉴미디어의 중간적 성격을 띤다고 볼 수 있다. 송출방식은 아날로그를 답습하지만 기록방식은 디지털형식이고, 여기에 쌍방향성의 성격도 가지고 있다(성동규 · 김왕석, 1999, pp.130-131). 인터캐스팅이 가지는 기술적인 의미를 살펴보면 우선, 시청하는 프로그램에 대해서 현재 방송이 보여 주는 것보다 더 많은 정보를 알 수 있게 해주고, 둘째, 인터캐스트는 웹 페이지를 마련해 주어 인터넷에서 시청자가 시청하는 프로그램과 관련하여 원하는 정보를 어디서 얻을 수 있는지를 안내해주며, 셋째, 정보를 저장하여 나중에 사용할 수 있고, 넷째, 프로그램을 시청하는 도중에 시청자의 의견을 보낼 수 있는 피드백행위가 가능하다(이준일 외, 2000, pp.174-175).

지금까지 대부분의 나라에서 국가의 보호 하에 독점적 체제를 유지하면서 안정적인 성장을 구가해 온 방송은 이제 다양한 언어와 저작도구, 플러그인과 브라우저를 통해 다양한 그래픽과 이미지, 동화상과 데이터베이스의 세계를 열고 있는 웹 미디어와 경쟁하지 않으면 안 되게 되었다. 특히 웹이 새로운 미디어 시장에 떠오름으로 인해 방송은 위기를 맞고 있다. 그 이유로 코피와 스티프(Coffey & Stiff, 1997)는 세 가지를 제시하고 있다. 첫째, 자유롭게 사용할 수 있는 시간이 제한된 상황에서 컴퓨터의 이용시간이 늘어난다는 것은 텔레비전 시청과 같이 자유로운 시간에 할 수 있는 활동이 줄어든다는 것을 의미하며, 둘째, 컴퓨터를 통해 접속하는 인터넷이나 웹의 상호작용성은 정신

3) 하이퍼캐스팅의 기원은 1945년 부시(Bush)에 의해 제안된 메멕스(Memex)에서 찾아볼 수 있다. 메멕스는 어떤 특정 단어와 관련된 정보를 연결시킬 수 있는 가상적인 기계를 말하는 개념이다.

4) 인터캐스팅은 인터넷과 브로드캐스팅의 합성어로 NBC와 인텔이 보다 나은 뉴스서비스를 제공하기 위해 개발한 쌍방향 방송 서비스이다.

적인 집중(engagement)을 보다 필요로 하기 때문에 텔레비전과 같은 매체보다 더 흥미를 유발한다는 점이며, 셋째, 요즘의 청소년들은 이전세대보다 훨씬 더 컴퓨터를 접하면서 커간다는 점을 들고 있다(박흥수, 2001, p.131).

성동규 · 김왕석(1999)은 인터넷 미디어의 등장에 따른 기존 방송환경의 변화에 대해 두 가지의 이유를 지적하고 있다. 첫째, 웹을 기반으로 한 미디어 융합화 현상이 방송을 어렵게 만들고 있다는 것이다. 지금까지 방송이 영상에 관한 한 독점적 위치를 점해 온 것에 대해 웹은 그 지위를 인정하지 않는다. 오히려 모든 미디어 산업가들과 군소 자본들, 대규모 사적 네트워크들과 기업들, 심지어는 개인까지도 이 시장에 뛰어들 수 있도록 만들어 준다. 그들은 웹이라는 공통의 무대를 배경으로 비슷한 기술적 수준과 제도적 조건, 동일한 네트워크 시장을 놓고 경쟁하지 않으면 안 된다. 그런 점에서 방송은 새로운 경쟁상황에 놓여지고 있다. 둘째, 국가간의 경계를 무너뜨린 글로벌화의 확산과 맞물려 초시간적 · 초공간적 매체인 인터넷의 보편화로 세계는 더욱 단일 영역권으로 변해가고 있으며 방송도 예외가 아니라는 점이다. 인터넷이 가져온 뚜렷한 결과는 '세계의 시장화와 시장의 세계화'이다. 전자가 세계전체를 단일한 시장으로 만들었다는 것을 의미한다면, 후자는 곧 우리의 시장이 세계화되었다는 것을 의미한다. 이제 방송은 새로운 세계화라는 거센 장벽에 맞서 싸워야 하는 것이다(성동규 · 김왕석, 1999, pp.105-107). 한편 윤준수(1998)는 인터넷과 텔레비전이 모두 전파 또는 네트워크라는 유사하거나 동일한 전자적 매개물을 이용하고 있다는 점을 지적하고 있다. 또한 텔레비전의 콘텐츠가 동화상이나 음성을 주로 이용하며 이것이 기존의 다른 매체에 비하여 비교우위를 확보해 주었다는 측면에서 이와 유사한 서비스를 제공할 수 있는 인터넷의 등장은 방송영역에 훨씬 큰 영향과 충격을 미칠 수 있다는 것이다.

그렇다면 인터넷 미디어가 기존의 방송들을 대체하게 될 것인가? 이와 관련된 연구결과들을 살펴보면 다음과 같다. 한국정보문화센터(1999)에서 홈페이지 온라인 조사를 통해 네티즌을 대상으로 한 인터넷 방송에 관한 인식과 이용행태에 대한 조사연구 결과를 보면 인터넷 방송 이용자 중 40%가 기존 공중파방송 시청시간대에 인터넷 방송을 이용하고 있으며, 응답자 중 40%가 인터넷 방송이 기존방송을 대체할 것이라고 생각하고 있다. 또한 그 이전의 이용행태에 국한된 연구들에서는 인터넷 사용이 증가하면 텔레비전 시청시간이 감소한다는 결과를 보여줌으로써 텔레비전과 경쟁관계에 있을 수 있다는 점을 암시해주었다(Viswanath 등, 1998; 강미은, 2000; 권혁남 등, 1998; 한국인터넷정보센터, 2000). 강명신(2001)의 연구에서는 시간선택성기능은 텔레비전이 가질 수 없는 인터넷 방송만의 독특한 기능으로 수용자에게 인식되고 있으며, 인터넷 방송 이용시 필요한 컴퓨터와 고속망과 같은 하드웨어 측면에서의 비용을 장애요인으로 인식하지 않고 있음을 지적하면서 이것은 텔레비전이 대중매체로 발전했듯이 인터넷 방송도 대중매체로서의 발전가능성을 암시하고 있다고 했다(강명신, 2001, pp.32-34). 이러한 연구결과들로 대체가능성을 전망하기에는 무리가 있다. 물론 기존의 정보유통방식에는 많은 변화가 예상되지만[5], 현재 미디어로서의 인터넷이 기존의 지상파 방송을 당장 대체하기는 어려울 것이다. 하지만 인터넷 방송은 중장기적으로 각종 압축기술 및 동영상 전송기술이 발달하고 사회적 수요가 증가하게 되면 기존매체와 경쟁 및 보완적 관계를 유지하면서 방송의 세계화, 개인화, 인간화를 가져다 줄 것으로 기대된다.

Ⅱ. 인터넷 방송의 개념

기존의 지상파 방송은 '널리 대중에게 메시지를 던진다'는 의미의 '방송(broadcasting)'의 개념이었다. 이 개념은 케이블 TV의 등장에 따라 '대중'이라는 수용자층이 전문화되고 세분화된 '분중(分衆)' 개념의 시청자들로 변함

5) 정보유통방식의 변화를 지적한 것으로 네그로폰테 스위칭이라는 개념이 있다. 네그로폰테 스위칭(Negroponte Switching)이란 움직이는 사물과의 커뮤니케이션은 공중파나 무선 네트워크를 이용하며 정지된 상태에서의 커뮤니케이션은 유선네트워크를 이용한다는 것으로, 기존의 정보유통방식이 뒤바뀌는 것을 의미한다. 앞으로는 브로드캐스트(broadcast) 스펙트럼은 점점 희귀하게 되는 반면에, 커뮤니케이션 기술의 발달로 광통신망은 더 많이 이용되리라는 예상이다. 이러한 기술적 변화는 분배하고 유통하는 방식, 즉 커뮤니케이션 양식이 되바뀔 것을 암시한다. 예를 들어, 종래의 공중파를 통해 분배되는 TV방송 정보는 주로 케이블 네트워크를 통해 전달될 것이고, 반대로 현재 유선을 통해 전달되는 전화정보와 같은 것은 미래에는 공중파를 통해 전달될 것이라는 것이다(최영, 1998, p.27).

에 따라 방송이라는 개념은 '협송(narrowcasting)'의 개념으로 변화되었다. 더나아가 인터넷 방송은 인터넷이라는 네트워크를 통해 네트워크에 접속한 사람들에게만 도달력을 갖는 매체이다. 더욱이 인터넷은 컴퓨터의 모니터를 통해 가시화되는 시스템이기 때문에 PC의 사용패턴이 개인적이듯이, 인터넷을 통해 방송프로그램에 접속하는 경우는 개개인에게 일대일로 전송이 되는 '점송(點送 pointcasting)' 개념이다. 이와 같은 수용자층의 세분화는 일방향적인 커뮤니케이션 패턴에서 벗어나 인터넷 이용자들이 직접 방송의 형식을 통해 전달되는 영상물들에 대해 수용자들의 의견을 반영시킬 수 있는 쌍방향적인 매체로 성장하게 되었다. 이제 이러한 협송의 개념은 인터넷에 의해 보다 소규모의 전문화된 방송서비스를 제공하는 점송의 개념으로 바뀌고 있는데 이것은 개인들이 자신이 원하는 메시지를 선별해 송수신한다는 의미에서 '개송(個送 personalcasting)'의 단계로까지 변화하고 있다고 볼 수 있다(KBS 정책연구실, 1997, p.175).

인터넷 방송의 서비스 내용과 형식은 매우 다양하고 그 응용기술들이 지속적인 변화의 과정에 있기 때문에 용어에 대해 정확하고 통일된 정의를 내리기는 쉽지 않다. 일반적으로 인터넷 방송이라는 용어는 웹캐스팅(webcasting), 스트리밍 미디어(streaming media), 포인트캐스팅(pointcasting), 사이버캐스팅, 인터캐스트, 인터넷 라디오방송, 인터넷 TV방송, 넷캐스팅(netcasting), 데이터캐스팅(datacasting) 등의 다양한 명칭과 함께 사용되고 있다. 이러한 용어들은 기존 방송은 불특정 다수에게 일방적으로 정보를 전송하지만 인터넷 방송은 수신자와 송신자가 상호작용을 통하여 프로그램을 만들어갈 수 있다는 점에 기인하고 있다.

김광호(1998)는 '인터넷 방송이란 인터넷으로 방송을 하는 것이다. 즉 인터넷망을 통해 정보가 모아져 있는 방송국으로부터 이를 수신하여 이용자에게 영상이나 음성 등을 활용한 다양한 프로그램을 지속적 · 자동적으로 공급해 이용자가 자신을 위한 방송채널을 만드는 것을 의미한다'고 한다. 이인희(1998)는 '웹을 인터페이스(interface)로 하여 멀티미디어 컴퓨터 이용자가 인터넷을 통해 오디오 또는 비디오를 비롯한 다양한 형태의 정보를 자신이 원하는 대로 듣거나 볼 수 있도록 프로그램을 제공하는 것'으로 정의한다. 박성호

(1999)는 '인터넷망을 통해 방송을 목적으로 제작되고 편성된 음성이나 동영상의 방송서비스를 제공하는 새로운 멀티미디어형 인터넷 서비스의 하나' 라고 정의하고 있다. 최영(1999)은 인터넷 방송이란 '인터넷의 웹서비스를 이용하여 이용자 자신만을 위한 방송이 가능한 환경' 이라고 정의하고 웹캐스팅 기술의 일정 수준을 유지할 수 있는 기존방송사의 웹서비스와 인터넷 독립방송국에 의하여 제공되는 서비스가 인터넷 방송의 범주에 해당된다고 지적하고 있다.

김용섭(2000)은 '인터넷 홈페이지에서 동영상 솔루션을 사용한 오디오, 비디오 파일을 VOD로 저장해 두고 있다면 광의의 개념에서 인터넷 방송이라 할 수 있다' 고 정의를 내리면서, 인터넷 방송과 웹캐스팅은 다른 개념이기 때문에 인터넷 방송은 기존 공중파개념을 그대로 인터넷에 적용시킨 사례에만 한정지어야 한다는 주장을 제기하기도 한다. 박선영(2000)은 인터넷 방송을 '인터넷을 통한 영상, 음향 정보를 방송적인 형태로 제공하는 정보통신 서비스' 라고 정의 내리고 있다. 즉 인터넷을 통하여 정보이용자가 시청하거나 혹은 쌍방향으로 다양한 정보를 원하는 대로 이용 가능하도록 실시간으로 — 이용자와 정보이용 장치에 저장되지 않는 방식으로 — 영상과 음향, 부호, 문자 정보를 제공하는 것을 말한다. 이만재(1999)는 인터넷 방송은 '웹을 이용하여 같은 내용을 여러 시청자에게 브로드캐스팅(broadcasting)하는 것' 으로 규정한다. 브로드캐스팅이란 여러 사용자가 같은 시간에 같은 내용을 보는 것을 말한다. 즉 웹캐스팅은 필요한 내용을 임의적으로 선택하여 보지만, 인터넷 방송은 해당 인터넷 방송국을 선택한 여러 사용자가 동시에 같은 내용을 본다는 것이다. 이재광(1998)은 웹캐스팅은 '인터넷 방송의 개념을 포함하여 인터넷과 미디어 콘텐츠가 융합한 결과로서 인터넷을 활용한 기술 집약적 콘텐츠 서비스로 볼 수 있으며, 아날로그 전파와 특정한 수신기를 통해 전달되는 기존의 방송 콘텐츠를 인터넷이라는 정보 통신망을 통해 전 세계를 대상으로 캐스팅(casting)하는 것' 이라고 말한다.

한편 구미에서는 인터넷 방송(internet broadcasting)이라는 표현보다는 웹캐스팅(webcasting)이라는 표현으로 인터넷을 통한 멀티미디어 정보서비스들을 포괄적으로 지칭하고 있다. OECD(1997)에서는 인터넷을 통해 기존 미디어의 기능을 하는 모든 것을 포함한다고 정의를 내리고 있다. 이는 텍스트와 그래픽 위주의 인쇄매체적 서비스, 오디오 및 비디오의 전자매체적 서비스, 그리고 인터넷 전화 및 인터넷 화상전화의 통신서비스까지 포함하고 있는 광의적인 개념이다. 한국인터넷 방송협회에서는 인터넷 방송을 '인터넷을 통하여 멀티미디어 콘텐츠를 서비스하는 것' 이라고 규정하고 있는 데 반해, 국제 웹캐스팅협회(International Webcasting Association)는 웹캐스팅은 '인터넷을 통하여 수용자에서 실시간이나 녹음 · 녹화된 오디오 · 비디오를 전송하는 것' 이라고 규정하고 있다. 키즈(Keyes, 1997)는 '개인용 컴퓨터로 수신이 가능한 특정 메시지를 브로드캐스트하기 위해 컴퓨터와 시청각적 요소를 결합시킨 모든 시스템' 으로 정의하고 있다. 마일즈(Miles, 1998)는 웹캐스팅은 '정보제공자와 수신자 간의 쌍방향성이 보장되면서 공중에 의해 수신, 청취, 시청을 목적으로 인터넷을 통하여 디지털 정보를 보내는 것' 으로 정의한다. 노박과 마키워츠(Novak & Markiewicz, 1998)는 웹캐스팅을 '스트리밍 데이터, 시공간의 무제한성, 쌍방향성, 푸시기술의 4가지 특성을 갖는 인터넷 콘텐츠' 로 한정하고 있다. 결국 인터넷 방송에 대한 개념적 정의는 기존 공중파 방송 개념을 인터넷에 적용시키는 좁은 개념의 접근방법과 웹서비스 영역에서 멀티미디어를 구현하기 위해 웹캐스팅 기술을 적용시키는 넓은 개념의 접근방법으로 나누어 이해할 수 있다.

Ⅲ. 인터넷 방송의 분류[6)]

1. 서비스 유형에 따른 분류

OECD(1997)에서 서비스 유형에 따라 분류한 내용을 보면 다음과 같다. 첫째, 주문형 서비스(on-demand services)와 같은 오디오/비디오 내용의 디지털 라이브러리의 제공자들이다. 이 서비스의 특징은 적정 웹페이지를 가지고

6) 서비스 유형, 정보형태, 사업주체에 의한 분류 외에도 스트리밍 주체에 의해 서버푸시(server push) 방식과 클라이언트 풀(client pull)방식으로, 재생방식에 의해 스트리밍 방식과 다운로드 방식으로, 클라이언트의 종류에 따라 플러그인(plug-in)방식과 자바(Java)방식으로 구분될 수 있다(김선진 · 권만우, 인터넷 방송 제작론, 1999, pp.100-101).

웹기술을 이용하여 서비스 제공물에 멀티미디어 능력을 제공하는 것이다. PC로 주문한 이용자가 내용을 다운로드할 수 있다. 예를 들면 이용자는 스트리밍 미디어로부터 실시간으로 보내지는 서비스로부터 사운드나 비디오 클립을 다운로드 받을 수 있다. 수많은 라디오 방송국들이 스트리밍 기술을 이용하여 인터넷을 통해 내용을 서비스하고 있다. 둘째, 생방송 서비스로서 인터넷을 통하여 사운드와 동영상, 혹은 문자를 실시간으로 전송하는 것이다. 예를 들면, 콘서트, 기념행사와 같은 특별 이벤트를 실시간으로 방송하는 것이다. 셋째, 푸시형 서비스로서 등록된 회원들에게 정보를 서비스하는 유형으로 이용자가 검색을 위한 노력 없이도 정보를 얻을 수 있다. 포인트캐스트사의 스크린세이버 서비스, 증권 실황정보 등이 대표적인 예이다. 넷째, 여러 가지 플랫폼을 이용하는 정보서비스 제공자이다. 이 서비스는 기존 미디어의 단점을 보완하기 위한 서비스로서 타 서비스와의 가장 큰 차이점은 서비스의 송수신에 복수의 기술을 이용한다는 점이다. 또한 이 서비스의 특징은 서비스의 전달과 수신과정에 다중기술을 이용하는 것이다. 무선호출기, 휴대전화를 이용하기도 하고, 전통적인 방송과 PSTN(public switched telecommunication network)을 통한 인터넷 서비스를 병행하여 기존 미디어의 단점을 극복하려는 서비스이다. 다섯째, 웹캐스팅 포털(portal)서비스이다. 웹캐스팅 프로그램 안내 서비스로 동영상 등의 인터넷 방송 콘텐츠만을 대상으로 정보를 검색하여 제공한다는 점이 특징이다. 유력 웹캐스팅 사업자들은 대개 포털 서비스를 겸하고 있다.

2. 정보형태에 따른 분류

노박과 마키위츠(J. Norvak & P. Markiewicz, 1998)는 정보형태에 따른 분류기준을 제시하고 있다. 첫째, 데이터 캐스트와 워드캐스트이다. 정보의 형태가 주로 데이터 형식, 즉 문자위주의 정보로 제공되는 것으로 향후 개인용 휴대용 단말기인 PDA(personal digital assistants) 기술의 발전과 보급으로 인터넷 무선접속이 확대되면 인터넷 방송 서비스의 많은 부분을 이러한 단말기를 통해 접근할 수 있다. 실시간 뉴스, 일기예보, 교통안내, 증권소식, 스포츠

경기안내 등 다양한 정보를 제공받을 수 있다. 둘째, 오디오 캐스트이다. 오디오 캐스트는 음성정보를 내보내는 서비스로 인터넷 방송에서 가장 많이 이용되는 분야이다. 오디오 캐스트는 인터넷 방송의 최신기술을 이용하면서도 정보의 양이 그다지 크지 않아 네트워크 주변환경에 많은 영향을 받지 않기 때문에 인터넷 방송의 장점을 충분히 발휘할 수 있다. 이것이 인터넷 방송의 많은 서비스가 오디오캐스트를 기본으로 하는 라디오방송인 이유이다. 셋째, 비디오 캐스트이다. 소리, 문자, 동영상 등이 혼합된 멀티미디어 서비스가 가능한 인터넷 방송이다. 데이터 캐스트와 오디오 캐스트의 기능은 물론이고 비디오 혹은 애니메이션 등의 이미지 및 동영상 서비스를 바탕으로 일반 방송에서부터 화상회의를 이용한 교육이나 비즈니스에 이르기까지 다양한 면에서 활용된다.

3. 사업주체에 따른 분류

사업주체에 의한 분류는 기존방송사에 의한 인터넷 종속방송, 인터넷 독립방송, 기업용 인터넷 방송으로 구분될 수 있다. 우선 인터넷 종속방송은 기존의 방송국에 의해 이뤄지는 웹서비스로 인터넷상에서 웹사이트를 개설하여 동화상을 포함한 여러 종류의 서비스를 한다. 기존의 지상파 방송사가 인터넷을 이용하여 자사의 프로그램에 대한 홍보 및 방송의 스트리밍을 하는 것이 대표적인 예이다. 박성호(1999)는 기존 방송사가 인터넷을 통해 서비스하는 유형을 네 가지로 구분하고 있다. 첫째 유형은 공중파 방송사가 인터넷에 홈페이지를 개설하고 이를 통해 방송 프로그램의 편성계획이나 프로그램 내용을 홍보하는 인터넷 홍보방송이다. 이는 엄격한 의미에서 인터넷 방송 서비스라기보다는 인터넷을 통해 공중파 방송 프로그램을 홍보하는 방송 서비스라고 할 수 있다. 둘째 유형은 자사의 홈페이지를 통해 방송프로그램이나 방송내용을 프로그램 단위 혹은 시간 단위로 컴퓨터 파일에 저장해 둠으로써 인터넷 이용자들이 취향에 따라 언제든지 방송 프로그램을 재생해 볼 수 있도록 하는 이른바 '주문형 방송 서비스'이다. 셋째 유형은 공중파 채널을 통해서 제공되고 있는 TV나 라디오 방송의 내용을 인터넷을 통해 실시간으로 중계하거나 재전송해주는 '실시간 중계 서비스'이다. 이 방식은 방송신호를 즉각적으로 디지털 신호로 전환하여 인터넷 서버를 통해 제공함으로써 인터넷 접속이 가능한 곳에서는 어디서든지 방송서비스를 수신할 수 있다는 점에서 진정한 리얼타임의 인터넷 방송 서비스라고 할 수 있다. 넷째 유형은 기존의 공중파 방송사가 공중파 방송 프로그램으로는 서비스하기 어려운 내용이나 또는 심층 취재 정보 등을 정리하여 인터넷 방송채널로 제공하는 경우이다. 국내에서 기존 방송사에 의한 인터넷 서비스는 KBS가 1995년 10월 처음으로 웹서비스를 개시한 데 이어 MBC가 1996년 2월에, SBS가 1997년 4월에, 그 밖에 케이블 텔레비전, 지역민방 등이 참여하고 있다. 그러나 이러한 공중파 계열의 웹캐스팅은 방송사들이 시청률을 높이기 위해 방송에 따르는 부가 서비스 개념으로 도입한 것이기에 진정한 의미의 웹캐스팅이라 보기에는 한계가 있다(이만재, 1998, p.41).

둘째, 인터넷 독립방송이다. 인터넷 독립방송은 지상파 방송이나 케이블 TV의 보조적인 서비스 수단이 아닌 독립 인터넷 방송국에서 인터넷 방송을 위한 프로그램을 독립적으로 기획하고 제작하여 인터넷 스트리밍 기술을 활용해 방송 프로그램들을 인터넷망으로 전송하는 형태이다. 특히 인터넷 독립방송국은 가정에서도 멀티미디어 PC나 디지털 카메라 또는 캠코더 등 몇 가지 기자재만 갖추면 자신이 관심을 가지고 있는 분야의 내용을 방송으로 만들어 인터넷을 통해 전세계로 보낼 수 있기 때문에 앞으로 개인 인터넷 방송시대를 예고하고 있다. 또한 우리 사회의 다양한 계층의 목소리를 담아낼 수 있는 대안매체로서의 역할을 지닐 수 있기 때문에 중요한 의미를 지닌다(방송위원회, 1999, pp.17-20). 국내 인터넷 독립방송국의 효시는 m2station이 1997년 여름에 웹상에서 스트리밍 기술을 이용한 서비스를 제공하면서 시작되었다.

셋째, 인터넷 사내방송은 인터넷 독립방송과 달리 기업에서 직원들에게 사내소식과 각종 전문정보를 알려주기 위해 만든 기업용 인터넷 방송이다. 따라서 일반 인터넷 독립방송과는 달리 일반 인터넷망을 이용하지 않고 기업 내의 인트라넷을 활용하고 있다. 일반인들이 이 사내방송에 쉽게 접근할 수 없지만 이러한 사내방송은 인터넷을 통해 외부용으로도 제공될 수 있다는 점에서 인터넷 방송의 범주에 넣을 수 있다. 뿐만 아니라 이것은 지상파방송이나 케이블 TV의 프로그램을 일부 활용할 수 있다는 장점도 있다(박성호, 1999, pp.230-234).

Ⅳ. 인터넷 방송의 상대적 위상

강만석(2001)은 두 개의 축을 기준으로 다양한 매체들을 나누고 웹캐스팅이 어떤 매체를 경쟁자로 가지고 있고, 이들과의 경쟁에서 살아남기 위해서는 어떤 서비스로 차별화시켜야 할 것인가에 대한 논의를 하고 있다. 이는 인터넷 방송이 기존의 매체들과의 상대적 위상을 정립하는 데 많은 도움을 주고 있다. 첫번째 축은 다수가 동시에 한 장소에서 함께 접할 수 있는 공적인 매체와 개인적인 매체를 양끝으로 하고 있고, 두번째 축은 정보의 발신자와 수신

〈그림 1〉 웹캐스팅의 상대적 위상

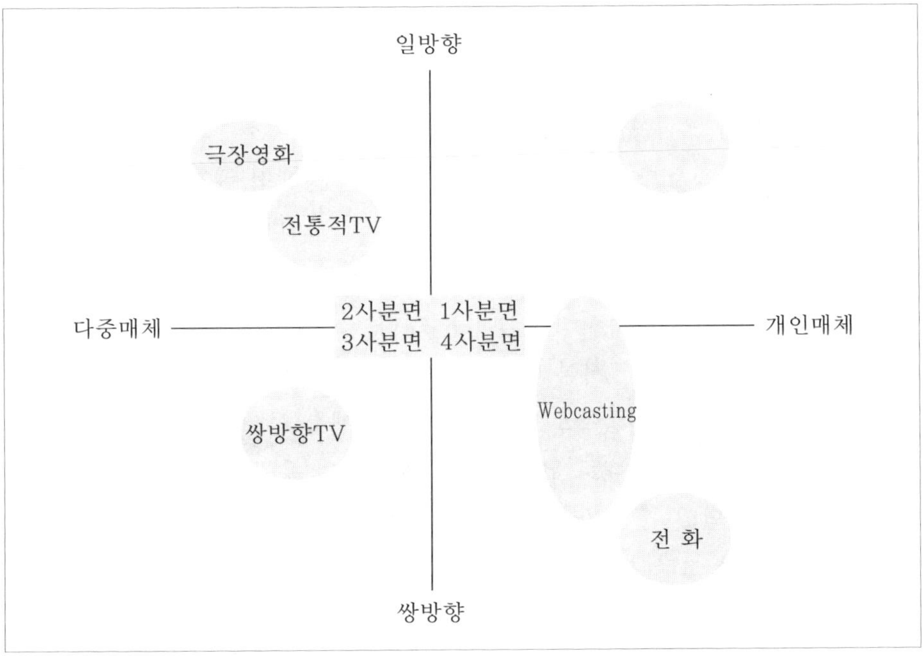

출처: 강만석(2001), 국내 웹캐스팅 산업 비즈니스 모델 연구, 한국방송진흥원 연구보고 01-09. p.51.

자 간의 커뮤니케이션 방향성, 즉 일방향성과 양방향성을 기준으로 하고 있다.

1사분면의 매체들은 개인적인 매체이면서 일방향적인 커뮤니케이션의 성격을 갖는 매체들로 휴대용 CD플레이어, 휴대용 DVD플레이어 혹은 휴대용 라디오와 텔레비전[7] 등이 포함된다. 이들 매체들은 개인적으로 이용할 수 있도록 디자인되어 있고 수용자들은 정보원으로부터 전달되는 정보를 일방적으로 받게 된다. 이들 매체들의 대체적인 특징은 개인들의 필요와 성향에 잘 맞춰진 콘텐츠를 제공하고 있다는 점이다. 즉 세분화된 목표 수용자들을 분명히 하고 이들에게 맞는 서비스를 제공한다. 하지만 개개인이 자신의 욕구를 쌍방향적으로 전달할 수 없기 때문에 서비스제공자들이 수용자들의 필요를 정확히 예측할 수 있는 능력이 강조된다.

2사분면에 존재하는 매체들은 개인을 단위로 하는 수용환경보다는 복수의 사람들이 동시에 이용하는 수용환경 속에 놓여 있다. 또한 정보는 일방적으로 정보원으로부터 수용자에게 흐른다. 가장 대표적인 경우가 극장에서의 영화상영이다. 영화관에서는 수많은 사람들이 동시에 영화라는 정보원으로부터 메시지를 전달받고 있다. 또한 가정에 놓여있는 텔레비전이나 라디오는 복수의 가정 구성원들이 동시에 이용할 수 있기 때문에 텔레비전이나 라디오 등도 여기에 속한다. 이 영역에 속하는 매체들의 특징은 소수의 정보원들이 수많은 사람들에게 정보를 전달하기 때문에 튼튼한 경제적 배경을 바탕으로 생산되는 정보의 질이 대체로 높은 것이 특징이다. 그러나 일방적으로 전달되는 네트워크에 의존하고 있으므로 개개인의 다양한 취향을 만족시키기보다는 다수의 표준적인 취향을 만족시키는 경향을 띤다.

3사분면의 매체들은 2사분면에 존재하는 매체들에 쌍방향 커뮤니케이션을 위한 네트워크를 설치함으로써 가능해진다. 예를 들어 쌍방향 텔레비전은 기존의 고급 서비스를 그대로 유지하면서 개인들의 욕구를 충족시킬 수 있는 방안으로서 개발되었다. 즉 시청자들은 주어진 방송프로그램을 보면서 자신들의 욕구에 따라 보다 세밀한 정보를 접할 수 있다든지 혹은 프로그램 내에 나타나는 물건을 구입할 수 있다든지 하는 기능들을 즐길 수 있다. 그러나 이

7) 휴대용 라디오와 텔레비전은 수용자들의 의견이 프로그램에 전달될 수 있는 창구가 상대적으로 크다는 이유에서 쌍방향 쪽으로 치우쳐 있다.

러한 쌍방향성은 다분히 제한된 정도에서만 가능하다. 제한된 수의 프로그램에 관련된 정보를 입수하거나 제공되는 방송광고 중에서 자신이 필요한 부가적인 정보들을 얻을 수 있기 때문이다.

4사분면에 존재하는 매체들은 쌍방향성과 개인매체로서의 특성을 갖는다. 가장 대표적인 매체로는 전화를 들 수 있다. 전화는 완전한 쌍방향성과 개인적인 욕구를 충족시켜 주는 기능을 한다. 또한 이메일(e-mail)이나 인터넷을 통한 정보검색 등도 여기에 포함된다. 여기에 속하는 매체들은 대부분 끌어당기는 풀(pull)방식으로 정보를 서비스한다. 즉 수용자들의 적극적 참여와 의사표출이라는 노력을 요구한다. 따라서 이를 통해 전달되는 서비스는 수용자들이 기꺼이 자신의 노력을 투자해서 얻을 만한 것이어야 한다.

그렇다면 웹캐스팅은 어디에 존재하는가? 강만석(2001)은 웹캐스팅을 1사분면과 4사분면의 경계에 위치시키고 있다. 즉 이용환경은 분명히 개인적인 접근이 주로 허용된 곳에 웹캐스팅이 존재하고 일부의 측면에서는 쌍방향적인 서비스가, 일부의 측면에서는 일방적인 서비스가 제공되기 때문이다. 1사분면과 4사분면 사이에 존재하는 웹캐스팅은 우선 다중매체와는 확연한 차별화를 이룬다. 즉 웹캐스팅의 비즈니스 모델은 다수의 수용자들을 목표로 설정하고 이들의 평균적인 욕구를 충족시키기 위한 것이 아니라 개인들의 세세한 욕구를 충족시킬 수 있어야 한다는 점을 의미한다. 그러나 웹캐스팅은 수용자들에게 완전한 끌어당김 방식의 정보서비스를 강요하고 있기보다는 다분히 미는 푸시(push)방식의 서비스가 중요한 부분을 차지한다(강만석, 2001, pp.49-52).

웹캐스팅의 상대적 위상을 기초로 기존의 미디어와 인터넷 방송의 관계에 대해 살펴보면 인터넷 방송은 기존의 미디어에서 개별적으로 전달하던 콘텐츠들을 인터넷망을 통해서 멀티미디어 형태로 제공하고 있다. 인터넷 방송은 기존의 미디어들이 가지고 있던 한계를 극복하기도 하고 기존의 미디어와는 다른 새로운 방식을 통해서 이용자들의 편의를 돕고 있다. 〈그림 2〉는 인터넷 방송이 기존 미디어들과 어떤 관계가 있는지 보여 주고 있다.

그렇다면 기존의 미디어 중 TV 방송과 인터넷 방송은 어떻게 차별화할 수 있을까? 기존방송과 인터넷 방송은 많은 차이점을 가지고 있다. 이는 기본적으로 단방향에서 출발한 매체와 쌍방향으로부터 출발한 매체이기에 발생하

〈그림 2〉 기존 미디어와 인터넷 방송의 관계

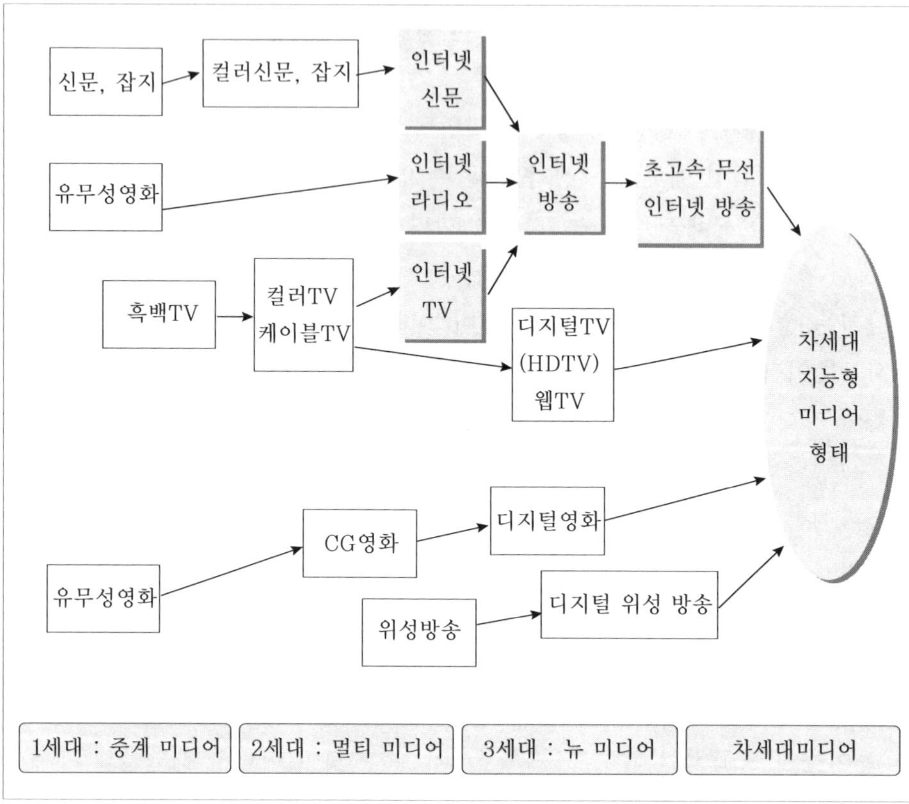

출처: 삼성경제연구소(2000), 인터넷 방송의 현황 및 전개방향, p.38.

는 차이이다. 기존의 방송시스템에서는 시청자에게 1:다수로 방송하기 때문에 만일 수용자가 자신에게 필요한 내용이나 정보를 지속적으로 알려면 계속 방송을 시청하고 있다가 원하는 프로그램이 방영되는 시간대를 일부러 찾아야 한다. 그러나 인터넷 방송은 일정한 방송 시간대뿐 아니라 내용에 있어서도 시청자가 스스로 재구성할 수 있으며 자신이 원하는 내용으로 구성된 자기만의 채널을 시공간의 제약 없이 수신할 수 있는 장점이 있다. 특히 광범위한 정보검색, 저장기술과 어울려 방송 이상의 다양한 부가 내용을 전달할 수 있고, 이를 원하는 대로 가공할 수 있다는 점이 인터넷 방송의 매력이다(방송위원회, 2000, 22쪽). 〈표 2〉는 다양한 영역에서 기존의 TV방송과 인터넷 방송의 차별적 내용을 보여 주고 있다.

<표 2> 기존 TV방송과 인터넷 방송의 비교

구분/미디어별	공중파 방송	케이블TV	인터넷 방송
방송의 범위	Broadcasting	Narrowcasting	Broad/Narrow/ Point casting
플렛폼	TV	TV	PC
전송망	지상 무선망(Hz)	케이블망(광케이블)	전화망(동축케이블)
화질	고정화질	고정화질	전송속도에 따른 제한
커뮤니케이션 유형	일방향	부분적 쌍방향	완전 쌍방향
방송서비스 내용	오락지향	오락 및 정보지향	업무 및 정보 지향
방송서비스 형태	오디오+비디오	오디오+비디오	멀티비디어(오디오, 비디오, 텍스트, 그림)
사업 진입 가능성	엄격한 허가	허가	제한 없음
시간적 제약성	제약	약간 제약	제약 없음
타미디어와 호환성	없음	약간 가능	가능
운영재원	광고수입(95%)	시청료 수입(70%)	광고+이용료
방송의 공익성	아주 높음	낮음	아주 낮음
사회적 통제 정도	강함	낮음	청소년 위해(危害)
관련 법률	방송법	종합유선방송법	전기통신사업법

출처: 최영묵(1999), 방송서비스 영역확대에 따른 합리적 규제방안 연구, 한국방송진흥원 연구보고 99-16, p.93.

V. 인터넷 방송의 특성

1. 기술적 특성

인터넷을 통해 방송하기 위해서는 멀티미디어, 하이퍼텍스트 혹은 하이퍼미디어, 온 디맨드, 푸시, 스트리밍, 멀티캐스트 등의 기술적 발전이 필수적이다. 최영(1999)은 인터넷 방송의 중요한 기술적 특성을 크게 웹서비스의 특징과 인터넷 방송만을 위한 특징으로 나누어 보고 있다. 웹서비스의 기술적 특징[8)]으로는 멀티미디어, 하이퍼텍스트, 온 디맨드 기술 등을 들고, 인터넷 방송만을 위한 중요한 기술로는 스트리밍, 멀티캐스트(Multicast) 및 엠본(Mbone: Virtual Multicast Backbone On the Internet) 전송기술을 제시하고 있다.[9)]

인터넷 방송만을 위한 핵심기술인 스트리밍 기술은 방송전파와 같이 웹에서 오디오, 비디오 데이터가 실시간으로 PC로 계속하여 흘러 들어오게 하는 것을 말한다. 인터넷 방송에서 스트리밍이 필요한 이유는 오디오, 비디오 파일은 문서파일에 비해 용량이 매우 크기 때문에 통신망으로 전체파일을 모두 받는데 많은 시간이 소요되므로 전체파일을 다 받을 때까지 기다리는 것이 아니라 데이터가 수신됨과 동시에 파일이 열리도록 하여 이용자가 내용을 볼 수 있게 하기 위해서이다. 곧 종전처럼 파일을 다운로드해야 하는 번거로운 절차가 필요하지 않다. 한마디로 스트리밍은 인터넷을 통해 이미지나 동영상 등의 대용량 정보를 실시간에 방송할 수 있게 하는 인터넷 방송의 핵심기술이다. 또한 이 기술은 일반적으로 정보를 다운로드 받아 화면에 올리는 웹서비스로부터 인터넷 방송을 구분하게 한다.

멀티캐스트는 대용량의 멀티미디어 정보를 이용자에게 전달하는 데 필요한 네트워크 사용을 효율화한다. 멀티캐스트 전송방식은 하나 이상의 송신자들이 특정한 하나 이상의 수신자들에게 데이터를 전송하는 방식으로 인터넷 화상회의 등의 응용분야를 말한다(안동수, 1998, p.65). 무엇보다 멀티캐스트의

---

8) 웹서비스의 기술적 특징들을 간략하게 살펴보면 다음과 같다. 멀티미디어 기술은 문자, 소리, 영상 등 다양한 형태로 이뤄진 메시지 혹은 서비스를 하나의 시스템 아래에서 작동되게끔 하는 것을 말한다. 하이퍼텍스트 혹은 하이퍼미디어 기술은 문서와 문서 또는 단어와 문서의 연결 기능을 확장하였을 뿐만 아니라, 그림, 음성, 동화상 등 저장된 모든 파일들을 연결 · 검색할 수 있게 하였다. 이 기술의 적극적 응용은 인터넷 방송 이용자로 하여금 자신이 필요로 하는 정보에 빠르고 손쉽게 접근하도록 한다. 온 디맨드는 영화, 음악, 교육 등의 다양한 서비스를 이용자가 원하는 시간에 이용할 수 있게 한다. 이는 수용자가 정보를 접하는 전통적인 방식과 달리 송신자의 영향권에서 벗어나 매체 이용자 자신이 원하는 정보를 원하는 순서대로 접할 수 있게 한다.

9) 그 외에도 푸시기술의 등장은 인터넷 방송을 확산시키고 대중화시키는 데 기여했다. 푸시란 이용자가 원하는 정보를 찾아다니던 기존 인터넷의 한계를 극복하여 이용자의 컴퓨터 모니터에 원하는 정보를 직접 전송해 주는 기술을 말한다.

	다운로딩(downloading)	스트리밍(streaming)
시 간	콘텐츠 파일을 모두 다운로드한 후에 재생(비동시성)	파일의 일정량을 버퍼링한 후에 직접 재생(실시간)
저 장	사용자의 디스크에 콘텐츠 저장	사용자의 메모리 상에서의 실시간 서비스
지적재산권	사용자의 디스크에 저장되므로 지적재산권 보호에 문제가 됨	사용자의 디스크에 저장되지 않으므로 지적재산권 보호정책에 유리
네트워크부하	전체파일을 모두 다운로드한 후에 실행되므로 네트워크 부하 과도	일정량의 파일만을 버퍼링한 후 실행되므로 네트워크 부하 절감

출처: 김용섭(2000), 인터넷 방송 비즈니스, 영진닷컴, p.115.

가장 큰 특징은 송신자 입장에서 여러 수신자에게 한번에 메시지를 전송할 수 있다는 점이다. 또한 특별한 방법을 사용하지 않고서는 수신자가 누구인지를 확인할 수 없는 등 여러 면에서 방송기술과 흡사하다. 그런데 문제는 멀티캐스트 수신자들이 전체 네트워크 상에 흩어져 있는 경우가 대부분이므로 한번 메시지를 송신한 것이 전체 네트워크에 뿌려지기 때문에 네트워크의 다른 응용 프로그램을 제대로 운영하지 못하는 문제가 발생할 수도 있다는 것이다. 그러나 멀티캐스트 전송은 그 패킷 전송방식이 일반적인 유니캐스트 전송방식과 다르다. 즉 패킷의 송신자는 그 헤더(Header)에 수신자의 주소 대신 수신자들이 참여하고 있는 그룹주소를 표시하여 패킷을 전송하게 된다. 그룹 주소는 인터넷 호스트의 실제 주소가 아니므로 멀티캐스트 패킷의 그룹에 속해 있는가를 판단해 패킷의 수용여부를 결정하게 되는 것이다(이만제, 1998, pp.13-15).

2. 산업적 특성

인터넷 방송의 산업적 특성을 논함에 있어 인터넷이라는 네트워크 체제를 통해 전달되는 상품(contents)의 특성에 대한 이해도 필요하지만, 무엇보다 통신매체로서의 인터넷 방송이 가지는 매체적 특성을 살펴보는 것이 중요하다. 첫째, 방송형 뉴미디어와는 달리 인터넷 방송과 같은 통신형 뉴미디어의 경우는 혼잡비용이 발생한다. 네트워크는 정보를 실어나르는 통로로서 이 길이 혼잡하고 비좁으면 결국 누구도 이용하지 못하는 결과가 발생한다. 이러한 혼잡비용은 통신형 매체와 같이 쌍방향적인 의사소통을 기본으로 하는 매체에 발생한다. 둘째, 제한적이지만 소비의 정적 외부성이 발생한다. 소비의 외부성이란 한 소비자의 소비활동이 타인의 선택방법이나 선택범위에 영향을 미쳐서 무상으로 효용의 변화를 초래할 때를 말한다. 즉 한 가입자는 물론 자신의 효용을 위해 가입하지만, 네트워크 상품 소비에 있어 한 사람의 소비는 비의도적으로 제 3 자의 효용에 영향을 미친다는 것이다. 따라서 새로운 매체 성숙과정에서 필연적으로 내재되는 특성인 소비 외부성을 극대화시키기 위해서는 가입자 규모가 중요한 것이다. 매체의 혼잡비용이 발생하지 않는 방송매체에서는 새로운 가입자의 증가는 항상 가입자간 혜택의 증가를 가져옴으로써 소비에 있어 '규모의 경제'를 발생시킨다. 그러나 인터넷 방송의 경우는 가입자의 규모가 증가함에 따라 혼잡비용이 증가하기 때문에 '수요의 최적 균형 설정'이 매우 중요한 것이다.

시장거래가 가능하면서도 아직은 공공재적 속성을 유지하는 재화로서의 특성을 가진 인터넷 방송은 인터넷을 통한 콘텐츠사업 중 종래의 TV와 유사한 특성을 지니는 동영상 서비스를 제공하는 산업적 특성[10]을 가지고 있다. 즉 인터넷과 종래의 텔레비전 산업의 교차영역이라 할 수 있는데, 그 개념을 그림으로 표현하면 다음과 같다.

인터넷 방송은 인터넷 산업으로서의 특성과 텔레비전 산업으로서의 특성을 공유하고 이 양자가 결합되는 데서 오는 독특함을 지니게 된다. 인터넷 방송은 방송산업, 즉 수용자들을 대상으로 상대적으로 내용 및 유형이 정형화된 동영상 콘텐츠 서비스를 제공하는 산업의 특성을 공유한다. 우선적으로 인터넷 방송 사업은 종래의 텔레비전 산업과 마찬가지로 부가가치 창출을 위해 콘텐츠, 제작, 유통, 서비스 제공 등의 하위부문으로 구성되어 있는 것이다. 또한 인터넷 방송은 그 산업적 특성에 비춰볼 때 종래의 텔레비전과 같이 대중

10) 인터넷 방송의 산업적 특성과 관련하여 보다 광의적인 개념의 웹비즈니스에 대해서는 김용섭(2000)의 논의를 참조할 필요가 있다(김용섭, 2000, pp.24-25).

〈그림 3〉 인터넷 방송산업의 영역

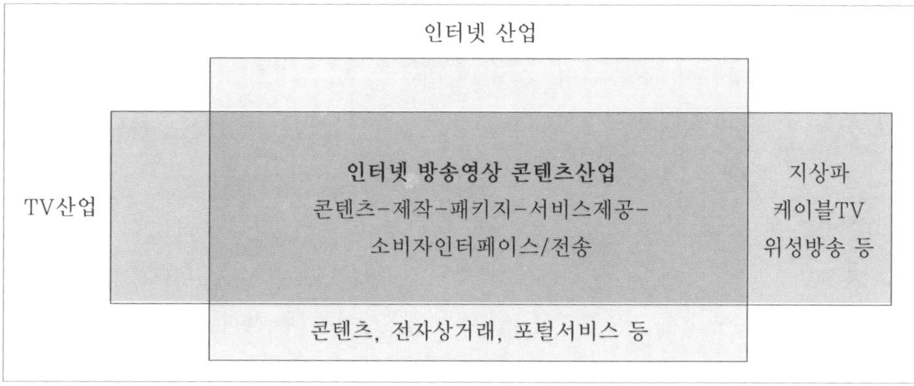

출처: 윤석민(2000), 지상파방송사에 있어서 인터넷 방송 사업의 의의, 방송문화 2000년 6월호.

에게 소구할 수 있는 동영상 콘텐츠의 확보가 중요하게 되며, 또한 TV 서비스 제공의 새로운 창구로 평가될 수 있는 것이다. 영상물은 여러 단계의 창구효과를 창출하는 특성을 갖는데, 인터넷 방송은 이들 창구의 마지막 부분에 위치해 있다고 볼 수 있다(한국방송개발원, 1998, p.5).

한편, 기존의 방송산업과 차별화 될 수 있는 인터넷 방송의 산업적 특성[11]을 윤석민(2000)은 다섯 가지의 소멸적 특성으로 정리하고 있다. 첫째, 공공재적 특성의 소멸이다. 인터넷 방송은 점 대 점 커뮤니케이션 방식으로 서비스가 제공되고, 각 이용자별로 프로그램 단위의 이용확인이 이뤄질 수 있으므로 완전한 배제성과 경합성을 갖추게 된다. 따라서 종래의 텔레비전에서 나타났던 공공재적 특성이 사라지고 사적재화로서의 특성을 갖추게 된다.

둘째, 독점지대(monopoly rent)의 소멸이다. 인터넷 사업은 시장으로 진입과 퇴출이 자유롭고 이는 인터넷을 활용한 방송사업에 있어서도 마찬가지이다. 인터넷 방송은 저예산, 저비용의 소규모 매체라는 특성을 지닌다. 매체의 설립과정이 쉽고 급변하는 시장환경에 탄력적으로 대처가 가능하다. 인터넷 방송에는 원칙적으로는 아무런 진입장벽이 존재하지 않고 무한경쟁이 보

11) 한편, 최영(1999)은 인터넷 방송의 산업 · 경제적 특성을 소규모 · 저비용의 특성, 틈새시장(niche audience)의 특성, 매체의 다양화, 시장진입과 퇴출의 자유, 정보시장으로서의 특성으로 접근하였다(최영, 인터넷 방송의 특성과 발전에 관한 연구, 한국방송학보 1999년 봄호, pp.312-313).

장된다고 해도 과언이 아니며 따라서 종래의 텔레비전에서 존재하던 독점지대는 사라지게 된다.

셋째, 외부효과의 소멸이다. 인터넷 방송은 누구나 의사를 자유롭게 표현하고 또 타인의 방송내용에 대해 쌍방향적으로 의사를 표현하는 풀뿌리 방송의 가능성을 가장 잘 실현해줄 수 있는 매체이다. 따라서 내용과 무관하게 TV 서비스라는 사실 그 자체에서 오는 외부효과는 사라지게 된다.

넷째, 공익성/사회성 요구조건의 소멸이다. 이상의 모든 조건들을 고려할 때 인터넷 방송은 소유, 참여, 운영, 내용에 있어서 완전히 자유로운 서비스 사업으로 규정될 수 있다. 물론 사업운영이나 내용부문과 관련해 일정한 사회적 규제가 적용될 필요가 존재할 것으로 보이나, 이 같은 규제들은 특별법에 의해 이뤄지는 방송규제라기보다는 여타의 사회적 이해관계와의 형평성을 고려하는 프레스모형에 준하게 될 것이며, 공익성/사회성 기준은 여타의 웹서비스에 대해 적용하는 기준과 별 차이가 없게 될 것이다.

다섯째, 다양한 사업자들의 명멸이다. 인터넷 방송 시장에는 하루에도 수많은 새로운 사업자들이 등장했다가 사라질 수 있다. 또한 종래의 방송사업자들은 상황변화에 탄력적으로 적응해서 얼마든지 새롭게 변신할 수 있다. 이러한 진입, 퇴출, 사업에 있어서의 자유로움은 다른 한편으로는 극도의 불안정성을 의미한다. 합병, 연합, 제휴의 추세는 전체 인터넷 비즈니스의 추세이다. 이러한 진입과 퇴출의 유동성은 초기에 가장 활발한 양상을 보이겠지만 정도의 차이는 있으나 지속적으로 유지되는 특성일 가능성이 높다.

이러한 산업적 특성을 기초로 볼 때 인터넷 방송 산업구조는 완전개방형 구조로 나타낼 수 있다. 기존의 지상파 TV방송은 콘텐츠 제작에서 인프라 제공까지가 수직으로 통합되어 있어서 소비자는 단말기만을 자유로이 선택할 수 있을 뿐이다. 그러나 인터넷 방송의 완전개방형 구조에서 이용자들은 장비이용에 대한 접근뿐 아니라 서비스제공 사업자들에게 접속하기 위한 유무선의 네트워크를 자유롭게 선택할 수 있으며, 인터넷상에서 어떤 서비스를 이용할 것인가를 결정할 수 있게 된다. 또한 이용자에게 최대한의 자율성을 부여함은 물론 각 부문에 대한 다양한 사업자들의 진입을 용이하게 해주고 어떤 특정 부문의 사업자가 독점적 지위를 남용할 가능성을 배제시켜줄 수 있는 특

〈그림 4〉 인터넷 방송의 산업구조(완전개방형 구조)

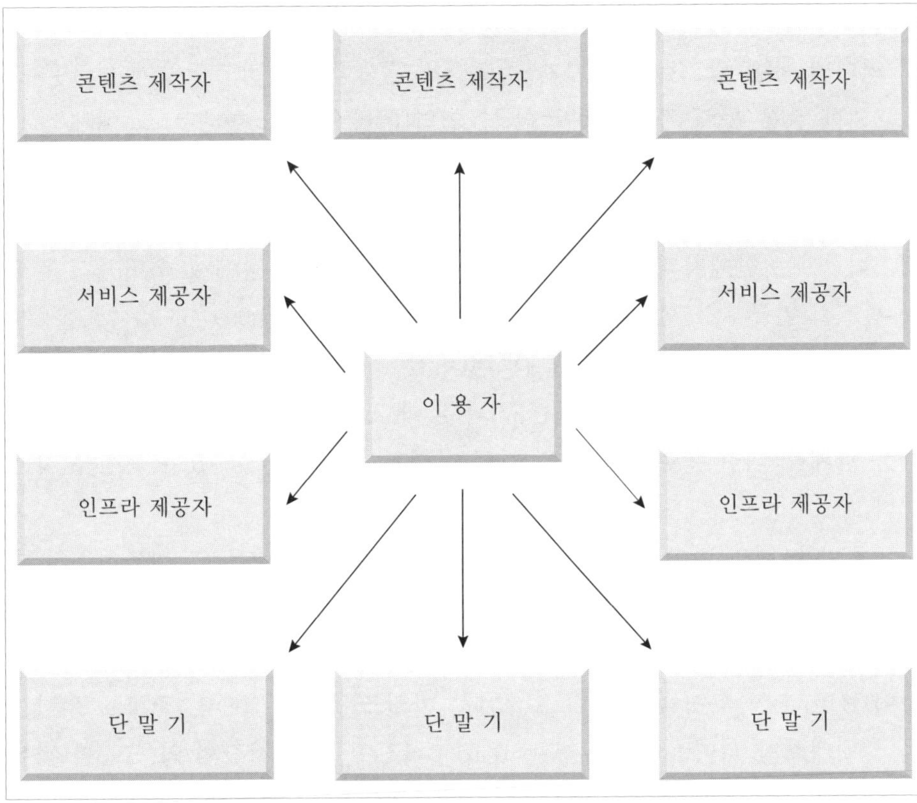

출처: 초성운(2001), 인터넷 방송의 이해, 나남, p.32.

성이 있다. 인터넷 방송의 산업구조를 그림으로 나타내면 〈그림 4〉와 같다.

그러나 이러한 완전개방형 구조가 경제적으로 가장 효율적이라는 말은 아니다. 그렇다면 인터넷 방송이 서비스 이용을 통해 부가가치를 창출하거나 새로운 광고시장을 형성함으로써 경제적 효과를 극대화할 수 있는 비즈니스적 특성은 무엇인가? 인터넷 방송광고의 특성을 통해 살펴보면 다음과 같다.

부가가치 높은 정보를 보유, 제공하는 인터넷 방송은 그 수익의 원천을 가입료 혹은 정보이용료로 할 수 있다. 하지만 이러한 요금책정방식이 아무리 안정된 이윤 창출수단이기는 해도 현실화될 가능성은 높지 않다. 따라서 인터넷 방송 이용은 무료로 하되 이에 요구되는 재정의 대부분은 광고에 의존할 가능성이 높다. 인터넷 방송이 활성화되고 특정한 인터넷 방송국에 많은 규모의 고정 이용자가 형성될 경우 광고주들은 인터넷 방송을 통한 광고효과에 주목하게 된다. 특히 일방적 메시지로 수용자를 세뇌시켜 온 기존 매체와는 달리 인터넷 방송 광고는 이용자가 주도권을 행사함으로 광고주들이 새로운 광고효과에 눈을 돌릴 가능성이 높다.[12] 인터넷 방송 광고 형태는 그 매체적 특성 때문에 기존 방송 광고나 인터넷 광고와는 다른 모습을 띨 것이다. 기본적으로 인터넷 방송 광고는 포캐스팅(focasting, focused broadcasting) 형식을 띨 것이다. 이는 판매자의 입장에서가 아니라 소비자의 입장에서 소비자가 원하는 광고를 분류해서 제공하는 방식을 말한다(방송위원회, 1999, pp.70-74). 이 광고 시장은 인터넷 방송이 전 세계로 열려진 공간이기 때문에 국내 인터넷 방송사가 외국 기업의 광고를 유치하거나 국내 기업이 외국 인터넷 방송을 통해 제품 판매를 꾀하는 등의 새로운 산업적 영역을 구축할 수 있는 특성을 갖고 있다.

국가 단위의 방송 시스템과 국경을 초월한 웹캐스팅은 그 비즈니스의 범위도 당연히 달라지게 된다. 한편 비즈니스의 형태는 일반 방송의 경우 B to C(Business to Consumer)가 전형적인 방식이라면 웹캐스팅은 B to C를 비롯하여 B to B의 환경을 고려할 수 있다. 마일즈(Miles, 1998)의 조사에 의하면 미국 웹캐스팅 서비스의 경우에는 B to B시장이 전체 시장의 약 70%를 점유하고 있어 B to C보다 훨씬 비중이 큰 것으로 집계되고 있다. 그러나 최영(2000)의 조사에 따르면 대부분의 국내 인터넷 방송은 B to C의 환경에서 서비스가 제공되고 있다. B to C의 환경은 전형적인 공중파 방송의 비즈니스 유형이다. 이것은 국내 인터넷 방송이 기존 방송과 매체시장에서 차별성을 갖지 못한다는 것이고, 결국 기존 방송과 같은 시장에서 경쟁하고 있는 셈이다.

3. 사회 · 문화적 특성

인터넷 문화는 그 동안 정보화사회 논의에서 중심적 사회변화의 동인으

12) 미국의 아비트론(Arbitron)사와 에디슨 미디어 리서치(Edison Media Research)사가 공동으로 조사한 인터넷 방송 이용자의 실태에 의하면, 인터넷 방송 이용자들은 일반 네티즌에 비해 훨씬 더 적극적인 커뮤니케이션 행위를 했다. 따라서 인터넷 방송 광고시장은 일반 배너 광고시장과는 달리 빠른 성장세가 이뤄질 전망이다.

로 파악되던 커뮤니케이션과 컴퓨터 테크놀로지의 발달과 함께 생겨나기 시작한 문화이다. 이 문화는 다른 개별문화와는 상이하게 자본주의 사회가 성숙한 이후에 출발하였다는 특성을 갖는다. 이처럼 출발점부터 인터넷 문화는 기존 대중매체의 하나인 텔레비전 문화와는 상이한 양상을 보인다. 인터넷 이용자들은 자신의 PC를 이용하여 정보를 검색하고 수신할 뿐만 아니라 자신이 적극적으로 텍스트에 해당하는 메시지 생산에 참여하는 쌍방향적 문화실천을 수행한다는 점에서 일방적인 수용이 이뤄지는 텔레비전 문화와는 상이한 특성을 보이고 있다. 인터넷 방송의 경우도 기존의 텔레비전 텍스트와 유사한 동영상 텍스트를 전문적인 생산자가 아닌 소비자로서 개인이 생산할 수 있는 특징을 갖고 있다. 이처럼 인터넷이라는 새로운 매체를 통해 문화생산에 참여할 수 있는 가능성이 열린 것은 탈근대 혹은 정보사회 논의가 본격화되는 현실에 비추어 볼 때 중요한 의미를 갖는 사회적 변화이다(한국방송개발원, 1998, pp.20-21).

이용자 입장에서 보면 인터넷 문화와 대중 문화의 차이는 결국 상징생산의 도구를 공유하는가, 아니면 공유하지 못하는가에 따라 결정되며, 결과적으로 이러한 차이에 의해 한 사회 내의 문화적 다원성 보장과 문화의 질 향상의 가능성이 결정된다. 그렇다면 인터넷 방송은 문화적 다원성 차원에서 어떤 특성들을 지니고 있는가? 우선, 인터넷 방송은 보다 많은 사람들이 직접 콘텐츠 제작에 참여할 수 있는 가능성과 기회를 보장하고 있다(한국방송개발원, 1998, p. 95). 인터넷 방송이 기존 방송에 비해 상대적으로 적은 비용으로, 그리고 일반인도 손쉽게 정보를 수집, 가공, 유통시킬 수 있기 때문에 다채널 환경을 용이하게 구축한다. 따라서 인터넷 방송을 접하는 모든 이용자는 자신의 취향에 따라 프로그램을 취사선택할 수 있는 폭이 넓어지는 것이다. 그 동안 주로 법으로 보장되어 있었던 매체 접근권은 거대 자본이 지배하는 환경에서 사실상 일반 국민들에게 자유롭게 개방되지 못했으나, 인터넷 방송의 출현으로 매체 접근권이 폭넓게 열릴 수 있는 환경이 마련되었다. 또한 인터넷 방송은 커뮤니케이션 과정의 쌍방향성을 극대화한 수용자 중심의 매체로, 커뮤니케이션 방식에서 밑으로부터 정보가 생산되어 상향으로 전달되고 흐르는 하의상달 방식을 취한다. 요컨대 인터넷 방송은 단순히 그 자체가 하나의 사업자가 될 뿐만 아니라 방송영상문화에 대한 사회 전반적인 관심을 확산시키고, 영상문화의 인프라를 대중적으로 확산시킬 수 있다는 사회적 의미를 지니고 있는 것이다(한국방송개발원, 1998, p.95).

그리고 인터넷 방송은 동영상을 파일형태로 서버에 보관했다가 사용자의 요구에 따라 실시간 스트리밍을 하기 때문에 이용자가 원하는 시간에 접속하여 선택하면 그 서비스를 받을 수 있는 수평적 커뮤니케이션 환경을 만든다. 이는 대표적으로 인터넷 방송의 기술적 특성 가운데 하나인 온 디맨드 서비스를 통해 구축된다. 그리고 인터넷 방송의 핵심 하드웨어인 컴퓨터의 저장성으로 인해 기존에는 매체 중심의 시간 개념이 이제는 이용자 중심으로 전환되었다. 그리고 인터넷 자체가 전 세계적으로 연결되어 있기 때문에 국경이라는 물리적 개념이 인터넷 방송에 적용되기는 현실적으로 불가능하다. 즉 인터넷 방송은 시간과 공간의 한계를 극복한 탈동시성의 매체인 것이다(방송위원회, 1999, pp.78-81).

결론적으로 인터넷 방송의 도달범위가 국경을 초월하여 네트워크가 연결된 곳이면 세계 어느 곳까지도 도달할 수 있다는 기술적 특성과 인터넷이 문화매체로서 소수자들이나 소수문화를 활성화하고 향유함으로써 문화적 다양성을 실현하고 문화의 질을 향상할 수 있는 문화매체로서의 특성은 인터넷 이용자로 하여금 이제 더 이상 문화의 단순한 소비자가 아니라 쉽게 문화생산에 참여할 수 있는 문화생산자로서 그 위치를 변화시키고 있는 것이다. 인터넷 방송의 이용자들이 문화생산에 참여할 수 있다는 특성은 지배적 의미체계에 대한 대안적 의미체계를 제시하는 한 방법이 되기 때문에 문화적 다양성을 실현하는 도구로 기대할 수 있으며 더 나아가서는 사회변화의 잠재적 가능성으로 주목받고 있다.[13)]

13) 앞으로 인터넷 방송이 사회 · 문화적으로 끼칠 영향에 대해 이만제(1998)는 수용자의 자유로운 참여가 가능해지고 주문형 TV시대가 도래할 수 있으며, 문화적 다원성을 실현시킬 수 있을 것으로 전망되며, 취향집단에 따른 매니아 방송이 활성화될 가능성이 있으며, 다소 부정적인 영향으로 개인주의를 더욱 부추길 가능성을 생각할 수 있다고 지적하고 있다.

4. 대중매체 · 대안매체적 특성

인터넷 방송은 기존의 신문, 잡지, 라디오, 텔레비전 등과 같은 대중매체 형태로 발전할 모든 기술적 · 내용적 가능성을 갖고 있다. 인터넷 방송의 대중매체[14)]적 특성으로는 첫째, 다수의 이용자들이 동시에 규격화된 콘텐츠를 이용한다는 점을 지적할 수 있다. 물론 인터넷 방송은 그 범위에 있어서 공중파 방송과 차이가 있지만 특정 인터넷 방송국을 선택한 여러 사용자가 동시에 같은 내용을 시청한다는 의미에서는 동일하다. 모리스와 오건(Morris & Ogan, 1996)도 인터넷이 대인적 특성뿐만 아니라 매스커뮤니케이션적인 특성을 동시에 포함하고 있다는 점을 지적하면서 이용자의 집단적 특성을 제시하였다. 즉 인터넷은 전자우편처럼 전통적 대인 커뮤니케이션 모델인 송신자-매체-수용자의 일반적 과정을 수행하기도 하지만 때로는 유즈넷이나 웹과 같이 그 과정을 탄력적이고 집단적으로 보여 주는 매체이기 때문에 대중매체로 다루어야 한다는 것이다(박성호, 1999, p.250). 특히 인터넷 방송국이 급속히 확산되는 추세[15)]이고 이용자 수도 급증하여 인터넷 방송의 대중화가 예견되는 상황에서 인터넷 방송의 콘텐츠가 불특정 다수를 타겟으로 하고 있다는 사실은 그것의 사회적 영향력을 간접적으로 드러내는 것이라 할 수 있다.

둘째로는 인터넷 방송의 기술적 특성과 관련된 대중매체적 특성이다. 먼저 스트리밍 기술을 통해 마치 라디오를 듣거나 텔레비전을 시청하는 것처럼 동영상 정보가 인터넷을 통해 우리들에게 자연스럽게 흘러오는 것이 가능하다. 이미 인터넷 라디오를 통해서는 CD수준의 서비스가 제공되고 있으며, 동

14) 일반적으로 통용되는 대중매체의 요건은 다음과 같다. 첫째, 대중매체는 수많은 다양한 사람들에게 신속하고 효과적으로 메시지를 전달해야 한다. 둘째, 대중매체는 눈에 보이지 않는 이질적인 불특정 다수를 그 수용자로 한다. 셋째, 대중매체가 전달하는 내용, 즉 메시지는 가능한 한 많은 사람들의 관심을 불러일으키는 보편성 내지 대중성을 띤다. 넷째, 이러한 메시지는 지속적, 정기적으로 제공되어야 한다. 다섯째, 누구든지 이러한 메시지에 접근할 수 있는 환경이 마련되어야 한다(방송위원회, 인터넷 방송 규제정책에 관한 연구, 1999, pp.81-82).

15) 전세계적으로 보면 2000년 2월 현재 약 6,000여개로 추정되는 웹캐스팅이 운영되고 있으며, 웹캐스팅 이용인구는 약 8천만명으로 전체 인터넷 인구의 약 40%에 해당한다. 국내의 경우도 1999년 9월 130개에서 2000년 4월 350개로 급증하고 있는 상황이며, 예측에 따르면 2005년에는 약 1,000개로 늘어날 전망이다.

영상은 지속적인 스트리밍 기술 발달과 네트워크 확대 등과 함께 텔레비전과 비슷한 화질의 서비스가 공급될 전망이다. 또한 멀티캐스트 방식의 전송은 특정 다수가 어느 특정 서비스를 원할 때 효율적으로 이용할 수 있게 함으로써 기존 브로드캐스트 방식의 문제를 보완하기도 했다. 푸시기술은 점차 다양한 인공지능 기술을 이용하여 이용자가 어떤 정보를 원하는지를 추론하여 정보를 보내 주는데 이는 기존의 방송 혹은 신문에 별반 차이가 없는 정보 전달방식이다(방송위원회, 1999, pp.81-82).

셋째로는 인터넷 방송 콘텐츠 그 자체가 대중매체적 특성을 띤다는 점이다. 최근 인터넷 방송을 통해 제공되는 서비스는 신문, 라디오, 텔레비전과 같은 전통적인 대중매체를 네트워크상에 재현하고 있는 경우가 많기 때문에 콘텐츠 면에서도 기존의 매체와 큰 차이가 나지않고 있다. 물론 독립 인터넷 방송국에서 주요 지상파 방송국의 콘텐츠와 경쟁하기 위해 이용자들의 호기심을 자극하거나 기존 매체에서 접할 수 없는 콘텐츠를 개발하여 제공하고 있으나 소수의 인터넷 방송국을 제외하고는 여전히 기존의 방식을 따르고 있다. 편성패턴이나 콘텐츠의 제작방식들이 기존의 대중매체의 편성 및 제작방식과 유사한 형태로 이뤄지고 있다.

넷째로는 인터넷 방송 산업이 운영 · 유지되는 메커니즘이 대중매체와 유사하다는 것이다. 대중매체는 문화를 상품화하여 판매함으로써 팔리지 않는 문화를 위축시킨다. 문화의 상품화를 위해 대중매체는 대규모 자본을 끌어들이고 대량복제가 가능한 규격화된 콘텐츠를 생산하게 된다. 이윤창출을 위한 분업화된 문화생산이 조직 내에서 이뤄지며 불특정 다수를 대상으로 상품화된 콘텐츠를 판매한다. 결국 대중매체는 단지 대중문화 상품을 생산 · 유통하는 데 그치는 것이 아니라 상징생산을 통하여 그 사회의 지배적 의미체계를 생성하여 사회구조의 재생산에 기여하기도 한다. 인터넷 방송 영역에서도 이미 상업화가 가시화되어 지상파 텔레비전이나 케이블 TV에서 일반적으로 방송하기 어려운 선정적이고 자극적인 내용들이 주로 유통되고 있는 현실이다.

물론 현시점에서 서비스되고 소비되는 인터넷 방송은 대중매체와 유사한 특성을 보여 주고 있다. 하지만 무엇보다 인터넷 방송이 가지는 기술적 · 내용적 특성들은 새로운 대안매체적 가능성 또한 열어 놓고 있다. 즉 인터넷 방송이 대중매체로 성장할 것이라는 예상은 단순히 대중매체 수가 하나 더 늘어나는 것만을 의미하지는 않는다. 인터넷 방송은 기존 대중매체의 한계로 주로 지적되어 온 일방향 커뮤니케이션을 극복하고 송신자와 수신자 간의 쌍방향 커뮤니케이션을 실현한다는 측면에서 기존 매체에 대한 대안적 매체로서의 성격도 갖는다는 것이다.

인터넷 방송은 스몰 미디어(small media)[16)]의 전형이다. 사회구성원들의 다양한 목소리를 담아낼 수 있는 미디어인 셈이다. 일반적으로 대안매체는 기존의 제도화된 정책을 거부하거나 그에 도전하는 급진적 매체를 가리킨다. 또 주류를 이루는 대중매체 생산물에 반대하는 제도권 밖의 매체를 지칭하기도 한다. 특히 인터넷 방송은 지상파, 유선, 위성 등을 이용한 기존의 방송 형태와 확연히 구분되는 방식으로 운영된다는 점에서 그 대안적 기능에 주목할 필요가 있다.

우선적으로 그 대안적 기능은 인터넷 방송국을 누구나 적은 비용으로 손쉽게 설립할 수 있다는 점에서 비롯된다. 기본적으로 인터넷 방송은 스튜디오가 필요 없으며 멀티캐스트와 같은 저비용, 고효율 전송기술을 이용한다는 이유에서 거대 자본과 인력이 필요하지 않은 특성을 갖는다. 큰 자본을 필요로 하지 않고 손쉬운 방법으로 방송국을 설립할 수 있기 때문에 특정 이익집단이나 심지어 개인에 의해 다양한 프로그램이 제공되는 다채널 소규모 방송시대가 인터넷을 통해 구현될 수 있게 된 것이다.[17)]

둘째로 기술적 특성으로 인한 대안적 가능성이다. 인터넷 방송의 다양한 기술적 특성 가운데 기존 대중매체가 가진 기능과의 구분을 명확히 하면서 대안적 매체로 자리잡을 가능성은 바로 하이퍼텍스트를 통해 드러난다. 인터넷

16) 스몰 미디어란 분산화되고 개인화되어 가는 사회에서 생겨나는 다양한 구성원들의 색다른 문화를 수용할 수 있는 커뮤니케이션 채널의 역할을 할 수 있는 미디어를 말한다. 기존의 독점적 규모의 이른바 빅 미디어(big media)에 의해 정보가 수집, 가공, 유통되는 시대에서의 메시지는 사회의 다양한 문화를 수용할 수 없고, 또한 효율성이나 경제적인 측면에서도 바람직하지 않다. 그러나 점차 세분화되어 가는 시청자들의 기호에 맞춰 변화하는 매체환경에 적응하고자 등장한 것이 바로 스몰 미디어이다.

17) 한 예로 지난 1998년 지방선거에서 일산 신도시에 사는 젊은 컴퓨터 프로그래머 네 명은 고양 인터넷 방송국(www.koko.co.kr)을 열어 고양시장 후보 초청 토론회를 생중계 했으며, 투표일에는 11시간 동안 개표과정을 생중계하기도 했다(고양 인터넷 방송 떴다, 한국일보, 1998. 6. 19).

방송은 하이퍼텍스트 기술을 적극적으로 이용함으로써 한정된 지면에 제한된 정보를 제공할 수밖에 없는 신문이나 시간적 제약으로 심층보도가 불가능한 텔레비전 방송의 한계를 극복하고 있는 것이다(방송위원회, 1999, pp.82-84).

셋째로 인터넷 방송이 기존의 공중파 방송처럼 수동적인 수용자를 대상으로 하지 않고 매체 이용자의 능동성에 의존한다는 점에서 기인한다. 중앙집권적이고 일방적인 방법으로 메시지를 전달하는 매체가 아닌 수용자나 일반인에 의해 방송이 제작되고 메시지가 전달된다는 것은 매체의 탈집중화, 분권화, 독립화를 통해 사회의 다양한 생각과 의견 그리고 여론을 담아낼 수 있다는 것을 의미한다. 그리고 이것은 지금까지 대중매체가 보여 주지 못한 사회적 담론을 가능하게 한다는 점에서 '사상의 자유시장'을 복원할 수 있다는 새로운 가능성도 보여 주고 있다. 이것은 인터넷 방송이 이른바 공론권을 제공함으로써 전자민주주의의 대안적 매체로서 중요한 의미와 특징을 지니고 있음을 드러내는 특성이 되는 것이다(박성호, 1999, pp.250-251).

넷째로 인터넷 방송의 콘텐츠에서 기인한다.[18] 인터넷 방송 콘텐츠는 기존 방송의 콘텐츠와 많은 차별성을 보인다. 기본적으로 방송시간이 짧고 기존 방송에서는 취급하기가 어려운 편집된 프로그램, 검열과 논쟁의 여지가 있는

18) 이은미 · 이동훈(2000)이 조사한 인터넷 방송의 콘텐츠 특성 중 대안적 가능성과 연계된 내용들을 살펴보면 다음과 같다. 첫째, 개방성이다. 제작자가 아니면 프로그램 제작과 방송이 불가능한 기존의 대중매체와는 달리 인터넷 방송에서는 네티즌들 누구나 오디오, 비디오 프로그램을 만들어서 방송국에 전송함으로써 열린 제작공간을 보장하고 있다. 이러한 개방성은 실험적 형식의 프로그램들을 만들어 냄으로써 창조적 아이디어를 양산해 내는 공간으로서의 역할도 충분히 수행할 수 있게 된다. 둘째, 적극적인 참여성을 필요로 한다는 점이다. 인터넷 방송의 이용자들은 각 프로그램에 개설된 게시판이나 전자메일을 통해 프로그램 내용에 대한 평가를 즉각적으로 전할 수 있다. 많은 인터넷 방송국이 프로그램의 진행자나 구성, 내용을 자주 변경하는 것도 이러한 네티즌들의 평가나 의견이 반영된 결과로 볼 수 있다. 셋째, 인터넷 방송 프로그램의 가장 큰 특징의 하나는 문화적 다양성을 표현할 수 있다는 점이다. 즉 우리 사회의 다양한 목소리를 전달할 수 있는 공간으로서의 역할뿐만 아니라 소수취향의 네티즌들의 다양한 취향도 반영한다는 점이다. 상업적인 대중매체가 수용자들에게 전달하지 못하는 소수 매니아들의 문화적 관심사를 반영하는 프로그램이나 실험적 예술집단들의 작품을 방송함으로써 다양한 문화를 전달하는 것이다. 마지막으로 개인성과 공동체성이 혼재되는 공간적 특성을 갖는다는 점이다. 인터넷 방송에서는 마치 라디오 프로그램에서 진행자가 청취자와 전화대화를 나누는 것이 그대로 방송되는 것처럼 네티즌과 진행자 간의 채팅 혹은 게시판에 올린 글들이 그대로 방송 프로그램 내용이 된다. 이렇게 특정 네티즌들과 진행자 간의 공유된 소재들은 이들을 공동체로 만드는 동시에 여기에 익숙치 않은 방문자들에게는 파편화되고 개인적인 내용으로 보일 수 있는 것이다.

내용들이 인터넷 방송의 콘텐츠로 적절하게 적용되고 있는 것이다.

결론적으로 인터넷 방송은 기존의 방송들이 가지고 있는 대중매체적 특성과 기존의 방송들이 극복하지 못했던 대안매체적 특성을 공유하면서 우리 사회의 새로운 사회 · 문화적 특성들을 담아내기 위한 그릇으로서의 역할을 충분히 수행하기 위한 과정 속에 있음을 알 수 있다.

5. 법률 · 제도적 특성

인터넷 방송은 방송과 통신이 융합하면서 가능해진 대표적인 매체이다. 전통적으로 통신은 특정인들간의 양방향 정보를 송수신하고, 방송은 불특정 다수에게 정보를 일방향으로 송신하는 커뮤니케이션을 의미했다. 주로 통신 서비스는 전화회사에서, 방송서비스는 지상파 혹은 케이블을 통해 제공됨으로써 각각의 시스템은 기술적 측면에서 서로 상이한 방식으로 발전해 왔다. 이에 따라 법률 · 제도적 측면에서도 이 두 사업 영역은 엄격히 분리되어 왔다. 커뮤니케이션 기술의 진보는 이러한 규제의 틀을 붕괴시키기 시작했다. 특히 1980년대 중반부터 밀어닥친 디지털 혁명은 이전의 매체에 따른 고유한 서비스 영역의 존재를 무의미하게 하였다.

인터넷 방송은 방송적 성격을 담고 있을 뿐만 아니라, 대중문화의 전달자적 역할을 수행하고 있다. 따라서 전통적인 규제모델인 기존의 인쇄, 방송, 통신의 3분할 규제모델로는 설명되지 못하는 부분이 발생하게 된 것이다. 이러한 문제와 관련하여 황성기(1998)는 정보의 전달방식과 정보의 통제방식에 주목하여 미디어 규제모델을 제안하고, 인터넷 방송을 중앙통제적이며 쌍방향성 매체영역에 해당하는 미디어로 분류하였다.[19] 따라서 탈중앙통제적이며 쌍방향적인 전자메일이나 유저그룹과는 다른 매체적 특성을 가지고 있다. 따라서 인터넷은 탈중앙통제적이며 상호작용성으로 인해 편집통제권이 이용자

19) 정보통제방식은 정보제공자 관점에서, 정보전달방식은 정보수용자 관점에서 파악한 요소라는 점에서 황성기는 표현행위의 두 주체를 구분하고 있다. 중앙통제적이고 일방적인 매체로는 전통적인 매스미디어인 신문, 방송, 잡지 등이 속하며, 탈중앙통제적이며 일방적인 매체로는 인터넷상의 정크메일 등이 포함되며, 탈중앙통제적이고 쌍방향적인 매체로는 인터넷상에서의 채팅이나 전자우편 등을 포함할 수 있다.

에게 있기 때문에 내용규제의 법적인 정당성이 없다는 논리는 인터넷 방송에서는 해당되지 않는 것이다. 인터넷 방송은 정보의 전달방식과 통제방식이 일방적으로 이뤄지는 기존 방송과 같이 프로그램 편성권에 대한 정부의 간섭과 규제의 정당성을 찾을 수 없지만, 편성에 대한 통제가 인터넷 방송사에 있다는 점에서 편성에 대한 사회적 책임으로부터는 완전히 자유로울 수 없는 것이다(도준희, 2000, p.210).

인터넷 방송은 전파의 공공성을 바탕으로 이루어졌던 정부의 규제로부터 자유롭다는 이점을 가지고 있다. 전통적으로 제한된 전파의 분배과정을 주관하는 정부의 허가 사항이었던 지상파 방송과 달리 인터넷을 기반으로 하는 다양한 멀티미디어 콘텐츠의 전달은 일반 사업체로서의 등록사항인 성격이 강하다. 그럼에도 인터넷 방송에 대한 규제의 필요성이 대두되는 이유는 그 콘텐츠에서 기인한 것이다. 즉 접근의 용이성과 편재성, 그리고 그 영향력 등으로 인한 유해성의 논란이 정부의 직·간접적인 개입의 근거[20]를 이루고 있다(현대원, 2000, p.332). 이러한 법적인 규제의 근거들을 통해 세계 각국은 나름대로 인터넷과 관련된 법적 규제들을 시도하고 있다. 그러나 인터넷 방송과 관련해서는 방송규제 측면 또는 통신규제 측면에서의 접근보다는 주로 경제적인 측면에서 저작권법을 위주로 한 포괄규제와 함께 내용규제에 있어서는 표현의 자유를 보장하는 차원에서 자율규제의 방향을 지향하는 것이 전반적인 추세이다.

인터넷 방송이 방송과 통신의 결합으로 탄생한 전형적 매체임을 감안할 때 그 법적·제도적 문제는 표현자유, 저작권, 프라이버시 등의 내용적인 주제에서 그 특성을 논의할 수 있다(방송위원회, 1999, pp.74-78). 표현의 자유와 관련하여 인터넷의 최대 강점은 다양한 방식의 의사표현이 가능하다는 점이다. 인터넷 방송 역시 비교적 적은 비용으로 특별한 기술적 능력 없이도 운용

20) 곽진희(2000)는 인터넷 방송에 관한 국내 법적 근거의 특성을 첫째, 인터넷 방송국의 설립신고나 등록에 관한 법적 의무가 없어 설립이 자유롭다는 점, 둘째, 인터넷 방송에 대한 심의규제의 법규정에 있어서 관계법과 규제감독기구가 이원화되어 있다는 점, 셋째, 인터넷 방송의 정의가 극히 제한적으로 규정되어 있다는 점, 넷째, 방송법시행령에는 인터넷 방송에 관한 제재조치의 특례조항을 두고 있어 방송심의 규정에 의한 일반 제재조치의 적용을 받지 않는다는 점을 지적하고 있다.

할 수 있다는 점에서 사회의 다양한 목소리가 표출될 수 있는 이상적인 공간이다. 하지만 어느 사회든 표현의 자유를 무제한으로 보장하지는 않는다. 특히 인터넷상의 음란물과 관련하여 아동이나 청소년 등에 미칠 수 있는 악영향으로 인해 각종 규제방안이 활발하게 제안되고 있다. 하지만 인터넷이라는 특수한 매체적 특성상 이를 완전히 규제하는 것 자체가 불가능할 뿐만 아니라 인간의 표현 자유라는 기본권 중의 기본권을 침해할 소지가 있기 때문에 위헌적일 가능성 또한 매우 높은 실정이다. 따라서 인터넷 방송 활성화와 더불어 음란물은 규제하면서 자유로운 의사표현은 최대한 보장하는 방안 모색이 절실한 형편이다.

저작권의 본래 취지는 발명가 혹은 창작자의 생산물에 가능한 최대한의 보상을 함으로써 이들의 발명 혹은 창작 의욕을 고무시키자는 데 있다. 인터넷을 경유하는 디지털화된 정보는 저장, 변형, 조작 등이 용이하기 때문에 저작권 침해의 소지가 매우 크다. 더욱이 갈수록 정보가 갖는 자본으로서의 지위가 높아지는 상황에서 저작권 침해는 이전보다 훨씬 심각한 범죄행위에 속할 수 있다.

프라이버시는 사생활의 비밀을 말한다. 인터넷의 활성화, 인터넷 방송의 등장, 정보화사회 진입 등은 개인 정보의 수집, 가공, 배포 등이 컴퓨터 시스템 내에서 손쉽게 이뤄지는 환경을 가리킨다. 이는 개인의 프라이버시가 점점 보호받기 어려워질 것임을 암시한다. 구체적으로 인터넷을 매개하는 커뮤니케이션은 개개인의 사회적 활동 내역이 상세하게 데이터베이스 형태로 남게 됨을 의미한다. 즉 인터넷 방송의 특정 서비스에 가입하는 순간부터 이용자의 정보는 차곡차곡 기록되고, 회원이 되기 위해 작성한 신상정보에서부터 특정 사이트를 방문한 기록 등이 데이터베이스화되면 어떤 식으로든 노출되어 본인이 원하지 않는 방식으로 오용될 수 있다. 따라서 세계 각국은 새로운 커뮤니케이션 환경에서 네트워크 이용자들이 안심하고 개인활동을 할 수 있게끔 하기 위해 이전보다 엄격해진 프라이버시 보호 법안을 내놓고 있다.

참고문헌

강만석(2001). 국내 웹캐스팅 산업 비즈니스 모델 연구. 『국내 웹캐스팅 종합 발전방안 연구』. 한국방송진흥원 연구보고 01-09.

강명신(2001). 텔레비전의 기능적 대안으로서 인터넷 방송에 관한 연구. 『한국언론학보』 2001년 겨울호.

강미은(2000). 인터넷과 기존 매체 이용의 상호관계에 관한 연구. 『방송연구』, 통권 50호.

곽진희(2000). 인터넷을 통한 유사방송 서비스의 법제적 이슈와 정책 프레임워크. 『방송 · 통신 융합과 경계영역 서비스 등장에 따른 규제방안 연구』, 방송위원회. 정책연구 2000-1.

권혁남 외(1998). 뉴미디어와 일상생활: 컴퓨터 통신의 도입이 가족내 상호작용, 미디어 대치, 수용자 정서에 끼치는 영향에 관한 유사실험 연구. 『한국방송학보』, 통권 제 10호.

김대호(2000). 『디지털시대의 방송정책』. 커뮤니케이션북스.

김동욱(2000). 방송통신 수렴에 대응한 정책방향과 정책기구. 『방송연구』. 2000년 여름호.

김선진 · 권만우(1999). 『인터넷 방송 제작론』. 나남.

김용섭(2000). 『인터넷 방송 비즈니스』. 영진닷컴.

김이기(2002). 『최신 인터넷 방송의 이해』. 커뮤니케이션북스.

도준희(2000). 『인터넷의 사회 · 문화적 영향연구』. 정보통신정책연구원. 연구보고 00-31.

박성호(1999). 인터넷 방송의 방송학적 의미와 전망. 『한국방송학보』. 통권 13호.

박흥수(2001). 『디지털시대의 방송의 이해』. 나남.

삼성경제연구소(2000). 『인터넷 방송의 현황 및 전개방향』.

성동규 · 김왕석(1999). 웹미디어시대의 방송경영전략. 『뉴미디어시대의 방송산업』, 한울.

성동규 · 라도삼(2000). 『인터넷과 커뮤니케이션』. 한울.

유연옥(2000). 『인터넷 방송에 관한 연구: 네트워크 공동체를 중심으로』. 서강대 석사학위 논문.

윤석민(2000). 지상파방송사에 있어서 인터넷 방송사업의 의의. 『방송문화』. 2000년 6월호.

윤준수(1998). 『인터넷과 커뮤니케이션 패러다임의 대전환』. 커뮤니케이션북스.

이영음(2000). 방송통신융합에 적합한 유사방송 서비스의 정책수립 연구. 『방송 · 통신 융합과 경계영역 서비스 등장에 따른 규제방안 연구』. 방송위원회. 정책연구 2000-1.

이기현(2001). 웹캐스팅의 균형적 발전을 위한 콘텐츠 연구. 『국내 웹캐스팅 종합 발전 방안 연구』. 한국방송진흥원 연구보고 01-09.

이만재(1998). 『인터넷 방송 현황 및 육성 방안 연구』. 한국방송개발원 연구보고 98-08.

이은미(1999). 『인터넷 방송 규제정책에 관한 연구』. 방송위원회.

이은미 · 이동훈(2000). 인터넷 콘텐츠 연구. 『방송연구』. 2000년 여름호.

이준일 외(2000). 『영상매체학 개론』. 커뮤니케이션북스.

정인숙(2000). 인터넷 방송의 커뮤니케이션 구조: 인터넷 방송의 법적 수용에 대한 논의. 『사이버커뮤니케이션학보』. 통권 5호.

초성운(2000). 『이용행태 분석을 통한 인터넷 방송의 전망』. 한국언론학회 추계학술대회 발표논문.

——(2001). 『인터넷 방송의 이해』. 나남.

최 영(1998). 인터넷 방송의 현황과 전망. 토론회 결과 보고서. 21세기 방송연구소.

——(2000). 인터넷 TV 현황과 발전에 관한 연구. 『한국방송학보』. 2000년 여름호.

——(2000). 인터넷 방송 비즈니스모델의 구성요인에 관한 연구. 『방송과 커뮤니케이션』 2000년 창간호.

——(2000). 『인터넷 방송』. 커뮤니케이션북스.

최영묵(1999). 『방송서비스 영역 확대에 따른 합리적 규제방안 연구』. 한국방송진흥원. 연구보고 99-16.

한국방송개발원(1998). 『인터넷 방송 현황 및 육성방안 연구』. 연구보고 98-08.

한국인터넷정보센터(2000). 『인터넷 이용자수 및 이용행태에 관한 설문조사 결과 보고서』.

현대원(2000). 공중파방송의 온라인 방송서비스 개시에 따른 차별적 생존전략 연구. 『방송과 커뮤니케이션』. 2000년 창간호.

황상재(2000). 인터넷 방송 규제에 관한 시론적 탐색. 『사이버커뮤니케이션학보』. 통권 6호.

Bruce M. Owen(1999). *The Internet Challenge to Television*. 이은미 옮김(2001). 『인터넷과 텔레비전』. 한울.

Keyes, J.(1997). *Webcasting*, NY : McGraw-Hill.

Miles, P.(1998). *Guide to Webcasting*. NY : John Wiley & Sons, Inc.

Morris, M. & Ogan, C.(1996). The internet as mass medium. *Journal of Communication*. winter.

Negroponte, N.(1996). *Being Digital*. Vintage Books: New York.

Novak, J. & Markiewicz, P.(1998). *Guide to Producing Live Webcasts*. NY : John Wiley & Sons, Inc.

제 9 장
인터넷 방송국 구축과 운용

남 종 훈*

인터넷의 빠른 확산으로 인하여 인터넷이라는 가상공간에서는 그 전에 경험해 보지 못한 다양한 문화가 탄생하였다. TV와 라디오가 20세기 대중문화를 이끌었다면 21세기는 단연 인터넷이 이를 리드하고 있다. 인터넷은 이제 단순히 통신 수단을 넘어서 메일은 물론 정치, 문화, 언론, 광고, 홍보, 그리고 비즈니스까지 우리 삶의 모든 활동이 가능한 생활영역으로 빠르게 성장하고 있다.

이러한 배경으로 인터넷 방송이 초기에 뜨거운 호응을 받은 것은 당연하다 하겠다. 숫적인 면에서도 폭발적으로 팽창하였으며 질적인 면에서도 독창적인 아이디어로 네티즌들의 사랑을 받는 인터넷 방송국도 많이 늘어났다. 그러나 인터넷 방송국이 서비스를 시작한 지 이미 10년이 지난 오늘 인터넷 방송국은 여전히 새로운 매체라는 낯선 이미지를 못 벗고 있다. 인터넷 신문이 우리사회의 언론매체로 확고히 자리매김한 것 과는 매우 대조적인 모습이다. 인터넷 신문보다 더 뜨거운 세간의 관심을 받았던 것을 생각하면 아이러니가 아닐 수 없다. 2001년 이후 1,000개가 넘을 정도로 팽창하던 인터넷 방송국 수도 이후 갈수록 줄어들어 현재는 대기업 자본의 방송국이나 공기업 위주의 방송국만이 활발히 서비스를 하고 있을 뿐이다.

이렇듯, 인터넷 방송이 지금까지 활성화되지 못했던 원인은 첫째, 환경적

*동신대 언론광고학과 교수

요인을 들 수 있다. 즉 국내 IT 인프라는 비록 세계 최고 수준이지만 네트워크의 속도나 가정내 개인 PC의 성능 등이 여전히 대화면의 동영상을 실시간으로 이용하기에는 무리가 있다. 더욱이 생방송의 경우에는 많은 수의 동시접속자 수를 감당해 낼 수 있는 서버의 용량이나 네트워크의 속도가 매우 중요한데 이를 감당할 수 있는 인터넷 방송국은 상대적으로 매우 적은 편이다.

둘째로, 지속적인 컨텐츠 공급의 실패를 들 수 있다. 방송은 뭐니뭐니 해도 컨텐츠가 생명인 산업이다. 따라서 이러한 컨텐츠가 끊임없이 공급되어져야만 생존할 수 있는 특성을 가지고 있다. 그러나 일부 기존 방송국의 인터넷 방송 사이트를 제외하곤 대부분 일회성 컨텐츠의 생산에 그치고 말았다. 창구효과(Window Effect)가 나타날 정도로 히트 컨텐츠가 나오기까지는 꾸준한 투자가 이루어져야 함에도 단기간에 가시적 성과가 보이지 않을 경우 대개 제작을 중단하는 경우가 많았다. 셋째, 비즈니스 모델의 부재이다. 비즈니스 모델의 부재는 자금의 순환을 방해하고 결국 이는 새로운 컨텐츠의 생산을 저해하는 가장 큰 요소가 된다. 이는 인터넷 비즈니스의 초기에 공통적으로 나타나는 현상이지만 조기에 비즈니스 모델의 정립을 통한 이용자의 인식 제고가 없으면 인터넷 방송이 하나의 산업으로 성장하는 데 매우 큰 어려움을 겪는다.

마지막으로는 인터넷 방송에 대한 이해의 부족으로 창의적인 인터넷 방송의 정체성 확립 실패를 들 수 있다. 인터넷 방송은 초기부터 개념에 대한 이해가 서로 달라 해석과 접근법도 다양했다. 인터넷을 통한 방송으로만 생각하고 접근한 경우, 기존 방송사의 인터넷 버전 방송을 제외하곤 실패로 끝난 경우가 대부분이다. 인터넷 방송은 인터넷을 기반으로 하는 방송 서비스임에는 분명하지만 거기서 끝나는 것이 아니라 인터넷과 방송이 융합되어 전혀 새로운 모습을 창출해 내야지만 하는 것이다.

최근 동영상 압축방식의 발전과 가정용 네트워크 속도의 빠른 증대는 인터넷 방송 활성화에 청신호를 주고 있으며 와이브로(WiBro)[1)]의 상용화로 인터넷의 이동성이 증대되면 더더욱 인터넷 방송에 대한 니즈(Needs)가 높아질 것

1) 정보통신부 · 한국정보통신기술협회(TTA)와 이동통신 업체들이 중심이 되어 2006년 상용 서비스를 목표로 개발하고 있는 무선 휴대인터넷 서비스이다. 와이브로는 와이어리스 브로드밴드 인터넷(Wireless Broadband Internet)의 줄임말이다. 우리말로는 무선광대역인터넷, 무선초고속인터넷, 휴대인터넷 등으로 풀이된다.

이다. 바야흐로 10년간의 숙성 끝에 인터넷 방송이 드디어 기지개를 켤 것으로 예상된다.

인터넷 방송국은 인터넷에 대한 기본 특성을 잘 이해하고 활용하면 적은 예산과 인원으로 얼마든지 파워풀한 방송국을 구축 · 운영할 수 있다. 여기서는 인터넷 방송에 대한 간략한 개념적 이해를 시작으로 실질적으로 인터넷 방송국을 구축하고 서비스하기까지에 필요한 사항들에 대해서 알아보고자 한다.

Ⅰ. 인터넷 방송이란?

최근 인터넷은 텍스트와 그래픽은 물론이고 비디오, 오디오를 자유롭게 이용하는 멀티미디어로 발전하고 있다. 인터넷의 멀티미디어화가 가장 눈에 띄게 적용된 분야가 바로 인터넷 방송이다. 인터넷 방송은 기본적으로 TV에서나 즐겨왔던 동영상을 VOD(Video On Demand)로 서비스하고, 디지털방송에서도 몇 년이 더 걸려야 보편화될 쌍방향 커뮤니케이션이 가능하다. 이러한 장점들로 인해 97년부터 조금씩 그 수가 늘어오던 인터넷 방송은 2000년 이후 2~3년 사이에 전국적으로 약 1,000개 이상의 방송국이 생겼을 정도로 급속도로 발전하고 있다. 이후 숫적인 면에서는 더 이상 증가하지 않고 주춤한 것이 현실이지만 여전히 매력적인 분야로 인식되고 있다.

인터넷 방송이란 용어는 말 그대로 풀이하면 인터넷을 통해서 방송을 하는 것을 의미한다.

그러나 인터넷과 방송의 결합으로 이루어지는 인터넷 방송이란 말은 이러한 간단한 풀이만으로 정의하기는 어렵다. 방송이라는 의미의 브로드캐스팅(Broadcasting)은 불특정 다수의 대중(Broad)에게 특정한 프로그램을 일방적으로 보낸다(Casting)는 의미를 가지고 있는 반면에, 인터넷은 그 특성상 사용자가 불특정 다수의 대중이나 공중이 아니라 이용에 대한 적극적 의지를 갖고 있는 능동적 의미의 이용자이다(최영, 2000). 인터넷에서의 프로그램 또는 컨텐츠는 일방적으로 보내지는 것이 아니라 쌍방향적으로 주고받으며 이용한다는 것도 방송의 개념과 큰 차이를 보이는 것이다.

반면에 웹캐스팅(Webcasting)이란 용어를 동아대백과사전에서 찾아보면 '사용자들이 인터넷상에서 자신이 필요로 하는 정보를 찾아 가져오던 지금까지의 방식과는 달리 사용자가 채널을 등록하여 두면 지속적으로 사용자의 데스크탑에 선택된 정보를 자동으로 배달해 주는 새로운 정보 제공 기술'로 정의되어 있다. 또 페기마일즈(1998:28)에 의하면 웹캐스팅이란 '센더(Sender)와 리시버(Receiver) 간에 이루어지는 정보의 쌍방향 통신과 이러한 정보의 수신, 보기 그리고 듣기의 과정이 인터넷을 통한 디지털 정보의 전달로 이루어지는 것' 또 '웹캐스팅은 시청자(Viewer)나 수신자(Receiver) 측의 관점이 아니고 신호를 전송(Transmitting)하거나 보내(Sending)는 스테이션이나 컴퓨터의 관점이다.'로 되어 있다.

첫번째 동아대백과사전의 정의는 푸시(Push)기술의 적용이 인터넷 방송을 특징지울 수 있다는 관점에서 정의를 내린 반면에 두번째 페기마일즈의 정의는 보다 일반적인 인터넷 커뮤니케이션의 관점과 기술적인 관점이 잘 융합되어 있다는 점에서 보다 설득력을 갖는다.

〈그림 1〉 최근 인터넷 방송 홈페이지

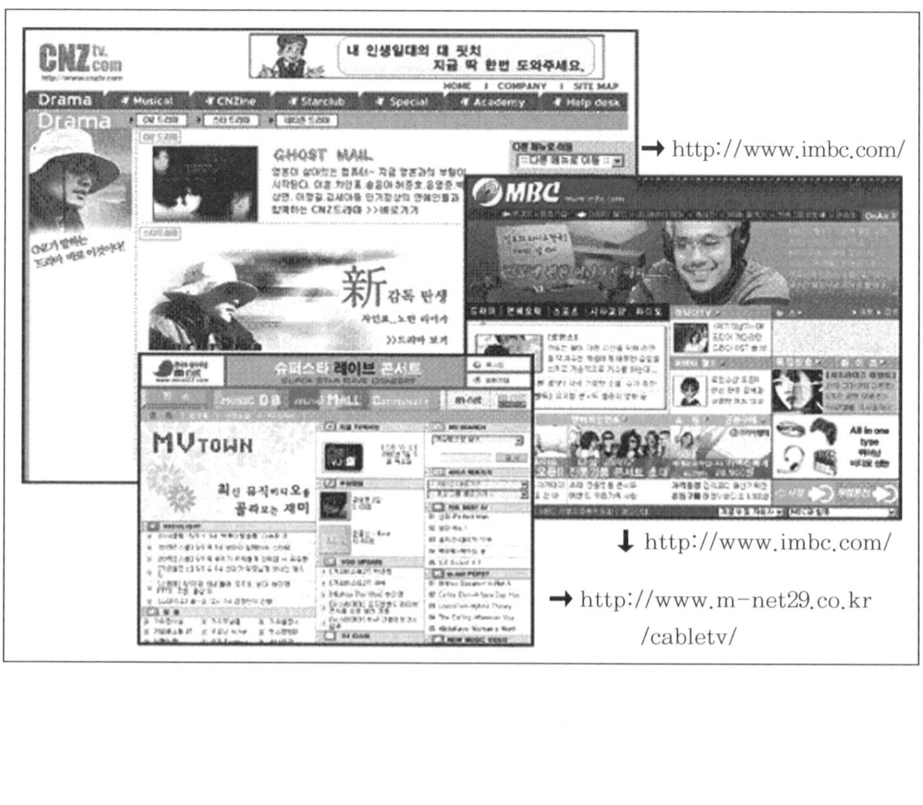

즉 웹캐스팅은 광의로 보면 인터넷 웹사이트 중에서 특정한 컨텐츠를 주기적으로 제작 · 갱신하여 이용자들에게 전송 서비스하는 것 모두를 일컬을 수 있으며 협의로 보면 웹을 통해서 텍스트는 물론이고 비디오또는 오디오가 푸시(Push)나 스트리밍(Streaming) 기술에 의해서VOD(Video On Demand) 또는 라이브(Live)로 서비스되어지는 것을 말한다.

따라서 인터넷 방송이라는 용어보다는 웹캐스팅(Webcasting)이란 용어가 보다 논리적으로 타당하고 폭 넓은 의미이다. 인터넷 상업화의 본고장인 미국이나 기타 다른 국가들에서도 웹캐스팅(webcasting) 또는 스트리밍미디어(Streaming Media)란 용어를 보편적으로 사용하고 있다. 여기서는 인터넷 방송을 그대로 사용하나 그 의미는 웹캐스팅임을 밝혀 둔다.

Ⅱ. 인터넷 방송국 구축하기

1. 인터넷 방송국 시설 구성

인터넷 방송국을 구축한다는 것은 접근하기에 따라서 매우 다양하게 나타날 수 있다. 시설과 장비를 완벽하게 갖춘 매우 거창한 방송국을 구축할 수도 있고, 개인적인 목적에 어울리는 간단한 개인 방송국을 구축할 수도 있다. 어떠한 규모, 어떠한 스타일의 방송국을 꾸미든 그 방송국의 설립 목적, 방송 컨텐츠의 내용 및 수준 등을 고려해야 하며 실질적으로는 이와 같은 목적에 부합하는 예산을 수립하여 비용 대비 가장 효율적인 방송국을 세워야 할 것이다. 1장에서는 시설적인 면에서의 설명 및 장비 구축시 기본적인 품목 및 고려사항 등에 대해서 알아보고 세부적인 장비의 품목 및 사양 등에 대해서는 2장 시스템 구성편에서 알아보기로 하자.

(1) 컨텐츠 제작실(Contents Production Room)

컨텐츠 제작실은 인터넷 방송 서비스를 하기 위한 컨텐츠를 제작하는 곳이다. 따라서 인터넷 방송을 위한 본부와 같은 곳이다(경우에 따라서는 개인 방이 되기도 한다). 컨텐츠 제작실은 캠코더나 디지털카메라로 촬영한 동영상이나 사진 소스(Source)를 캡쳐(Capture)하고 편집(Editing)하는 프로덕션(Production) 영역과 컴퓨터그래픽이나 애니메이션(Animation) 등의 작업을 하는 그래픽 작업영역, 웹사이트 코딩 및 데이터베이스, 서버관리 등을 수행하는 프로그래밍 영역으로 나눌 수 있다.

개인이 운영하는 인터넷 방송국의 경우에는 위와 같은 작업을 하나의 시스템에서 처리할 수도 있다. 그러나 예산에 여유가 있거나 상업 방송의 경우에는 작업별로 시스템을 나누어 구성하는 것이 바람직하다. 특히 영상을 처리하는 편집시스템은 독립적으로 작업을 할 수 있도록 하는 것이 좋다. 영상 편집시스템에서는 영상편집 이외의 다른 작업은 하지 않는 것이 시스템의 안정성을 위해서도 바람직하다.

동영상은 컴퓨터로 디지타이징(Digitizing)[2)]하였을 경우 데이터의 용량이 매우 방대하여 개별 하드디스크로는 감당할 수 없게 된다. 따라서 동영상 파일을 별도로 보관할 수 있는 파일서버(File Server)와 대용량의 디스크어레이(Disc Array)가 필요하다.

컨텐츠 제작실은 각각의 시스템 간에 파일의 공유와 저장 등이 가능하도록 LAN(Local Area Network)으로 연결되어 있어야 하며 서버(Server)와도 연결되어 있어서 제작한 파일을 서버에 업로드(Upload)하거나 필요시 생방송(Live casting)을 하기도 한다.

방송국의 규모, 즉 정기적으로 제작하는 컨텐츠의 양과 질에 따라서 시설과 장비의 수준이 결정되어질 것이며 그에 따라 제작인원 및 제작실의 크기도 조정되어야 한다.

(2) 스튜디오(Studio)

스튜디오는 방송국을 가장 방송국답게 하는 시설이다. 대신 이러한 스튜디오는 공간의 확보와 아울러 구축 비용이 많이 드는 곳이기 때문에 컨텐츠제작실과는 달리 반드시 필요한 시설은 아니다. 따라서 인터넷 방송용 스튜디오

2) 디지타이징(Digitizing)은 테잎으로 촬영한 영상을 컴퓨터에서 캡쳐(capture)하여 영상 데이터를 컴퓨터 파일로 변환하는 것을 말한다.

는 간단한 뉴스룸(News Room)이나 토크쇼나 교육프로그램 정도를 진행할 수 있는 공간 정도로 꾸미기도 한다. 아울러 공중파방송의 스튜디오에서 필수적으로 사용하는 배경 세트 대신 크로마키(Cromakey) 작업용 블루 스크린만을 설치하기도 한다.

스튜디오는 부조정실[3]이라고 불리는 컨트롤룸이 붙어 있는데 이곳에 설치되는 VCR, 스위처(Switcher), 음향기기(Audio Mixer) 등의 방송 장비들은 비록 공중파 방송용 장비들처럼 전문적이고 고가는 아니라 하더라도 일반 가정용 영상장비에 비하면 전문적인 장비들을 필요로 한다. 스튜디오 컨트롤룸에는 크게 모니터 섹터와 비디오 콘트롤 및 편집 섹터, 오디오 콘트롤 섹터로 나눌 수 있다. 먼저 모니터 섹터는 각각의 카메라가 잡고 있는 현재의 모습을 볼 수 있는 모니터와 송출용 화면을 미리 보는 프리뷰(Preview) 모니터, 자막용 모니터, VPB(Video Play Back)용 모니터, 최종 마스터 모니터(Master Monitor) 등이 기본으로 자리잡고 있다.

비디오 콘트롤 및 편집 섹터는 가장 고가의 장비를 필요로 하는 곳이며 용도에 따라 그 수준도 천차만별이다. 따라서 자신의 방송국 형편에 맞는 시스템을 갖추는 것이 중요하다. 우선 카메라 커트(Cut)를 넘기는 믹서기와 스위처, 자막발생기, DV레코더, VPB(Video Play Back: 자료 화면)용 VCR 등이 기본으로 갖추어져야 한다.

오디오 콘트롤 섹터는 출연자들의 음성소스를 포함하여 스튜디오에서 나오는 모든 오디오를 녹음하는 영역이다. 스튜디오 내의 마이크를 통한 소스와 BGM(Background Music)용 CD 소스, DAT 등의 다양한 오디오 소스를 채널별로 콘트롤 하여 믹싱(Mixing)하는 것이다.

스튜디오 내에서 중요한 것은 조명장치이며 스튜디오의 규모나 예산 수준에 따라서 크게 차이가 나는 부분이기도 하다. 최근의 6mm 디지털 캠코더는 조명에 민감하지 않아서 기존 공중파 방송용 스튜디오의 조명에 비해서는 작은 광량의 조명장치로도 양질의 프로그램을 만들 수 있다. 따라서 공중파 방송용 스튜디오와 같은 고가의 조명시스템의 도입은 불필요하다. 특히 조명

3) 부조정실: 방송의 송출을 맡고 있는 곳이 주조정실로 불리는 것에 상대적으로 부조정실이라 불림.

부분은 전문가와의 충분한 상의를 통해서 꼭 필요한 조도만을 만들어 낼 수 있는 효율적인 조명시스템의 설치가 필요하다.

뉴스 프로그램을 위해서는 프롬프터(Prompter)[4]도 필수적인 장비 중의 하나이지만 워낙에 고가의 장비인지라 웬만한 인터넷 방송국에서는 욕심내기가 쉽지 않은 장비이다.

이 외에는 프로그램의 종류에 따라서 필요로 하는 장비가 조금씩은 다를 수 있으며 무대의 배경이 되어주는 세트도 프로그램의 성격에 따라서 다를 수밖에 없다.

2. 시스템 구성

인터넷 방송은 프로그램의 제작에서 송출, 그리고 시청자(사용자)가 그 프로그램을 보기까지의 과정이 기존의 공중파 방송에 비해서 비교적 간단하다. 그러나 과정이 간단하다고 해서 방송 프로그램이 사용자에게 원활하게 전달

〈그림 2〉 인터넷 방송국 스튜디오

4) 뉴스 앵커가 카메라 랜즈 앞에 위치한 일종의 투명한 화면에 쓰여진 뉴스를 읽는 것이다. 예전에는 카메라 랜즈의 상단 또는 하단에 별도의 화면이 부착되어 있어서 그것을 읽었으나 이 경우 앵커의 시선이 카메라를 정확히 바라보지 못했다. 최근의 프롬프터 장비는 카메라 랜즈의 정면에 위치하고 있어 앵커의 시선 처리가 훨씬 자연스럽다. 꼼꼼한 시청자는 자세히 보면 앵커의 눈동자가 프롬프터에 있는 문장을 따라서 약간씩 움직이는 것을 잡아낼 수는 있다.

된다는 것을 의미하는 것은 아니다.

공중파 방송도 예전에는 시청 지역에 따라서 방송 수신 상태에 많은 차이가 있었고 그나마도 아예 TV를 볼 수 없는 난청 지역도 다수 있었다. 인터넷 방송도 마찬가지의 상황을 겪고 있다. 실시간 스트리밍(Streaming) 기술이 나온 초기만 하더라도 영상이 전송되는 도중에 자주 버퍼링(Buffering)을 다시 하는 것은 물론 오디오 조차도 전송이 매끄럽지 않아서 중간중간 오디오가 소실되는 경우가 허다했다.

그러나 최근의 인터넷 방송은 초기 인터넷 방송 당시와 비교해 본다면 전송속도와 화질면에서 비교할 수 없을 정도로 매우 발전했다. 이러한 발전은 사용자PC의 성능과 광대역 네트워크의 눈부신 발전으로 이루어졌다. 〈그림 3〉은 인터넷 방송의 서비스 흐름을 나타낸 것이다. 컨텐츠의 제작시스템에서 송출시스템, 인터넷 방송 프로그램을 이용하는 사용자 환경까지 모두 발전해야 제대로 된 인터넷 방송을 즐길 수 있는 것이다.

성공적인 인터넷 방송 서비스를 위해서는 흥미로운 컨텐츠의 제작은 물론, 오히려 방송 인프라의 확충에 더욱 힘을 기울여야 한다. 인기연예인에 의존하거나 재미있고 창의적인 컨텐츠만 만들면 뜰 수 있다고 생각하는 국내의 많은 인터넷 방송국은 위험하기 짝이 없는 발상을 하고 있는 것이다. 오히려 방송 인프라나 운영 노하우의 부족으로 실패할 확률이 더 높다. 특이한 컨텐

〈그림 3〉 인터넷 방송의 서비스 흐름도

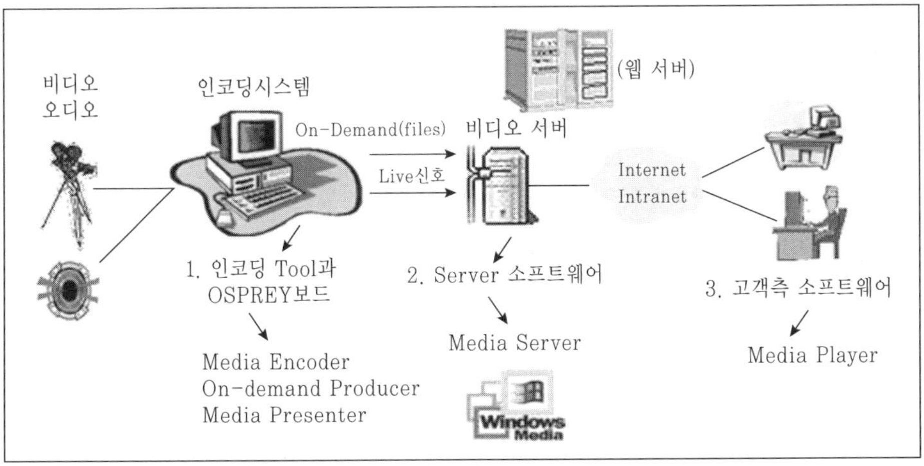

츠의 개발로 대박을 꿈꾸거나 실속보다는 겉치장만 화려하게 하는 풍토가 없어져야만 인터넷 방송도 안정된 산업으로 자리매김할 수 있을 것이다.

(1) 하드웨어(Hardware)

1) 서버(Server)

서버는 인터넷 방송에 있어서 가장 기본이 되는 중추역할을 하는 것이다. 개념은 다르지만 공중파 방송으로 치자면 프로그램의 송출을 담당하고 있는 시스템이다. 서버는 사양에 따라서 성능과 가격에 있어서 크게 차이가 난다. 인터넷 방송은 공중파방송과 달리 한꺼번에 많은 사용자가 접속하였을 때의 데이터 처리 능력이 무엇보다 중요하다. 이러한 데이터 처리능력에 따라서 방송국의 성패가 좌우되기도 한다. 따라서 서버의 선택은 무엇보다 신중하게 해야 한다.

서버는 개인 PC와 마찬가지로 발전속도가 빨라서 6개월만 지나면 가격이 폭락하고 성능도 업그레이드된 사양이 출시되기 일쑤다. 따라서 현재 상태에서 가능하면 CPU는 최고속도의 것을 구입하도록 하고 기타 메모리나 하드디스크 등은 향후 확장 가능성을 고려해서 구비하도록 한다. 아울러 방송국 운영 예산을 수립할 때에도 장비 업그레이드 비용을 고려해 놓아야 컴퓨터의 발전속도에 그나마 뒤처지지 않을 수 있다.

예상접속자 수나 방송하고자 하는 컨텐츠의 종류와 양 등 방송국의 사정에 따라서 구축해야 하는 서버의 사양 및 수량은 각각 다를 수밖에 없으나 서버는 안정된 방송을 위한 중추 역할을 수행함을 명심하여 과감한 투자를 할 필요가 있다.

예산의 부족과 더불어 서버를 운영할 능력이 안 되는 방송국은 웹호스팅을 고려해 보는 것이 좋을 것이다. 대용량의 데이터센터의 서버와 네트워크를 초기 투자비용 없이 사용할 수 있다는 장점을 가지고 있다. 고급 아파트를 구매하지 않고 임대하는 것과 같은 개념이다. 아파트 가격은 구입한 후 지역이나 상황에 따라서 오를 수도 있지만 서버와 같은 장비는 다음날로부터 감가상각이 이루어지므로 아파트의 임대보다 더 효율적인 일이다.

서버는 기본적으로 웹서버(Web Server)와 동영상 서비스를 위한 캐스팅 서버(Casting Server) 또는 스트리밍 서버(Streaming Server)로 구성된다. 그 외에 데이터베이스(Database)를 사용하기 위한 DB서버, 생중계를 위한 라이브캐스팅 서버(Livecasting Server), 보안을 위한 파이어월(Firewall) 등이 필요하다.

웹서버는 웹을 기반으로 모든 인터넷 서비스에 필수적인 서버이다. 쉽게 말해서 웹서버는 인터넷 방송의 관문 역할을 하는 공항과 같은 곳이다. 비행기를 이용하여 다른 나라로 가고자 한다면 반드시 그 나라의 공항을 통해서만 입국할 수 있는 것처럼 웹서버는 서비스 하고자 하는 방송국의 이름을 간판으로 달고 있는 인터넷의 공항인 것이다. 이러한 공항에는 항상 보안을 위한 경비가 삼엄한 편인데 이 역할을 담당하는 것이 방화벽, 즉 파이어월 서버이다. 그러나 대개의 경우 파이어월은 보안 강도가 강하여 웹서버의 바깥쪽에 위치하여 단순한 관광객에 해당하는 사람은 자유롭게 접근이 가능하도록 하며 중요한 데이터를 보관하고 있는 DB서버나 VOD서버 등에는 접근하지 못하도록 구성하고 있다.

VOD서버는 말 그대로 사용자의 요구가 있을 때마다 보관하고 있던 인터넷 방송의 주 판매상품인 동영상을 보내 주는 상품 백화점의 역할을 한다. 바이어(인터넷 사용자)가 상품을 구매하고자 공항(웹서버)에 도착하였을 때 백화점이나 상점(VOD서버)에 있는 상품을 공항 면세점에 모두 옮겨 놓을 수는 없다. 그렇게 되었을 경우 공항은 매우 혼잡하여 본래의 공항이 가지고 있는 관문으로서의 기능을 상실하게 될 것이다. 웹서버와 VOD서버를 분리하여 두는 것은 이와 같은 이치로 이해하면 된다.

인터넷 방송국 중에는 성인 인터넷 방송국이나 쇼핑을 겸하는 방송국 또는 순수하게 광고에만 의존하면서 회원제로 운영하는 인터넷 방송국도 많이 있다. 이러한 회원제의 운영에는 데이터베이스가 필수적이며 회원의 수가 많거나 보안이 중요한 경우 DB서버를 별도로 두어야 한다. 최근의 회원제 운영 스타일은 마일리지 또는 포인트 제도와 같이 대개 그 회원에게 맞춤형의 특별 서비스를 제공하는 것이 보통이다. 따라서 동시에 처리해야 하는 데이터의 용량이 클 수도 있다.

마지막으로 인터넷 방송이 기존의 공중파 방송과 같이 편성의 개념을 가지고 운영할 수 있도록 해 주는 것은 라이브캐스팅(Livecasting) 기술이 있기에 가능한 것이다. 즉 동영상을 캡쳐와 동시에 엔코딩(Encoding)하여 스트리밍(Streaming)까지 해 주는 것이다. 약간의 시간 오차는 있을 수 있다. 이러한 라이브캐스팅 서버는 라이브캐스팅이 가능하도록 해 주는 캡쳐보드를 장착해야하며 방송국의 사정에 따라 시스템에 걸리는 부하를 고려하여 웹서버 또는 VOD서버와 분리할 것인지를 고려해야 한다.

2) 네트워크 장비

네트워크 장비는 인터넷 방송에 있어서 서버 못지 않게 중요한 장비이다. 서버가 공항이나 백화점 등에 비유된다면 네트워크 장비는 이러한 공항(웹서버)과 백화점(기타 여러 서버 및 작업용 PC 등) 등을 원할하게 연결해 주는 도로의 역할을 수행하며 외부적으로는 다른 나라로 나가는 항로(인터넷)와 연결하는 역할을 수행하는 장비인 것이다.

인터넷 방송을 위해서는 기본적으로 인터넷 전용선을 확보해야 하며 최근에는 T1(15.Mbps)에서 T3(4.5Mbps)까지 전용선의 가격대가 예전에 비해 저렴해졌다.

네트워크 장비를 인터넷과 연결되어 있는, 즉 인터넷 방송국의 최첨단에 있는 것부터 설명을 하면 먼저 디지털 전송장비인 CSU(Channel Service Unit), DSU(Digital Service Unit), FDSU(Fractional Digital Service Unit)를 들 수 있다. 모뎀이 아날로그 전송장비라면 CSU, FDSU, T3모뎀, HSM 등은 디지털 전송장비이다. 컴퓨터 및 주변기기는 기계가 쉽게 인식할 수 있도록 디지털 파형을 사용하는데 이 미세한 디지털 신호를 멀리 전송하기 위해서는 디지털 전송장비가 필요하다.

다시 말하면, 가까운 거리에서는 별도의 전송장비 없이도 자신의 자료를 상대방에게 무사히 보낼 수 있지만, 거리가 멀면 미세한 디지털 파형은 전송되는 도중에 왜곡 현상이 발생되어 상대방이 인식할 수 없으므로 이를 부호화(Incoding)하여 상대방으로 전송하고 또한 부호화되어 들어오는 정보를 원래의 신호인 디지털로 표본화, 양자화, 복호화(Decoding)하는 것이 CSU, DSU, FDSU와 같은 디지털 전송장치의 역할이다. CSU, DSU, FDSU는 각각 전송

〈표 1〉 인터넷 방송 장비 설명표

서버 (Server)	**서버(server)**는 네트워크를 구축할 때, 시스템의 자원을 관리하고, 최적의 사용자 환경을 구성하는 역할을 담당하는 컴퓨터를 말하며, 주로 하드웨어 구성보다는 네트워크 상에서 해당 서버가 수행하는 기능이나 역할에 의해 여러 가지 유형으로 나뉘어진다. 서버로는 일반적으로 미니컴퓨터나 워크스테이션이 주로 사용되고 있지만, 최근 **PC 서버(PC server)**는 개인용 컴퓨터를 서버로 사용하는 경우를 가리키는 용어이다. 앞서 언급한 바와 같이 서버는 그 기능에 따라 여러 가지 유형으로 분류할 수 있는데, LAN을 위한 서버로는 파일서버(file server), 프린트 서버(print server), 데이터 베이스 서버(database server), 응용프로그램 서버(application server) 등이 있으며, 인터넷을 위한 서버에는 전자우편 서버(e-mail server), DNS 서버(DNS server), 웹 서버(web server), 원격접속 서버(telnet server), 원격파일전송 서버(FTP server) 등으로 나누어질 수 있다. 그러나 좀더 정확히 말하면 이러한 서버들은 여러 개의 컴퓨터에 기능을 분산 설치하여 운영할 수도 있으며, 혹은 하나의 컴퓨터가 도맡아 수행할 수도 있다. 또한 이러한 서버들에는 대표적으로 Unix, Linux, Windows NT, Windows 95/98과 같은 적절한 네트워크 운영체제(network oprating system: NOS)가 필요하다.
라우터	**라우터(router)**란 둘 이상의 네트워크를 서로 연결할 때 사용하는 장비인데 물리적으로는 OSI 7계층 상에서 보면, 두 개의 망을 망 계층(IP 계층)상에서 서로 붙여 주는 역할을 한다. 또한 라우터는 다른 컴퓨터에서 전송되어 온 데이터가 진행할 경로를 결정하는 역할을 하며, 이러한 역할 및 활동을 지칭하는 **라우팅(routing)**은 일반 컴퓨터에서 소프트웨어를 사용하여 구현할 수도 있으나 일반적으로 전용 하드웨어를 사용하고 있다.
브리지	네트워크 **브리지(bridge)**는 하나의 네트워크를 두 개의 영역(segment)으로 나누었을 때, 이들 영역을 OSI 계층의 연결(link) 계층에서 서로 붙여 주는 역할을 한다. 브리지로 연결된 두 개의 세그먼트는 하나의 네트워크로 볼 수 있다.
게이트 웨이	서로 다른 통신 규약을 사용하는 네트워크들을 상호 연결하기 위하여 자신의 통신 규약을 상대방의 통신 규약으로 전환해 주는 역할을 하는 장비를 **게이트웨이(Gateway)**라고 한다. TCP/IP를 사용하는 인터넷에서 다른 통신 규약을 사용하는 네트워크에 연결하기 위해서는 게이트웨이가 필요하다. 최근의 게이트웨이는 응용 프로그램 게이트웨이(application program gateway)를 의미하는 경우가 많은데, 이는 하위 통신 규약은 모두 TCP/IP를 사용하지만 응용 프로그램이 사용하는 통신 규약이 다른 경우 이를 변환해 주는 일을 하는 프로그램을 의미한다. 최근엔 게이트웨이 없이도 각 네트워크 구성 컴퓨터들이 동시에 두 개 이상의 프로토콜을 사용할 수 있게 개발되고 있는 추세이다.
허브	네트워크 **허브(HUB)**란 모든 컴퓨터가 선을 연결하는 집합 장소 역할을 하는 장비를 말한다.

출처: http://kdee.kwandong.ac.kr/

속도와 전송거리, 인터페이스 종류에 따라서 용도에 맞게 사용할 수 있다. 이러한 대개 네트워크 장비들은 서버와 달리 네트워크 전문업체에 의해서 구축 설계 및 시공이 이루어진다.

3) 비선형 편집 시스템(Non-linear Editing System)

인터넷 방송의 꽃이라 불릴 수 있는 동영상 컨텐츠를 편집하여 인터넷으로 송출하는 방법에는 아날로그 편집(선형 편집: linear editing) 방식과 디지털 편집(비선형 편집: non-linear editing)[5]방식으로 나눌 수 있다.

비선형 편집은 일반적으로 아날로그, 또는 디지탈 비디오신호를 컴퓨터의 하드디스크에 디지털신호로 기록 후 편집하는 것을 이야기 한다. 아날로그 편집시스템이 일반적으로 VCR 2대와 편집 컨트롤러, 효과기, 자막기 및 A/V 믹서 등으로 구성되는데 반해 비선형 편집시스템은 위의 각각의 기능들을 하나의 컴퓨터 시스템에서 모두 처리할 수 있기 때문에 편집용 컴퓨터 시스템과 하드디스크만 있으면 비디오, 오디오 편집, 효과 및 자막처리까지 한 시스템에서 가능하다.

비선형 편집은 컴퓨터에 저장된 디지탈 데이타를 편집하는 것이므로 여러 번의 편집과 복사에도 화질의 열화가 없기 때문에 최종 영상물의 퀄리티는 소프트웨어를 활용하는 작업자의 능력에 좌우된다. 이는 기존 고가의 장비를 소유하지 못하는 영상물 제작 프로덕션이나 인터넷 방송국 등의 업체에는 좀 더 나은 환경을 만들어 주며, 새롭게 인터넷 방송국의 설립을 계획하는 사람들에게도 희소식인 것이다. 뿐만 아니라 일반 개인도 저렴한 비용으로 얼마든지 수준 높은 영상물 작업을 할 수 있게 되었다. 그러나 비선형 편집시스템도 종류에 따라서는 전체 시스템이 억단위를 넘는 고가의 시스템도 있다. 여기서는 초보자에서부터 전문가에 이르기까지 가장 범용성이 높은 비선형 편집소프트웨어인 프리미어와 호환도 되고 가격대도 중고가를 형성하는 편집보드를 기준으로 한 시스템을 설명한다.

---

5) 디지털 편집 방식은 다시 디지털 선형 편집 방식(Digi Beta, D1, D2 같은 편집기는 디지털 방식이지만 Tape을 사용하는 선형장비이다)과 디지털 비선형 편집 방식으로 나눌 수도 있다. 여기서 디지털 편집방식이라함은 비선형 편집 방식을 지칭한다.

가. 편집보드

비선형 편집시스템을 구축하는데는 편집보드[6]의 선택이 가장 중요하다. 편집보드는 다양한 제조회사와 가격대만큼이나 사양과 이에 따른 성능도 다양하다.

따라서 어떠한 용도로 사용할 것인지, 즉 개인용 홈비디오 작업인지, 프로나 비즈니스용인지 또 편집의 최종 결과물의 포맷이 DV, VHS, DVD, Web 등 어떠한 형식으로 만들 것인지 등 몇 가지 기준을 가지고 각각의 편집보드를 비교한 후 자신의 환경과 용도에 가장 부합하는 편집보드를 선택하는 것이 현명하겠다.

첫째로 편집보드는 받아들이는 소스의 종류에 따라서 아날로그 신호[7]만을 받아들이는 아날로그 편집보드-소스는 아날로그를 받아들이되 편집은 PC에서 비선형으로 한다-와 IEEE 1394[8]포트 를 통해 디지털로 영상과 음성 신호를 동시에 그대로 받아들이는 DV 편집보드, 또 아날로그와 DV 양자를 모두 받아들이는 DV-아날로그 겸용편집보드로 나누어 볼 수 있다. 대개 고가의 제품일수록 DV와 아날로그 양쪽을 모두 지원하지만 가격 차이가 워낙 커서 자신의 환경에 맞는 제품을 선택하는 것이 보다 효율적이라고 하겠다. 물론 DA-AD 컨버터를 이용하여 DV편집보드에서 아날로그 소스를 얻을 수는 있지만 디지털 데이터만큼의 질과, 편리성을 제공하지는 못한다.

둘째로 입출력 영상의 화면 사이즈(Resolution)를 비교해 보면 대개는 720×480 사이즈를 지원하지만 가격대와 용도에 따라 640×480 사이즈를 지

6) 현재 이용되고 있는 각각의 편집보드는 제조사별로 자기만의 독특한 압축코덱(Codec)을 사용하므로 확장자명이 .avi 혹은 .mpg로 되어 있어, 보기에는 같은 확장자명을 사용하고 있어서 서로 호환이 될 것으로 보이지만 애석하게도 아직까지는 제조사별로 서로 호환이 되지 않는다. 따라서 여러 대의 비선형 편집시스템을 꾸미고자 할 때는 제조사별로 편집보드를 철저히 분석한 후 한가지로 통일하는 것이 바람직하다.

7) 아날로그 인터페이스는 3가지로 나뉜다. 1. composite: 아날로그 비디오의 가장 단순한 연결 타입이며 루미넌스 신호와 칼라 신호를 합친(composite) 후 동시에 전송하여 아날로그 연결 방식 중 가장 화질이 떨어지는 방식, 일반 가정용 VCR 등에 쓰이는 가장 일반적인 방식, 2. S-VHS: 콤포지트보다 한단계 높은 방식으로 루미넌스 신호를 하나의 선에 보내고 두개의 칼라 신호를 합쳐 다른 선에 보내는 방식이다., 3. component: 가장 우수한 연결 방식으로 각각의 YcrCb 신호를 각각의 케이블을 통해 전송한다.

8) 원래 애플 컴퓨터에 의해 개발되어 FireWire라는 상표명으로 사용되고 있으며, 소니에서는 이를 i.Link라는 상표로 사용하고 있다. 현재 초당 400Mb의 전송이 가능하다.

〈그림 4〉 아답텍사의 IEEE1394카드(AHA-8945)

원하는 것으로 나누어 진다. 당연히 보다 큰 사이즈인 720×480이 해상도가 뛰어나 선명한 화질을 얻을 수 있다. 최종 결과물이 Web을 통한 인터넷 방송용으로만 사용될 경우는 640×480의 화면사이즈로도 충분(아직까지 실제로 인터넷 방송 송출시에는 320×240 사이즈 이하만이 가능하다.)하나 혹시 제작한 컨텐츠가 DV 플레이어나 VHS VCR , 공중파 TV를 통해서도 방영될 경우를 감안한다면 TV 출력 사이즈인 720×480 사이즈를 지원하는 편집보드를 구비하는 것이 좋다.

셋째로 캡쳐한 영상물을 압축 · 처리하는 압축비율을 살펴보는 것이 좋다. 막대한 정보의 양으로 인해서 모든 동영상의 디지털 처리에는 압축이 사용된다. 인간의 눈은 밝기(luminance)에는 민감하나 컬러(chrominance)의 변화에는 둔한 특성을 이용하여 컬러 정보를 줄이는 방법을 사용한다. 편집보드의 사양에 4:2:2 또는 4:1:1과 같이 표시되어 있는 것은 밝기(luminance)정보를 4번 샘플링 할 때 컬러(chrominance)정보는 2번 또는 한번 샘플링만 한다는 의미이다. 이러한 샘플링 방식은 대부분의 작업에서는 문제가 되지 않으나 블루스크린을 배경으로 찍은 사람을 새로운 장변에 합성하는 경우와 같은 복잡한 작업에서는 문제가 생길 수도 있다.

넷째로 장면의 전환이나 특수효과 같은 이펙트(Effect)를 비디오에 추가할 때는 랜더링(Randering)이라는 작업을 최종적으로 통해야 한다. 이러한 랜더링 작업은 특수효과의 난이도에 따라서 대개 긴 시간을 요한다. 따라서 전문적이고 비즈니스용도의 편집시스템을 갖추는 경우라면 랜더링 없이 실시간 으로 편집을 할 수 있는지의 여부와 실시간용 이펙트 소프트웨어의 제공 유무를 살펴보자. 대개 고가의 편집보드일수록 실시간으로 편집이 가능하며 이러한 기능은 랜더링의 시간을 단축시켜 주어 작업의 효율을 높이는 데 필수적이다.

저가형 보드의 경우에는 어떤 제품을 선택해도 성능의 차이가 크지 않지만, 중고급 이상의 경우에는 전술한 바와 같이 편집보드에서 지원하는 스펙(Spec)을 꼼꼼히 따져보는 신중한 선택이 필요하다. 전세계 편집보드를 이끌고 있는 회사는 피나클(Pinnacle)사와 캐노퍼스(Canopus)사, 그리고 매트록스(Matrox)사 등 3개사이고 이 회사들의 중고급 제품으로는 일반적으로 Canopus의 DVRaptor(DV storm이 조금 더 고가의 신제품으로 출시 되었음), Pinnacle의 DV500(Pinnacle DV Pro One이 신제품으로 출시되었다), 그리고 Matrox의 RT2000 등이 경쟁 제품이며 가격대는 약 1백만원에서 2백만원대를 이루고 있다. 5백만원에서 1천만원을 넘어서는 고가형에는 피나클사의 Targa 3000, Matrox Digisuite시리즈, 캐노퍼스의 DVRex RT Professional 등이 있다.

이 외에 실시간 생방송으로 인터넷 방송을 하기 위해서는 Osprey 보드와 같은 라이브 인터넷 방송용 전용 보드가 필요하다. 생방송의 경우에는 별도로 영상의 편집이 없이 카메라로 받아들이는 영상소스를 캡쳐와 동시에 인터넷 방송용 파일 포맷인 ASF 등과 같은 포맷으로 변환하여 송출하는 것이다.

나. PC 하드웨어 구성

DV나 아날로그의 영상 편집을 위한 PC의 하드웨어는 일반PC의 하드웨어 구성과 크게 다르지 않다. 다만 영상편집보드는 메인보드나 CPU, 그리고 기타 주변기기와 호환이 되지 않거나 충돌을 일으킬 수도 있으므로 주의해서 선택해야 한다.

① CPU(Central Processing Unit)

CPU의 속도는 특성상 발전속도가 너무 빨라서 가능하면 시스템 구축당시에 가장 빠른 속도를 선택하는 수밖에 없으며 되도록이면 Intel 계열의 CPU를 선택하는 것이 호환성 면에서 유리하다. CPU 자체의 성능만으로 보면 Intel의 Pentium3, 4는 같은 급의 경쟁제품인 AMD Athlon이나 썬더버드에 비해서 떨어지는 것이 사실이지만 편집보드와의 호환성 면에서는 Intel 제품을 사용하는 것이 안전하다.

② 메인보드(Main Board)

메인보드 선택시 가장 중요한 부분은 어떤 칩셋을 사용하였는가 하는 점이다. 역시 메인보드의 선택에 있어서도 VIA 계열보다는 Intel의 칩셋을 사용한 메인보드를 선택해야 한다. 현재까지 가장 안정적인 보드는 BX 칩셋이지만 FSB 133MHz와 Ultra ATA100을 지원하지 않는 점이 단점으로 지적되고 있다. BX 칩셋은 가장 오랜 기간 동안 생산된 보드로 이는 인텔의 i820과 같은 FSB 133MHz를 지원하는 최신 칩셋이 많은 결함을 가진 면도 작용을 하고 있는 것 같다. 최근에 출시되는 BX 칩셋을 사용한 제품 중에서도 Ultra ATA100를 지원하는 보드도 있는데 FSB 133MHz와 Ultra ATA100용 하드디스크를 사용하기 위해서 가장 적합한 최신보드는 인텔의 815EP 칩셋을 사용한 보드이다. 한가지 주의할 점은 사운드카드와 VGA카드를 내장한 815E 칩셋을 사용한 제품은 절대 구입하지 마시길 바란다. 수 많은 하드웨어적인 충돌을 경험하게 되며 편집보드의 사용이 불가능할 수도 있다.

③ 하드디스크(Hard Disc)

스카시 방식의 하드디스크를 사용하면 더할 나위 없이 훌륭한 시스템을 구성할 수 있지만 가격이 부담 되는 점이 사실이다. 또한 요즘 IDE 방식의 하드디스크도 속도가 빨라지고 가격대 성능비가 뛰어나 아주 전문적으로 영상편집용이 아니라면 IDE 방식의 하드디스크를 사용해도 별 다른 지장이 없다.

하드디스크는 OS와 각종 소프트웨어가 설치된 시스템용 하드디스크와 영상편집시 데이터를 저장할 데이터용 하드디스크를 별도로 2개를 사용하는 편이 유리하다. IDE 방식의 하드디스크는 5400rpm보다는 7200rpm 제품을, Ultra ATA66보다는 Ultra ATA100을 지원하는 제품을 구입할 것을 추천한다.

④ 그래픽카드(Graphic Card)

그래픽카드는 일반적으로 1024 * 768의 해상도에서 16비트 컬러를 지원하는 메모리 8M 이상의 제품이면 문제가 없으며 2D 계열의 색감이 우수한 제품을 원한다면 ATI나 Matrox 계열의 제품을 선택하는 것도 좋을 듯하다.

⑤ 파워 서플라이(Power Supply)

일반적인 경우에는 케이스 구입시 포함된 250W의 제품으로도 충분하지만 듀얼CPU를 사용하거나, 컴퓨터의 파워서플라이에서 전원을 공급받는 주변기기를 많이 사용한다면 300W급의 전원장치를 별도로 구입하는 편이 안정적이다. 또한 케이스는 컴퓨터에서 발생하는 열을 식혀주기 위해 앞뒤로 쿨러를 달 수 있는 제품이면 유리하다.

4) OS의 선택

비교적 간단한 영상편집 작업을 위해서는 윈도우98이나 Me 또는 XP를 사용해도 되지만, 보다 전문적인 영상편집이나 장시간의 편집시에는 안정적인 NT나 윈도우2000을 사용하는 것이 바람직하다. 아울러 듀얼CPU와 듀얼메인보드를 NT나 윈도우2000 등의 OS와 함께 사용하여 시스템을 구성한다면 더욱 강력한 시스템이 될 것이다. 듀얼CPU나 듀얼메인보드의 경우에도 위에서 설명한 내용과 크게 다를 바가 없다.

가. 방송영상장비

인터넷 방송을 구현하는데 필요한 방송영상장비는 스튜디오용 장비나 비선형 편집시의 레코더를 제외하면 카메라가 가장 중요한 대표 장비이다.

1995년 방송용 카메라와 가정용 홈비디오로 양분되어 있던 비디오 카메라 시장에 6mm 디지털이라는 새로운 포맷의 디지털 비디오카메라가 등장하였다. 고가의 방송용 카메라에 비해 저렴한 가격대와 방송용에 거의 버금가는 화질, 소형 경량화된 바디, 조작의 편리성 등을 내세운 이 카메라는 시장에 선을 보인 지 몇 해 지나지도 않은 이 시점에서 개인 VJ나 공중파 방송국, 심지어는 영화의 제작에 까지 가히 돌풍처럼 선풍적인 인기를 끌고 있다.

인터넷 방송에 있어서도 예외는 아니다. 저가의 비선형 편집시스템의 보급이 인터넷 방송용 동영상의 편집 제작을 누구나 쉽게 할 수 있도록 한 일등공신이었다면 6mm 디지털 카메라는 인터넷 방송 동영상의 화질과 장르를 한 차원 높은 수준으로 끌어올림과 동시에 전세계적으로 인터넷 방송의 붐을 조성하게 한 개국공신이라고 할 수 있다.[9)]

6mm 디지털 카메라는 현재 소니와 파나소닉에 의해서 양분되고 있으며

9) 최근에는 다양한 종류의 인터넷 방송 호스팅 서비스를 하는 사이트도 생겼다. 인터넷 생방송을 원하는 개인이나 단체는 간단한 PC 카메라와 인터넷이 연결되어 있는 PC만 있으면 된다.

〈그림 5〉 소니의 6mm DV 캠코더(DSR-PD150)

각각의 브랜드별로 다양한 모델이 다양한 가격대와 성능을 가지고 소비자들에게 선보이고 있다.

6mm 디지털 카메라는 DV 캠코더라고도 불리우는데, 같은 디지털 방식이지만 디지털 베타와는 달리 DV라는 새로운 비디오 포맷을 사용한다. 이러한 DV포맷의 특성을 살펴보면 우선, DV라는 명칭은 DV 캠코더나 DV 테이프 데크에 쓰이는 특정 테이프 카트리지에 쓰이는 말이다. DV 테이프는 대략 오디오 테이프의 크기와 비슷하다. 우리에게 친숙한 것은 미니 DV 테이프인데, 미니 DV 테이프는 기본적인 DV 테이프보다 작아서 오디오 테이프의 절반크기이다. 테이프 폭은 1/4인치(6.35mm)이며 테이프의 속도는 18.8mm/sec이다.

DV는 또한 DV 시스템이 사용하는 압축형식을 의미한다. DV 형식으로 압축된 비디오는 하드디스크나 CD-ROM 같은 어떠한 종류의 디지털 저장장치에라도 저장할 수 있다. 가장 일반적인 DV 압축형식은 “DV25”로, 초당 25 메가비트의 전송속도(data rate)를 사용한다. 4:1:1의 샘플링 방식을 사용하여 신호당 8비트로 샘플링되며 인트라프레임(intra-frame) 압축방식으로 5:1의 압축률로 압축된다.

마지막으로, DV는 DV 형식을 채용한 캠코더에 적용된다. 미니 DV 테이프를 사용하고, DV25표준을 사용하여 비디오를 압축하며, 데스크탑 컴퓨터에 연결할 수 있는 디지털 포트를 가지고 있는 캠코더를 일반적으로 DV 캠코더라 할 수 있다. 이와 같은 캠코더는 현재 일반 소비자용과 업무용 분야에서 모두 사용되고 있다.

① DV의 장점

첫째로 DV 캠코더는 일반 소비자용 비디오 장비와 비교할 때, 월등한 화질의 비디오를 기록할 수 있다. 지상파의 수평해상도가 300선 내외이고 위성방송이 330선, S-VHS가 400선인 것을 감안하면 DV의 500선 내외의 화질은 베타캠의 800선에는 못미치더라도 매력적인 이미지를 얻을 수 있으며, 해상도뿐만 아니라 DV 이미지의 색상의 정확도도 뛰어나다. 또한 DV의 사운드도 아날로그 오디오와는 다르게 16비트 44.1Khz의 CD수준의 고음질을 제공한다.

둘째 복사시 화질과 음질의 열화가 없다. 컴퓨터와의 연결이 디지털이기 때문에 DV를 전송하더라도 품질의 저하가 발생하지 않는다. 계속적인 복사가 이루어지더라도 원본과 같은 품질을 유지할 수가 있다.

셋째로 DV 테이프의 품질은 아날로그 테이프보다 우수하다. 또한 작은 사이즈의 테이프와 부드러운 테이프 로딩 시스템은 DV 캠코더의 크기를 더욱 줄일수 있게 해주며, 이로 인해 배터리의 수명도 더욱 연장시킬 수 있다.

마지막으로 DV는 앞서의 기술적인 장점외에 무엇보다도 현실적으로 기동성과 밀착성, 제작인원의 효율적인 이용(PD가 기획, 제작, 촬영을 해내는 VJ 프로그램의 가능), 경제성에 있어서 뛰어난 장점을 가지고 있다.

② DV의 단점

DV포맷 이미지를 인간의 감각과 기술적인 방법으로 테스트한 결과 화질은 Beta-SP와 동일한 것으로 나타났다. 하지만 DV는 완벽하지 않다. 비디오가 압축(베타는 2:1 압축이며 DV는 5:1 압축방식을 사용)되어 있기 때문에 압축의 인위적인 잔영으로 인해 가시적인 화질의 열화가 있을 수 있다. 이러한 인위적인 잔영들은 칼라 압축에서 발생하는데, 특히 흑백의 경계와 같은 컬러의 대비가 크게 나타나는 경계선에서 심하게 나타난다. DV 압축에서 사용되는 4:1:1의 낮은 칼라 샘플링은 프로 수준의 컴포지팅 작업시 문제를 야기시킬 수 있다. 더욱이 압축은 그자체로 화질에 노이즈를 증가시킬 수 있다. 만약 DV의 압축과 해제를 반복한다면 화질의 열화가 생겨날 것이다. 이것은 DV를 전송하거나 복사할 때 생겨나는 제너레이션 로스(Generation loss)와는 다른 것이다. DV는 제너레이션 로스(Generation loss)가 없다.

DV가 불완전함에도 불구하고 일반적인 소비자와 많은 프로들이 사용했던 비디오 포맷에 비하여 뛰어난 화질과 가격대비 성능이 우수하다는 것은 확실하다.

③ DV 캠코더 선택

DV 캠코더 시장은 대체로 소니와 파나소닉에 의해서 양분되어 있으며 이 두 브랜드의 제품은 같은 DV 포맷 기반기술을 사용하면서도 각각 약간씩 다른 기술적 특성을 가지고 있다. 특히 전문가용으로 갈수록 사양과 특성이 복잡해져서 DV 포맷도 일반적인 DV 포맷을 변형한 DVCAM, DVCPR, DV50, DV100과 같은 포맷을 사용하고 있으며 가격도 천차만별이다. 같은 브랜드내에서도 기종에 따라 5천만원 이상에서부터 3백만원대까지 가격의 폭이 엄청나게 큰 것도 DV 카메라의 특성이다. 가정용을 겨냥한 DV 카메라가 가격면에서는 가장 우수하여 1백만원대의 카메라도 있으나 전문가용과 비교했을 때 화질의 미묘한 차이와 내구성, 기타 액세서리 제품의 지원도가 전문가용에 비해서 떨어진다. 개인 인터넷 방송을 송출하는 경우에는 이런 정도의 카메라도 훌륭하다 할 수 있으나 상업용 인터넷 방송국이나 기타 조직의 방송용이라면 전문가용으로 구입을 하는 것이 바람직하다. 이렇듯 DV 카메라는 구입 전에 먼저 자신이 철저히 학습을 하고, 그리고 다시 전문가와 상의한 후 결정하는 것이 좋다.

〈표 2〉 DV 캠코더 특성 비교표

구 분	DV	DVCAM	DVCPRO	DVCPRO 50	DVCPRO HD
샘플링방법	4:1:1	4:1:1	4:1:1	4:2:2	4:2:2
표본화주파수 (Y: R-Y/B-Y)	13.5MHz/ 3.375MHz	13.5MHz/ 3.375MHz	13.5MHz/ 3.375MHz	13.5MHz/ 6.75MHz	74.25MHz/ 37.125MHz
압 축 률	5:1	5:1	5:1	3.3:1	6.7:1
전송속도	25Mb/sec (2.98MB/sec)	25Mb/sec (2.98MB/sec)	25Mb/sec (2.98MB/sec)	50Mb/sec (5.96MB/sec)	100Mb/sec (11.93MB/sec)
트랙 폭	10 마이크론	15 마이크론	18 마이크론	36 마이크론	72 마이크론
트랙/프레임	10	10	10	20	40

(2) 소프트웨어(Software)

성공적인 인터넷 방송을 위해서는 전술한 바와 같이 우수한 성능의 하드웨어를 신중히 선택해야함은 물론이지만 아무리 우수한 하드웨어라 할지라도 뛰어난 성능과 사용자 편의성을 구비한 소프트웨어가 없으면 무용지물일 수 밖에 없다. 성능이 뛰어난 자동차나 비행기일수록 첨단의 전자제어 시스템이 장착되어 있어서 그 기계적 성능의 우수함을 더욱 값지게 만든다. 이렇듯 컴퓨터를 포함한 대부분의 디지털 장비는 소프트웨어가 없다면 장비 그 자체는 고철 덩어리나 다름 없다고 해도 과언이 아닐 것이다. 인터넷 방송을 위한 소프트웨어는 시스템 운영용과 영상편집용, 컴퓨터 그래픽용 등 크게 3부분으로 나누어 볼 수 있다.

1) 시스템 운영용 S/W

흔히 OS라고도 불리우는 시스템 운영용 소프트웨어는 크게 MS(Microsoft사) 계열과 SUN(SUNMicrosystem사)의 UNIX 계열, 그리고 LINUX와 APPLE 컴퓨터의 OS 등이 전부라고 할 수 있다.

MS계열은 다시 WIN98, WIN ME, WIN XP와 같은 일반 윈도우 환경과 WIN2000이나 NT와 같은 전문적인 서버용 OS로 나누어 볼 수 있다. UNIX와 LINUX 등은 일반적인 웹사이트 서버로는 현재성능과 안정성 또는 오픈 정책(LINUX)으로 인해 상당수의 시장 점유율을 보이며 사용되고 있으나 동영상을 메인 컨텐츠로 제공하는 인터넷 방송용 웹사이트 서버로는 MS의 NT 또는 WIN2000을 대부분 서버로 채택하고 있다. MS사의 WMT(Window Media Technologies)가 선보이기 전까지만 해도 동영상의 스트리밍 서버는 리얼미디어사의 리얼비디오 서버가 높은 시장점유율을 나타냈었다. 그러나 MS에서 MPEG4의 우수한 화질을 유지할 수 있는 WMT 엔코더를 무료로 이용하도록 배포하고 서버에 대한 라이센스료도 무료로 한 이후에는 인터넷 방송국의 90% 이상이 MS의 WMT를 사용하고 있다.

일반 업무용 또는 작업용 PC의 OS는 Win98 이상의 OS이면 무방하나 영상편집용 시스템의 OS는 안정성이 비교적 높은 WIN NT나 WIN2000을 사용하는 것이 좋다. 그러나 최근 편집프로그램인 프리미어 프로의 경우 윈도우 XP와 최적화되어 있어 고려하는 것이 좋겠다.

2) 영상편집용 S/W

인터넷 방송용 소프트웨어 중에는 뭐니뭐니 해도 영상편집용(비선형편집)소프트웨어가 핵심이다.

영상편집용 소프트웨어 역시 일반용에서 전문가용까지 성능과 가격이 천차만별이다. 아울러 고가의 소프트웨어일수록 지원하는 편집보드가 한정되어 있다. 가격대비 성능이 뛰어나서 가장 많은 사람들이 사용하는 어도비(Adobe)사의 프리미어(Premeire)의 경우 대부분의 보드와 호환이 되지만 유나이티드 미디어(Uite Media)사의 온라인 익스프레스(On-line Express)나 디스크릿(Discreet)사의 에디트 6(Edit 6), 인싱크(In-Sync)사의 Speed Razor2000x또 아비드(Avid) 등은 고가의 편집보드인 매트록스(Matrox)의 Digisuite 계열이나 피나클(Pinnacle)사의 Targa2000 이상의 보드 또는 자체의 시스템에서만 사용하도록 개발되어졌다.

3) 컴퓨터 그래픽용 S/W

1946년 최초의 컴퓨터인 애니악(Eniac)이 나온 이후 오늘날 우리의 생활과 대부분의 산업은 컴퓨터의 지대한 영향을 받고 있다. 아울러 1959년 보잉사의 연구원인 윌리엄 페터(Willam A Fetter)가 컴퓨터 그래픽스라는 용어를 사용하기 시작한 이후 제품은 물론 광고, 영화, 신문, TV 등에서 컴퓨터 그래픽스를 사용하지 않는 곳이 없다. 인터넷에 있어서도 현재 가장 많은 사람들이 사용하고 있는 WWW(World Wide Web)의 대중화에 컴퓨터 그래픽이 크게 공헌하였다. 이제는 인터넷을 포함한 모든 디지털 미디어에 있어서 그래픽을 이용한 사용자 환경, 즉 GUI(Graphic User Interface)가 그 미디어 자체의 기능보다 중요한 부분으로 인식되고 있다.

따라서 사용자들이 즐겁고 편안한 마음으로 다시 찾아주는 성공적인 인터넷 방송이 되기 위해서는 컨텐츠 자체의 질도 중요하지만 웹사이트 자체의 레이아웃(Layout)이나 GUI가 뛰어나야 함은 물론이고 심미적으로도 아름다운 인터넷 방송 웹사이트를 구축해야 한다.

컴퓨터 그래픽스란 컴퓨터를 사용하여, 일정한 프로그램으로 그림을 그리는 행위를 말한다. 즉, 컴퓨터의 하드웨어와 소프트웨어를 활용하여 물체의 형상, 성분, 색채 등 각종 성분을 컴퓨터에 입력, 이미지 변환작업을 통하여 제 3 의 영상을 만들어 내는 것이다(http://myhome.netsgo.com/jesusf/).

따라서 그래픽 작업용 컴퓨터를 영상 편집용 시스템과는 별도로 구축을 해야 한다.

그래픽 작업용 시스템은 예전에는 애플사의 매킨토시를 많이 사용했고 대부분의 그래픽용 S/W도 매킨토시 전용이었다. 하지만 최근에는 IBM 호환 기종의 PC에서도 대부분의 그래픽 작업용 S/W를 사용할 수 있기 때문에 많은 디자이너들이 호환성이 우수한 IBM 호환 PC를 선호하고 있으나 물론 아직도 전문적인 그래픽 디자이너들은 그래픽 카드나 모니터에서 지원하는 색감 등의 이유로 매킨토시를 선호하기도 한다. 따라서 구축하는 인터넷 방송국에서 컴퓨터그래픽이 차지하는 비중을 감안하여 디자이너의 스펙과 장비의 효율적 활용 등을 고려해 시스템을 결정해야 한다. 컴퓨터 그래픽용 소프트웨어는 2D, 3D, VR, 애니메이션용에 이르기까지 전세계적으로 수백종이 넘게 출시되어 있다. 그리고 컴퓨터 그래픽 소프트웨어는 종류에 따라서 사용법을 익히는 데 수개월 이상의 오랜시간이 걸리는 전문 소프트웨어가 많은 관계로 이러한 소프트웨어를 다룰 줄 아는 훌륭한 디자이너를 구하기가 쉽지 않다. 따라서 어떠한 소프트웨어를 구입하여 사용할 것인가 하는 것은 구축하고자 하는 인터넷 방송국의 이미지와 또 그 인터넷 방송국에서 제공하는 서비스를 고려해서 결정해야 한다.

일반적으로 웹사이트는 2D의 그래픽 작업을 위주로 하는데 2D 그래픽의 가장 대표적인 소프트웨어가 어도비(Adobe)사에서 나온 포토샵(Photoshop)과 일러스트레이터(Illerstrator)이다. 이 두가지 프로그램은 기본적으로 서로 다른 이미지 표현 방식을 가지고 있기 때문에 소프트웨어의 활용 목적과 방식이 다르다.

일러스트레이터는 벡터(Vector) 방식의 이미지를 다루는 드로잉 소프트웨어이다. 벡터방식이란 점과 점 사이를 연결해 주는 수학적인 곡선에 의해 도형을 만들어 주는 것을 말하는 것이다. 반대로 포토샵은 정사각형의 조그마한 픽셀들이 모여 그림이 만들어지는데 이러한 방식을 비트맵(Bitmap) 방식이라고 한다. 비트맵 방식은 이 조그마한 픽셀들을 통하여 아주 섬세한 묘사를 할 수 있어 정교한 사진 이미지 제작에 주로 이용되며, 일러스트레이터와 같은 벡터 방식은 섬세하지는 못하지만 수학적인 알고리듬을 이용하여 이미지의 면적이나 컬러 곡선 등을 계산하므로 빠른 속도와 적은 용량, 그리고 무한대로 확대 · 축소해도 이미지 왜곡이 없다는 장점이 있다.

보통의 실무작업에서는 일러스트레이터를 통해 그림을 그린 다음 포토샵으로 불러들여 섬세한 작업을 하는 경우가 많이 있는데 이는 일러스트레이터에서 기본이 되는 그림을 편리한 사이즈–사이즈의 변화에도 전혀 깨짐이 없는 것이 벡터 방식인 일러스트레이터의 특징이다–로 직접 그린 후 포토샵에서 필요한 크기로 불러들여 디테일한 작업을 할 수 있기 때문이다(http://www.iwebdy.net/).

4) 웹사이트 개발용 S/W

흔히 홈페이지라고 불리는 웹사이트를 개발하기 위해서는 최종적으로 HTML 코딩 작업을 거쳐야 한다. 인터넷 웹사이트의 특징인 하이퍼 텍스트 구조를 가지기 위해서는 태그로 이루어져 있는 언어인 HTML의 사용이 필수적이다. HTML 코딩을 하는 방법에는 직접 HTML을 사용해서 코딩하는 방법도 있지만 대부분은 손쉽게 사용할 수 있는 전문 웹에디터를 사용한다. 물론 복잡한 구조와 기능을 수행하는 웹사이트일 경우에는 웹에디터만 사용해서는 부족하며 직접 HTML을 코딩해야 함은 물론이고 ASP라든가 PHP, CGI와 같은 개발 방식을 혼용해야 하는 경우가 많다.

웹에디터도 역시 다양한 제품들이 출시되어 있지만 현재 국산으로는 나모웹에디터가 가장 인기가 높고, 외산으로는 일반적으로 손쉽게 사용할 수 있는 것으로 매크로미디어사의 드림위버를 들 수 있다. 둘다 서로 장단점을 가지고 있으며 어느 것을 사용해도 기초적인 웹사이트를 구축하는 데는 무리가 없다.

3. 방송국 조직 및 인력 구성

인터넷 방송국을 구축하는 데 있어서 사실상 장비 이상으로 중요한 부분이 효율적인 조직의 셋업(set-up)과 그에 따른 인력의 확보일 것이다. 대부분의 비즈니스와 마찬가지로 장비와 시스템 등은 비즈니스의 목적과 자금사정 등에 의해서 어느 정도 기준이 정해지기 마련이며 그것을 통해서 얻어지는 결과물이나 서비스의 물리적인 수준도 대체로는 예상이 가능하다. 아울러 최근에는 컴퓨터 관련 장비는 물론이고 영상을 다루는 장비와 시스템들이 저가로 일반화되는 추세여서 장비의 수준에 따라서 컨텐츠의 질이 결정되어지지는 않는다.

반면에 동일한 장비와 시스템을 사용하더라도 방송국별로 서비스의 질적인 수준과 방송 컨텐츠의 수준은 천차만별이며 예측도 불가능하다. 이는 전적으로 그러한 장비와 시스템을 활용하고 운영하는 인력 구성원의 수준에 의해서 좌우됨을 의미한다.

인터넷 방송국의 조직은 규모에 따라서 달리 구성될 수 있는데 개인적인 방송국일 경우, 당연하겠지만 스스로 여러 가지의 역할을 담당해야 할 것이며 규모가 큰 상업적인 인터넷 방송국일 경우는 방송국 컨텐츠의 장르에 따라서 조직의 구성을 달리 가져가야 하며 부서별로 전문성을 가진 인력들로 꾸며지는 것이 바람직하다. 기본적으로 인터넷 방송을 위해서는 웹PD라고 불리우는 기획 연출자와 컴퓨터그래픽을 담당할 웹디자이너, 방송국 웹사이트를 구축 또는 유지보수할 웹프로그래머, 서버와 네트워크 등을 관리할 시스템(네트워크) 관리자 등이 필수로 요구되어진다.

(1) 웹 PD

90년대 중반 한때 멀티미디어PD라는 직종이 생겨나기 시작했으며 신문잡지 등에서 향후 각광받는 직종이 될 것이라고 부추긴 적이 있었다. 그 이후에 멀티미디어PD라는 직종이 얼마나 각광받았는지는 모르겠지만 그러한 용어는 별로 사용이 되지 않다가 최근에는 다시 웹PD라는 명칭이 등장하기 시작했다. 필자 생각에 물론 기능적으로 PD의 역할을 수행하는 것도 있겠지만 우리사회에서 PD라는 명칭이 주는 막연한 동경심도 한 몫을 하는 것 같다. 일반적으로 PD라고 하면 대개 일반인들은 흔히 방송국에서 프로그램을 만드는 연출자를 상상하고 그러한 방송국 PD들은 선망받는 직종 중에 하나였다.

여기서는 웹PD라는 명칭이 보기좋고 듣기좋으라고 붙여진 명칭이 아님을 확실히 인식하고 또 명칭은 사실 크게 중요한 것이 아니라는 것을 알아야 한다.

PD라 하면 원래 말 그대로 프로듀서(Producer)일수도 있고 또는 프로그램 디렉터(Program Director), 프로젝트 디렉터(Project Director)를 지칭하기도 한다. 기존의 공중파나 케이블방송국에서 프로듀서라하면 간부급 이상으로서 국이나 부의 전반적인 기획이나 영업을 맡고 있는 사람을 지칭하며 대부분 PD라고 불리우는 사람들은 개별 프로그램을 제작하는 프로그램 디렉터, 즉 연출자 들인 것이다. 이러한 PD도 크게 편성PD와 제작 PD로 나뉘며 제작PD는 다시 교양, 오락, 드라마 PD로 나뉜다. 편성PD는 그 방송국의 이념과 이미지를 잘 표방할 수 있는 방송 프로그램의 전체적인 기획과 조율을 수행하며 시청률을 고려하여 개별 프로그램의 개편을 단행하기도 한다. 반면에 제작PD들은 방송국의 편성 이념에 근거하여 개별 프로그램들을 직접 기획하고 연출·제작함으로써 시청자들과 전면에서 부딪치며 평가를 받는다. 우리사회에서 흔히 PD라고 각광받는 직종은 편성PD보다는 상대적으로 활동적이고 화려한 이러한 제작PD들을 지칭해 왔다.

그러나 최근에는 방송국마다 외주제작의 비율을 높이고 있으며 제작 부문을 간소화하고 있다. 앞으로는 편성 PD의 주가가 더 높아지는 시대가 올 것으로 생각한다.

웹PD는 웹사이트 전체와 개개의 컨텐츠의 기획과 영업을 모두 수행하는 방송국의 프로듀서 역할과 때로는 컨텐츠를 직접 제작하는 프로그램 디렉터의 역할을 모두 수행해야 하는 경우가 많다. 아울러 웹PD는 방송국에 있어서 편성PD의 역할과 제작 PD의 역할도 동시에 수행해야 하는 경우가 일반적이다. 그만큼 웹PD란 멀티미디어시대가 요구하는 멀티미디어적인 인간형을 의미한다.

웹PD가 갖추어야 할 자질 또는 기본 요구사항은

첫째로 리더형의 기질 또는 요즘 각광받는 단어인 카리스마가 있어야 한다. 모든 컨텐츠는 팀웍이 좋아야지만 질높은 컨텐츠를 시간을 지켜서 만들어 낼 수 있으며 이러한 팀을 이끌어 가는 위치에 있는 사람이 대부분 웹PD들이기 때문이다.

둘째로 박학다식형의 능력을 보유하여 여러 가지 분야에 빠르게 적응할 수 있어야 한다. 인터넷상에서 통용되는 컨텐츠는 틀에 박혀 있는 것으로는 승부할 수 없다. 남들이 생각하지 못하는 기발하고 창의적인 컨텐츠를 개발해 내기 위해서는 작고 세세한 것까지 기억하고 신경쓸 줄 아는 사람이 필요하다. 가끔 필자는 학생들에게 디지털과 멀티미디어를 하는 사람은 이제부터 쫀쫀한 사람이 되자고 한다. 웹PD 또는 다른 직종도 마찬가지지만 디지털 세상에서 무언가를 창조해 내는 사람이 되기 위해서는 대충대충해서는 안 된다. 디지털은 정확하다. 컴퓨터 명령어에 대충대충이란 것은 없다. 우리사회에 만연해 있는 대충대충 병은 디지털 세상에는 안 통한다. 한치의 오차도 없이 정확하게 결과를 예측하고 또 치밀한 계획에 의해서 컨텐츠를 만들어 내지 않는다면 갈수록 치열해져가는 인터넷 비즈니스 분야에서 살아남지 못할 것이다.

셋째로 변화에 빠르게 대처할 수 있는 순발력을 지녀야 한다. 기술도 빠르게 변하고 그것을 이용하는 사람들의 양식도 그에 못지 않게 빠르게 변해가고 있다. 오늘 사랑받았던 컨텐츠가 내일 천대받을 수도 있다. 구태의연하게 고집 피우고 있다가는 네티즌들로부터 금방 외면받을 수 있다. 순발력을 지녀야 한다는 얘기는 그만큼 부지런해야 한다는 말과도 통한다. 부지런히 전세계의 인터넷 사이트를 벤치마킹하고 현재의 흐름을 놓치지 않음과 동시에 미래를 예측할 수 있는 안목도 키워야 할 것이다.

넷째로 엔지니어(프로그래머)나 디자이너가 아니지만 그에 못지 않은 미적 안목과 기술에 대한 해박한 지식을 가져야 한다. 위에서 얘기한 대로 팀의 리더가 되기 위해서는 인간성만 좋아서는 부족하다. 기본적인 인간성 위에 능력이 뒷받침되 주지 않고서는 신뢰를 얻지 못하고 디지털세상에서 살아남기 힘들다. 디자인이면 디자인, 영상제작이면 영상제작, 프로그래밍이면 프로그래밍, 네트워크이면 네트워크, 아무튼 컨텐츠를 제작해서 인터넷상에 띄워서 사용자가 이용하기까지의 모든 과정에 필요한 기술과 노하우를 알고 있어야 한다.

한마디로 웹PD는 실력과 좋은 인간성을 겸비한 사람이어야 한다.

(2) 웹디자이너

웹디자이너는 그래픽 디자이너의 영역에 포함되고 흔히 구분 없이 그래픽 디자이너라고도 불리운다. 그러나 최근에는 워낙에 인터넷의 영역이 폭발적으로 성장하다 보니 다른 디자인(인쇄물 디자인이나 멀티미디어 타이틀 또는 게임 등)은 하지 않고 오로지 웹디자인만 전문적으로 하는 디자이너들이 많이 생겼다. 그만큼 웹디자인이라는 영역이 나름대로 전문성을 필요로 하고 또 인정받고 있다는 뜻이다. 사실 국내에서 웹디자인은 미대를 나온 사람들이 유행을 따라서 취업이 잘되는 웹디자인을 하기 시작했고, 컴퓨터그래픽의 특성상 미대를 나오지 않더라도 본인이 관심이 있고 전문학원에서 배우면 비교적 짧은 기간에 결과물을 만들어 낼 수 있었다. 그러다 보니 국내에서는 웹디자이너는 많은데 잘하는 웹디자이너를 찾기란 쉽지 않은 일이고 예술적 감각이 뛰어난 디자이너는 많은 것 같은데 웹이라는 특성을 이해하고 이에 대해서 공부하고, 사용자의 입장에서 느끼고 이를 디자인에 적용해서 작업을 하는 디자이너는 정말 찾아보기 힘들다. 국내의 많은 수의 훌륭한 디자이너들을 폄하하고자 하는 것은 아니다. 그만큼 그래픽디자인, 웹디자인이라는 것이 쉽게 접근할 수 있고, 쉽게 배워서 할 수 있는 일이지만 제대로 하기는 결코 쉽지 않다는 것을 말하고자 함이다.

훌륭한 디자이너는 디자인 기본 이론에 충실하면서 스스로 기획자의 입장에서 또 사용자의 입장에서 항상 연구하고 노력해야 하며 끊임없이 새로운 디자인을 시도할 줄 아는 도전정신도 겸비해야 한다. 웹디자이너는 특히 컴퓨터 소프트웨어를 이용해서 디자인을 하는 만큼 소프트웨어와 친숙해야 하며 소프트웨어의 특성상 계속되어지는 버전업에 게으르지 말고 발빠르게 받아들이고 적응해야 한다.

웹디자이너가 되기 위해서는 위에서 설명한 기본적인 자질과 성향 외에 현실적으로 어떠한 길을 밟아야 하는지도 중요하다.

가장 정통 코스로는 대학진학시 미대를 진학하는 것이고 그 중에서도 컴퓨터그래픽 관련 전공을 선택하는 것이다. 그 다음으로는 이미 대학을 다른 전공으로 나왔거나, 아니면 고등학교를 졸업 후 바로 프로의 세계로 뛰어들기 위해서 준비하는 사람들을 위해서는 전문 학원이 아마 유일한 길일 것이다.

따라서 전통 있고, 실력 있고, 시설 좋은 전문학원을 선택하면 될 것이다. 학원에 따라서 코스는 매우 다양하며 1개월 단기 코스에서부터 6개월 또는 1년의 장기 과정도 있다. 비용과 수업시간도 천차만별이다. 따라서 자신의 목표에 가장 적합한 코스를 선택할 줄 아는 것이 첫번째 지혜일 것이다.

그러나 무엇보다 그래픽 디자이너에게 있어서 중요한 것은 학원에서도 가르쳐 주지 못하는 것이 있는데 그것은 디자인에 대한 감이다. 이것은 이론 학습이나 기능의 습득만으로는 얻을 수 없으며 그렇다고 타고난 재능에만 의존하는 것도 아니다. 디자인에 대한 감이란 결국은 자신의 생활에서 디자인이란 것에 많은 시간을 투자하고 그래서 그에 따른 경험을 늘리고 느낌을 늘리고, 같은 분야의 동료와의 대화 또는 경쟁 속에서 스스로 발전하고 키워나가는 것이다. 필자의 경험으로도 디자인에 대한 감을 키우지 않고 디자인학원에서 컴퓨터 기능만을 익힌 사람은 아무리 컴퓨터를 다루는 능력이 좋아도 남이 시키는대로 컴퓨터를 통해서 그려만 낼 줄 아는 기능인 또는 기술자에 지나지 않는 것을 많이 봐 왔다. 진정한 디자이너는 앞에서도 누누히 설명한 창의적이고 능동적인 기획마인드로 스스로 새로운 시도를 끊임없이 할 줄 아는 도전정신을 겸비한 사람이어야 한다.

(3) 웹프로그래머

필자의 생각으로 웹프로그래머는 뭐니뭐니 해도 실력이 좋아야 한다. 그렇다고 다른 구성원들의 실력은 관계없다는 뜻은 아니지만 웹프로그래머는 모든 구성원들 중에서 가장 전문화되어 있는, 또 다른 구성원이 대체해서 해줄 수 없는 일을 한다. 즉 대학에서 컴퓨터나 전산 등과 관련 있는 전공을 했거나 그와 비슷한 수준의 전문교육기관에서 전문적인 학습을 한 전문가이어야 한다. 따라서 난이도가 어려운 수준의 프로그래밍은 다른 직종의 구성원과는 대화 자체가 힘들 수가 있다.

이렇듯 웹프로그래머의 실력 수준에 따라서 웹사이트의 수준- 물론 웹사이트의 수준에는 기획적인 면이나 디자인도 중요한 부분이다. 여기서는 웹사이트의 기술적인 구현 수준을 의미한다-도 같은 운명이 될 수 있다. 아울러 다른 구성원들은 대개 웹프로그래머가 프로그래밍 또는 코딩한 것이 최적으로 되어 있는 것인지 아닌지 구분하기 어렵다. 따라서 웹프로그래머는 같은 웹프로그래머들끼리 서로 협력하고 도와야 한다. Java나 D-HTML이나 최근에는 무선인터넷용 WML이나 HDML까지 항상 최신의 기술을 자신들의 웹사이트에 적용할 수 있도록 정보를 공유하고 자발적으로 세미나 등을 열어서 서로의 지식 습득에 게을러지지 않도록 해야 한다.

(4) 시스템관리자

시스템관리자는 다시 세부적으로 나누어 본다면 웹마스터(Webmaster) 역할을 하는 사람과 서버의 상태 및 네트워크의 트래픽만을 전문적으로 모니터링하고 관리하는 네트워크관리자로 나누어 볼 수도 있다. 그러나 보편적으로 중소규모의 웹사이트 운영시에는 웹마스터의 역할을 하는 사람이 서버 및 네트워크 등을 모두 관리하는 것이 현실이다.

기획자(웹PD)와 디자이너, 프로그래머가 제작 전과정(pre-production)과 제작 과정(production)에 필요한 인력이라면 시스템관리자는 제작 후과정(post-production)을 책임지고 운영하는 사람이라고 볼 수 있다.

서버는 항상 최상의 퍼포먼스를 낼 수 있도록 서버 자원 활용도가 최적화되어 있어야 하며 만약의 정전사태에 대비한 UPS의 이용도 필수적이라 하겠다. 아울러 정기적인 백업(back-up)으로 데이터를 철저히 보관하여야 한다.

네트워크는 사람으로 치면 핏줄과 같고 국가로 보면 물류를 담당하는 고속도로와 같다. 따라서 항상 정체되는 일이 없이 원활하게 소통되고 있는지 확인해야 한다. 특히 생중계를 서비스하는 인터넷 방송의 경우에는 네트워크의 상태가 방송프로그램의 성패에 지대한 영향을 끼친다. 따라서 네트워크 관리는 매우 중요한 일이면서도 자칫 소홀해지기 쉬운 부분이다.

웹사이트는 처음 구축하기도 어렵지만 유지보수 및 운영을 하는 것은 그에 못지 않게 어려운 일이다.

4. 도메인 신청 및 서비스 운영

도메인(Domain)이란 서비스하고자 하는 인터넷 방송국의 브랜드네임 겸 주소를 말한다. 예를 들어 서울 여의도에 있는 LG그룹본사를 찾고자 할 때 LG그룹본사가 있는 빌딩의 정확한 번지수와 통반을 외우고 있어서 이를 이용하여 빌딩을 찾는 사람은 드물것이다. 많은 사람들은 대개 'LG쌍둥이 빌딩' 이라는 일종의 빌딩 닉네임을 쉽게 기억하여 그 빌딩을 찾아가곤 한다. 도메인[10]도 이와 흡사하여 서버의 IP 어드레스가 정확한 번지수를 의미한다면 도메인은 'LG쌍둥이 빌딩'에 해당하는 일종의 닉네임이다. 하지만 이러한 도메인은 모든 IP당 하나씩 무조건 할당이 되어야 하며 혼란을 막기 위해 이를 국제적으로 철저히 관리하고 있다. 즉 자신이 원하는 도메인을 많은 사람들도 원하는 도메인일 경우 이를 얻지 못할 수도 있다는 뜻이다. 도메인의 신청과 사용은 선착순에 의하여 이루어진다. 이 때문에 한때 대기업의 유명도메인을 선점하여 이를 다시 고가에 재판매하여 횡재를 한 경우를 볼 수 있었으며 아직도 자신의 기업이름과 같은 이름의 도메인을 사용하지 못하고 이와 유사한 이름을 사용하고 있는 경우도 많이 있다.

도메인을 국제적으로 관리하는 곳은 ICANN(www.icann.org) (최초에는 미국의 국가기관인 InterNic에서 관장하다 ICANN이라는 민간기구로 이양되었다)이라는 곳이며 한국은 KRNIC이라는 한국인터넷정보센터(www.nic.or.kr)에서 관장하고 있다.

국내만을 서비스 대상으로 할 경우에는 .kr로 끝나는 도메인을 선택하여도 무방하나 국제적인 마케팅을 고려한다면 .com과 같은 국제도메인을 사용하는 것이 좋다. 요즘은 .com이나 co.kr과 같은 전통적인 도메인 외에도

10) 도메인은 전세계적으로 유일하게 존재하여야 하므로 일정한 체계가 설정되어 있고, 이것은 임의로 변경하거나 생성할 수 없다. 인터넷의 모든 도메인은 루트(Root)라 불리는 도메인 이하에 역트리(Inverted tree) 구조로 계층적으로 구성되어 있다. 루트 도메인 아래의 단계를 1단계 도메인 또는 최상위 도메인(TLD, Top-Level Domain)이라고 부르며, 그 다음단계를 2단계 도메인(SLD, Second-Level Domain)이라고 부른다.

최상위 도메인이 COM인 경우, 2단계에서 바로 도메인 신청자가 원하는 이름을 사용할 수 있으며, 최상위 도메인이 KR(한국) 또는 JP(일본)인 경우는 2단계 도메인은 기관을 분류하기 위한 CO, OR, AC 등을 사용하며, 3단계에서 도메인 신청자가 원하는 이름을 사용할 수 있다.

〈그림 6〉 도메인등록기관 홈페이지

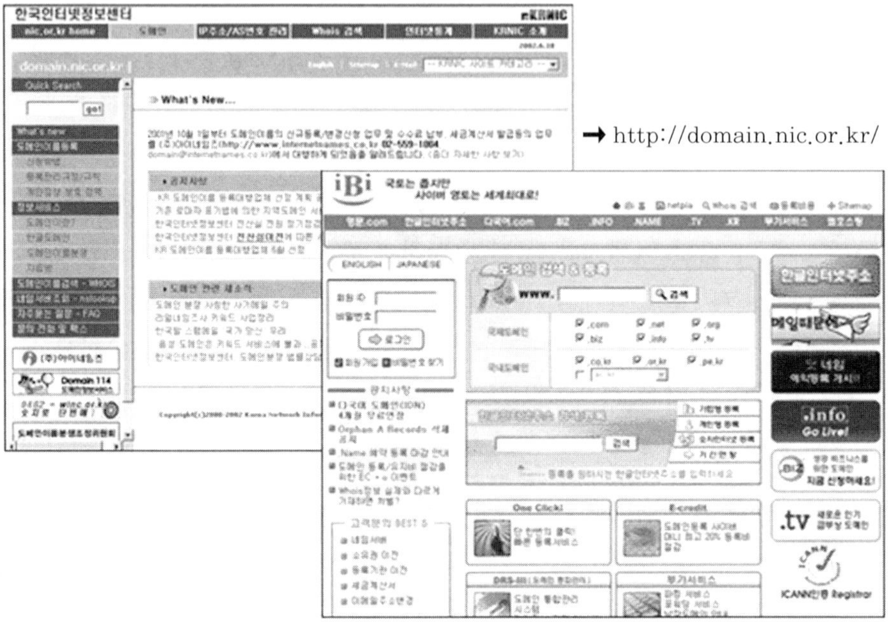

→ http://domain.nic.or.kr/

↑http://www.ibi.net/

.tv[11)]나 .biz 등과 같은 변형된 도메인을 사용하는 사이트가 늘고 있으며 한글을 사용하는 한글도메인의 수도 꾸준히 늘고 있다.

따라서 새로운 인터넷 방송 서비스를 시작하고자 한다면 인터넷 방송의 브랜드네임을 정하는 것도 중요하지만 브랜드네임과 동일한 또는 가장 어울리는 도메인네임을 확보하는 것도 서비스의 성패를 좌지우지 할 수 있을 만큼 중요한 일이다. 도메인의 신청 및 등록은 기획 초기 단계부터 동시에 진행되어야 하는 이유가 여기 있다.

도메인의 신청은 .kr과 같은 국내 도메인일 경우 한국인터넷정보센터를 통하여 직접 신청할 수 도 있고, .com, .net, .biz 등과 같은 다양한 종류의 도메인은 역시 다양한 도메인 등록 대행기관을 통해서 신청할 수 있다. 인터넷

11) .tv(닷 티브이)는 kr과 같이 남태평양의 작은 섬나라 '투발루'(Tuv lau)의 국가도메인을 미국의 한 회사에서 5천만 달러에 사들여 재판매 사업을 하는 도메인이다. 한국은 미국, 영국에 이어 전세계적으로 .tv 도메인을 세번째로 많이 사용하고 있다.

검색 사이트에서 도메인 등록을 찾아보면 10여개 이상의 도메인 등록대행기관을 쉽게 찾을 수 있다. 어느 곳을 이용하든지 관계는 없으나 .com과 같은 국제도메인의 경우에는 비록 등록대행기관을 통해서 접수를 하더라도 ICANN으로부터 등록 확인에 필요한 절차를 이메일과 같은 방법으로 직접 요구 받는데 이를 잘 따라서 수행해야 한다. 이러한 것에 대한 지식이 없을 경우에는 경험이 있는 전문가의 도움을 얻어서 불이익을 당하지 않도록 주의해야 한다.

참고문헌

강명신(2001). "텔레비전의 기능적 대안으로서 인터넷 방송에 관한 연구", 『한국언론학보』 제 46-1호, pp.9-11.

구자혁(2000). 인터넷 방송 따라하기, 정보게이트:서울.

김동규(2001). "한국 인터넷신문 시장에 대한 경제적 분석", 『한국언론학보』 제 45-4호, pp.76-117.

김생수, 김덕현(2001). 폭발적인 스트리밍을 위한 웹캐스팅 ON AIR, 영진닷컴:서울.

김선진, 권만우(1999). 인터넷 방송제작론, 나남출판:서울.

김영석(1997). 멀티미디어와 정보사회, 나남출판:서울.

김용섭(1999). 인터넷 방송, 현암사:서울.

박광식, 김형렬(2000). 웹 시대의 인터페이스디자인, 도서출판길벗:서울.

양선옥, 고일주(2000). 웹스타일 가이드, 안그라픽스:서울.

이윤미 외(1998). 인터넷보고서, 생활지혜사:서울.

임현규(2001). "종합디지털 미디어로서 대학방송국의 서비스 모델 연구", 『언론과학연구』 제1권 3호, pp.140-157.

최영(1999). 인터넷 방송, 커뮤니케이션북스:서울, pp.19-22, pp.100-103.

한국전산원(2001). 한국인터넷백서, 한국전산원:서울.

Demetriades, Gregory C.(2003). *Streaming Media, Wiley.*

Miles, Peggy(1998). *Internet world guide to webcasting*, Wiles, John & Sons, Incorporated.

Owen, Bruce M.(1999). *The Internet Challenge to Internet*, Havard.

Sawyer, Ben & Greely, Dave(2000), *Online Broadcasting Power*, Muska & Lipman Publishing.

http://www.castservice.com
http://www.kwn.or.kr
http://www.inews24.com
http://www.videoacademy.com
http://www.datanews.co.kr
http://www.doobob.com
http://www.chatv.co.kr
http://www.wowtv.co.kr
http://www.imbc.com
http://www.dv.co.kr
http://www.graphicslive.co.kr

제 5 부

인터넷 콘텐츠

제10장
인터넷과 광고

정 만 수*

인터넷이 새로운 광고매체로서 각광을 받고 있으며, 최근 몇 년 사이에 비약적인 발전을 이루고 있다. 인터넷 광고비가 급격히 늘어나고 있으며, 인터넷 광고를 전문적으로 제작하고 집행하는 전문대행사가 생겨나고 있다. 뿐만 아니라 기존의 광고대행사에서도 인터넷 광고를 전담하는 부서가 생기고 있으며, 광고전략의 수립에 있어서 오프라인 광고와 함께 온라인 광고를 함께 제시하는 것이 일반화되고 있다. 인터넷이 광고매체로서 지속적인 발전을 하기 위해서는 신문, 잡지, 라디오, 텔레비전 등 전통적 매체가 그러했던 것처럼 광고매체로서의 매력을 간직해야 한다. 왜냐하면 자본주의 사회에서 중요한 사회적 메커니즘으로서 작용하고 있는 광고의 도움이 없다면 매체로서 지속적인 생존과 성장이 불가능하기 때문이다. 이 장에서는 급속도로 발전하고 있는 인터넷이 광고매체로서 어떠한 역할을 하고 있는지, 그리고 얼마나 성장잠재력을 지니고 있는지 살펴보고자 한다.

Ⅰ. 인터넷 광고의 정의

인터넷은 광고를 실어 나르는 매체로서 새로운 가능성을 제시하고 있다.

*숙명여대 언론정보학부 교수

이미 많은 기업들이 자사의 홈페이지를 가지고 여러 포털사이트와 하이퍼링크를 하거나 직접 홈페이지를 방문토록 유도하여 고객과 커뮤니케이션하고 있다. 인터넷 광고는 기업이 인터넷을 이용하여 실시하는 고객과의 커뮤니케이션 활동이며, 이를 넓은 의미의 인터넷 광고와 좁은 의미의 인터넷 광고로 나눌 수 있다.

먼저 좁은 의미의 인터넷 광고는 특정 인터넷 사이트에 자사의 광고를 게재하여 자사의 사이트로 연결시키거나, 검색엔진이나 다른 사이트에 자사의 사이트를 연결시키고 그 대가를 지불하는 것을 말한다. 그리고 넓은 의미의 인터넷 광고는 기업이 인터넷을 이용하여 행하는 고객과의 커뮤니케이션 활동을 모두 포함하는 개념이다. 특히 홍보 목적으로 웹사이트를 구축하여 각종 기업정보 소개, 고객관리, 제품소개를 하고 각종 세일즈 프로모션, 이벤트, 전자상거래 등 인터넷 마케팅 커뮤니케이션 활동을 전개하는 것이다. 즉 인터넷을 통해 이루어지는 모든 마케팅 커뮤니케이션 활동을 포괄하는 개념이 넓은 의미의 인터넷 광고라 할 수 있다.

Ⅱ. 인터넷 광고의 특성

인터넷 광고는 신문, 잡지, 라디오, 텔레비전 등 기존 매체가 지닌 광고 특성에 비해 다음과 같은 상이한 점을 지니고 있다. 기존 매체가 일방향성 커뮤니케이션, 간접 커뮤니케이션 수단이라면 인터넷 광고는 쌍방향성, 그리고 직접 커뮤니케이션 수단이라고 할 수 있다. 그리고 기존 광고는 소비자의 구매행동을 직접적으로 연결시키지 못하는 데 비해, 인터넷 광고는 직접 구매로까지 연결시킬 수 있는 힘을 가지고 있다. 뿐만 아니라 기존매체가 지녔던 시간과 공간의 제약을 뛰어넘어 통합마케팅의 수단으로 각광을 받고 있다.

인터넷 광고 요금은 텔레비전 광고 또는 신문광고와 비교할 때, 상대적으로 저렴하여 중소규모의 광고주도 쉽게 광고를 실시할 수 있다. 따라서 기존 광고매체가 대기업 위주의 광고에 적합하다면, 인터넷 광고는 대기업은 물론 중소기업이나 신규광고주에게도 문호가 개방되어 있는 셈이다. 뿐만 아니라 인터넷 광고는 즉각적으로 국제적인 접근이 가능하므로 국제광고매체나 광고대행사를 통하지 않고도 손쉽게 외국에도 알릴 수 있는 편리성이 있다. 인터넷 기술의 발달로 광고효과의 측정도 용이하게 되어 과학적인 광고전략의 수립이 가능하다. 이와 같이 기존매체와는 현저히 구별되는 인터넷 광고의 특성을 좀더 구체적으로 살펴보면 다음과 같다.

(1) 쌍방향성 커뮤니케이션

기존의 광고매체는 상업적 메시지를 많은 수용자에게 일방적으로 보내는 일방향 커뮤니케이션 방식을 취하고 있으나, 인터넷 광고는 능동적인 수용자와 쌍방향 커뮤니케이션을 통한 상호작용이 가능하다. 즉 하이퍼텍스트 방식을 이용해 사용자가 정보를 선택하여 열람할 수 있으며, 광고주는 사용자의 반응을 신속히 알아볼 수 있고, 잠재고객과 다각적인 접촉을 할 수 있다. 특히 메시지 조회건수나 이용시간 등을 확인하여 소비자의 반응에 즉각적으로 대처할 수 있다. 따라서 먼저 불특정 다수에게 인터넷 광고를 집행한 다음 관심을 가지고 클릭한 예비구매자들을 파악하여 관련된 광고메시지를 계속해서 보낼 수 있다. 예비구매자들이 문의한 내용에 대해서도 인터넷 관리자가 수시로 확인하여 즉각적으로 응답할 수 있는 쌍방향성을 지닌 커뮤니케이션 수단이다.

(2) 직접 커뮤니케이션

기존 매체가 대중매체를 매개로 하여 일대 다중의 형식을 취하는 것과는 달리 인터넷 광고는 광고의 대상을 구분하여 일대일 또는 표적집단에 대한 접근을 할 수 있는 직접 커뮤니케이션 방식을 취한다. 따라서 직접 얼굴을 맞대고 하는 면대면 커뮤니케이션은 아니지만 이와 유사한 효과를 낼 수 있는 직접마케팅의 수단이 되기도 한다. 따라서 은밀하고도 개인적인 접근이 가능하며, 건강보조식품, 속옷, 성인용품, 피임기구 등 공개적으로 구매하기 어려운 제품들의 마케팅 활동에 적합한 광고매체라고 할 수 있다.

(3) 광고와 구매의 연결성

인터넷 광고를 활용하면 광고를 곧바로 매출로 연결시킬 수 있는 장점이 있다. 즉 인터넷 광고는 기존의 광고매체와는 달리 미디어적인 성격과 시장으로서의 성격을 공유하고 있다는 점이 독특하며, 이 점이 다른 광고매체와 비교해서 두드러지는 매력이기도 하다. 전자상거래가 일반화되면서 인터넷 상에서 상품 고지에서부터 상품 구입까지의 과정이 한번에 이루어지기 때문에, 바쁜 현대인들에게 각광을 받고 있다. 특히 신용카드제도와 택배시스템의 활성화로 이러한 광고와 구매의 연결이 가능해졌으며, 교통혼잡이나 물류비용의 증대로 인해서 직접구매를 선호하는 경향은 더욱 두드러질 것으로 예상된다. 인터넷 광고와 아울러 홈쇼핑채널과 통신판매, 온라인 쇼핑몰들이 점차 신뢰도를 얻게 되면 공산품, 규격품, 생활용품, 가정용품 등 다양한 제품을 인터넷에서 광고하게 될 것이다.

(4) 시간과 공간의 제약성 감소

인터넷은 국경의 제약을 뛰어넘어 세계적 접근이 즉각적으로 이루어질 뿐만 아니라, 1년 365일 그리고 하루 24시간 내내 운용이 가능하다. 따라서 하루 종일 지속적으로 광고할 수 있고, 시간대가 다른 국가에서도 원하는 시간에 접속할 수 있다. 더욱이 각기 시간대가 다른 지역이나 국가의 소비자와도 쉽게 만날 수 있게 된다. 뿐만 아니라 시간의 제약을 받는 방송매체와 지면의 제약을 받는 인쇄매체와는 달리 인터넷상에서는 시간과 지면을 거의 무제한 확보할 수 있다. 그리고 한꺼번에 모든 정보를 주어야 하는 기존매체와는 달리 인터넷 광고는 단계적으로 필요한 정보를 제공하므로 소비자로 하여금 능동적인 구매를 하게 만든다.

(5) 통합 마케팅의 수단

인터넷은 광고, 홍보, 마케팅 활동을 통합할 수 있는 적절한 수단이 되고 있다. 광고 및 홍보의 대상을 구분하여 개인 또는 표적집단에 대한 접근을 선별적으로 하거나, 상품을 필요로 하는 사람에게만 접근하는 직접 마케팅의 도구이기도 하다. 또한 각종 프로모션 활동을 동시에 시행할 수 있는 판촉행동과 광고를 연결하여 각종 이벤트, 회원 가입, 할인 쿠폰, 무료 소프트웨어 내려받기 등 다양한 마케팅 수단을 활용한다. 웹사이트에 홍보성 기사를 게재하여 기업과 제품에 대한 지식을 높여 줄 수도 있으며, 주주나 종업원, 협력업체, 기타 관련자들을 위한 정보서비스를 할 수 있다. 뿐만 아니라 구매 후에도 지속적인 관계를 형성하고, 지속적인 이메일 발송, 웹사이트의 업데이트를 통해 고객과 접촉을 유지할 수 있다.

(6) 저렴한 광고매체

인터넷 광고는 기존의 주요매체에 비해 저렴한 비용으로 웹사이트를 구축하여 지속적으로 운용할 수 있으므로 광고비가 저렴하다. 아울러 내용의 추가나 변경이 다른 매체에 비해 쉽고 빠르며 비용이 적게 든다. 따라서 제품이나 기업의 상황변화에 따라 즉각 대응할 수 있는 장점이 있다. 따라서 대기업뿐만 아니라 중소기업에게도 광고의 기회가 대폭 확대되고 있으며, 적은 비용을 투자하여 효과적으로 광고할 수 있는 장점이 있다.

(7) 광고효과측정 용이성

인터넷을 통하여 소비자의 정보와 반응을 입수하고 사용자의 이용실태를 쉽게 파악할 수 있으며, 이러한 자료를 바탕으로 과학적인 광고집행이 가능하다. 뿐만 아니라 인터넷 사용자는 구매력이 높고 여론을 선도하는 층이며, 순식간에 넓은 계층에 퍼지므로 광고효과나 홍보효과가 높다. 특히 젊은 계층에 필요한 상품을 광고할 경우에는 인터넷 광고의 효과가 더욱 크다.

Ⅲ. 인터넷 광고 시장의 발전

인터넷 광고 시장의 발전 추이를 살펴보면 그 규모가 급격히 성장하고 있는 것을 알 수 있다. 최초의 인터넷 광고는 1994년 10월 Hotwired가 AT&T사의 배너광고를 게재하는 것으로부터 시작하였다. 1996년 이후 미국 내의 주요

<표 1> 국내 인터넷 이용자 수

(단위: %, 천명)

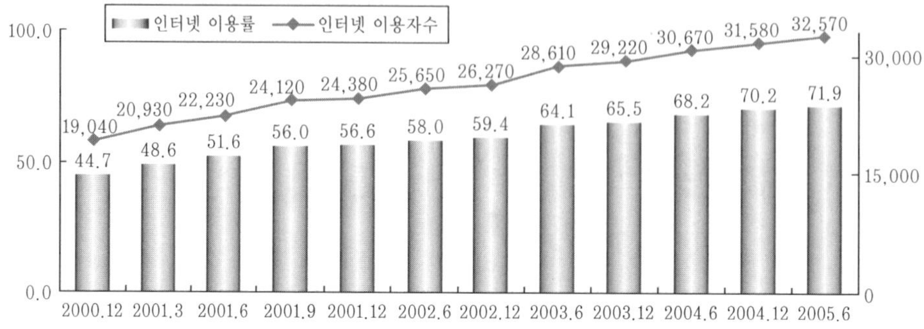

출처: 한국인터넷진흥원(NIDA) 통계보고서.

광고주들은 인터넷 광고의 실험적인 단계를 마치고, 인터넷 광고를 기존의 매체와 동등한 광고매체로서 예산을 편성하기 시작했다. 인터넷 광고는 인터넷 이용자의 급속한 증가에 힘입어 매년 급성장하고 있다.

인터넷 이용자는 2000년 전세계 140여개국에서 3억명에 이르렀고 2004년에는 약 8억 7천만명 이상으로 4년 사이 약 3배 증가하였으며, 2005년에는 10억명 이상으로 추산하고 있다. 한편 국내 인터넷 이용자의 증가는 세계적으로 유례를 찾아 볼 수 없을 정도로 빠른 성장세를 보이고 있다.

2000년 19,040천명이었던 인터넷 이용자 수가 2001년 20,000천명을 돌파하였고, 2004년에는 31.580천명으로 기록되고 있다. 2005년 전체 국민의 71% 이상에 해당하는 32,570천명 이상이 인터넷을 사용하고 있다(표 1).

이러한 인터넷 이용자 수의 증가에 따라 인터넷 광고비 규모가 확대되는 것 역시 괄목할 만하다. 2000년 전세계적으로 약 60억 달러였던 인터넷 광고비 규모가 2005년에는 181억 달러로 성장하였고, 2008년에는 299억 달러로 예측되고 있다. 그리고 미국 인터넷광고협의회(IAB)에 따르면, 2004년 4사분기 미국의 인터넷 광고비는 27억 달러를 기록했으며, 연간 96억 달러(전년대비 31.5%증가)에 달했다. 2000년에 기록한 81억 달러를 크게 웃도는 사상 최고 금액이다.

국내의 경우에도 인터넷 광고비가 1995년 49억원 수준에서 2000년 1,360억원으로 약 2.8배 증가하였다. 특히 한국은 2005년 12월 기준으로 초고속 인

<표 2> 연도별 인터넷 광고 시장 규모 추이

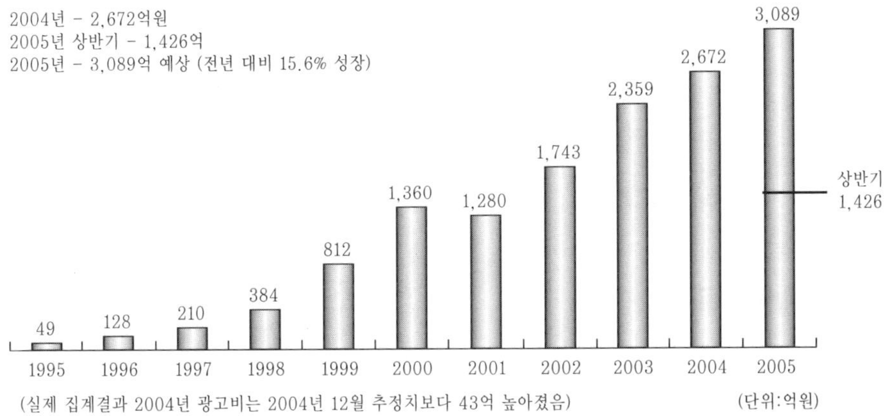

출처: 한국인터넷마케팅협회.

터넷 가입자 수가 세계 1위인 1,200만명으로서 급속한 인터넷의 보급과 사용자층의 확대를 보여 주고 있는데, 이는 인터넷 광고의 활용 가치를 더욱 크게 하고 있다. 한국 인터넷 마케팅 협회의 자료에 의하면 인터넷 광고비가 1999년 812억원에서 2004년 2,672억원으로 약 3.3배 증가하였다. 그리고 2005년 3,089억원으로 전년대비 15.6%의 성장을 예상하고 있다. 이것은 기존의 매체 광고 성장률이 소폭 증가하고 있는 것에 비하면 실로 폭발적인 성장세라고 보여진다(표 2).

인터넷 광고를 많이 활용하는 기업들을 살펴보면, 초기에는 컴퓨터 관련 업체 또는 인터넷 비즈니스 관련 산업이 주를 이루었으나 점차 오프라인 기업들도 인터넷 광고의 집행규모를 늘려가고 있다. 현재 온라인 판매에서 가장 인기있는 상품은 책, 음악, 게임, 컴퓨터, 그리고 전자제품이다. 특히 여성들의 인터넷 사용자층이 넓어지면서 일반 소비재에 대한 인터넷 광고가 급속도로 확대되고 있는 추세를 보이고 있다.

Ⅳ. 인터넷 광고의 유형

인터넷 기술의 발전은 인터넷 광고의 형태도 다양하게 변화시키고 있다.

가장 오래된 형태인 배너광고가 다양하게 변형되어서 나타나고 있으며, 최근에는 목표소비자를 겨냥한 이메일 광고가 활성화되고 있다. 이 밖에도 여러 가지 기법을 이용한 다양한 광고의 형태가 등장하고 있다. 여기에서는 가장 오래되었으며 아직도 많이 활용되고 있는 배너광고를 살펴본 후, 최근에 많이 활용되고 있는 이메일 광고 등 몇가지 형태의 인터넷 광고의 유형을 살펴보기로 한다.

(1) 배너광고

인터넷 광고 가운데 가장 일반적으로 활용되는 것이 배너광고(banner advertisement)이다. 배너광고는 웹페이지 내의 한 장소에 존재하는 박스 형태의 광고이며, 대부분의 경우 배너 광고를 클릭할 경우 하이퍼링크되어 있는 해당 광고주의 웹페이지로 쉽게 이동하도록 설계되어 있다. 배너광고는 웹페이지의 어디에나 놓여질 수 있으며, 크기나 형태도 자유롭다. 배너광고는 지금까지 웹상에서 가장 인기있는 광고형태이며, 다양한 형태의 배너광고가 계속 선보이고 있어, 앞으로도 강력한 인터넷 광고수단으로 건재할 것으로 보인다.

배너광고는 인터넷 기술의 발전에 따라 다양한 형태의 변형된 모습이 등장하고 있다. 기존의 고정형 배너광고에서 시작하여, 동영상을 담은 애니메이션 배너(Animation banner) 광고와 플래시 배너(Flash banner) 광고는 하나의

〈그림 1〉 gif 배너광고

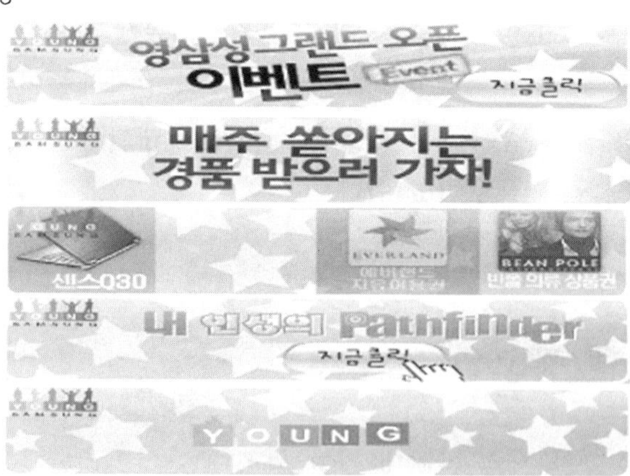

〈그림 2〉 빅 배너 광고-CYON

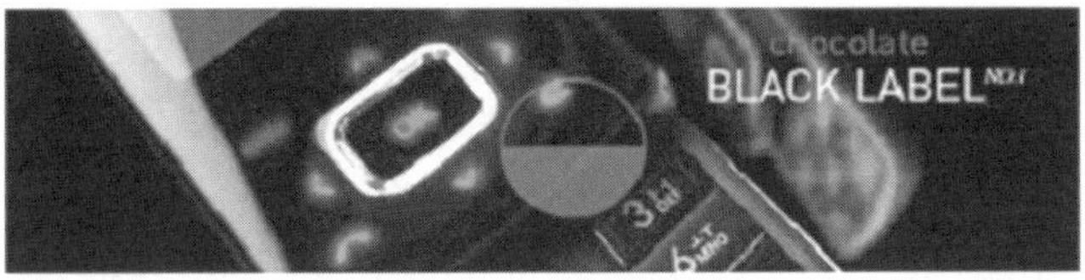

〈그림 3〉 세로 배너광고-SK telecom

〈그림 4〉 플래쉬 동영상 배너광고-프리스타일 시즌2

스토리를 제시할 수 있다. 이 밖에도 웹사이트를 탐색하는 중간에 브라우저 창 또는 컴퓨터 모니터에 애니메이션, 그래픽, 사운드 등을 포함한 다양한 형태의 광고가 나타나는 삽입 배너(Interstitial banner) 광고가 있다. 이 광고는 광고수용자의 의지와 관계없이 강제로 광고가 노출되는 것으로서, 웹페이지 이동중이나 웹페이지를 보는 중간에 광고가 삽입된다. 이 밖에도 여러 광고주의 배너를 차례로 바꿔가면서 나타나는 회전 배너(Rotation banner) 광고도 사용되고 있으며, 기존의 배너광고인 468＊60 픽셀보다 훨씬 큰 빅배너(Big banner) 광고도 등장하여 기존 배너광고에 비해 사용자의 주목도를 높이고, 또한 광고주의 메시지를 보다 많이 전달할 수 있는 장점을 가지고 있다.

배너광고는 1992년 10월에 'Hot Wired' 라는 웹매거진에서 처음으로 소개되었다. 초기 인터넷 이용자들은 번쩍이거나 움직이는 배너광고에 관심을 가지고 클릭하였으며, 많은 웹사용자들이 배너광고에서 세일상품이나 특별한 거래를 찾았으며, 상당히 설득적인 유혹으로 작용했다. 더욱이 기존의 잡지광고와는 달리 배너광고는 직접적으로 명확하게 그 효과를 측정할 수 있으며, 사용자가 배너를 클릭할 때마다 그 수는 쉽게 세어질 수 있다. 배너광고에서 자주 논의되고 있는 개념들을 살펴보면 다음과 같다.

1) 클릭완성률(Click-through rate)

웹페이지를 방문한 웹브라우저의 숫자와 광고주의 배너를 클릭한 숫자를 클릭완성률이라고 한다. 배너광고가 처음 소개되었을 때 클릭완성률은 20% 내지 30%로 높았으나, 지난 몇 년에 걸쳐 배너광고의 새로움과 호기심은 점차 감소하여 현재 클릭완성률은 3% 내지 8%로 추산되고 있다. 상업적인 웹사이트를 방문하는 대다수의 방문객은 그 웹사이트에 가서 단순히 구경만 하고 다니지만, 배너광고의 타겟을 잘 지정하거나 관심분야의 배너광고일 경우에는 15%의 클릭완성률을 보이는 경우도 종종 있다.

2) 배너광고 지불방법(Banner Payment Model)

초기의 배너광고 지불방법은 정액제로 출발하였는데, 특정 사이트의 방문객의 수나 제작비용 등을 무시한 채 단순한 정액요금을 토대로 하였다. 그러나 차츰 기존 매체에 대한 광고요금과 같이 CPM(Cost Per Millenium, 인구 천명당 광고비)의 개념을 도입하였는데, 배너가 있는 웹페이지에 접속한 웹사용자들의 숫자를 근거하여 광고요금을 산출하게 되었다.

그러다가 배너광고 접속률을 바탕으로 하는 CPM 대신에 다시 클릭완성률을 기본으로 광고요금을 산정하는 방식을 채택하게 되었다. 즉 배너광고의 도입초기에 많이 활용했던 Procter & Gamble사는 1996년 4월에 검색엔진인 야후(Yahoo)와 클릭완성률을 기본으로 요금체계를 산정하는 데 합의했다. 광고주들은 클릭에 따른 지불방법은 일종의 모험으로 여기며 결과에 의해 지불하는 방법을 선호한다.

3) 효과적인 배너광고 전략

배너광고를 어느 페이지에 놓을 것인가는 배너광고가 얼마나 성공할 것인가를 결정짓는 가장 중요한 요소이다. 정교하게 제작된 웹페이지는 많은 웹사용자를 끌어들이며, 비록 광고료가 비싸다고 할지라도 확실한 효과를 발휘한다. 웹사이트나 웹페이지뿐만 아니라 페이지상에 있는 배너광고의 위치도 중요하다. 그 다음으로 중요한 것은 배너광고의 디자인이다. 배너광고에서는 헤드라인이 보통 배너광고가 보여 주는 유일한 문구이며, 그 다음 페이지의 카피로 배너는 링크되어 있다. 따라서 웹사용자의 관심을 끌 수 있는 적절한 단어와 그래픽이 제공되어야 한다. 그런데 그래픽이 웹페이지의 중요한 부분일지라도 인터넷에서 그래픽을 받는 일은 시간낭비이며 비즈니스를 방해하는 것이 될 수 있으므로, 배너디자인은 작아야 하고 가능하면 빠르게 다운로드될 수 있도록 조절해야 한다. 광고주는 강한 시각적 효과를 주기 위해서 배너광고를 가능한 크게 만들고자 하는 경향이 있으나, 양측의 균형을 맞추기 위해 배너광고의 사이즈를 486 * 60 픽셀로 하는 것이 일반적이다.

그래픽의 사이즈뿐만 아니라 브라우저에 의해 다운되는 그 페이지상에서의 순서 또한 고려되어야 한다. 우선적으로 대부분의 페이지는 문자로 된 내용물을 내려 받으며 그 다음으로 그래픽을 선택하는 경우가 많다. 따라서 배너광고 헤드라인의 문자를 배너 그 자체와 함께 하이퍼텍스트로 연결하는 것이 중요하다.

배너광고의 크기, 문자와 그래픽의 내용뿐만 아니라 노출빈도 역시 중요한 요소이다. 전통적인 매체광고에 있어서 일반적으로 4번 내지 7번 정도를 보여 줄 때 회상이 잘 된다고 하며, 과다노출은 오히려 광고효과가 감소한다. 배너광고의 노출빈도를 연구한 결과에 의하면, 첫 노출시에는 클릭완성률이 3.6%를 나타냈으나, 다음 두 번의 노출은 2%, 그 이후에는 1% 이하로 급격히 떨어진다는 것을 보여 준다. 전통적인 광고의 종모형 곡선과는 달리 배너광고의 효과는 직접적이며 쇠퇴가 급격한 편이다. 따라서 배너광고의 효과가 급격히 쇠퇴하는 것을 방지하기 위해 배너광고를 빈번히 변화시키거나 순환시킬 필요가 있다.

(2) 이메일 광고

1) 이메일 광고의 특성

이메일(e-mail) 광고는 광고수용자의 인터넷 이메일 우편함에 전달하는 광고이다. 이메일은 1971년에 시작되어 인터넷 서비스 가운데 가장 많이 이용되는 서비스로서, 거의 모든 인터넷 이용자가 이메일을 이용해 메시지를 주고받고 있다. 이메일은 화려한 배너광고에 관심을 가지지 않는 인터넷 사용자들에 관심을 끌기 위한 최적의 매체이다. 그리고 배너광고에 대한 클릭률이 현저히 감소하면서 새로운 대안으로 등장한 인터넷 광고의 형태가 바로 이메일 광고이다. 이메일 광고는 상호작용성과 자신에게 직접적으로 배달된 선택성 요소를 결합한 것으로, 인터넷에서 가장 성공적인 광고방법 중 하나라는 것을 빠르게 증명해 보이고 있다.

이메일 사용자들이 자신의 이메일 주소나 기타 신상 정보를 기입하면, 광고주는 이메일 자동시스템을 가동하여 사용자가 그들의 관심을 표현한 상품이나 서비스에 대한 광고를 이메일을 통해 보낸다. 미국의 유명 온라인 조사회사인 주피터 커뮤니케이션(Jupiter Communications)사에 따르면, 상업적 이메일 시장은 1999년의 1억 6,400만달러에서 2005년에 7.3조달러까지 올라갈 것으로 예측하고 있다. 미국의 온라인 소비자가 한해에 받는 상업적 이메일메시지의 평균수는 1999년에 40에서 2005년에는 1,600 이상으로 증가할 것이다.

이메일 광고는 소비자를 유지하고 상품을 팔거나 촉진하며 충성도를 만드는데 비용 효율적이고 반응이 높은 수단이기 때문에 급증하고 있다. 이메일 광고를 활용하는 기업은 고객들의 이메일 주소를 확보하고 최신의 것으로 업데이트하기 위해 지속적인 관심을 기울이며, 여기에 상당한 투자를 계속하고 있다. 효율적으로 데이터베이스에 접속하는 이메일을 성장시키기 위해서 기업은 목표소비자의 이메일 주소를 얻을 수 있는 웹이나 전화, 소매상 등 이용가능한 채널을 적용한다. 뿐만 아니라 온라인과 오프라인에서 소비자와 접촉할 수 있는 모든 수단을 사용하여 통합적 이메일 수집노력을 하고 있다.

이메일 광고는 다른 매체에 비해 비용이 저렴하고, 수용자에게 광고메시지가 전달될 확률이 높으며, 응답이 간편하기 때문에 수용자가 쉽게 반응할 수 있는 장점이 있다. 뿐만 아니라 많은 이용자에게 동시 다발적으로 메시지를 보낼 수 있고 빠르게 전달되는 장점이 있어, 최근 마케팅 활동에 있어 자주 활용되고 있다.

이메일 광고는 목표 소비자를 정해 이메일을 보냄으로써 홍보효과를 꾀하고 더 나아가 이를 통해 직접 상품 구매로까지 이어지게 한다. 그리고 광고는 물론 각종 행사, 홍보, 이벤트, 판촉활동 등 다양한 형태의 통합적 마케팅(Integrated marketing)이 가능하며, 지속적인 정보제공의 수단으로 사용되는 가장 효과적인 방법이다. 주피터 커뮤니케이션사의 조사에 의하면, 미국의 인터넷 사용자들은 1999년 한 해 평균 1,750통의 일반 이메일과 40통의 상업용 이메일을 받은 것으로 추정했고, 2005년에는 평균 4,000통의 일반 이메일과 1,600통의 상업용 이메일을 받을 것으로 예상하였다. 이것은 매일 평균 15통 이상의 이메일을 받는 것이다. 최근에는 개인적이고 상업성이 없는 일반적인 이메일보다 상업적 메시지를 담은 이메일의 숫자가 폭증하고 있다. 이메일의 폭증은 새로운 문제를 야기시키는데, 이는 한 사람의 수용자가 살펴볼 수 있는 이메일의 숫자는 매우 제한적이라는 것이다. 따라서 많은 양의 이메일을 받게 되면 이에 대한 주의도가 떨어져 높은 수준의 반응률을 기대하기 어렵게 된다.

뿐만 아니라 최근에는 본인에게 불필요한 상업용 스팸메일(spam mail)이 폭증하여 제대로 노출되기도 전에 삭제되는 경우도 많다. 스팸메일은 요청받지도 않고 수많은 수신자에게 보내지는 원치 않은 이메일을 말한다. 최근 우리나라 인터넷 이메일 사용자는 연평균 수천 통의 스팸메일을 받으며, 이러한 불필요한 이메일을 삭제하는 데 연간 40 내지 50시간을 소비한다고 한다. 따라서 노출 전 삭제를 막기 위해 인터넷 광고주들은 광고내용과 일치하지 않거나 직접 관련이 없는 제목으로 인터넷 사용자들을 유혹하기도 한다. 특히 성인용 광고를 담은 이메일이 어른들은 물론이고 청소년들에게 무차별적으로 배달되어 사회적으로 큰 물의를 일으키고 있으며, 이에 대한 대책이 시급한 실정이다.

2) 이메일 광고의 장점

인터넷 사용자들에게 전해지는 이메일 광고의 장점을 살펴보면 다음과 같다.

① 잠재 고객을 발견하기 위한 정보의 출력과 그에 대한 반응이 빠르다.

② 이메일은 여러 가지 리스트 중에서 선택할 수 있다.

③ 이메일은 메시지, 상품 소개 등을 신속히 보강하기 위해 일반 대중매체를 보조하는 역할을 한다.

④ 이메일은 고객 확보시 고객과의 접촉 비용에 있어 효율성이 매우 높다.

⑤ 이메일은 정보를 받아들일 만한 대상 고객에게 확실한 정보를 제공할 경우, 이에 대한 반응률이 매우 높다.

⑥ 제품 및 정보 안내서 제작이나 우편발송에 드는 비용이 저렴하고 단지 이메일 서버 회사에 지불하는 비용이 발생할 뿐이다.

⑦ 회원 가입 신청자는 이메일 광고를 받기로 결정할 때, 가입 신청시 선택하여 표시하는 방식으로 결정하므로 회원 가입자는 프라이버시를 보장받을 수 있다.

〈그림 5〉 이메일 광고-네이버

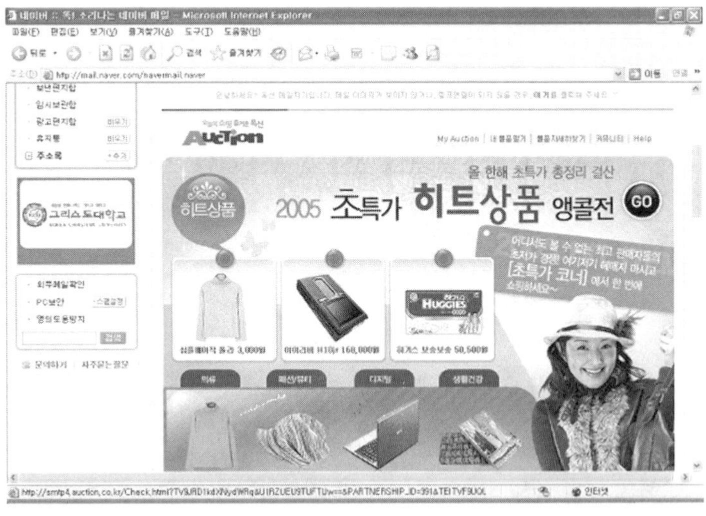

⑧ 쌍방향 매체인 이메일을 통해 새로운 고객 및 기존 고객들과 의견을 주고받을 수 있고, 메시지를 여러 차례 보낼 수 있기 때문에 고객들에게 브랜드 인지도를 높이고, 계속적인 응답을 얻어 대화를 이어 갈 수 있다.

⑨ 이메일은 배달여부를 확실히 알 수 있기 때문에 배달되지 않은 메일은 다시 수정하여 보낼 수 있다.

(3) 기타 인터넷 광고

인터넷 기술의 발전으로 배너광고와 이메일 광고를 변형한 형태의 인터넷 광고 또는 전혀 새로운 형태의 인터넷 광고가 속속 등장하고 있다. 예를 들면 팝업광고, 이동 아이콘 광고와 같이 새로운 유형의 인터넷 광고도 등장하고 있으며, 기존의 광고형태가 더욱 다양화해지고 세련되어 나타나는 새로운 기법의 인터넷 광고도 계속 개발되고 있다.

1) 팝업광고

팝업광고(Pop-up Advertising)는 처음 홈페이지가 나타나는 순간 혹은 다음 웹페이지가 바뀌는 순간에 광고페이지가 웹페이지 위에 독립된 창의 형태

〈그림 6〉 팝업광고-옥션

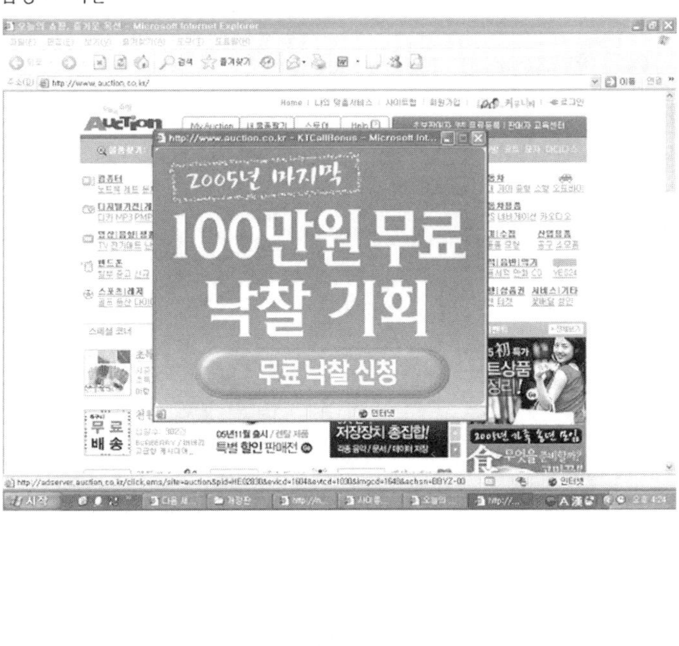

〈그림 7〉 아이콘 광고-G마켓

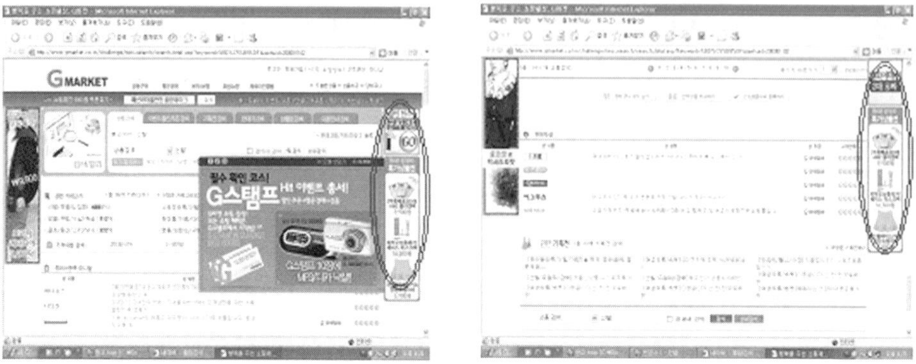

왼쪽 그림은 이동 아이콘 배너광고가 오른쪽 상단에, 오른쪽 그림은 오른쪽 하단에 위치하고 있는 것을 볼 수 있다.

로 표출되는 광고이다. 팝업광고는 수용자의 주목도를 높일 수 있는 반면, 웹 페이지 중간에 나타나 사용자의 웹 서핑을 방해하기 때문에 거부감을 유발시킬 수 있는 단점을 가지고 있다.

기존의 배너광고의 한계가 공간의 부족으로 충분한 정보를 제공할 수 없는 단점을 가지고 있는 반면에 팝업광고는 별도의 윈도우 창을 광고 공간으로 이용함으로써 충분한 내용을 홍보할 수 있다는 특징이 있다.

2) 이동 아이콘 광고

이동 아이콘 광고(mobile icon advertising)는 웹사이트를 이동하면서 1차적으로 사용자의 주의를 끌고, 마우스를 배너 위에 갖다대면 또 하나의 배너가 나타나면서 2차적으로 광고주 웹사이트로 연결되는 형태의 광고이다.

3) 리치미디어 광고

인터넷 광고에서 새롭게 부상하고 있는 광고형태가 리치미디어(rich media) 광고이다. 인터넷에서 말하는 리치미디어는 단순한 그래픽이나 텍스트로 제공되는 것이 아니라 강렬한 색감으로 움직이는 애니메이션, 소리, 동영상 등의 다양한 도구를 통해 메시지를 전달할 수 있고, 메시지 수용자와 동시에 상호작용을 할 수 있는 풍부한 매체라고 정의한다. 따라서 리치미디어 인

<그림 8> 다양한 기법의 리치미디어 광고(Anycall/ Hera)

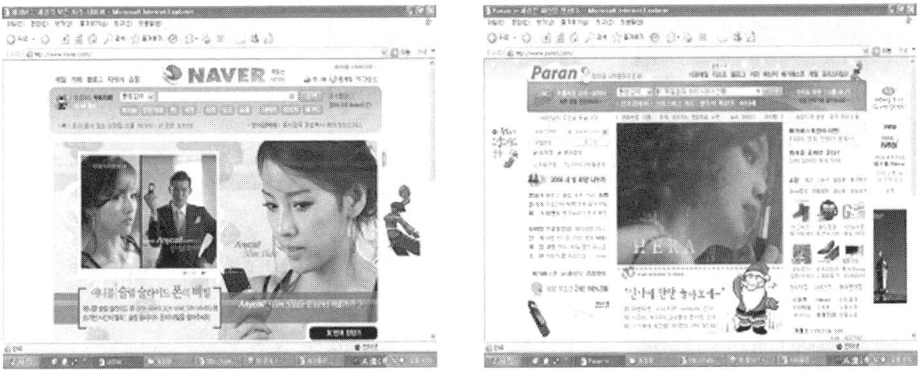

터넷 광고는 텍스트나 애니메이션만이 가미된 기존의 GIF 배너형태에서 발전하여, 소리, 동영상, 소비자와 상호작용까지를 지원하는 새로운 기법의 인터넷 광고방식이며 기존의 배너광고와 이메일 광고에도 함께 사용되고 있다.

리치미디어의 등장과 활성화는 배너와 이메일에 의존하던 단조로움에서 벗어나게 해 주었으며, 광고주가 인터넷 광고에 점차 관심을 갖게 하는 계기가 되었다. 그러나 리치미디어가 인터넷 광고의 새로운 종류라기보다는 인터넷 광고를 다양하게 해 주는 새로운 기법이라고 보는 편이 이해하기 쉬울 것이다. 다시 말하면 리치미디어는 기존의 배너광고와 이메일 광고와 결합하여 광고효과를 높이는 데 큰 기여를 하고 있는 것이다.

4) 동영상 광고

기존의 배너광고가 가지고 있는 정적인 단조로움에서 벗어나, 동영상이 가지고 있는 역동적인 특징과 더불어 기존 텔레비전 광고, 뮤직 비디오, 영화 예고편, 홈쇼핑 채널 등과 결합될 수 있는 동영상 광고(video advertising)가 점차 늘어나고 있다. 이러한 동영상 광고는 광고효과 측면에서도 기존의 배너광고에 비해 광고인지도, 브랜드 인지도, 구매유도, 클릭률 등 다양한 항목에서 뛰어난 것으로 조사되고 있다.

<그림 9> 동영상 광고-라네즈 걸

5) 스폰서십 광고

스폰서십(sponsorship)은 개인이나 기관에서 수행하는 일을 후원해 주면서 간접적으로 자신의 브랜드와 제품을 노출시키는 광고 행위를 말한다. 스폰서십을 통한 광고가 많이 이루어지는 분야로는 스포츠, 영화, 텔레비전 프로그램, 각종 이벤트가 있다. 이것은 기존의 매체에서는 간접광고에 해당하는 것으로 다음과 같은 장점이 있다.

첫째, 스폰서십 광고는 콘텐츠와 통합적 광고 기능이 가능하다는 점이다. 즉 배너광고를 게재하기가 곤란한 콘텐츠나 오락을 제공하는 사이트에 자신의 광고를 삽입함으로써 자신의 사이트로의 트래픽을 발생시키고 브랜드 이미지를 제고할 수 있다.

둘째, 스폰서십 광고는 웹사이트가 존재하는 일정한 계약기간 동안 지속적으로 유지되므로 장기적인 홍보를 통한 이미지 구축이 가능하다.

셋째, 스폰서십을 통하여 광고를 실시할 경우에는 삽입광고, 팝업광고, 게임 또는 채팅에서의 개입, 멀티미디어 활용 등 보다 다양한 광고가 가능해진다.

6) 제휴광고

제휴는 동맹이나 가맹이라는 의미로서 미디어 사이트와 전자상거래 사이트의 경계없는 원활한 제휴를 통한 미디어와 채널의 융합이라고 할 수 있는데, 최근에는 제휴 프로그램(affiliate program)이라 부르고 있다. 즉 전자상거래 사이트가 제휴사이트를 모집하여 그 사이트를 통해 사용자가 상품을 구입하는 경우 수수료를 지불하는 식의 구조이다. 이것은 기존 매체에서는 협동광고에 해당하는 것으로, 전자상거래 사이트의 입장에서 보면 자사의 분점을 인터넷상에서 전개하는 것과 같은 효과를 가져온다. 예를 들면 아마존(amazon.com)은 아도브(adobe.com)와 제휴하여 인터넷상에 자사 웹 사이트로 고객을 유도하는 고지에서부터 실제로 서적을 판매하고 기구입 고객들에게 지속 이용을 촉구하는 마케팅 활동을 실시하여 큰 효과를 거두고 있다. 이와 같이 제휴 프로그램은 미디어와 채널의 융합이라는 인터넷의 상업적 이용모델로서 앞으로도 더욱 활성화 될 것으로 보여진다.

Ⅴ. 인터넷 광고 효과

인터넷이 새로운 광고매체로 인정받게 된 것은 광고 효과가 있으며, 특히 노출 효과를 비교적 정확하고 신속하게 측정할 수 있다는 매력이 있기 때문이다. 그러나 이러한 광고 효과는 노출 효과에 국한된 것으로 앞으로 다른 커뮤니케이션 요소와 마케팅 요소를 함께 고려한 실증적 연구를 통해 보다 다양한 효과 측정 방법이 등장할 것이다. 여기에서는 인터넷 광고 효과 측정을 위해 고려해야 할 요소들에 대해 논의하고자 한다.

(1) 인터넷 사용자의 증가와 광고 효과

우리는 놀라울 정도로 많은 인터넷 광고에 둘러싸여 있으며, 어떤 경우에 그것은 눈에 보이지 않거나 잠재적이다. 인터넷 광고는 제품의 독특한 면이나 이점을 나타내는 비교적 단순한 메시지부터 브랜드 이미지를 강화하는 복잡한 기사까지 많은 형태로 이루어진다. 초기 인터넷 광고는 대부분의 인기 있는 페이지에서 광고주에 의해 콘텐츠가 제공되었다는 것을 보여 주는 로고를 포함하는 웹에 의해 제공된 그래픽 지원을 단순하게 사용하였다. 이처럼 내용-지불방법은 인터넷에서 광범위하게 사용되는 유용한 모델로서 소비자 대신 정보에 대해 지불하고, 기업은 광고비를 지불하는 방식이다. 즉 인기 있는 페이지를 다운로드하는 인터넷 이용자는 소극적으로 스폰서의 광고를 접하게 되는데, 이 때 광고는 이용자로부터 어떤 상호작용이나 활동을 요구하지 않았다. 초기의 광고모델은 광고주가 페이지의 인기를 반영하여 고정된 매달 요금을 지불하거나 전통적인 매체광고에 수반하는 것과 유사한 임프레션에 기초한 요금을 웹페이지 운영자에게 지불하였다.

최근 몇 년 사이 인터넷 사용자가 급격히 변화하면서 인터넷 광고 효과에 대해 많은 관심을 갖게 되었다. 초기 인터넷 이용자들은 남성, 고학력자, 전문직종사자, 젊은 계층이 절대적 우위를 차지했으나, 점차 확장된 범위의 이용자들이 인터넷을 사용하고 있다. 새로운 이용자들은 더 확장된 수입, 연령, 사회적 믹스로 될 것이다. 인터넷은 매우 민주적이고 더 이상 일부 계층의 독점적 영역이 아니다. 최근의 연구 결과를 보면 인터넷 이용자의 남녀성비가 몇 년 전 80:20에서 68:32로 바뀌었으며, 여성 이용자 비율이 계속 증가하고 있다. 또한 인터넷 이용자의 평균연령이 34.9살까지 안정적으로 상승했음을 보여 준다.

인터넷 사용자의 증대는 광고주에게 더 많은 기회를 주게 되었으며, 특히 소비행위의 주체인 여성사용자의 증가는 광고주에게 매력 있는 광고매체가 되고 있다. 따라서 많은 조직은 인터넷을 사용하는 사람들의 데이터를 공식화하려고 한다. 광고는 마케팅 프로그램을 전달하고 마케팅 프로그램은 타겟시장, 공중, 임프레션 특성과 인구통계학적인 이해에 기초해서 성공하거나 실패한다. 인터넷 광고는 성숙되고 있고 진보중이다. 그것은 아직 완벽하지 않지만, 보다 많은 광고주들이 인터넷 광고를 활용하고 있으며, 더욱 유용한 측정기법이 개발되고 있다.

(2) 국제적 매체로서의 광고 효과

일반적으로 인터넷은 전세계적인 도달범위를 가졌기 때문에 국제적 접근이 가능한 광고매체로서 손색이 없다. 전세계 인터넷 사용자가 급속도로 성장하여 이미 2억명 이상이 활용하고 있다. 그러나 실제 인터넷 효과측정에 있어서 어떤 광고에 대한 전세계적 공중의 수를 가정하는 것은 다소 과장된 측면이 있다. 즉 어떤 상품을 광고하는 웹사이트가 전세계 이용자에게 주의를 끌기 위해서는 몇가지 전제조건이 필요하다. 특별한 경우를 제외하고 인터넷 광고가 (1) 상품의 존재에 대해 아는 것, (2) 상품과 서비스에 관심을 갖는 것, (3) 광고메시지 자체가 수용되기 원하는 것으로 만족해야 될지 모른다.

어떤 제품과 서비스는 거의 모든 인터넷과 웹이용자에게 분명히 흥미롭다. 예를 들면 웹이용자가 컴퓨터 제품에 대해서는 잠재적인 고객이다. 매년 인터넷 광고에 엄청난 광고비를 지불하는 마이크로소프트와 넷스케이프와 같은 회사에 대한 인터넷 인구는 타겟시장으로 볼 수 있다. 포드, GM, 토요타 같은 주요 자동차기업은 인터넷 광고에 막대한 금액을 소비한다. 왜냐하면 이들 기업은 그들의 제품이 기업 웹사이트를 통해 전세계에 노출된다는 것을 명백하게 믿기 때문이다. 그리고 전통적인 매체인 TV광고를 통해 전세계적 노출에 소비되는 비용을 감안하면 소수의 웹페이지를 간단하게 만드는 비용은 매우 저렴하다고 판단하기 때문이다.

그러나 모든 광고가 인터넷에 적합한 것은 아니다. 전문제조업자 또는 글로벌 무역사업을 하는 사람들에게는 인터넷 광고 효과가 제한적이며, 상당수 기업 웹사이트는 이런 실망스러운 결과로 매년 포기된다. 인터넷 광고는 글로벌 매체이지만, 소비는 대개 지역적으로 이루어진다. 다른 나라에서 파는 제품에 대해 인터넷 광고를 받아들이지만, 제품은 현지상점에서 구입하는 경우가 많다. 이것은 인터넷을 통한 구매가 일어나지 않는다는 것을 말하는 것은 아니다. 광고주는 지역뿐만 아니라 그들 광고의 전세계적 상황을 고려해야 하며, 이러한 점은 기존 매체를 이용한 국제광고의 기본적 명제인 "Think globally, but act locally"라는 기본명제가 인터넷 광고에도 그대로 적용된다. 이것은 소비자가 인터넷 광고를 통한 국제적 검색을 실시하더라도 실제 소비는 현지상점에서 사는 것이 안전하다고 믿기 때문이다.

(3) 인터넷 광고와 통합마케팅 효과

인터넷 광고는 기존 매체를 통한 광고와 이벤트, 판촉행사, PR 활동 등 다른 마케팅 활동을 통합하는 매개체 역할을 한다. 텔레비전 광고나 신문광고에 인터넷 홈페이지를 게재함으로써 보다 자세한 정보를 인터넷을 통해 제공할 수 있다. 각종 판촉행사나 이벤트에 참가하기 위해서 인터넷을 통해 신청서를 내려받거나 손쉽게 제출할 수 있고, 할인 쿠폰이나 입장권 등을 주문하거나 인쇄할 수 있다. 관심있는 분야의 구체적인 정보를 제공받을 수도 있으며, 같은 관심을 가진 많은 사람들과 함께 정보를 공유할 수도 있다.

Ⅵ. 인터넷 광고의 미래

인터넷 이용자의 수가 급격히 늘어나고 있으며, 인터넷 광고도 양적인 팽창과 더불어 질적인 성장을 거듭하고 있다. 인터넷 광고비도 대폭적으로 늘어나고 있으며, 광고의 형태도 다양화되고 있다. 머지않아 텔레비전 광고와 신문광고에 이어 제 3 의 광고매체가 될 것으로 예측하는 학자들도 있다. 이처럼 인터넷 광고가 활성화되면 광고산업 전반에 미치는 영향도 상당히 커지리라 예상되며, 광고대행사의 역할도 많이 바뀌게 될 것이다. 여기에서는 인터넷 광고의 발전에 따라 변화될 광고계의 몇 가지 점에 대해 알아보자.

(1) 인터넷 광고 전문대행사의 발전

인터넷 광고의 성장과 함께 인터넷 광고를 전문적으로 취급하는 대행사가 등장하고 점차 역할이 확대되고 있다. 이들은 기업이나 비영리조직의 홈페이지를 제작하고 관리 및 운영하는 소규모의 대행사로 출발하여, 점차 광고제작까지도 취급하면서 업무영역을 확장하고 있다.

지금까지 전통적인 매체광고에 대해서는 광고대행사가 전적인 책임을 지는 것이 관례였다. 광고대행사는 광고주를 대신하여 광고안을 제작하고, 전파매체의 시간과 인쇄매체의 지면을 확보하고, 광고캠페인에 대한 전반적인 관리를 실시하였다. 그리고 60%에 달하는 많은 웹광고주들은 전통적인 매체 캠페인을 담당하고 있는 광고대행사에게 배너광고를 맡기는 것으로 나타났다. 그러나 인터넷 광고 또는 배너광고만을 전문으로 기획하고 제작하는 온라인 광고 전문대행사들이 등장하여, 저가의 광고요금을 제시하며 기존 광고대행사의 역할을 잠식할 것이다.

(2) 기존 광고대행사의 역할 변화

인터넷 광고가 활성화됨에 따라 기존 광고대행사에 인터넷 광고를 담당하는 부서가 만들어지거나 일정한 범위에서 협력업체에 외주를 주는 경향이 생기고 있다. 따라서 인터넷 광고의 활성화로 인해 기존의 광고대행사의 역할에도 큰 변화의 바람이 불고 있다.

대부분의 매체광고는 물론 인터넷 광고도 광고후원 자체의 과정은 잘 성립된 모델을 따르는 것이 안전하다. 광고주는 일관성이 있는 광고컨셉을 지니고 적절한 기간 내에 광고스케줄을 고안하고 집행하는 역할을 한다. 그러므로 광고대행사 업무 가운데 매체전략은 매우 중요한 부분으로 여겨지며, 신문, TV, 라디오, 잡지 등으로부터 효과적인 지면과 방송시간을 구매하는 것이 중요한 업무였다. 그러나 인터넷 광고에서는 중간상을 생략하는 것은 가능하다. 따라서 인터넷 광고주는 각 사이트가 많은 클릭률을 갖는다는 것을 가정하고, 각 배너광고를 또 다른 웹사이트로 이동시키는 것에 동의한다. 이런 방식에서 교차 링크된 사이트에 따라 더 많은 소비자에게 접근할 수 있다.

뿐만 아니라 인터넷을 통해 많은 배너와 링크가 등장하고 그들의 사이트, 사업, 관심영역에 대한 정보와 함께 주요한 데이터베이스를 제공할 수 있는 흥미를 가진 사람들이 많아지고 있다. 대부분은 교환자체로 자유로운 서비스를 제공하고 다른 경우에는 요구된 기법을 통해 이익을 찾는데, 이 경우에도 배너를 공유하는 데 동의하는 과정은 광고주에 의해 조정되기도 한다.

(3) 광고 크리에이티브의 변화

인터넷 광고기술의 발전은 다양한 크리에이티브의 등장을 예고하고 있다. 인터넷은 시디롬(CD-Rom) 타이틀과 함께 텍스트, 이미지, 동영상, 사운드, 애니메이션 등 멀티미디어의 구성요소들을 가장 잘 전달할 수 있는 매체이다. 따라서 기존의 매체들이 부분적인 구성요소를 중심으로 크리에이티브 전략을 구사했다면, 인터넷 광고는 다양한 크리에이티브 전략을 선택할 수 있게 되었다. 뿐만 아니라 소비자와 상호작용적인 기능을 구현할 수 있는 디자인, 언어표현, 시각요소, 기술적 요소를 최적화 과정을 거쳐 제시할 수 있는 장점을 가지고 있다. 최적화란 최상의 품질을 유지하면서 파일 크기를 최소한으로 줄이는 과정을 뜻하며, 가능하면 원본 이미지에 가까운 인터넷용 이미지를 만들어 내는 작업이다.

인터넷 광고는 컴퓨터를 활용하여 다양한 서체(Typography)를 개발하고 있으며, 다른 디자인 요소들과 결합하여 디자이너가 만드는 정서적인 관계에서 중요한 역할을 한다. 그리고 스캐너를 활용하여 각종 이미지를 손쉽게 획득하거나 합성하며, 확대 및 축소할 수 있다. 아울러 기존의 제한된 이미지에서 탈피하여, 변형, 혼합, 복제, 모자이크 기법 등 다양한 이미지를 만들어 내고 저장할 수 있다. 따라서 '멀티미디어의 총아' 인 인터넷을 적절히 사용함으로써 인터넷 광고는 표현의 영역을 점차 확대해 나갈 것으로 보여진다.

(4) 광고전략의 변화

광고전략을 제시할 때 기존의 단편적인 광고전략에서 탈피하여 총체적인 광고전략을 제시할 필요가 대두되었다. 예를 들면 이벤트나 각종 판매촉진 기법을 활용할 때 오프라인과 함께 온라인 광고를 함께 제시하는 토털마케팅 전략을 구사하게 되었으며, 아울러 PR 활동과 연계하여 마케팅 PR 또는 브랜드 PR을 함께 실시하게 되었다. 따라서 인터넷 전문 광고대행사 및 PR 대행사와 경쟁관계에 직면하며, 때로는 전략적 제휴관계를 맺어야 할 필요성을 가지게 되었다. 광고주도 기존의 매체광고에 의존하면서 광고비를 기존매체 광고에 집중적으로 투입하던 관행에서 벗어나, 브랜드 자산을 높이기 위한 다각적인 역할을 광고대행사에 요구하고 있다.

이처럼 마케팅 PR이 활성화되면서 간접광고나 제품배치광고 등 다양한 형태의 광고가 제시될 필요성이 커지게 되었다. 예를 들면, 음료, 자동차, 옷과 같은 제품은 영화나 TV쇼에서 간접광고의 형태로 보여지게 되었다. 이러한 간접광고 또는 제품배치는 영화 같은 전통적 매체에서 발전되었으며, 통합적 광고전략을 고려할 때에는 더욱 광범위하게 사용된다. 뿐만 아니라 인터넷 광고는 협동광고의 활성화를 가지고 올 것으로 기대된다. 가장 간단한 수준에서 협동광고는 웹 페이지의 콘텐츠를 통해 만들어질 수 있다. 예를 들면 청바지 제조업자와 미국의 카우보이 역사를 포함하는 웹사이트의 운영자는 공동으로 인터넷 광고를 실시할 수 있다. 진은 카우보이와 관련이 있고 따라서 그 사이트에 존재하는 것은 제조업자에게 적합하게 될 것이다. 또 다른 예는 제약회사가 건강보조식품을 연계하는 사이트를 운영하거나, 자동차회사와 보험회사의 협동광고, 여행사와 호텔 및 렌트카 회사가 함께 협동광고를 실시할 수도 있을 것이다. 이러한 연계광고는 인터넷 광고를 통해 더욱 활성화될 것으로 보인다.

참고문헌

강미선(2001). 웹주소 광고의 심리적 · 행동적 효과. 『광고학연구』 제12권 1호, 7-36.

박성호(2000). 인터넷 광고와 광고이용 성향에 관한 연구. 『광고연구』 제48호 59-77.

김재휘, 김태훈(2001), 인터넷 광고혼잡도가 광고효과에 미치는 영향. 『광고학연구』, 제12권 4호. 97-114.

김주호(2001). E-mail 광고유형별 효과분석. 『광고연구』 제53호. 47-71.

김주호, 이재문, 이승창(1999). 『인터넷 매체의 특성 이해 및 인터넷 광고의 효과에 관한 연구』. 한국광고업협회.

김주호, 장상섭, 임언석(2000). 『E-mail Marketing과 소비자 태도 연구』. 한국광고업 협회.

박기남, 이훈영(2000). 인터넷 배너광고의 클릭률에 영향을 미치는 주요 요인들에 관한 시뮬레이션 연구. 『광고학연구』 제11권 3호. 269-288.

신승익, 송유진, 백승록(2001). Internet Marketing의 체계적 구성요소와 활용방안에 대한 연구.

이경렬, 김상훈(2001). 인터넷 배너광고 정보처리과정에서 조정변인으로서의 관여 도 및 인지욕구의 역할에 관한 연구. 『광고연구』 제52호, 73-90.

이두희(2002). 『광고론』. 박영사.

이현우 외(2001). 『인터넷과 광고』. 한울아카데미.

서찬주, 하영원, 부경희, 이시훈(2000). 『사이버마케팅 도구로서의 인터넷마케팅』. 한국광고학회.

정보통, 최환진(1999). 『인터넷광고-이론과 전략』. 나남출판.

최환진(2000). 웹사이트의 상호작용성을 중심으로 본 인터넷광고의 효과과정. 『광고연구』. 제47호, 61-89.

Armstrong, Steven(2001). *Advertising on the Internet*(London: Kogan Page Limited).

제11장
인터넷과 PR

안 보 섭*

Ⅰ. 들어가면서

현재 전 세계적으로 5억 5500만명 정도가 인터넷을 이용하고 있으며 이 숫자는 거의 세계 인구의 10%가 인터넷을 사용하고 있다는 것이다. 인터넷 사용인구의 확산속도는 기존의 매체와 비교해 볼 때 엄청나다고 할 수 있다. 미국에서는 라디오가 5,000만명의 이용자를 보유하기까지 30년이 걸렸고, 텔레비전은 같은 수의 이용자를 보유하기까지 13년이란 시간을 소요하였다. 그러나 인터넷은 단 4년만에 5,000만명의 이용자를 보유하였다.

특히 한국의 경우 인터넷 사용인구의 확산속도는 다른 국가와 비교해서 상대적으로 매우 빨랐다. 국내의 경우[1] 현재의 7살 이상 인구 중 한 달에 한 번 이상 인터넷을 이용하는 사람은 2223만명(51.6%)으로 국민 2명 중 1명이 인터넷을 사용하는 것으로 나타났다. 인터넷을 사용하는 기술 환경도 선진국에 뒤지지 않는 환경을 가진 것으로 조사되었는데, 정보통신부 2001년 7월 발표에 의하면 초고속 인터넷 가입자는 625만명으로 집계되었고 접속방식별로는 ADSL(비대칭 디지털 가입자 회선) 가입자가 350만명을 넘어섰고 케이블 방식을

* 숙명여대 언론정보학부 교수

1) http://www.marketcast.co.kr, 국내인터넷사용자현황, 2001년 7월 17일 ; 한국인터넷정보센터의 2001년 6월말 조사자료

이용한 가입자가 195만명이며 LAN(근거리 통신망)방식의 가입자도 78만명에 달하는 것으로 알려졌다. 또한 2001년 1월 말 현재 'kr' 도메인 등록 건수는 51만 6000여건으로 나타났고 그 중 'co.kr'은 45만 4576건인 것으로 알려졌다. 국내 IP주소 보유 수는 1892만 1984개이며 전용선 가입 기관수는 7만 3914곳인 것으로 발표했다.

실제로 닐슨//넷레이팅사의 세계 인터넷 접속 보고서는 국내 인터넷 이용자들의 이용 실태를 보여주고 있는데, 한국의 인터넷 이용자 1명당 매달 평균 2164페이지를 조회하고 있고 이러한 조회규모는 조사 대상 21개 나라 가운데 가장 큰 것이다.

LG애드의 상반기 네티즌 분석보고서에 따르면, 인터넷 이용이 보편화하면서 대중 매체를 사용하는 패턴도 변화하고 있다. 이 보고서에 따르면 TV 시청시간이 줄었다고 응답한 연령층의 비율은 10대가 63%로 가장 높게 나타났다. 또한 남자가 여자보다 TV를 보는 시간이 많이 줄었고 직업별로는 학생이 직장인보다 많이 감소하였다. 조사 대상 네티즌 중 인터넷을 사용하여 신문을 접하는 비율은 44.1%로 나타났으며 이러한 경향은 인터넷을 뉴스의 정보원으로 사용하는 비율이 증가한다는 것을 보여주고 있다. 조사대상자 중 20-40대 남자들의 인터넷을 이용하여 신문을 읽는 비율이 평균 56%에 이르고 있다. 이러한 조사결과는 네티즌들의 정보 추구 매체는 인쇄매체에서 인터넷 매체로 옮겨가고 있음을 반영하고 있다.

여러 가지 조사를 통해 국내 인터넷 보급과 이용 현황을 살펴 볼 때, 인터넷이 새로운 매체로서 부상하고 있음을 보여주고 있다. 매체수용자의 매체 이용현황의 변화는 곧 커뮤니케이션 주체들에게 중요한 의미를 부여하고 있다. 특히 PR(Public Relations)프로그램이나 캠페인을 주도하는 PR 주체의 입장에서는 인터넷은 PR 커뮤니케이션의 중요한 도구로서의 부상을 의미한다. 보다 구체적으로 설명한다면, 효과적인 PR 프로그램 및 캠페인의 기초인 정보 수집·분석과 함께 PR 공중을 대상으로 하는 정보 제공·전달이라는 측면에서도 인터넷의 효율적인 활용은 장차 PR 활동의 중요한 과제가 될 가능성을 제시하고 있다.

따라서 본 장에서는 인터넷이라는 새로운 커뮤니케이션 수단이 어떻게

PR에 활용될 수 있는가를 살펴보고자 한다.

Ⅱ. PR의 개념과 특성

1. PR의 정의

인터넷의 매체적 특성 및 커뮤니케이션 특성에 앞서 PR의 기본 개념에 대한 이해가 선행되어야 할 것이다. 또한 PR의 기본 개념에 대한 이해에 앞서 PR에 대한 정의를 살펴보는 것이 이해에 도움이 될 것이다.

PR(Public Relations)은 무엇인가? 유감스럽게도 정답은 없다. PR 활동에 관한 진지한 연구가 1900년대 초부터 이루어져 왔고 그 이후에도 PR의 정확한 정의를 내리기 위해 많은 학자들이 노력하였다. 21세기가 시작된 지금에도 여전히 논쟁거리로 남아 있다.

여러 학자들의 PR에 대한 정의를 논하기 전에 우선 독자들에게 "PR이란 무엇이라 생각하는가"를 묻고 싶다. "모른다" 또는 황당한 대답이라도 놀랄 필요가 없다. 1976년 PR 학자인 렉스 할로우(Rex Harlow)가 조사한 바에 의하면, PR에 대한 정의가 472개가 존재한다는 것이다. 이는 PR에 대한 정확한 정의가 존재하지 않는다는 것을 의미하며 학자나 조직에 따라 각기 다른 정의를 사용하고 있다는 것이다.

국제PR 협회(International Public Relations Association: IPRA)에 따르면, PR을 "상황을 분석하고 그 결과를 예측하여 조직의 지도자를 카운셀링하는 것이며 조직과 공중 모두에게 이익을 주는 계획을 실시하는 기술이자 과학"이라고 정의하고 있다.

472개의 PR 정의를 기초로 렉스 할로우는 자신만의 87개 단어로 PR의 정의를 내리고 있다. 할로우는 PR의 역할을 "조직체와 그 조직체와 관련된 공중 사이의 커뮤니케이션, 이해, 수용 및 협력의 상호관계를 확립하고 유지되도록 돕는 관리기능(management function that helps establish and maintain mutual lines of communication, understanding, acceptance and cooperation between an organization and its publics)으로 정의하고 있다.[2] 그루니그와 헌트(James Grunig and Todd Hunt)는 PR을 "조직과 그 공중간의 커뮤니케이션 관리"라는 보다 적은 단어로 그러나 광범위하게 정의하고 있다.[3] 또한 커틀립 등은 PR을 "상호 만족할 만한 쌍방적 커뮤니케이션을 기초로 사회적으로 책임 있고 수용될 수 있는 행동을 통해 여론에 영향을 미치기 위한 계획된 노력"으로 정의를 내리고 있다.[4]

종합적으로 말해, PR은 커뮤니케이션을 통한 조직체와 그 조직체와 관련된 공중 사이의 이해 및 협력의 상호관계를 확립하고 유지되도록 돕는 관리기능뿐만 아니라 조직체가 직면하고 있는 문제나 쟁점을 관리하고, 경영진들이 여론을 인지하고 이에 대응하도록 도우며 또한 사회적 책임을 수행하도록 조언하는 기능도 포함된다. 이외에도 조직체가 활동하는 환경변화를 관찰하고 그 변화를 전략적으로 활용하도록 돕는 기능도 강조된다.

학자나 PR 관련 조직체의 목표나 필요에 따라 PR에 대해 매우 다양한 정의가 존재한다. 따라서 PR의 포괄적인 정의에 포함된 공통된 요소에서 합의점을 도출하는 것이 보다 현명할 것이다.

첫번째 요소는 할로우의 정의에서 기술한 것처럼, PR이 "경영기능"을 포함한다는 점이다. PR 실무자는 조직체가 직면하고 있는 문제해결을 위해 언제 커뮤니케이션 프로그램이나 캠페인을 수행해야 하는가의 시간(timing), 방법 그리고 어떠한 전략으로 접근해야 하는가에 대한 카운셀링을 제공하여야 한다. PR 실무자는 명령에 따르는 군인이 아니라 조직체의 정책결정에 도움을 줄 수 있는 장군이 되어야 한다는 의미이다.

두 번째 요소는 PR은 쌍방향 커뮤니케이션(two-way communication)이다. 커뮤니케이션이란 조직체의 필요에 따라 공중들에게 일방적으로 말하는 것이 아니라 공중들이 조직체와 관련하여 말하는 관심이나 요구 등을 듣는 것

---

2) Harlow, R. (1976), "Building a Public Relations Definitions," *Public Relations*(Vol. 2. Winter), p.36.

3) Grunig, J & T. Hunt(1984), *Managing Public Relations* (NY: Holt, rinehart and Winston), pp.6–8.

4) Cutlip, M & Allen H. Center(1982), *Effective Public Relations* (Englewood Cliffs, NY: Prentice Hall Inc.)

이 중요하며, 특히 그들의 관심과 요구가 무엇인가를 파악하는 정보의 수집 및 분석이 매우 중요하다.

세 번째 요소는 계획된 행동이다. 다시 말해 PR과 관련된 모든 활동은 직감적으로 이루어지는 것이 아니라 조직체의 목표나 가치에 맞게 잘 계획된 활동이어야 한다. 구체적으로 말해 조직체가 활동하는 환경과 조직체가 직면하고 있는 쟁점이 발생하는 환경 등에 대한 완전한 이해를 하기 위해서 과학적 조사나 모니터링을 통해 얻어진 정보분석을 기초로 한 체계적이고 계획된 PR 프로그램이나 캠페인만이 효과를 얻을 수 있다.

마지막 요소로 강조되는 것이 PR 활동의 사회적 책임이다. PR 실무자는 공익적 차원에서 사회에서 건전한 역할을 수행하여야 한다. 다시 말해 PR 활동은 건실하고 윤리적인 커뮤니케이션 활동이 요구되는 분야이다. PR 실무자가 고객을 위해 수단과 방법을 가리지 않는, 즉 공익에 반하는 활동을 하는 것은 궁극적으로 PR 활동 전체의 신뢰도를 저하시킬 뿐만 아니라 PR 산업 전체에도 많은 문제점을 야기 시킬 수 있기 때문이다.

2. 공중(Public)이란?

학자들 사이의 다양한 정의에도 불구하고, PR 실무자들 사이에 합의되는 단어 중 하나는 공중(Public)에 대한 정의이다. 즉 공중이란 “특정한 상황에서 행동을 유발할 수도 있는 공통된 이해 또는 가치를 가진 일련의 집단”을 의미한다는 것이다.[5)]

공중(Public)은 대중(Mass)과 확연히 다르다. 대중은 어떤 사회적 문제나 쟁점(issue)에 대해 관심이 없고 자신과 무관하다고 생각하고 있다. 따라서 문제나 쟁점에 대한 어떠한 의견을 표명하지 않으며 서로간의 의사소통이 없고 조직화의 가능성이 없는 집단이다. 반면에 공중은 사회적 문제나 쟁점이 존재한다는 것을 인식하고 있으며 이들의 해결을 위해 토론하고 조직화할 수 있는 집단이다. 공중은 하나의 집단만이 존재하는 것은 아니다. 어떤 문제나 쟁점이 발생하면 이해가 엇갈리는 여러 개의 공중집단이 생긴다. 이를테면, 노사

5) Gurh, David. W & Charles Mardh(2000), *Public Relations* (Allyn & Bacon, MA), p. 5.

문제가 발생할 경우, 노동자집단(노동조합)과 경영자집단으로 나누어진다. 즉 어떤 쟁점에 대해 지지하는 집단과 반대하는 집단이 동시에 생긴다. 이와 같이 공중이란 어떤 사회적인 문제나 쟁점에 대해 공통된 이해나 가치로 맺어져 있는 집단을 말한다.

어떤 특정 조직체가 사회적 문제나 쟁점과 관련하여 공중과 관련이 있을 때, 그 공중을 스테이크홀더(stakeholder)라고 한다. 이는 그 조직체가 관련하고 있는 쟁점이나 조직체 그 자체에 영향력을 행사한다는 것을 의미한다.

공중을 조직체와 관련된 목표공중(target public)에 따라 분류하면, 미디어 공중, 정부 공중, 지역사회 공중, 종업원 공중, 투자자 공중, 소비자 공중 등으로 분류할 수 있다. 또한 조직의 범위(boundary)측면에서 보면 내부공중(Internal Publics)과 외부공중(External Publics)으로 분류할 수 있다. 이에 따라 조직커뮤니케이션은 내부 커뮤니케이션(Internal Communication)과 외부 커뮤니케이션(External Communication)으로 분류될 수 있다.

PR의 내부 커뮤니케이션 수단으로는 인터넷, 사내보 제작, 사내방송 및 사내활동과 관련된 조회, 토론회 등이 있다. 외부 커뮤니케이션 수단으로는 인터넷, 뉴스 릴리스(publicity 및 기자회견 등을 포함한 News Release), 텔레비전 또는 라디오 토크쇼, 기업 이미지광고(Image-building advertising), 의견 및 주장광고(Advocacy Ad), 팜플렛, 카탈로그, DM, 책, 광고, 연설문 작성(speech reproductions), '사회보고서(social report)' 또는 '사회진단 보고서(social audit)' 작성, 이벤트 및 MPR(Marketing Public Relations) 등을 포함하는 여러 가지 수단들이 있다.

3. PR의 개념

(1) PR의 이론적 접근

PR의 개념을 설명하기 위해서는 PR 이론적 접근이 선행되어야 한다. PR 이론적 접근법으로는 현재 조직이론과 마케팅 이론적 시각이 가장 많이 언급되고 있다.

첫째 조직 이론적 입장을 간략히 살펴보면, PR을 조직의 커뮤니케이션 기능으로 이해하면서 조직의 목적 달성을 위한 PR의 역할을 강조한다. 여기에서 PR은 조직이 갖는 여러 개의 하부체계(subsystem)들 중의 하나로 인식된다. 미국에서 태동한 이 입장은 체계 이론적 사고에 기초하면서 모든 조직은 자신의 주위환경과 연관선상에 있다고 주장한다. 즉, PR은 조직과 환경사이에서 중개자, 혹은 연결(liaison)기능을 한다는 것이다. 이 이론은 1960년대에서 1970년 사이에 풍미한 이론들이다. 이 시기 학자들은 경쟁이 심한 시장환경을 이론에 반영하여, 기업을 외적인 힘에 의해서 영향을 받는 존재로 보게 되었다는 것을 말한다.[6)]

이 접근법은 조직에 관한 '시스템적 접근(systems approach)' 으로서 조직이란 유기체와 같이 그들의 환경에 의해 '개방적' 인 존재이기 때문에 생존을 위해서는 항상 환경과의 적절한 관계를 유지해야만 한다는 원칙에 입각하고 있다.[7)]

이 이론적 접근의 개방적인 관점은 조직의 일반적인 환경뿐만 아니라 조직과의 직접적인 상호작용에 의하여 규정되는 과업환경의 이해에 많은 관심을 두고 있다. 이러한 사실은 과업환경의 변화를 검색, 감지하고 환경과 상호의존적인 영역과 핵심적인 경제부문들을 연결시키고 관리하는 '적절한 전략적 반응' 을 개발해 낼 수 있는 능력의 중요성을 강조하고 있다.

둘째 마케팅 이론적 입장은 PR을 조직, 특히 영리조직(기업)의 마케팅 도구 즉, 이윤 추구의 수단으로 이해하고 조직의 마케팅 목표 도달을 위해서 다른 커뮤니케이션 수단과 함께 PR이 어떠한 기여를 하는가에 주안점을 두고 있다. 그러나 경쟁사들의 제품들이 평준화되고 제품간 차별화가 어려워짐에 따라 예전처럼 제품 기능의 우월성으로 소비자들에게 접근하기는 힘들어지게 되었다. 또한 대내외적으로 기업환경이 변화함에 따라 새로운 마케팅전략의 필요성을 절감하고 있다. 이는 기업들이 멋진 텔레비전 광고를 통해 소비자들에게 그들의 메시지를 전달하려 하는 것만으로는 효과적인 마케팅을 할 수 없다는 이야기이다. 그래서 최근에 와서 가장 효율적인 마케팅 커뮤니케이션 수

6) Thomas J. Peters and Robert H. Waterman. Jr.(1982), *In Search of Excellence* (New York: Harper & Row), p. 99.

7) Gareth Morgan(1986), *Images of Organization* (Sage Publications), pp. 44-76.

단으로 PR이 새롭게 활용되고 있다. 마케팅을 지원하는 비장의 무기로 등장하고 있는 PR 기능을 마케팅 PR(Marketing Public Relations)이라고 하는데 이미 여러 조사를 통해 광고보다 더욱 효과적이라는 것이 밝혀지고 있다. 따라서 최근에는 MPR이라는 이름으로 더욱 그 역할이 다양해지고 구체화되기 시작했다. 이를테면, 기업들은 비영리 목적으로 행사후원을 한다든지, 각종 문화행사를 주최하는 등 갖가지 간접적인 방법으로 기업에 대한 긍정적 이미지를 소비자에게 심어주기 위해 노력하고 있다.

제품이나 서비스에 대한 언론이나 소비자의 관심을 끌 수 있게 해주는 다양한 MPR 전술로는 수상(Award), 책자발행, 콘테스트, 시연(Demonstration), 전시회, 개업식, 핫라인(Hotline), 인터뷰, 쟁점제기(key Issues), 로고 새기기, 회합(Meeting), 뉴스레터 발간, 공익사업, 라디오 프로그램 협찬, 상징만들기(Symbol), 매체의 기업방문, 비디오 뉴스배포(Video News Release), 기념일, 전문가 칼럼 등이 활용되고 있다.

(2) PR의 목표공중(Target Publics)과 현대적 PR 개념

조직체와 그 조직체와 관련된 목표공중 사이의 커뮤니케이션, 이해, 수용 및 협력의 상호관계를 확립하고 유지하기 위한 것으로 세분화하면, 대언론관계(Media Relations), 정부관계(Government Relations), 지역관계(Community Relations), 종업원관계(Employee Relations), 소비자관계(Consumer Relations), 투자자관계(Investor Relations), 공급자관계(Supplier Relations) 등으로 나눌 수 있다.

조직체 중에서도 기업조직체의 경우, 그 조직체가 관련하고 있는 쟁점이나 조직체 그 자체에 영향력을 행사하는 다양한 목표공중들이 존재한다.

조직체(PR 주체)의 입장에서 보면, 미디어 공중은 미디어 자체가 목표는 아니지만 미디어의 공신력을 활용할 수 있다는 측면에서 매우 중요할 뿐만 아니라 홍보수단의 가장 기본적인 공중이다. 따라서 대언론관계(media relations)는 조직체와 관련된 활동들을 뉴스가치에 맞게 뉴스릴리스(publicity 및 기자회견 등을 포함한 News Release)를 배포함으로써 무상으로 홍보할 수 있는 가장 중요하면서도 기본적인 관계(media relations)이다.

조직체, 특히 기업조직체의 경우, 정부 공중은 기업체의 주요한 스테이크홀더 중 하나이다. 20세기 이후 정부의 역할은 증대하여 왔다. 소비자주의의 발달, 공중들의 사회문제에 대한 관심 증대와 사회적 관심과 이익집단들의 발달은 사회적 규제와 관련된 새로운 행정부서의 증설을 야기시켰다(식약청, 환경청 등). 새로운 규제기관은 역사적으로 유래가 없는 수많은 규제를 만들고 있다. 따라서 정부 공중과의 관계(government relations) 개선은 기업활동에 있어 결정적인 역할을 할 수 있다.

백화점과 같은 유통업이나 제조업을 하는 조직체의 경우 지역사회 공중 역시 조직체에 영향을 미칠 스테이크홀더 중 하나이다. 영리위주의 조직체인 기업이 만드는 제품과 서비스에 따라 PR의 활동 방법을 달리할 수 있다. 예를 들면, 서비스 산업의 PR 프로그램은 퍼브리시티(publicity)나 선전(propaganda)과 같은 방법보다는 민초적 지역관계(grassroots community relations)에 중점을 둔다.

소매점 체인(retail chains)중의 하나인 J.C. Penney와 같은 기업은 기업이미지 개선을 위해 종업원들이 지역 자선사업(charities), 시민 생활개선을 위한 조직(civic improvement organization) 그리고 지역 서비스를 위한 다른 형태의 행사에 참여하도록 하는 제도적 장치(참여 횟수를 평가하여 인사고과에 반영시키는 제도)를 마련하고 있다.

종업원 역시 조직체에게는 매우 중요한 스테이크홀더이다. 조직체의 운영은 경영진이라 부르는 전문가 집단이 맡고 있으며 이들 경영진들과 종업원은 서로 다른 가치체계 속에서 살아가기 때문에 서로 밀접한 인간관계를 맺기가 어렵게 된다. 종업원과 경영진 사이의 커뮤니케이션 채널이 효과적으로 운영되지 않을 경우 결과적으로 종업원의 사기와 조직 생산성은 저하된다. 따라서 내부커뮤니케이션의 일환인 종업원과의 관계(employee relations) 역시 중요하다.

기업의 경우, 주요한 목표공중 중에서 고객을 들 수 있다. 우리는 일상생활을 영위하기 위해 경제적 재화를 구매, 사용 또는 소비하는 사람을 소비자(consumer)라고 부른다. 그리고 재화를 제공하는 주체(개인 또는 조직)의 입장에서 자신의 제공물을 구매 또는 사용하려는 사람을 고객(customer)이라 부른다.

최근 소비자행동과 마케팅을 연구하는 분야에서는 소비자와 고객의 개념을 광의로 해석하고 이들의 범주 속에 다양한 유형의 사람들을 포함시키고 있다. 즉 유형의 재화를 구매 · 사용하고 있는 사람뿐만 아니라 서비스나 지식과 같은 무형의 경제적 가치를 구매 · 사용하는 사람도 그 가치를 제공하는 주체에게는 중요한 고객이다. 이를테면, 지하철이나 노선버스 회사의 고객은 대중교통수단을 이용하는 시민들이고, 병원의 고객은 환자들이며, 법률사무소나 회계사무소의 고객은 자문을 구하고 사건의뢰를 하려는 사람들이다.

고객이란 영리 또는 비영리조직이 제공하는 유 · 무형의 경제적 재화(또는 가치)를 일정한 대가를 지불하고 구매, 사용, 또는 소비하는 사람들을 말한다. 이들이 없다면 모든 조직의 존립기반이 상실될 수밖에 없는 조직의 교환대상자가 바로 고객이다. 따라서 조직체의 경우 소비자 또는 고객과의 관계(consumer relations) 개선 역시 필요하다.

투자자(Investors) 또한 영리를 목적으로 하는 조직체에게는 목표공중 중 하나이다. IMF 구제금융을 겪고 나서 국내 기업들도 그 동안의 무분별한 차입경영과 부실하면서도 투명하지 못한 재무구조의 경영관례의 폐해를 경험하였다. 특히 WTO 체제에서의 자본의 개방화, 정치 민주화, 다양한 사회단체의 출현과 대중매체의 고발성 뉴스보도 등에 의한 특혜 금융에 대한 어려움, 직접금융에 의한 자금조달의 비중이 증가함에 따라 신규투자자를 확보하여 보다 저렴한 자금을 확보할 필요성, 소액주주들의 권리를 주장하는 사회단체의 목소리, 기업의 M & A에 대한 정부의 개방 등 시대적 환경변화는 조직체들에게 투자자의 중요성을 한층 부각시키고 있다. 시대적 환경변화와 더불어 글로벌 스탠더드에 바탕을 둔 기업의 재무구조에 대한 투명성의 필요성이 대두되었다.[8)]

시대적 환경변화는 기업이 기업가치의 정당한 평가를 받기 위한 다양한 외부적 활동의 필요성을 인식하게 되었으며 그 중에서도 기존의 투자자, 나아가 잠재 투자자들에게 어떻게 하면 기업의 가치를 정확하게 알려 기업의 수익성과 비전에 신뢰를 도모하고 나아가 주식시장에서 우호적인 평가를 받아 지속적 투자를 유치하여 기업의 안정적인 성장을 이끌 것인가가 중요한 과제로

8) 최윤희(1996), 『현대PR론』, pp. 261-265.

부각되었다. 이러한 상황하에서 기업의 주인인 주주 집단과 잠재 투자자 집단 모두가 그들의 투자의사 결정에 필요한 경영, 재무정보를 기업이 충분하고도 신속하게 알려줄 것을 요구하고 있다. 또한 기업의 입장에서 보면 앞에서 언급한 여러 가지 이유에 의해 기업의 생존 및 성장을 위해서는 경영, 재무정보의 적극적인 공개를 기초로 하는 PR 활동을 통한 투자자와의 관계(investor relations) 개선이 필요하다.

PR 프로그램 또는 캠페인과 관련된 목표공중들의 중요성에 대해 살펴보았듯이, PR 활동은 조직체와 그 조직체와 관련된 목표공중 사이의 커뮤니케이션, 이해, 수용 및 협력의 상호관계를 확립하고 유지하는 것을 목표로 한다.

그러나 PR이란 조직체가 목표공중들을 대상으로 조직체의 정보만을 알리는 것으로 끝나는 것은 아니다. 다시 말해, PR의 기능적 측면에서 내 · 외부를 대상으로 조직체를 알리는 내 · 외부 커뮤니케이션만큼 중요한 부분은 정보의 수집 · 분석을 위한 환경모니터링(Environmental Monitoring System)을 통한 쟁점관리(Issues Management)를 들 수 있다. 이 부분은 예방적 PR (Proactive PR)에 있어 가장 기본적인 기능 중의 하나이며, 선진화된 국가에서 영리추구를 위한 조직체인 기업들이 중시하는 기능이다. 이러한 기능을 중시하는 것은 앞에서 설명한 조직 이론적 입장에서 기업환경의 변화, 즉 기업은 기업외적인 힘에 의해 많은 영향을 받기 때문에 환경변화에 적절히 대응하기 위해 발전된 PR의 기능중 하나이다.

오늘날의 기업경영은 변화의 경영이라 할 수 있다. 여기에서의 변화는 단순히 기술적, 정치적, 또는 경제적 변화뿐만 아니라 소비자들의 태도, 신념, 가치, 행동, 그리고 소비자들의 인구통계학적/라이프 스타일의 특성에서의 변화도 포함된다. 따라서 이러한 변화에 대해 환경모니터링을 통한 쟁점관리는 경영진의 조기 경보체계로서 일정하게 기여하는 측면이 있다.

구체적으로 말해, PR 활동은 기업에서 무엇을, 어떻게, 왜 과업을 수행하고 있는가를 기업의 내 · 외부 공중들에게 알려야 할(홍보) 뿐만 아니라 기업이 변화하는 환경에 적응 또는 능동적으로 대처하기 위하여 기업의 내 · 외부의 환경변화가 앞으로 기업에 미칠 영향에 대한 정보를 수집 · 분석하여 기업경영진에게 분석된 정보를 제공하는 활동도 포함된다.

PR 활동이란 PR 프로그램 또는 캠페인을 집행하게끔 만든 문제나 쟁점, 이들이 발생한 상황 그리고 목표공중 등에 대한 정보를 과학적인 조사를 통해 얻은 후 분석하여, 그들을 기초로 프로그램이나 캠페인의 전략을 기획하여 집행 · 평가하는 하나의 순환적 과정이다. 이 때 정보를 수집하기 위하여 과학적인 조사뿐만 아니라, 기업의 성장기회와 의사 결정에 영향을 미칠지도 모를 기업환경변화에 대한 환경모니터링(environmental monitoring system)을 통한 쟁점관리(Issues Management) 활동도 포함된다.

전통적 기업 PR은 기업과 관련 공중간의 커뮤니케이션 관리의 일환으로 기사작성, 편집, 시청각 자료 제작, 그래픽, 보도자료 제작 등의 언론적인 기술에 중점을 두었다. 반면에 빠른 사회변화를 겪는 오늘날의 기업 PR은 기업과 직 · 간접으로 관련된 여러 가지 동향이나 기업과 관련된 이익집단 및 사회단체의 본질이나 의도 파악을 위한 정보수집 및 분석 등의 활동을 강화하고 있다.

구체적으로 말해, 현대적 PR 활동은 기업에 영향을 미칠지도 모르는 사회적 · 경제적 · 기술적 그리고 정치적 경향을 민감하게 탐지하여 잠재적 내지 현재적 사회 문제나 쟁점을 밝혀내기 위한 환경 모니터링 시스템(environmental monitoring system)의 구축[9]을 통한 공공쟁점관리(public issues management)를 수행한다. 이러한 시스템 구축을 통해 기업이 활동하는 사회 · 정치 · 경제 및 기술적 환경을 평가하는 작업을 수행하고 기업에 영향을 미치는 다양한 외부집단의 변화하는 이해관계와 영향력을 예의 주시하여 대응하는 활동도 포함된다. 이런 기업의 외부환경변화는 기업활동과정에 부정적인 영향을 끼칠 수도 있으며, 이 외부영향력을 고려하지 않은 기업 PR 전략은 실패의 원천이 될 수 있다. 외부환경은 안정적이지 않으므로 계속적으로 주시하고 평가되어야 한다.

환경 모니터링 시스템은 세 가지 기본적인 기능을 포함한다. (1) 외부환경

9) E. W. Brody에 의하면, 환경평가와 쟁점관리의 다른 점은 환경평가가 조직체를 둘러싼 환경 전반에서 일어나는 모든 조직관련 사항을 모두 파악하는 데 반해 쟁점관리는 최종적으로 정부가 공적으로 개입되어야 하는 문제를 다룬다고 지적하고 있다. 그러나 넓은 의미에서 쟁점관리를 환경평가의 하나로 볼 수 있다. 한정호, 『기업의 PR환경과 모니터링 연구』,(한국홍보학회 발표논문집, 1997. 10.) p.84.

에 관한 정보가 수집되어야 한다. 공중들의 라이프 스타일과 습관의 변화 또는 사회적 사고에서 새로운 경향이 시작되거나, 가치변화를 주목하기 위하여 계속 주시해야 하고 기업은 이런 변화를 계속 모니터링하여 기업활동방향에 관한 더 많은 정보를 수집하여야 한다. (2) 이 정보는 몇 가지 차원과 함께 분석, 평가되어야 한다. 모니터링 과정에서 발견한 환경변화 정도와 방향에 관한 예측(forecasting)이 행해져야 한다. 기업은 또한 새롭게 제기되는 쟁점들이 기업체제에 미치는 잠재적 영향력을 분석하여야 한다. 이런 잠재적 분석을 행한 후, 기업은 그 다음에 대응 능력을 평가하여야 한다. (3) 기업환경과 기업에 대한 잠재적 영향력의 변화에 관한 정보를 인지하고 기업전략을 발전시키는 데 신중히 고려하여야 한다. 이렇게 외부환경을 모니터링, 평가하는 내적 능력, 즉 기업과 관련된 사회문제가 공공 의제화(public agenda)화 되기 전에 예측할 수 있는 활동은 매우 중요하다. 발생초기에 있는 공공문제를 판별해내어, 그 문제에 대응할 수 있는 선택사항을 기업이 더 많이 갖도록 하고 공공토론의 결과에 더 많은 영향력을 끼칠 수 있게 하기 때문이다. 특히 한국의 기업들은 쟁점관리를 통한 예측적 PR 활동을 등한시 해왔다. 오직 음성적이고 비합법적인 정부관계에만 관심을 가졌으며, 문제가 발생한 후에 그 문제를 심각하게 고려하는 폐단을 낳았다.

따라서 PR 활동에는 환경 모니터링 체계(Environmental Monitoring System)를 통한 조직의 Proactive PR 전략을 위한 쟁점관리(Issues Management) 활동도 포함되어야 한다.

Ⅲ. 인터넷 매체와 커뮤니케이션 특성

1. 인터넷 매체의 특성

1990년 중반 스위스 유럽입자분자물리학 연구소의 Tim Berners Lee는 WWW(World Wide Web)란 이름의 전세계적인 하이퍼텍스트 시스템을 고안하였다. 그는 하이퍼텍스트 문서를 작성하고 검색하기 위한 소프트웨어를 만들어 배포하였는데 이것이 바로 최초의 웹브라우저 모자익(Mosaic)이었다.

Tim이 발명한 것은 세 가지였는데 첫째, 하이퍼텍스트 전송규약(Hyper-Text Transfer Protocol)을 정의하였다. HTTP로 더 잘 알려진 이 규약은 컴퓨터로 하여금 문서들을 찾아낼 수 있게 해주는 하나의 표준방법이었다. 둘째, 문서를 찾는 표준방법인 URL(Uniform Resource Location)을 만들었다. 셋째, 하이퍼텍스트 언어(Hyper-Text Markup Language: HTML)를 고안하였다. HTML은 사용이 간단하고 단순하며 하이퍼링크와 멀티미디어를 포함한 다양한 형태의 정보를 제공하는 문서이기 때문에 웹의 핵심이라 할 수 있다. HTML은 SGML(Standard Generalized Markup Language)의 표준을 따르는 Markup언어[10)]를 말한다. 따라서 HTML을 사용하여 문서를 작성할 경우 사용자는 정보와 그 표현 양식을 구분하여 문서작성이 가능하다. 이런 특징으로 HTML문서는 문서를 기반으로 하는 웹 클라이언트를 이용해 문자의 크기나 타입, 문단의 구성 등을 지칭함은 물론, 하이퍼링크(Hyper Link)기능이나 멀티미디어 정보 및 데이터를 동시에 표현할 수 있게 된 것이다.

HTML을 채택함으로써 웹(web)은 모든 형태의 정보를 접할 수 있는 능력을 가지게 되었다. 즉, 웹은 본래 목적인 정보의 자유로운 공유를 가능하게 하였을 뿐만 아니라, 1992년 웹브라우저가 등장함으로써 인터넷의 모든 기능을 통합하는 핵심적 역할을 하게 되었다.[11)] 오늘날 인터넷이 웹과 동일시되는 것은 바로 이 때문이다.

인터넷은 전세계로 분산된 Client/Server system으로 볼 수 있다.[12)] 이는 이름 그대로 인터넷 사용자가 어떤 정보를 요구하면 그 정보를 지니고 있는 서버에서 정보를 제공하는 시스템을 말한다. 인터넷에서 이러한 시스템이 중요한 이유는 인터넷 사용자는 언제나 클라이언트인 동시에 서버가 될 수 있다는 점 때문이다. 즉 외부의 정보를 요구할 뿐 아니라, 언제든지 자신의 정보

---

10) Markup 언어란 작성하는 문서 중 특별한 부분에 있어 원하는 형태에 대한 정해진 마크를 규정함으로써 이 마크를 해석하는 컴파일러에 의해 자동적으로 작성자가 원하는 형태로 문서를 구현하게 하는 언어를 말한다.

11) 웹(WWW)환경이 마련되고 이러한 환경에서 사용할 수 있는 웹브라우저가 등장했는데 이것이 "넷스케이프(Netscape)"이며, 또한 마이크로소프트사가 제작한 "익스플로러 (Explorer)"임.

12) Gurak, Laura J.(1995), "Cybercasting about Cyberspace," CMC magazine,(Online available) URL:http://sussite.unc.edu/cmc/mag/1995/jan/gurak.html.

를 전체 인터넷 사용자를 대상으로 제공할 수 있다는 것이다. 이런 방식을 통해 여러 대의 컴퓨터가 작업을 기능별로 분담하는 분산처리환경을 구축, 네트워크를 이용하여 컴퓨터끼리 자원을 공유하거나 정보를 주고받을 수 있게 되었다.

기존의 매체시스템에서는 정보제공자와 정보소비자의 역할 및 특성이 이미 규정된 데 반해 인터넷에서의 클라이언트/서버시스템에서는 정보제공자와 소비자간의 경계가 무너짐으로써 보다 다양하고 자유로운 정보의 창출과 공유가 이루어질 수 있게 되었다. 이런 특성은 결국 인터넷의 콘텐츠에 대한 것으로서, 인터넷이 단순히 네트워크 소유자의 것으로 파악할 수 없는 기본적으로 열린 공간이라는 성격을 지닌다.[13)]

앞에서 언급한 기술적 특성에 따른 인터넷 매체의 특성은 첫째, 멀티미디어적 특성을 가지고 있다. 인터넷은 문자, 소리, 정지화상 및 동화상 등의 정보를 제공할 수 있다. 또한 하이퍼텍스트라는 문서구조를 그 기반으로 하고 있으며, 멀티미디어적인 속성을 함께 지니고 있기 때문에 하이퍼텍스트가 제공하는 하이퍼링크의 기능에 따라서 다양한 멀티미디어 정보를 사용자의 요구대로 이용할 수 있다.

둘째, 상호작용성을 들 수 있다. Client/Server system을 통해 인터넷 사용자는 정보를 요구할 뿐 아니라, 언제든지 자신의 정보를 전체 인터넷 사용자를 대상으로 제공할 수 있다는 것이다. 셋째, 비동시성을 들 수 있다. 이는 기존매체와 달리 시간과 공간의 제약을 받지 않고 사용자가 원하는 서비스를 제공할 수도, 받을 수도 있다는 점이다.

---

13) Umar, A.(1993), *Distributed Computing and Client Server Systems*, (Prentice-Hall).

2. 인터넷 매체의 커뮤니케이션 특성

(1) 인터넷 매체의 등장에 따른 커뮤니케이션 환경변화

기존의 커뮤니케이션 환경이 인터넷 매체의 등장으로 어떻게 변화했으며 그 속에서 지니는 인터넷 매체의 커뮤니케이션으로서의 특성은 무엇인지 살펴보도록 하자. 인터넷 매체의 특성에 따라 정보를 보내는 송신자 중심의 커뮤니케이션 모형에서 수용자 중심의 모형으로 바뀌었다. 정보가 생산되고 유통되고 소비되기까지의 과정이 우리가 잘 알고 있는 기존의 S-M-C-R-E모형에서의 매체수용자는 언제, 왜, 누구로부터, 어떤 정보를 얻고, 누구에게 정보를 보내는가에 대한 통제권을 거의 갖고 있지 못한다. 다시 말해, 매체수용자는 정보의 사용과 대상에 대해 간접적이고 제한적인 권한만을 가지고 있다.

그러나 인터넷 매체의 등장에 따른 커뮤니케이션 환경의 변화 중 첫 번째는 수동적 매체수용자가 적극적인 정보사용자로 바뀌었다는 점이다. 적극적 의미의 매체사용자, 즉 정보를 수용하는 입장에서 정보를 찾아서 활용하는 의미의 사용자로서의 개념이 등장하였다. 적극적 의미의 사용자들은 인터넷을 통해 자신의 의견을 개진하고 반영되기를 희망한다. 뿐만 아니라 인터넷 매체를 적극 활용하여 네트워크 공간에서 활동하기도 하고, 자신들만의 공간을 창출하기도 하며 또한 정보를 축적하고 다른 사용자들을 대상으로 정보를 제공하기까지 한다. 이런 단계에 이르면 사용자들은 이제 단순히 정보를 이용하거나 검색하는 단계를 넘어서서 다른 사용자들에게 정보를 제공하는 정보제공자로 바뀌게 되는 것이다. 이처럼 정보를 소비할 뿐만 아니라 정보를 생산하여 제공하는 생산자라는 개념은 토플러의 생산소비자(prosumer)로서의 사용자가 등장하게 된다는 것을 의미한다.[14)]

따라서 인터넷 매체사용자는 기존의 매체수용자에 비해, 자신이 전달할 정보의 내용과 전달시간, 전달의도, 전달대상에 대해 전면적인 권한을 가지게 되었다. 결과적으로 매체의 단순한 수용자가 아니라 자신이 전달받을 정보를

14) 윤준수(1998), 『인터넷과 커뮤니케이션 패러다임의 대전환』, (커뮤니케이션북스, 서울), p.138.

적극적으로 선별할 수 있으며, 더 나아가 적극적 개입과 참여로 스스로 매체의 내용과 형식을 창출하는 능동적 주체로 변화하였다. 또한 인터넷의 저장성 때문에 기존 커뮤니케이션 환경에서는 매체 중심적인 시간개념이 이제는 사용자 중심의 시간개념으로 바뀌었다.

커뮤니케이션 환경의 변화 중 두 번째는 '정보의 확장'을 들 수 있다. 기존 매체에서 별개로 취급되어 온 서비스들이 인터넷이라는 하나의 매체로 통합됨에 따라 양적인 측면에서의 정보가 급격히 증가하고 있다. 문자를 비롯해 동영상 및 음향 등 멀티미디어를 이용해 무제한의 정보를 이용 또는 제공할 수 있게 되었다.

(2) 인터넷 매체의 커뮤니케이션 특성

커뮤니케이션 환경변화에 따른 PR 커뮤니케이션의 특성은 다음과 같다. 첫째, 정보를 서로 주고받을 수 있는 쌍방향 커뮤니케이션을 들 수 있다. 둘째, 무제한의 정보를 이용 또는 제공할 수 있다는 점이다. 셋째, PR 대상에 따라 정보를 전달하는 방법들은 매우 다양하다. 즉 인터넷을 이용하여 대상에 따라 정보를 전달하는 방법들은 매우 다양하다.[15] 넷째, 정보의 수집 및 분석과 목표공중에 대한 접근 용이성을 들 수 있다. 서버 관리자는 특정 웹사이트를 방문한 사용자가 접속한 파일, 체류시간, 어떤 웹사이트를 경유하여 특정 웹사이트를 방문했는지 등에 관한 자료를 수집 · 분석할 수 있다. 따라서 사용자들의 속성과 특성을 파악하여 그들이 어떠한 정보와 내용에 관심이 있으며, 조직체와 관련된 공중인지 아닌지를 알 수 있다. 결국 PR 활동과 관련된 목표

---

15) December는 대상에 따른 정보전달 방법을 다음과 같이 제시하고 있다. (1) 한 사용자가 다른 한 사용자에게 메시지를 전달하는 방법(point to point), (2) 한 사용자가 메시지를 특정 서버에 보냄으로써 서버에 접속할 수 있는 소프트웨어를 가진 어떤 사람이든지 그 메시지에 접근할 수 있도록 하는 방법(point to multi-point), (3) 한 사용자가 메시지를 특정 서버에 보내면 제한된 사용자들만 그 메시지에 접근할 수 있는데 로그인 이름과 비밀번호를 가져야만 접근할 수 있는 방법(등록된 회원만 사이트에 게재된 정보나 메시지를 읽고 글을 올릴 수 있는 경우; point to server narrowcast), (4) 적절한 소프트웨어를 이용하면 누구든지 특정 서버가 제공하는 정보를 이용할 수 있는 방법(server broadcast), (5) 하나의 서버가 특별히 인증 받은 이용자들에게만 정보를 제공하는 방법(유료 정보 서비스의 경우; server narrowcast). December, J.(1996), Units of Annalysis for Internet Communication, *Journal of Communication* 46(1), pp. 14-38.

공중 또는 집단에 대한 접근이 용이하다.

다섯째, 사용자의 선택성과 능동성이다. 인터넷상에 개설되어 있는 수없이 많은 사이트 중 어느 사이트를 방문할 것인지, 또 언제 어느 시기에 어느 정도의 시간을 방문하여 어떤 정보를 얻을 것인가를 결정 할 수 있는 사용자의 선택성이 있다. 또한 사용자는 자신들의 필요에 맞는 정보를 얻기 위해 능동적으로 인터넷에 접근한다. 마지막으로 효과적인 PR 전략을 위한 즉각적인 효과측정과 반응평가가 가능하다.

Ⅳ. 인터넷 PR의 개념과 영역

1. 인터넷 PR의 개념

인터넷 이용자의 급속한 증가와 그들의 능동적이며 적극적인 인터넷 이용은 인터넷을 새로운 PR 도구로 자리잡게 하는 계기가 되었다. 인터넷 매체 특성상 기존 매체에 비해 쌍방향 커뮤니케이션이 훨씬 더 용이하고 하이퍼텍스트 방식을 통해 PR 공중이 관심 있는 정보를 선택적으로 이용할 수 있으며 조직체의 입장에서는 PR 공중의 반응을 신속히 파악하여 즉각적으로 대처할 수 있는 시스템을 갖출 수 있는 것이다. 또한 PR 대상을 세분화하여 목표집단에게 접근이 용이하고 PR 쟁점에 관련된 공중을 선별하여 PR 활동을 펼칠 수 있으므로 정보를 대상에 맞추어 제공할 수 있다는 것도 커다란 장점이다.

효과적인 PR 활동을 위해 인터넷의 특성과 장점을 적절하게 활용함에 따라 PR 활동의 양적 확장과 질적 변화를 초래하였다. PR 활동을 위해 정보를 전달하는 채널의 증가는 물론 정보를 전달하는 속도, 정보의 양, 그리고 인터넷을 통해 조직체들이 활용할 수 있는 정보의 양 등에 있어서 많은 변화를 가져왔다. 이러한 변화를 Springston은 다섯 가지 측면에서 지적하고 있다.[16)]

16) Spingston, J.(2001), Public Relations and New Media Technology: The Impact of The Internet, *Handbook of Public Relations*, (Thousand Oaks CA: Sage Publications), pp. 603-614.

첫째, 채널 수의 증가를 들고 있다. 1990년대에 들어서 비디오를 이용한 기업의 PR 활동이다. 많은 기업이 비디오를 통해 기업의 경영 이념과 전반적인 경영 활동을 종업원들과 중요한 PR 공중을 대상으로 제작하여 PR 활동을 벌이게 되었다. 또한 1990년대 중반부터는 케이블 채널이 활성화되면서 기업의 이미지 광고나 PR 활동도 기존의 제한적인 공중파 TV채널에서 케이블채널로 확장되었다. 1990년대 후반에 이르러서는 인터넷이 보급되고 대중화되면서 기업의 홈페이지, 온라인 신문 및 온라인 쇼핑몰 등을 통해 다양한 PR 활동을 전개하게 되었다.

둘째, 정보를 전달하는 속도를 들고 있다. 새로운 커뮤니케이션 기술은 PR 실무자들에게 즉각적이고 시의 적절한 정보 수집을 용이하게 해주었을 뿐 아니라 온라인 채널을 통해 24시간 내내 새로운 정보나 뉴스거리가 될 만한 정보를 제공하는 데 커다란 공헌을 해왔다. 이러한 신속한 정보 유통의 추세를 반영하여 PR 실무자들은 중앙일간지나 전문지에 새로운 쟁점(issues)이나 뉴스거리가 실리기 전에 클라이언트의 사이트나 야후와 같은 메이저 포털사이트 등을 통해 먼저 기사나 뉴스거리를 제공하는 경향이 높아지고 있다. 따라서 기업의 중요한 사건이나 상황에 대한 신속한 대응이 보다 중시되는 추세이며 많은 기업은 신속한 대응을 위해 미디어 트레이닝이나 커뮤니케이션 관리 매뉴얼 등을 기업에 맞게 개발하고자 하는 움직임을 보이고 있다.

셋째, 활용 가능한 정보의 양적 증가를 낳았다. 다시 말해, 새로운 기술은 많은 정보를 짧은 시간 내에 축적하는 능력을 증가시켰다. 따라서 소비자들에게 제공되는 새로운 정보의 양은 엄청나게 증가하는 추세이다. 이와 같은 빠른 속도로 많은 정보가 양산됨에 따라 PR 실무자들은 점점 더 많은 양의 정보 수집 · 분석을 가능하게 할 뿐만 아니라 기업의 PR 활동에 중요한 정보를 중심으로 우선 순위를 정하는 데 있어 인터넷이나 최신의 데이터베이스를 이용하고 최신의 커뮤니케이션 기술에 의존하는 경향이 높아지고 있다.

넷째, 다루어야 할 정보의 양과 정보 제공의 신속함에 대한 수요가 증가함에 따라 PR 대행사의 서비스를 사용하는 기업은 점점 증가하고 있다. 또한 인터넷의 확산으로 인해 많은 기업 혹은 조직체들이 자신들이 제공하는 정보, 노동력 또는 시장의 지역적인 제한에서 벗어나 글로벌한 시장 진입이 가능해짐에 따라 기업들은 보다 폭넓은 시각을 가져야 할 필요성을 느끼게 되어 많은 서비스를 PR 대행사에 의존하게 되었다. 예를 들면 국내의 경우 대기업이나 어느 정도 규모를 가지고 사업을 하는 경우 PR 대행사를 고용하는 경우가 많았지만 최근 인터넷 시장의 확장으로 인해 소규모의 벤처기업을 대행하는 닷컴 전문의 PR 대행사들도 증가하고 있으며, 인터넷 PR 활동을 전문으로 하는 소규모의 PR 대행사들도 많이 생겨나고 있다.

다섯 번째, 다국적 기업과 다국적 소비자들을 대상으로 한 PR 대행사의 PR 활동이 점점 더 세분화되고 있다. 새로이 채택되는 기술이 점점 선진화 되어감에 따라 PR 실무자들의 전문 영역도 이러한 추세에 맞추어 변화를 겪고 있다. 예를 들면 요리 전문 소프트웨어전문, 의상전문, 도서전문, 연예인전문 PR 등 다양한 분야의 전문 영역으로 세분화되고 있다.

존슨은 PR 실무자들을 대상으로 인터넷이 실무자들의 업무에 미치는 영향에 대한 심층면접을 통해 생산성, 연구와 평가의 측면, 정보 전달, PR의 역할 변화, 새로운 기술로 인한 스트레스나 도전, 정보 컨트롤 능력 등의 영역에서 실무자들이 느끼는 변화에 대해 기술하고 있다.[17] 첫째, PR 실무자들은 인터넷을 통한 빠른 정보 전달 속도와 시의 적절한 메시지 전달 등이 실무자들의 업무를 향상하는 데 커다란 도움이 된다고 평가하고 있으며 쟁점관리(Issues Management) 능력을 향상시키는 데 중요한 부분을 차지한다고 지각하고 있다.[18]

둘째, PR 실무자들은 온라인 설문을 통해 비용을 줄일 수 있고 소비자들로부터 빠른 시간 내에 응답을 얻을 수 있음에 따라 소비자나 기업 공중에 대한 PR 활동을 용이하게 한다고 평가하고 있다. 셋째, 특정한 PR 공중의 관심사나 용도에 맞는 정보를 제공할 수 있기 때문에 PR 실무자들은 인터넷은 PR 공중들에게 도달하는 좋은 방법이라고 판단하고 있다고 기술하고 있다.

---

17) Johnson, M.(1997), "Public Relations and Technology: Practitioner Perspective," *Journal of Public Relations Research*, 9, pp. 213-236

18) 동시에 부정적 효과를 지적하고 있다. 정보의 오버로드, 웹사이트에 올려져 있는 많은 정보의 부정확성, 해킹, 프라이버시 침해의 문제 및 저작권에 대한 문제 등을 제시하고 있음. 게시판이나 방명록을 통해 성적, 인종차별적 그리고 정치적으로 문제가 될 수 있는 정보들이 게재되어 오히려 기업의 PR 활동이나 기업의 이미지에 부정적인 영향을 미칠 수 있다는 점도 지적함.

인터넷 매체의 등장은 기존의 PR 활동에 많은 영향을 미치고 있다. 따라서 인터넷 PR이란 인터넷 매체가 가지고 있는 쌍방향성, 정보전달에 있어서 시간과 공간의 제약이 없는 점, 수요에 따라 정보를 제공할 수 있는 점 그리고 개인화된 정보제공 등의 특성 등을 고려한 인터넷을 이용한 PR 활동이라 할 수 있다. 즉 인터넷 PR이란 조직체의 PR 활동을 인터넷을 통해서 효과적으로 수행하는 것을 말한다. 구체적으로 말해, 인터넷 PR이란 (1) 조직체와 그 조직체와 관련된 공중 사이의 이해 및 협력의 상호관계를 확립하고 유지하기 위해, (2) 조직체가 직면하고 있는 문제나 쟁점을 관리하기 위해, (3) 여론을 인지하고 이에 대응하기 위해, (4) 사회적 책임을 수행하기 위해, (5) 조직체가 활동하는 환경변화를 관찰하고 그 변화를 전략적으로 이용하기 위해 인터넷 매체의 특성을 활용하는 PR 활동이라 할 수 있다.

다시 말해, 인터넷 PR이란 조직체들이 다양한 PR 목적을 달성하고자 인터넷 매체의 특성을 활용한 PR 활동이며 또한 기존의 오프라인(off-line)상에서의 PR 활동과의 시너지 효과를 창출하는 활동이라 할 수 있다.

2. 인터넷 PR의 영역

인터넷이 새로운 PR 수단으로 각광을 받게됨에 따라 조직체의 PR 실무자들은 사이버스페이스 상에서 PR 활동을 위한 특별한 영역을 확보하기 위한 방법을 모색하도록 만들었다. 인터넷 매체의 등장은 조직체들의 PR 활동 영역을 더욱 확장시키고 있다. 기존의 오프라인(off-line)상에서의 PR 활동의 영역을 넓힐 뿐만 아니라 PR 활동을 위한 새로운 수단을 제공하고 있다.

최윤희는 인터넷을 이용한 PR의 영역으로 ① 사원관계 커뮤니케이션, ② 조직이미지 관리, ③ 광고 및 정보제공, ④ 마케팅 PR, ⑤ 위기관리, ⑥ 주주관계 커뮤니케이션 등으로 분류하고 있다.[19] 이는 인터넷을 기존 PR 활동에 적용시키고 있다는 점이다. 정수경은 이메일을 통한 PR, 뉴스그룹을 통한 PR, 온라인 퍼블리스티 및 온라인 대담 등 새로운 인터넷 기술을 도입한 PR 영역의 확대를 제시하고 있다.[20]

19) 최윤희(1996), 『인터컬처럴 PR』, (서울: 책과 길).

전략적 PR 계획과 수행을 위한 정보의 수집 · 분석 및 정보제공(홍보)에 있어 인터넷은 기존 PR 활동을 용이하게 할 뿐만 아니라 PR 활동의 영역을 확장시키고 있다. 따라서 본 장에서는 조직체와 그 조직체와 관련된 목표공중, 즉 대언론관계(Media Relations), 정부관계(Government Relations), 지역관계(Community Relations), 소비자관계(Consumer Relations), 및 투자자관계(Investor Relations) 등을 중심으로 인터넷이 기존의 PR 활동의 영역에 어떻게 활용되는가를 살펴보고자 한다.

(1) 대언론관계(Media Relations)

앞에서도 언급하였듯이, 조직체 중에서도 기업조직체의 경우, 그 조직체가 관련하고 있는 쟁점이나 조직체 그 자체에 영향력을 행사하는 다양한 목표공중들이 존재한다.[21]

언론은 조직체가 커뮤니케이션을 해야 하는 가장 중요한 목표공중 중의 하나일 뿐만 아니라 인터넷에 적용하기에 가장 쉬운 공중이기도 하다. 대부분의 매체관계(Media Relations)부서에 의해 제작된 보도자료에 대한 링크를 주요 프로그램으로 하고 있으며 결과적으로 인터넷을 활용한 뉴스릴리스(publicity 및 기자회견 등을 포함한 News Release)가 증가하고 있다.

인터넷 상에서의 매체관계의 진정한 이점은 매체를 특정 목적을 위한 공중으로 삼고 그들의 요구를 명확히 전하는 전략을 수립함으로써 얻을 수 있다. 조직체의 매체관계 부서의 역할은 언론에 기업을 좋은 이미지로 보이도록 하는 것이 아니고 그 기업이 뉴스에서 제외되도록 하는 것도 아닌 매체종사자의 일을 도와주는 것이다. 그 목적은 더 광범위한 PR 목적과 전적으로 연계되는 것으로서 조직체와 그들의 다양한 공중들간의 관계를 관리하는 것이다.

인터넷 PR의 매체관계란 다양한 공중간의 관계를 관리하는 데 있어 인터넷을 강력한 수단으로 사용할 수 있다는 점이다. 그렇다면 실제로 얼마나 많은 언론종사자들이 인터넷을 사용하며, 또 어느 정도까지 사용하는가? 인쇄매체가 그 역할을 수행하는 데 있어서의 인터넷 의존도를 측정한 조사결과에

---

20) 정수경(1999), 『인터넷 PR론』, (서울: 진리탐구).

21) 이들을 스테이크홀더로 표현하기도 함.

의하면,[22] 1988년 일간지 기자들 중 반 이상이 매일 온라인을 사용(1997년과 비교하였을 때, 34% 증가)하고, 54%는 인터넷을 지속적으로 사용한다고 응답하였다. 그들 중 29%는 최소한 주 1회 정도 인터넷을 사용(1997년 비교, 34% 증가)하였다. 기자들은 조사(검색)를 위해 주로 인터넷을 사용한다고 하였으며, 인쇄매체의 2/3가 기사를 검색하기 위해 그리고 참고 자료의 출처로서 인터넷을 사용하였다. 기자들은 또한 최초의 접촉이 있고 나서 정보원의 신원 및 신뢰성이 확인된 후에 그 정보원들과의 통신 수단으로 인터넷 이메일을 사용하였다. 인터넷을 사용하고 있음에도 불구하고, 언론종사자들은 그들이 이메일로 받은 내용을 근거로 기사를 작성하지는 않는다. 기사를 찾기 위해 월드와이드웹을 무작위로 검색하는 기자들은 거의 없다. 약 10% 정도의 기자들이 리스트서브, 이메일, 월드와이드웹 및 기사 아이디어의 주요 정보원으로 유즈넷 뉴스그룹을 사용한다고 말한다.

매체관계에 기여해 온 웹사이트는 조직체의 PR 수단 중에서 가장 잠재력이 높은 것들 중의 하나가 될 수 있다. 조직체의 PR 실무자가 언론종사자들의 질문에 대한 답을 웹 상에서 제공할 수 있다면 좋은 PR 수단이 될 수 있다. 이는 언론종사자들이 필요로 하는 정보를 주야를 막론하고 언제든지, 바로 사용할 준비가 된 형태로 얻을 수 있기 때문이다.

언론종사자들은 아직도 기업들이 제공하는 무료 서비스 덕택에 편의를 보고 있거나, 적어도 그러한 서비스를 기꺼이 사용하려는 수가 꾸준히 증가하고 있다. 그러나 명심하여야 하는 것은 비록 인터넷이 매체관계 수단으로 강력하고 가치가 있긴 하지만, 개인적 접촉을 대신할 수는 없다는 점이다. 기자들은 뉴스기사 도입시 정보원으로써 개인 및 PR적 접촉에 의존하며, 도입부 기사 작성에 웹을 사용하는 기자들은 5% 미만이라는 점이다. 이는 아직도 이메일이나 인터넷을 사용하지 않는 기자들이 많이 있다는 것이다. 다시 말해, 인터넷은 기사를 보도하는 기자들에게 가치 있는 서비스를 제공함으로써 그들과의 관계를 강화시키는(그리고 나아가, 더 좋은 보도가 나갈 수 있게 하는) 수단임에는 틀림없다. 그러나 아직까지 매체관계의 전통적 관행을 대체하지는 않고 있다.

---

22) Holtz, Shel(1999), *Public Relations on the Net* (NY: AMACOM), Chap. 6.

마지막으로 온라인 뉴스릴리스를 작성할 때, 그것이 웹페이지에 게재하든지 아니면 이메일로 보내지든지 기존의 문서 형식 뉴스 릴리스와 다르다는 것을 기억하여야 한다. 매체들은 다양하며 뉴스 릴리스의 형식 또한 그러한 차이점들에 적합하게 만들어야 한다. 또한 언론종사자들의 편리성을 위해 각 매체의 특성에 맞게 맞춤 정보서비스를 제공하여야 한다.[23] 세계에서 가장 큰 PR 대행사 중 하나인 에델만(Edelman)사는 일찍부터 언론종사자들이 원하는 맞춤 정보서비스를 제공하여 왔다.

(2) 정부관계(Government Relations)

정부는 조직체들, 특히 기업의 경우에 있어 고객, 소비자, 투자자, 매체 및 사회단체들 못지 않은 중요한 공중이다. 정부와의 커뮤니케이션에 있어서도 같은 원리가 적용된다. 그리고 다양한 정부공중에게 전달되는 메시지 역시 다른 모든 전략적 공중을 대상으로 한 커뮤니케이션 전략의 일환으로 만들어진 메시지와 일치되어야 한다.

정부 또한 인터넷의 사용을 격려하고 있다. 정부의 몇몇 규제 기관들은 제출물, 서류 및 보고서 등을 보낼 때 기업으로 하여금 이메일로 자신들과 연락을 주고받을 것을 요구한다. 정부 관계자들은 실제로 입법 기관이나 정부 기구에 의해 착수되는 활동들을 인터넷을 통해 추진한다. 따라서 PR 실무자는 정부 관계자가 사용하는 것과 동일한 도구를 사용하여 정부를 대상으로 커뮤니케이션을 하여야 한다.

정부는 기업의 미래와 운명에 결정적인 역할을 하기 때문에, 기업의 경우 기업운영이나 제품에 대한 규제와 관련된 쟁점들에 관해 정부와 커뮤니케이션을 하여야 한다. 이러한 경우 기업은 정부의 규제 요건에 대해 충실히 따르고 있음을 일반 공중에게 알려야 하고 또한 규제기관과 직접 대화를 통해 협력하여야 하고 담당 규제기관의 승인을 얻고자 하는 노력과 관련된 진행 상황에 대한 최신 정보를 제공하여야 한다. 예를 들어, 웹사이트 일부를 기업이 그러한 규제를 따르고자 노력하고 있는 과정을 보여 주기 위한 부문으로 전용화할 수 있다.

23) 매체관계에 있어 인터넷을 실무에 적용하는 자세한 사항은 전게서 제 6장을 참조하기 바람.

기업은 정부 규제자들과의 커뮤니케이션에 있어 웹 기술을 사용하여 패스워드로 보호되는 공개 토론회(discussion forum)를 개발할 수 있다. 권한이 있는 개인만이 접근할 수 있는 유사한 어느 공개 토론회는 실질 심사 과정에 참가한 사람들에 의해 사용될 수 있다. 이러한 토론회는 그 심사를 관리하는 기업 과학자들과 분석 실험을 수행하기 위해 접촉하는 개별 조사자들 간의 커뮤니케이션을 용이하게 해 준다.

인터넷은 웹사이트를 이용하여 그 문서를 유목화하고 간결하게 설명하며, 그것들을 다운로드 할 수 있도록 한다. 인터넷의 멀티 미디어 기능이 있으므로 서면 문서뿐만 아니라 비디오도 포함시킬 수 있다. 한 제약 기업은 분석 실험의 일부로서 몇 차례의 약물 치료 테스트를 받은 뒤 처음으로 걸을 수 있게 된 어린이의 비디오를 포함시켰다. 그것은 규제 기관에 대해 분석 보고서 이외에 그 테스트에 대해서 실제로 알 수 있도록 해 준 아주 강력한 비디오였다. 비디오는 승인 과정의 일부로서 명확히 요구되는 것은 아니지만 주목할 만한 제품 효능의 부가적인 증거를 제공할 수 있다.

기업은 공공 웹사이트에 규제활동 관련 전용 부문을 상설할 수 있다. 이러한 사이트는 소비자의 신뢰를 높일 뿐만 아니라 특정 제품의 승인을 위한 지지를 형성하는 데 도움을 줄 수 있다. 현재 그 과정에 있는 제품 유형을 기재하고 제품이 거쳐간 단계에 대한 자세한 내용을 제공함으로써, 제품에 신뢰를 높이고 동시에 제품 또는 서비스의 승인을 좌우하는 모든 법률 및 규정에 대한 경로도 제공할 수 있다.

정부 기금에 의존하는 조직체는 일반적으로 아주 제한된 그 기금의 일부라도 획득하기 위해서 다른 유사한 조직들과 경쟁한다. 인터넷은 기금 마련을 위한 자신의 주장을 진술할 수 있는 수단이 될 수 있다.

정부 규제를 받는 기업 제품들 중 하나가 제품의 몇몇 측면(제품의 시장 판매방법, 그 제품이 고객에게 미치는 영향, 제조 방법 및 그 제품이 환경에 끼치는 영향 등)에 반대하는 사회단체의 공격을 받게 되면 기업은 완전한 위기를 겪게 될 수 있다. 따라서 인터넷을 이용하여, 그 제품이 정부기준을 만족(또는 월등)한다는 것을 보여 주는 메시지 제공은 사회단체들이 쟁점화 시키는 바로 그런 종류의 문제에 대비하기 위해 필요한 조치이다. 관련 자료로의 링크는 환경,

지속적인 안전 및 사회단체들의 공격을 받을 수 있는 기타 쟁점들에 대한 그 기업의 공약을 뒷받침 해준다.

규제를 받지 않는 일부 기업들이 규제에 직면할 경우, 인터넷은 로비활동(lobbying activities)을 지원할 수 있다. 다시 말해, 정치인들은 공공 압력 또는 여론에 반응하기 때문에 기업들은 인터넷을 사용하여 공중의 지지를 얻어 규제 기관 자체뿐만 아니라 규제 기관을 감독하는 정치인들에 대해서도 영향을 미칠 수 있다.

입법자에게 기꺼이 전화나 편지를 쓰고자 하는 공중들에 대한 인터넷 메일링 리스트(mailing list)를 준비한다든가, 규제문제에 관심을 가진 공중들이 그들의 관심사를 위해 구축한 웹사이트나 웹사이트 경로를 표시한 링크들을 따라감으로써 이 기업의 입장을 알릴 수 있다.

훨씬 더 강력한 것은 동종 산업에 종사하는 기업들의 제휴를 통해 정책 및 입장을 표명하는 쟁점에 대한 단독 전용 사이트를 만드는 것이다. 각 개별 기업은 자사의 사이트에 있는 해당 위치로부터 제휴 사이트로 편리하게 링크할 수 있도록 함으로써 옹호(advocacy) 사이트에 더 많은 사람들을 유도할 수 있다. 그 사이트 방문자들이 일단 공동 전선에 대해 알게 되면, 공통적인 사고를 공유하고 공통된 입장을 갖게 된다.

(3) 소비자 또는 고객관계(Consumer Relations)

최근의 고객 관리의 원칙은 거래 중심에서 관계 중심으로 변화하고 있다고 지적하며 고객과의 지속적인 관계를 통해 마케팅 전략을 구사해야 할 것이라고 주장한 바 있다.[24] 이는 기업이 고객과의 강한 유대 관계를 형성하고 유지하며 발전시키는 활동으로 장기간에 걸친 이익을 확보하기 위해 고객과의 대화를 창조하여 더욱 좋은 서비스를 제공하려는 목적이다.[25] 이러한 마케팅 추세가 인터넷 PR 활동에 시사하는 바가 크다.

1990년대 들어서는 마케팅 기법과 급속히 발전한 정보 기술의 영향으로 등장한 데이터 웨어하우스(Data Warehouse), 데이터 마이닝(Data Mining) 등

24) 이명식(1999), 『서비스 마케팅』, 형설출판사, pp. 254-277.
25) 이유재(1999), 『서비스 마케팅』, 학현사, pp. 541-573.

의 데이터베이스 기술과 전사적 자원관리, 지식경영 등의 요소들이 결합하여 CRM(Customer Relationship Management)이 등장하였고, 이제는 각 기업들에게 고객중심 경영을 강화할 수 있는 중요한 개념으로 자리잡고 있다.

또한 기업은 인터넷과 같은 새로운 정보기술을 두 가지 영역에서 이용한다.[26] 첫째, 언제 어떻게 고객이나 예상 고객들에게, 또는 다른 표적들에게 메시지를 전달할 것인가 하는 것을 해결하는 영역에서 정보 기술을 이용하는 것. 둘째, 고객이나 예상고객에 대한 정보를 찾아내고 기록하고 보관한 데이터베이스를 사용하는 영역이다. 경험을 통해 얻어낸 소비자데이터를 통해 소비자의 행동을 꾸준히 추적하고 마케팅 활동의 효과와 결과를 향후에 측정할 수 있도록 그 데이터를 이용하며, 행동 또는 태도를 볼 수 있는 데이터와 평가도구 및 평가기술을 바탕으로 소비자나 고객의 가치를 분석하고, 이 과정을 통해 고객의 세분화가 가능하며 결과적으로 1대 1의 커뮤니케이션을 수행할 수 있다. 이것이 통합커뮤니케이션 시대의 CRM의 전략기반이며 또한 PR의 전략기반이기도 하다.

CRM은 고객과의 관계를 통해 축적된 정보를 분석하여 고객을 이해할 수 있는 지식을 얻고, 이를 통해 개별 고객수준에서 고객만족을 이끌어 낼 수 있도록 마케팅, 판매, 서비스활동을 효율적으로 개선함으로써 장기적으로 고객과 우호적인 관계를 형성하고 개별 고객의 수익성을 극대화하여 기업의 경영성과를 개선하기 위한 새로운 경영방식이라 할 수 있다.

인터넷은 CRM이라는 새로운 경영방식을 더욱 효과적으로 수행할 수 있도록 하고 있다. 인터넷은 전 세계 어디서든 적은 비용으로 이용가능하고 시간제약이 없으며 전통적인 유통채널에 비해 판매비용이 낮으면서도 장소에 관계없이 고객이 쉽고 신속하게 접촉할 수 있다. 또한 기업과 고객간의 쌍방향 커뮤니케이션과 상호작용을 효과적이며 손쉽게 할 수 있게 한다. 인터넷 매체의 특성을 통해 기업은 고객과 직접 실시간으로 쌍방향 커뮤니케이션을 할 수 있다. 이러한 상호작용을 통해 고객과 더욱 밀접한 관계를 형성할 수 있다.

---

26) 정해동, 박기철(2000), 『MPR, 광고보다 강한 PR』,(커뮤니케이션 북스), pp. 68-79,

기업의 입장에서도 신규 고객을 창출하는 것이 기존 고객을 유지하는 데 드는 PR 활동 및 마케팅의 비용보다 많이 들기 때문에 인터넷의 웹사이트 활동을 통해 고객들과 장기적인 관계를 구축하는 것이 매우 중요하다.

장기적인 관계구축을 위해 인터넷 PR을 활용할 수 있다. 첫째, 고객 창출은 장기적으로 기업에 공헌도가 크고 지속적인 관계를 유지할 수 있는 고객을 탐색하고 긍정적인 관계를 형성하기 위한 기본적인 단계인데, 최근 사이버 상의 데이터베이스 활용으로 인해 기업의 표적시장 선정과 고객에 대한 정보를 획득하는 것이 이전에 비해 용이해졌고, 비용도 많이 낮아지게 되었다. 또한 웹사이트를 이용하여 고객을 창출하게 되는 경우는, 고객이 웹사이트를 처음으로 이용하는 것을 의미하기 때문에 기업은 사이트의 구축과 아울러 웹사이트를 여러 가지 커뮤니케이션 수단을 사용하여 많이 알려서 방문자들이 사이트를 이용할 수 있도록 해야한다.

둘째, 기존 고객유지를 들 수 있다. 웹사이트를 통해서 품질 좋은 서비스와 콘텐츠를 지속적으로 제공하고 고객의 변화하는 필요와 욕구를 이해하여 기업의 사이트를 통해 유용한 정보와 흥밋거리를 지속적으로 제공하여야 한다. 또한 기업의 웹사이트를 이용하는 고객에게 필요한 콘텐츠를 제공하고 기업의 웹사이트를 북마크하고 재방문할 수 있도록 유도하여야 한다.

셋째, 고객관계 관리의 목표는 브랜드 애호도를 지닌 고객을 만드는 것이다. 이는 기업의 제품이나 서비스를 장기간에 걸쳐 반복적으로 구매한다는 것을 의미하며 시장에서 기업의 위치를 안정적으로 만들어주고 성장 잠재력을 제공하는 원천이기도 하다. 따라서 기업과 고객과의 장기적이고 긍정적인 관계는 기업의 자산이 되는 것이다. 이러한 고객관계 관리의 중요성과 잠재력은 인터넷의 대중화를 통해 더욱 강조되고 있는 추세인데 이는 다음과 같은 요인에 기인한 것이다. (1) 대(對)고객관계 관리에 있어 고객과의 대화가 보다 편리해졌다. (2) 기술의 급속한 발전에 힘입어 기업은 잘 설계된 고객 데이터베이스를 확보하는 것이 전에 비해 저렴하고 용이하게 되었기 때문이다.

동시에 각 기업들은 이제 고객관계 관리를 긍정적으로 유지하는 것은 물론이고 소비자들이 자신의 불편 사항이나 서비스에 대한 불만을 표현하는 사이트를 많이 만들어 그들의 요구사항에 대한 정보를 분석하여 신속하고 적극적인 대응을 하여야 한다.

(4) 지역관계(Community Relations)

앞에서도 언급하였듯이, 백화점과 같은 유통업이나 제조업을 하는 조직체의 경우에 지역사회 공중 역시 조직체에 영향을 미칠 스테이크홀더 중 하나이다. 영리를 추구하는 조직체, 즉 기업은 기업의 다양한 시설을 이용하는 지역적 환경 속에서 살고, 일하고, 아이들을 키우는 사람들을 중요하게 다루어야 한다. 여기에는 기업의 본사뿐만이 아니라 지사, 연구소, 공장, 영업사무실 등과 기업의 종업원이 일하는 기타 지역들이 포함된다.

기업이 커뮤니케이션 해야 하는 다른 공중과는 달리 기업이 위치해 있는 지역사회는 다루기가 힘들다. 이는 지역사회 공중은 다양하게 세분화되기 때문이다.[27] 첫째, 일반적 의미의 지역사회(community)란 기업이 사업을 하고 있는 근처에 살고 있는 모든 사람을 의미한다. 기업이 지역사회에 미치는 영향은 주로 지역 경제이다. 기업은 지역사회에 세금을 내고, 고용을 창출하며, 기업과 종업원들은 그 지역의 상인에게서 재화와 서비스를 제공받는다. 기업이 곤란을 겪으면 그 지역도 어려움에 처하게 된다.

둘째, 기업 근거리에 살고 있는 사람들이 지역사회에 포함될 수 있다. 이들은 공장 건설, 공장 오염 물질의 배출, 또는 기업의 확장이 근거리의 교통량을 증가시키는 등의 영향을 받는 사람들이다.

셋째, 지역사회단체를 들 수 있다. 지역 공중들은 기업이 지역 시민활동에 참여하고 그 지역사회의 복지에 기여하는 좋은 기업이기를 바란다. 그렇게 하는 것이 지역사회로부터 신뢰를 얻고, 특히 기업이 위기에 직면하였을 경우, 기업의 신뢰를 지지해 주는 힘이 될 것이다.

넷째, 지역에 있는 교육단체를 들 수 있다. 교육단체들은 지역 교육발전에 기업을 끌어들이고 싶어한다. 그 범위는 교실에 쓰이는 학습 교재에서부터 수업 활동에 종업원의 적극적인 참여에까지 이른다. 예를 들어, 기업의 전문 종사자들이 종종 학교에서 교과목과 관련된 특강을 하는 것 등이 있다.

다섯째, 라이온즈 클럽, 로타리 클럽 및 보이스카우트 등 지역의 비영리

---

27) Holtz, Shel(1999), *Public Relations on the Net* (NY: AMACOM), pp. 157-168.

친목단체도 포함된다. 이들 모두가 기업의 참여를 원한다. 적어도, 그들은 재정적 원조와 그들의 모임에 기업의 종업원이 참가하기를 원한다. 그들은 그룹 이벤트에 기업의 시설을 이용할 수 있기를 원하고 또 기업의 직접 후원을 원한다.

마지막으로, 지역의 특수 공중을 들 수 있다. 만약 기업이 농촌에 위치해 있다면, 농부들이 특수 공중이 될 것이다. 또한 산 속의 휴양지에 있는 시설물이 있는 경우는, 상인과 휴양지 운영자들에 대해 특별한 고려를 하여야 된다.

인터넷은 기업의 다양한 지역사회 공중과의 관계 개선을 돕는다. 실제로 직접적인 방법인 쌍방 대칭 커뮤니케이션으로 그들을 끌어들이지는 않는다 해도 최소한 각 공중들에게 메시지를 보낼 수 있다. 일반적 의미의 지역사회에서 사업수행을 하기 위해 지지 기반을 다지는 기업의 모든 활동은 인터넷을 통해 효과를 볼 수 있다.

첫째, 웹사이트를 만들어 기업의 지역 사회관계 보고서를 올리는 것이다. 시민 문제, 교육 예술과 문화, 환경, 보건, 인적 서비스 등에 관한 기업의 지역사회 투자를 상세하게 웹사이트에 올리는 것이다. 온라인에 있는 지역 사회관계 보고서는 기업의 공식적인 프로젝트가 아니라 종업원들에 의해 조직된 것이라 해도, 해당 종업원을 부각시키고, 기업이 그 프로젝트를 완수하기 위해 들인 시간과 물품 제공 등에 대한 정보를 포함시켜야 한다.

둘째, 지역주민들을 기업의 이메일 리스트에 가입하도록 설득하는 일이다. 이는 기업의 지역 공헌활동을 꾸준히 주민들에게 알려야 하기 때문이다. 특히, 독가스 방출이나 공장 폭발과 같은 집 근처에서 위기가 발생한 경우 메일링 리스트를 사용할 수 있다.

기업의 웹사이트 게시판은 지역 고용기회를 리스트화 할 수도 있고, 앞으로의 건축이나 보수 공사에 대하여 주민들에게 계속적인 정보를 제공할 수도 있으며, 일시적으로 교통 체증을 증가시키는 어떤 활동에 관한 것일 수도 있을 것이다. 기업은 주민과 더 많이 커뮤니케이션 하면 할수록, 그들은 더욱 그들에 대한 관심과 복지에 감사할 것이다.

셋째, 지역과 관련된 쟁점에 대한 주민들의 지지 혹은 반대에 관해 기업이 취하는 조치를 나타내는 Position 페이지를 개설하여 지역 여론의 동향을 파악하여야 한다.

넷째, 지역 교육을 후원하는데 기업이 어떤 활동을 하든 그 활동들을 웹사이트에서 홍보하여야 한다. 예를 들어, 기업의 종업원들이 직업관련과목을 가르친다거나, 일일 교사로 활동하는 것 등을 웹사이트를 통해 지역 학교들에 알리는 것 등이 포함된다. 북미의 몇몇 기업이 채택한 웹사이트의 기능 중 하나는 기업이나 주요 직업에 대한 정보를 제공하는 것이다. 학생들이 기업사이트에 곧바로 들어가거나 또는 교사의 수업자료로 이 사이트가 이용될 수도 있기 때문이다.

다섯째, 기업이 정기적으로 기부금을 내는 자선 단체의 웹사이트에 링크를 하거나, 관심을 끄는 단체가 왜 기부금을 받는지에 중점을 두어 기업의 기부금을 받는 각각의 자선단체에 대한 개관을 만들어 시민기업(citizenship corporate)의 이미지를 형성하여야 한다.

여섯째, 특수 공중을 위한 웹 페이지 개설이다. 특수 공중의 특수한 요구에 부합하는 정보를 제공하는 하나의 웹 페이지(또는 여러 개의 페이지)를 만들어 단일 공동체의 각각의 회원들을 알아내는 데에도 쓰일 수가 있으며, 다른 방법을 이용하는 것과 마찬가지로 특수 공중과 커뮤니케이션도 가능하다. 인터넷은 기업이 다른 방법으로는 접하기 어렵거나 불가능한 공중 개개인들과 목적 있는 커뮤니케이션을 하도록 해주며 또한 그들의 특별한 필요에 부합하는 정보를 모든 특수 공중에게 제공하게 해준다.

(5) 투자자관계(Investor Relations)

투자자(Investors) 또한 영리를 목적으로 하는 조직체에게는 목표공중 중 하나이다. 앞에서도 기술하였듯이, IMF 구제금융과 함께, WTO 체제에서의 자본의 개방화, 정치민주화, 다양한 사회단체의 출현과 대중매체의 고발성 뉴스보도 등에 의한 특혜 금융에 대한 어려움, 직접금융에 의한 자금조달의 비중이 증가함에 따라 신규투자자를 확보하여 보다 저렴한 자금을 확보할 필요성, 소액주주들의 권리를 주장하는 사회단체의 목소리, 기업의 M & A에 대한 정부의 개방 등 시대적 환경변화는 조직체들에게 투자자의 중요성을 한층 부각시키고 있다.

시대적 환경변화는 기업이 기업의 수익성과 비전에 신뢰를 도모하고 나아가 주식시장에서 우호적인 평가를 받아 지속적 투자를 유치하여 기업의 안정적인 성장을 이끌 것인가가 중요한 과제로 부각되었다. 이러한 상황하에서 기업의 주인인 주주 집단과 잠재 투자자 집단 모두가 그들의 투자의사 결정에 필요한 경영, 재무정보를 기업이 충분하고도 신속하게 알려줄 것을 요구하고 있다. 따라서 투자자와의 관계(investors relations) PR 활동이 중요하게 되었다.

일반적으로 금융 공동체는 전산망으로 긴밀하게 연결되어 있다. 투자분석가에서 증권브로커와 기업 IR매니저까지 모든 사람들이 주식 가격, 수익 보고서 및 기타 중요한 금융 관련 뉴스를 속보해 주는 컴퓨터를 이용한다.[28)]

그러나 일반적인 기업 웹사이트는 IR을 사후 재고 정도로 다룬다. 대부분의 IR사이트는 기업 전체 사이트 중에서도 무미 건조한 코너로서 수익 보고서, 금융 중심의 뉴스 릴리스 및 기업 연례 보고서(annual report)만을 다루고 있을 뿐이다. 연례 보고서 또한 주주들에게 우편으로 배포되었던 인쇄 보고서를 웹으로 재구성한 것일 뿐이다.

기업의 브랜드를 확실한 투자로 이끌기 위해 인터넷 상에서 할 수 있는 일들은 훨씬 더 많다. 비록 연례 보고서만 작성한다 하더라도, 최소한 그것이 공중에게 유용하도록 만들어서 기업이 투자 가치가 있다는 인식을 심어 주도록 해야 한다.

연례 보고서에 대한 대부분의 정의들은 커버로 묶여지고 전통적인 일차선형으로 제작된 책이라고 말하고 있다. 정보의 일차선형 프리젠테이션은 정보를 온라인 상에서 사용할 수 있는 모든 장점을 무효화시킨다는 사실을 명심하여야 한다.

웹사이트에 있는 정보는 메일 발송 리스트에 없는 잠재적인 투자자들을 포함한 모든 사람들이 사용할 수 있다. 이렇게 많은 사람들이 웹이 없다면 조직을 전혀 발견하지 못할 수도 있다. 그들 중 한 사람이 투자 기금을 운용하는 신예 투자분석가이면 어떨 것인가? 그리고 그 사람이 온라인 연례 보고서에

---

28) 아래부분은 전게서 제 7장을 참조함. 인터넷을 IR의 실무에 적용한 구체적인 사례는 7장을 참조하기 바람.

찾은 정보를 토대로 엄청난 액수의 기금 자산을 해당 기업 주식에 투자하기로 결정하면 어떨 것인가?

일부 PR 전문가들은 연례 보고서의 핵심 부분(highlights)을 출판하기 위한 수단으로 웹을 사용하는 것이 더 낫다고 믿는다. 그러나 점점 더 세분화된 수준의 정보로의 경로를 제공할 경우에만 가능하다. 웹은 Pull매체이므로 사용자는 자신이 찾고 있는 정보만을 추구하고 수집한다. 따라서 각 단위의 정보를 최저 공통분모로 축소하여 웹사이트 방문자들이 원하는 정보를 찾는 데 사용할 수 있는 경로를 제공해 주어야 한다. 다시 말해, 핵심 부분의 제시부터 시작하되 각 핵심 부분에 더 세부적인 내용으로 연결되는 링크를 포함할 필요가 있다.

웹을 근간으로 잘 구성된 연례 보고서는 투자분석가, 투자자 또는 브로커에게 아주 가치 있는 것이 될 수 있다. 기업의 IR부서는 온라인 상에서 사용가능한 정보를 가공해 줌으로써 투자 및 금융공동체 회원들이 쉽게 데이터를 검색할 수 있도록 하여야 한다.

기업은 엄청난 금액을 대규모회의에 참가한 분석가 및 투자자 그룹을 대상으로 제작한 세련된 프리젠테이션인 로드쇼(Roadshow)에 투자한다. 이 행사에 초대받는 사람은 제한되어 있지만, 행사가 끝나자마자 그들에게 웹사이트를 알려 줌으로서 자신의 프리젠테이션 요소가 더 많은 공중에게 유용한 것이 되도록 할 수 있다.

(6) 쟁점관리(Issues Management)

PR의 기능적 측면에서 내 · 외부에 조직체를 알리는 내 · 외부 커뮤니케이션만큼 중요한 부분은 정보의 수집 · 분석을 위한 환경모니터링(Environmental Monitoring System)을 통한 쟁점관리(Issues Management)를 들 수 있다. 이 부분은 예방적 PR(Proactive PR)에 있어 가장 기본적인 기능 중의 하나이다. 기업은 기업외적인 힘에 의해 많은 영향을 받기 때문에 환경변화에 적절히 대응하기 위해 기업에 미칠 영향에 대한 정보를 수집 · 분석하여 기업경영진에게 분석된 정보를 제공하는 환경모니터링(environmental monitoring system)을 통한 쟁점관리(Issues Management)가 중요하다.

온라인 PR 계획을 위해 인터넷을 이용한 모니터 활동을 포함시켜야 한다. 기업은 기업, 시장 또는 사업 수단에 영향을 주는 다른 요소들에 대한 모니터활동을 통해 정보를 수집 · 분석해야 한다. 인터넷은 PR 실무자들이 새로운 쟁점 또는 쟁점과 관련된 토픽들에 대한 정보를 찾아내어 분석하는 데 주요한 수단이다.

모니터과정에서 가장 일반적인 방법은 규칙적으로 신문이나 잡지에서 기업과 관련된 기사를 간추려서 보내주는 clipping 서비스를 이용하는 것이다. 그러면 PR 실무자는 그 간추린 기사를 읽고 기업에 영향을 미칠 쟁점과 관련된 기사를 찾아내는 것이다. 이런 방법과 기타 다른 면밀한 정보수집 및 분석작업을 위해서는 인터넷에서 두개의 주요 정보원이 추가적으로 필요하다.

첫째, 유즈넷 뉴스그룹은 그들 주요 관심 분야에 따라 인터넷을 이용하는 개개인들의 공개토론의 장이다. 인터넷 사용자 모두가 유스넷 뉴스그룹을 이용할 수 있는 것은 아니지만, 유즈넷 뉴스그룹의 회원은 현재 30,000이 넘었다. 인터넷 이용자들은 뉴스그룹에 기사를 올릴 수 있고, 이후에 뉴스그룹을 방문하는 사람은 누구든지 그 기사를 읽을 수가 있다. 그 기사를 읽은 사람들은 그 기사를 작성한 사람이나 그 기사에 대한 follow up 기사를 작성한 사람에게 직접적으로 의견을 전달하거나 뉴스그룹에 차례로 새로운 follow up 기사를 작성함으로써 자신의 의견을 전달할 수 있다.

뉴스그룹에서의 토론은 파괴적일 수도, 계몽적일 수도, 다루기 힘들 수도, 귀찮을 수도, 유익할 수도 있다. 어떤 굉장한 쟁점이나 의제가 뉴스그룹에 등장하면 곧바로 토론으로 이어진다. 그리고 토론 참가자들은 토론의 결과에 따른 어떤 행동을 취할 수 있다. 이러한 조치는 개별적으로 취해질 수도 있으며 그룹이 적극적인 사회운동가 형태로 함께 하기도 한다.

둘째, 만약 토론그룹이 다른 사람들을 그들의 쟁점에 호의적으로 끌어들이는 수단을 제공한다면, 웹은 어떤 기업이나 쟁점에 대한 입장을 알리는 공개토론회를 만든다. 웹은 기업을 곤경에 빠뜨리거나, 제품을 칭찬하거나, 관행을 비난하거나, 유명인들을 우상화하는 사이트들로 가득하다. 웹에 게재하는 비용은 아주 저렴하고 그 과정은 단순하기 때문에, 누구든지 어떤 정보든 찾아낼 수 있다. 이들 사이트들은 인터넷에서 관심 있는 토픽을 함께 나누는 사람들의 관심을 끌 뿐만 아니라 심지어는 온라인 상에 있지 않은 사람들조차 끌어들인다. 웹사이트에 기업에 부정적인 영향을 끼치는 정보가 한 번이라도 게재된다면, 웹사이트의 내용은 유즈넷 뉴스그룹, 이메일 및 기타 방법에 의해 확산된다. 따라서 기업은 이들을 모니터 함으로써 부적절한 정보가 확산되기 전에 그것을 바로 잡기 위한 노력을 하여야 한다. 또한 어떤 웹사이트가 취하는 상반된 견해에 대해 기업이 취할 계획을 세울 수도 있다.

소수의 특정 주제를 다루는 뉴스그룹 안에서 기업과 관련된 모든 메시지를 찾을 수는 없다. 기업을 정기적으로 다루지 않는 토론그룹에서 흥미를 끄는 메시지를 찾아내려면, 다른 방법으로는 찾기 힘든 중요한 주제를 찾아내는 검색 엔진이나 기타 웹서비스 검색도구를 사용하여야 한다.

검색 엔진과 달리 디렉토리는 사람들이 자료를 수집하고 분류하는, 또 어떤 경우에는 주석을 달고 평가를 하는 등의 수작업에 의해 이루어진다. PR 실무자가 찾고자 하는 주제에 가장 일치하는 주제어를 고른 후 결과를 검색하거나 좀더 세부적인 범주의 주제어로 접근한다. 뉴스그룹과 웹사이트를 검색하는 과정을 자동화하는 소프트웨어를 구하거나 개발하여야 정보의 수집과 분석이 용이하게 된다.

기업과 관련된 인터넷 활동을 모니터 하는 데는 두 가지 선택 방법이 있다. 첫째, 모니터작업을 아웃소싱하는 방법이다. 몇몇 업체는 클라이언트 기업을 대신하여 인터넷을 모니터한다. 또한 어떤 업체는 인터넷 활동에 관한 것을 보고하고 그리고 다른 업체는 분석과 제언을 해주고 또 어떤 업체는 노력의 효율성을 평가하는 데 도움이 되는 측정기준을 마련해 준다.

둘째, 내부적으로 모니터 하는 방법이다. 기업 스스로 직접 모니터를 해야 할 많은 이유가 있다. 기업이 직면한 문제나 쟁점을 기업의 내부 사람들만큼 잘 이해하는 사람은 없을 것이다. 주요 정보를 찾기 위해 계약을 맺은 모니터 업체들은 종업원들만이 알아볼 수 있는 미묘한 문제들을 놓칠 수 있다. 또한 예기치 못한 일이 온라인에서 일어나면 즉각적인 조치를 취할 수 있다.

기업이 만드는 제품과 직면한 문제에 영향을 주는 뉴스그룹은 리스트에 올려져야 한다. 일단 뉴스그룹을 읽는 방법을 알게 되면(그리고 뉴스그룹 독자 소프트웨어를 사용하게 되면), 단지 몇 분만에 당일의 가치 있는 메시지를 살펴

볼 수 있다.

기업은 가끔씩 인터넷을 통해 뉴스그룹 모니터 이상을 해야 할 때가 있다. 쟁점과 관련한 토론사이트에 참석해야 하는 경우이다. 토론에 직접 참여할 수도 있고 또는 토론을 모니터할 수도 있다.

인터넷은 기업의 온라인 정보를 모니터 하는 데 필요한 자원을 제공할 뿐만 아니라, 전통적인 매체를 모니터 하도록 해준다. 더구나, 데이터베이스 서비스를 통하면 기업과 관련된 쟁점이나 문제에 대해 더 상세하고 깊이 있는 결과를 얻을 수가 있다.

인터넷 PR이란 조직체들이 다양한 PR 목적을 달성하고자 인터넷 매체의 특성을 활용한 PR 활동이며 또한 기존의 오프라인(off-line)상에서의 PR 활동과의 시너지 효과를 창출하는 활동이라는 개념으로 목표공중에 따라 인터넷이 PR 활동에 어떻게 영향을 미치고, 적용되는지를 살펴보았다.

인터넷은 PR 활동의 양적 확장과 질적 변화 등 많은 변화를 초래하였다. 즉, PR 활동을 위해 정보를 전달하는 커뮤니케이션 수단의 확장은 물론 정보를 전달하는 속도, 정보의 양, 그리고 인터넷을 통해 조직체들이 활용할 수 있는 정보의 양 등에 있어서 많은 변화를 가져왔다.

앞에서 기술한 것처럼, 전략적 PR 계획과 수행을 위한 정보의 수집 · 분석 및 정보제공(홍보)에 있어 인터넷은 기존 PR 활동을 용이하게 할 뿐만 아니라, 조직체와 그 조직체와 관련된 목표공중, 즉 대언론관계(Media Relations), 정부관계(Government Relations), 지역관계(Community Relations), 종업원관계(Employee Relations), 소비자관계(Consumer Relations), 투자자관계(Investor Relations) 등 각 분야의 PR 활동영역을 확장시켰다. 따라서 PR 실무자는 인터넷 매체를 이용한 PR 활동이 조직체의 안정적인 운영과 발전에 긍정적인 영향을 미친다는 인식과 함께, 이러한 매체의 등장에 따른 PR 커뮤니케이션 환경변화와 매체의 특성을 적절히 고려하여 효과적인 PR 프로그램이나 캠페인의 모든 단계에 활용할 수 있는가에 대한 창의적인 아이디어를 개발하여야 한다.

PR 실무자들이 효과적인 PR 활동을 위해 인터넷이라는 매체를 활용하는 것도 중요하지만, 마지막으로 명심하여야 하는 것은 아직까지 텔레비전, 신문, 라디오 등 기존매체와 비교해서 볼 때 커뮤니케이션 수단으로서의 인터넷은 도달범위에 있어 제한적이라는 점이다. 그러므로, 기존의 오프라인(off-line)상에서의 PR 활동과 더불어 새로운 매체인 인터넷을 PR 커뮤니케이션 수단으로 적절히 활용하는 것이 중요하다.

참고문헌

1.국내문헌

이명식(1999). 『서비스 마케팅』. 형설출판사.
이유재(1999). 『서비스 마케팅』. 학현사.
윤준수(1998). 『인터넷과 커뮤니케이션 패러다임의 대전환』. 커뮤니케이션북스, 서울.
정수경(1999). 『인터넷 PR론』. 서울: 진리탐구.
정해동, 박기철(2000). 『MPR, 광고보다 강한 PR』. 커뮤니케이션 북스.
최윤희(1996). 『현대PR론』. 서울: 나남
최윤희(1996). 『인터컬처럴 PR』. 서울: 책과 길.

2. 외국문헌 및 논문

Cutlip, M & Allen H. Center(1982). *Effective Public Relations*. Englewood Cliffs, NY: Prentice Hall Inc.

December, J.(1996). Units of Annalysis for Internet Communication. *Journal of Communication* 46(1).

Gareth Morgan(1986). *Images of Organization*. Sage Publications.

Grunig, J & T. Hunt(1984). *Managing Public Relations*. NY: Holt, rinehart and Winston.

Gurh, David. W & Charles Mardh(2000). *Public Relations*. Allyn & Bacon, MA.

Harlow, R.(1976). Building a Public Relations Definitions. *Public Relations* Vol. 2. Winter.

Holtz, Shel(1999). *Public Relations on the Net*. NY: AMACOM.

Johnson, M.(1997). Public Relations and Technology: Practitioner Perspective. *Journal of Public Relations Research*.

Spingston, J.(2001). Public Relations and New Media Technology: The Impact of The Internet. *Handbook of Public Relations*』. Thousand Oaks CA: Sage Publications.

Thomas J. Peters and Robert H. Waterman. Jr.(1982). *In Search of Excellence*. New York: Harper & Row.

Umar, A.(1993). *Distributed Computing and Client Server Systems.* Prentice-Hall.

http://www.marketcast.co.kr, 국내인터넷사용자현황, 2001년 7월 17일 ; 한국인터넷정보센터의 2001년 6월말 조사자료

URL;http://sussite.unc.edu/cmc/mag/1995/jan/gurak.html. Gurak, Laura J.(1995), 『Cybercasting about Cyberspace,』 CMC magazine,(Online available)

제12장
인터넷과 전자상거래

강 명 현*

전자상거래(Electronic Commerce)라는 말은 지금부터 불과 10여 년 전까지만 하더라도 그리 친숙하지 못한 용어중의 하나였다. 하지만 최근에 인터넷 이용이 급격하게 증가하고 관련 소프트웨어가 발달하게 됨에 따라 전자상거래라는 용어도 점차 보편화되어 가고 있다. 더 나아가 전자상거래는 이제 "인터넷의 꽃"이라고 불릴 만큼 미래의 상거래를 주도하는 하나의 산업으로 자리잡게 되었다. 세계 전자상거래 시장은 1998년 이후 연간 69%씩 증가하여 오는 2003년에는 1조억달러를 초과할 것으로 전망되고 있다. 미국의 경우 1998년 한해 인터넷을 이용한 상거래 시장규모가 80억달러에 이른 것으로 나타났고, 앞으로 이와 같은 성장세는 계속될 것으로 보인다. 참고로, 미국의 1998년 예상 전자상거래 시장규모 80억달러는 전년에 비해 무려 10배 이상이나 늘어난 수치이다. 전자상거래의 이같은 성장세는 우리 나라에서도 예외가 아니다. 통계청이 최근에 발표한 2001년 전자상거래 통계조사 결과 보고서에 따르면, 2001년 국내 전자상거래의 총 규모는 전년의 58조원에 비해 2배 이상 급증한 것으로 나타났다. 현재의 급속하게 증가하고 있는 인터넷 활용인구 등을 감안해 볼 때 전자상거래는 조만간 우리의 일상생활 깊숙이 자리잡을 대세가 될 것임에 틀림없다.

본 장은 상업적 수단으로서의 이러한 인터넷 현상에 주목한다. 본 장에서

*한림대학교 언론정보학부 교수

는 전자상거래 시대가 도래한 기술적, 사회적 배경을 먼저 살펴보고, 전자상거래의 개념과 유형을 소개하면서 새롭게 전개된 상거래 환경을 어떻게 인식해야 할 것인지에 대해 논의해 보기로 한다.

Ⅰ. 전자상거래의 기술적 사회적 배경

1. 오픈 네트워크

전달 컴퓨터 시스템은 하나의 네트워크를 전제로 한다. 큰 기업이든 작은 기업이든 모든 조직은 여러 개의 층으로 구성된 컴퓨터 네트워크를 가지고 있다. 각 조직이 자체적인 목적에 의해 구축한 이러한 네트워크를 랜(LAN: Local Area Networks)이라 하고, 이런 랜들이 좀더 광역화되어 연결된 네트워크를 우리는 일반적으로 왠(WAN: Wide Area Network)이라 부른다. 한편, 일찍부터 일부 기업체들을 중심으로 기업체간 전자문서교환(Electronic Data Interchange: EDI)의 목적으로 사적 부가가치 통신망도 운영되어 왔는데 이러한 네트워크는 흔히 밴(VAN: Value-Added Network)이라 불리고 있다. 하지만 사적 통신망의 이용에는 표준화가 이루어지지 않았기 때문에 반드시 회원에 가입해야 하는 등의 많은 제약이 뒤따랐다. 이러한 제약으로부터 탈피를 할 수 있게 해 준 것이 바로 인터넷이다.

잘 알려진 대로, 인터넷은 다양한 각 기업체의 컴퓨터 플랫폼을 TCP/IP라는 표준규약을 통해 기업체간 상호운용을 가능하게 한 네트워크이다. 전자상거래는 소위 이와 같은 네트워크의 개방성(openness)을 바탕으로 하며, 그 잠재력은 기존의 EDI나 VAN의 수준을 훨씬 뛰어 넘는다. EDI의 이용도 기존의 문서형 사무처리를 전자적으로 바꿈으로써 작업의 효율성이나 예산절감 효과를 가능하게 했지만, 활용범위 면에서는 사실 기대치에 못 미쳤었다. 왜냐하면 EDI를 사용하기 위해서 각 기업체는 거래하는 EDI 시스템에 맞는 소프트웨어를 개발하여야 하는데 이에 들어가는 비용이나, 새로운 EDI 시스템이 등장할 때마다 관련 하드웨어나 소프트웨어를 개선하는 비용이 만만치 않았기 때문이다. 그리하여 EDI는 기존의 문서, 전화, 팩스를 이용한 사무처리의 수준을 크게 벗어나지 못했던 게 사실이다. 상업적 이용과 관련하여 인터넷은 이런 점에서 뚜렷한 장점을 지니고 있다. 인터넷의 가장 큰 장점은 다양한 파일형태를 전달함에 있어 호환성이 있다는 점인데, 다양한 어플리케이션 소프트웨어를 사용함으로써 인터넷의 사용자들은 EDI가 해줄 수 없는 많은 일을 할 수 있게 되었다. 예를 들면, 월드와이드웹(WWW)은 이용자들에게 친숙한 인터페이스를 바탕으로 멀티미디어 콘텐츠를 사용하는 정보의 전달을 가능하게 해 주었다. 최근에는 사용이 간편한 웹 브라우저나 HTML과 같은 웹 제작 소프트웨어가 개발됨으로써 수신자 역할뿐 아니라 정보의 송신자 역할도 가능하게 해 주었다. 이러한 특징들이 상업적 매체로서 인터넷의 이용을 촉진시켜 주는 동인이 되고 있다. 오픈 네트워크를 바탕으로 하는 전자상거래는 기존의 판매자-소비자 관계와는 차별화 되는 새로운 측면의 시장 환경을 조성하고 있는 것이다.

2. 쌍방향 커뮤니케이션과 웹

인터넷이 보내고자 하는 메시지를 개인들에게 쌍방향으로 전달할 수 있

〈그림 1〉 전통적인 미디어를 이용한 마케팅 커뮤니케이션 모델

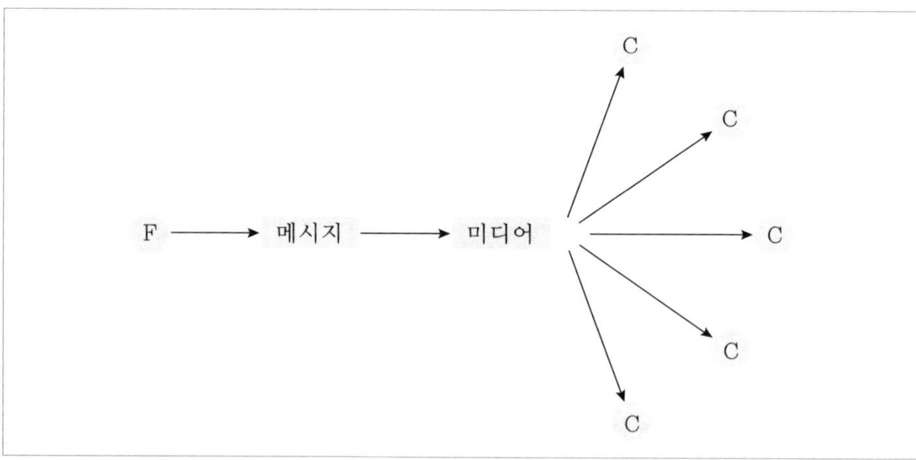

출처: Kalakota & Whinston(1997)

는 능력을 지닌 매체임은 익히 잘 알려져 있다. 다시 말해, 인터넷은 라디오, 텔레비전과 같은 일방향 매체의 기능뿐 아니라 전화나 팩스와 같은 쌍방향 커뮤니케이션의 기능을 다 아우른다. 인터넷이 쌍방향 매체로 인식되도록 하는데 가장 중요한 역할을 한 것이 바로 월드와이드웹이다. 왜냐하면 웹은 기존의 텍스트를 기반으로 하는 파일전송 프로그램과 달리 멀티미디어 형태의 파일을 전송해 주는 기능을 갖고 있기 때문이다. 그리하여 웹을 통한 멀티미디어 재현 기능은 당연히 상업적인 수단으로 활발히 응용되었다. 많은 연구결과들은 웹을 기반으로 하는 마케팅이나 광고가 기존 매체에서 보다 더욱 효과적인 것임을 보여주고 있다. 인터넷의 쌍방향성이 상업적 수단으로 얼마나 효과적인지는 〈그림 1〉과 〈그림 2〉를 통해서 금방 확인된다. 〈그림 1〉은 기존의 매체에서 사용하는 마케팅 즉 일대다(one-to-many)의 마케팅 커뮤니케이션을 나타낸 것이고 〈그림 2〉는 웹을 사용한 새로운 마케팅 모델을 설명한 것이다.

〈그림 2〉 인터넷을 이용한 새로운 마케팅 커뮤니케이션 모델

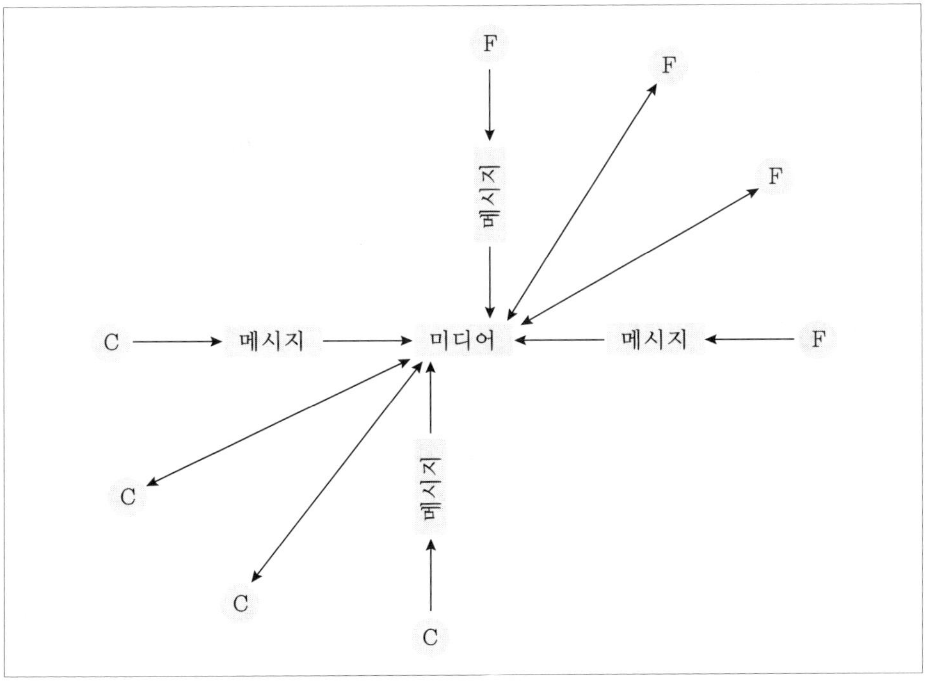

출처: Kalakota & Whinston(1997)

마케팅 커뮤니케이션의 기능이 정보를 인식시키고, 이를 상기시키며, 마지막으로 설득시키는 것이라면, 위의 모델에서 보듯이 전통적인 미디어는 상품에 관한 정보를 소비자에게 전달해주는 단순한 기능에 국한된다. 다시 말해, 전통적인 미디어를 가지고 이루어지는 마케팅 커뮤니케이션은 기업체(F)의 메시지가 소비자(C)에게 일방적으로 전달될 뿐이다. 제품에 대한 소비자의 의견이 생산자에게 전달될 통로가 이 모델에서는 존재하지 않는다.

그러나, 인터넷을 통한 다대다(many-to-many) 커뮤니케이션 모델은 이와 같은 한계를 극복해준다. 〈그림 2〉에서 보듯이 기업체가 일방적인 메시지를 보낼지라도 C로 표시된 소비자들은 이메일을 통해 상품정보에 대한 자신의 의견을 제시하거나, 웹을 통해 광고 메시지를 계속 추적할 수 있게 된다. 즉, 웹을 통한 새로운 모델은 의사결정에 도움을 주는 많은 상품정보를 소비자들이 직접 탐색할 수 있음을 보여준다. 일부 연구결과들에 따르면, 웹을 이용하는 가장 큰 목적중의 하나로 웹 사용자들은 구매와 관련된 정보를 접할 수 있다는 점을 들고 있다. 다시 말해, 웹의 쌍방향적 특징은 다양한 상품정보를 분석하고, 비교할 수 있게 함으로써 구매행위를 도와주는 역할 즉 소비자 중심 모델의 창출을 가능케 하는 것이다.

Ⅱ. 전자상거래의 개념과 특징

1. 전자상거래[1]의 개념

전자상거래를 어떤 것이라고 명확하게 개념 규정하기란 그리 쉬운 일이 아니다. 계속해서 새로운 영역들이 전자상거래의 범주에 포함되기 때문이다.

1) 영어로 Electronic Commerce를 번역한 전자상거래라는 용어는 사실 비슷한 용어로 사용되는 이-비즈니스(e-Business)와는 약간 다른 개념이다. 전자상거래가 전자적인 방식으로 이루어지는 상거래라는 보다 협소한 의미를 지닌다면 이-비즈니스는 모든 기업과 산업의 변화해가는 모습과 상호간의 관계를 포괄하는 의미를 지니고 있다. 하지만 e-Business의 개념으로 국제기구에서 e-Commerce라는 용어가 혼용되어 사용되고 있으므로 엄격한 구분은 별 의미가 없어졌다.

전자상거래에 대한 개념은 그래서 가변적이고 역동적이다. 일반적으로 전자상거래는 "전자적인(electronically) 수단을 통해 이루어지는 상거래 행위" 즉 물리적인 매체의 전달을 통해 상품을 사고 파는 전통적인 상거래와 달리 인터넷이라는 네트워크를 통해 상품을 사고 파는 행위를 통칭하는 개념으로 볼 수 있다. 그러나 전자상거래를 이렇게 규정할 경우 생산자와 소비자간의 관계에 국한됨으로써 개념이 다소 협소해지게 된다. 보다 넓은 의미의 전자상거래는 기업과 개인, 정부간의 상품 및 서비스 거래에 필요한 모든 정보를 컴퓨터 네트워크를 이용하여 교환하고 거래하는 방식을 모두 포함한다. 더 나아가 최근에는, 웹을 통한 기업간의 마케팅 활동이 활발하게 이루어지고 있는데 인터넷을 이용한 기업들의 소비자 서비스나 프로모션과 같은 영업/마케팅 활동도 전자상거래의 포괄적인 범주에 포함시키기도 한다.

한편, 시장의 세 가지 구성요소 즉 제품(products), 거래자(agents), 그리고 거래절차(processes) 모두가 디지털화 혹은 전자화 되었을 경우를 엄밀한 의미의 전자상거래로 부를 것을 주문하는 일군의 학자들도 있다(예, Choi, Stahl, Whinston, 1996). 초기단계의 전자상거래가 전통적인 제품을 단지 온라인 상에서 거래하는 것을 의미했다면, 미래의 전자상거래의 영역은 세 가지의 요소가 모두 전자적으로 이루어지는 부분이 될 것이라는 것이 이들이 상정하는 전자상거래의 개념이다. 세 가지 구성요소를 좀더 구체적으로 살펴보자.

첫째, 제품(product)이다. 현재의 전자상거래가 물리적인 제품을 거래하는 것이라면 앞으로의 전자상거래는 디지털화 된 제품을 취급하게 될 것이다. 특히, 신문, 잡지, 서적, 저널과 같은 종이를 기반으로 하는 정보관련 제품들, 컴퓨터 소프트웨어와 음반, 연설과 같은 음성관련 제품들, 그리고, 영화, 텔레비전 프로그램과 같은 영상관련 제품들이 우선적으로 여기에 해당된다. 둘째, 거래자(agents) 차원에서는 생산자, 중간상인, 그리고 소비자들이 미래의 상거래에서는 현재와 같이 물리적일 필요가 없다는 것이다. 마지막 차원은 거래절차(processes)로써 이는 제품선택, 생산, 시장조사, 구매, 지불, 소비에 이르는 일련의 거래가 전자적인 방식으로 이루어짐을 의미한다.

위의 세 가지 요소는 모두 물리적(오프라인)이거나 혹은 디지털(온라인)이거나 둘 중에 하나의 형태를 띨 것이다. 거래자를 예를 들면, 현재의 백화점

<그림 3> 전자상거래의 영역

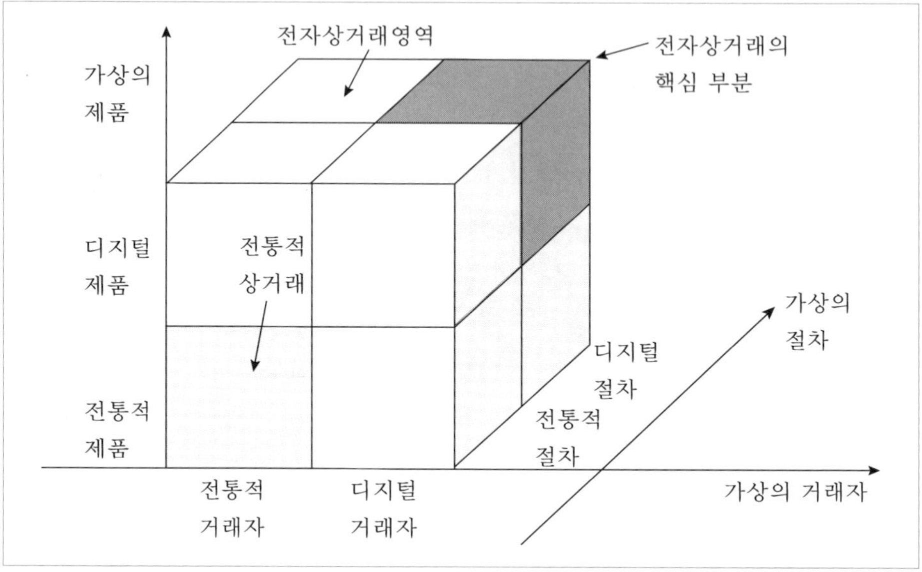

형태는 물리적인 데 반해 전자 쇼핑몰은 디지털 형태가 된다. 제품도 마찬가지로 기존의 종이 신문이 물리적인 형태를 띤다면 전자신문은 디지털 제품이 된다. CD-ROM이 아마도 중간적인 형태쯤이라 말할 수 있는데, 내용은 디지털 제품이지만 포장은 물리적인 형태로 되어 있기 때문이다. 거래절차 역시 물리적인 절차와 디지털 절차로 나뉠 수 있다. 가령, 소비자가 직접 가게를 찾아가서 제품을 구매하는 것이 물리적 절차라면, 웹을 통해 상품을 구매하는 것을 아마도 디지털 절차라 할 수 있을 것이다. 이러한 세 가지 측면을 다음과 같이 삼차원의 그림으로 설명한다면 미래의 전자상거래에 대한 범위는 더욱 명확하게 이해될 것이다.

위 그림에서 X축은 거래자를 나타내는데 원점에서 가까운 부분은 물리적인 거래자를, 그리고 원점에서 약간 떨어진 거래자는 디지털 거래자, 또 원점에서 가장 멀리 떨어진 부분은 가상의 거래자(virtual player)를 나타낸다. 또, Y축은 제품을 나타낸 것으로써 역시 원점에서 가까운 부분은 물리적 제품을, 먼 부분은 가상의 제품을 나타낸 것이다. Z축 역시 이와 같은 방식으로 거래절차를 나타낸 것이다. 이 그림에서 보는 바와 같이, 물리적인 제품을 물리적인 형태의 거래자가, 그리고 물리적인 절차를 통해 이루어지는 거래, 즉 그림의 하단부분이 현재와 같은 전통적인 형태의 거래에 해당된다.

하지만, 이러한 세 가지 구성요소는 점차 디지털화 될 것이다. 제품이나 거래자는 더 이상 물리적이지 않은 전자적인 형태를 띨 것이며, 거래절차 역시 전자결재와 같은 디지털 방식으로 이루어질 것이다. 제품, 거래자, 그리고 거래절차가 모두 전자적인 방식으로 전환되는 형태, 다시 말해 그림의 상당부분과 같은 새로운 형태의 상거래 영역이 엄밀한 의미에서의 전자상거래 영역이 된다. 전통적 상거래의 영역은 점차 전자상거래 영역으로 대체될 것이고, 디지털화가 더욱 진전된다면 전자상거래는 궁극적으로 가상의 제품을 가지고 가상의 공간에서 상거래가 이루어지는 방식, 즉 이른바 가상상거래(Virtual Commerce) 형태로 전환될 것이다.

2. 전자상거래의 특징

(1) 전자상거래는 거래비용을 감소시켜 준다

전통적인 시장에서 중간 상인들은 매우 중요한 역할을 수행한다. 예를 들어, 도매상들은 먼 거리에 있는 생산자들을 소매상에 연결시켜 주고, 소매상

〈그림 4〉 전통적인 거래와 전자상거래의 거래비용

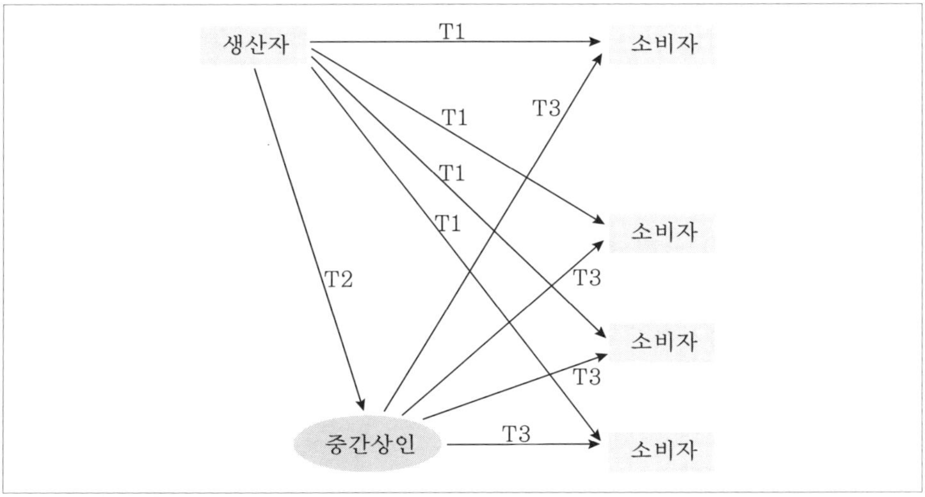

들은 근처의 소비자들에게 상품을 판매하는 거간역할을 해주는 것이다. 그럼에도 불구하고, 때때로 중간 상인들은 소비자들에게 불필요한 가격을 지불하게 하는 존재로 인식되어 왔다. 그래서 이런 중간 상인들을 가급적 적게 거치거나 혹은 그 단계가 대폭 생략된 시장일수록 효율적인 시장으로 간주된다. 생산자와 소비자가 직접 연결됨으로써 중계 상인이 필요 없게 되는 전자상거래 시장은 이런 점에서 볼 때 효율적인 시장이 된다. 인터넷을 통한 전자상거래가 생산자에게 주는 가장 큰 장점은 제품의 생산가격 외에 추가로 발생하는 비용 즉 이렇게 중간 상인을 거치는 데 드는 거래비용(transactional cost)을 감소시켜준다는 데 있다.

전자상거래에서 중간 상인이 배제됨으로써 거래비용이 얼마나 감소하는지를 그림을 통해 직접 확인해 보자.

〈그림 4〉는 생산자와 소비자간의 거래경로를 나타낸 것이다. 그림에서 T1은 생산자와 소비자가 직접 거래하는 통로를 나타낸 것이고, T2는 생산자와 중간 상인과의 거래통로를, 그리고 T3는 생산자과 소비자와의 거래통로를 나타낸 것이다. 전통적인 시장에서 생산자들은 소비자와 가장 근접해 있는 중간 상인들에게 대규모로 상품을 건내주게 되고(T2), 그 다음으로 중간 상인들은 이 상품을 소비자에게 판매하게 된다(T3). 따라서 전체 거래비용은 T2 + T3가 된다. 하지만 중간 상인들이 생략되고 생산자와 소비자가 직거래되는 전자상거래와 같은 시장에서의 거래비용은 T1에 불과하다. 또한 전자상거래에서 생산자들은 전자쇼핑몰과 같은 중간 상인들에게 물리적인 제품이 아닌 단 하나의 디지털 복제품만을 건내주면 되고, 중간 상인들은 이를 소비자들에게 전달해주는 기능만을 하기 때문에 전자상거래 시장에서는 엄밀한 의미에서 대규모 거래 즉 도매상의 역할은 없어지게 된다. 이렇게 기존의 유통채널에 대한 의존도가 감소하는 것을 중개상의 소멸(disintermediation)이라고 한다. 중간거래 상인이 존재하지 않다는 점에서 혹자는 전자상거래가 산업사회 이전의 물물교환시장과 흡사하다고 말한다. 장터에서 사람들이 서로 원하는 물건을 중간거래 상인 없이 직거래하는 형태와 유사하다는 점에서이다.

(2) 전자상거래는 완전경쟁시장의 특징을 보여준다

경제적인 시각에서 볼 때 전자상거래는 완전경쟁시장과 흡사한 여러가지 특징들이 나타난다. 지금까지 완전경쟁시장은 경제적인 효율성이란 측면에서 현실세계에서 사실 찾아보기 힘들지만, 완전경쟁시장이 추구하는 경제 효율성이 실현될 수 있는 실험적인 영역으로 전자상거래는 주목받고 있다.

일반적으로 완전경쟁시장은 몇 가지의 조건을 전제로 하는데, 첫째 잠재적인 생산자와 소비자가 많아 누구나 쉽게 진입할 수 있는 즉 진입장벽이 낮다는 점, 둘째 제품간의 차별성이 적다는 점, 셋째로 생산자와 소비자가 제품에 대한 가격이나 질과 같은 정보를 잘 알고 있다는 점 등이다. 농산물 도매시장이 일반적으로 완전경쟁에 가깝다고는 하지만 위와 같은 모든 조건이 충족되는 완전경쟁시장을 찾기란 그리 쉬운 일이 아니다. 막대한 시설비 투자가 요구되는 시장은 진입장벽이 높다. 기업들은 소비자들의 제품선호도를 모르기 때문에 다양한 상품을 계속 개발하고 또 이를 알리기 위해 광고를 하여야 한다. 이러한 비용들은 모두 진입장벽을 높여주게 된다. 만약, 생산자가 소비자에 대한 정보를 접할 수 있게 되고, 소비자 또한 제품에 대한 풍부한 정보를 접할 수 있다면 광고나 마케팅과 같은 노력이 필요없게 될 것이고 이는 거꾸로 진입장벽을 낮추게 하는 요인이 된다. 전자상거래에서 기업들은 소비자 수요에 대한 정보를, 또 소비자들은 제품에 대한 정보를 쉽게 구할 수 있다는 점에서 완전경쟁시장이 될 수 있는 조건이 형성되는 것이다.

먼저, 진입장벽이라는 측면에서 살펴보자. 전통적인 시장에서 기업의 크기는 주어진 시장을 지배할 수 있는 가장 중요한 조건이 된다. 기업이 일단 크다는 점은 알게 모르게 소비자들에게 그 회사 제품이 좋을 것이라는 막연한 환상을 심어주게 될 것이다. 그러나 전자상거래 시장에서 큰 기업들이 갖는 이러한 이점들은 사라지게 된다. 웹을 제작할 수 있게 해주는 HTML과 같은 문자만 있으면 작은 기업도 얼마든지 거대한 기업과 경쟁할 수 있게 된다. 기업크기의 중요성이 상대적으로 약화되고 그대신 기업의 다품종 소량생산을 통한 신속한 생산체제의 구축과 제품개발을 꾀하는 것이 더욱 중요시 된다. 전자상거래 환경에서는 소위 작은 기업들로 하여금 경쟁할 수 있는 조건 즉,

진입장벽이 낮아지는 유리한 조건이 형성되는 것이다.

다음으로 완전한 정보를 구할 수 있는 가능성에 대해서 생각해 보자. 기존의 물리적인 시장에서 사실 소비자들이 제품에 대한 정보를 구하기란 쉬운 일이 아니었다. 소비자들은 제품에 대한 정보를 구하기 위해 전화, 신문, 카탈로그, 그리고 통신 등을 이용하거나, 실제 매장을 찾아다니는 등의 탐색활동을 해야 하는데 그 과정이 힘들 경우 때때로 정보탐색을 포기하게 된다. 그러나, 전자시장에서 소비자들은 색인이나 혹은 탐색 기술을 통해 쉽게 제품정보에 접할 수 있게 되었다. 해당되는 검색 사이트를 통해 그들은 자신에게 필요한 상품 정보를 끄집어내게 된다. 이러한 탐색작업조차 복잡하게 여기는 소비자들은 자신을 대신해 상품에 대한 정보를 제공해 주는 정보중계업체를 이용하면 된다.

소비자뿐만 아니라 완전한 정보가 기업체들에게 주는 이익도 적지 않다. 일반적으로 전자적인 거래는 기업들로 하여금 소비자의 수요나 선호에 대한 정보의 추적을 가능하게 해준다. 정확한 수요정보는 수요에 대한 불확실성을 없애주는 유용한 자료가 될 것이며, 이러한 정보는 소비자들의 다양한 취향에 맞는 상품을 생산하게 해 줌으로써 상품의 다양성이 증대되는 결과를 가져온다. 전자상거래 환경에서 제공되는 완전한 상품정보나 소비자 정보는 결론적으로 경제 효율성이 추구되는 완전경쟁시장의 특징을 구현해주는 요인이 된다.

(3) 전자상거래는 탐색비용을 감소시켜 준다

탐색비용(search cost)이란 일반적으로 제품의 가격이나 질에 대한 정보를 얻기 위해 구매자들이 투자하는 돈, 시간, 노력 등을 말한다. 가령, 상품 정보를 구하기 위해 전화를 한다든지, 광고를 본다든지, 혹은 직접 가게를 찾아가는 데 드는 비용 등이 여기에 해당된다. 전통적인 시장에서 소비자들이 상품이나 가격을 탐색하는 방법은 크게 두 가지로 나누어진다. “연속적인 탐색(sequential search)”과 “동시탐색(simultaneous search)”이 그것이다. 연속적인 탐색은 구매자가 상품을 사기 위해 한 가게를 방문하여 상품이나 가격에 대한 정보를 구한 다음 가격이 적당하면 구입하되, 그렇지 못할 경우는 다음 가게를 방문하고, 또 다음 가게를 방문하는 이러한 과정을 반복하면서 구매를 하는 방법을 말한다. 동시탐색은 반대로 상품이나 가격정보를 동시에 구한 다음 이를 바탕으로 한번에 구매를 하는 방법을 말한다.

전통적인 시장과 마찬가지로 온라인 시장에서도 두 가지 탐색방법이 모두 사용되는데 가령, 여러 전자상점을 차례로 방문하는, 즉 웹 서핑을 통해서 상품 탐색을 할 수도 있고, 가격 비교 사이트의 데이터 베이스를 통하여 가격에 대한 정보를 동시에 구할 수 있다. 어떤 경우를 이용하든지 간에 온라인 탐색은 전통적인 탐색방법에 비해 탐색비용을 줄여주는 역할을 한다. 온라인 탐색은 개인이 원하는 제품에 대한 정보를 구하기 위해 전화나 카탈로그를 사용하지 않아도 되고, 해당상점까지 가야하는 수고를 덜어 주기 때문이다. 온라인 탐색비용은 전화를 이용하는 전통적인 탐색비용의 25분의 1에 불과하다는 분석도 나와 있다. 탐색비용이 줄어든다는 점 이외에도 온라인 탐색이 소비자에게 주는 또 다른 이점은 아마도 여러 가게를 돌아다녀야만 가능한 가격비교를 손쉽게 할 수 있다는 점일 것이다. 최근의 다양한 비교전문 사이트들은 소비자의 이러한 상품탐색을 더욱 손쉽게 도와준다.

(4) 전자상거래는 경험재를 탐색재로 전환시켜 준다

전자상거래는 소비자의 탐색비용을 줄여주기도 하지만 상품의 형태를 변화시키기도 한다. 상품은 일반적으로 사용한 이후에야 상품의 질을 알 수 있는 "경험재(experience goods)"와 실질적으로 사용해 보지 않고도 질에 대한 판단이 가능한 "탐색재(search goods)"로 나뉜다. 예를 들어, 일반적인 내구재들은 대개 탐색재에 해당하고, 문화상품들 즉 신문, 영화, 컴퓨터 소프트웨어들은 경험재에 해당한다. 소비자 입장에서 경험재는 그러나 제품을 써보지도 않은 채 구입해야 하기 때문에 구매에 대한 위험이 있는 게 사실이다. 이런 경험재에 대한 불확실성이 전자상거래 환경에서는 사라지게 된다. 만약, 어느 컴퓨터 회사가 새로운 소프트웨어를 시장에 내놓았다고 하자. 온라인 환경이 형성되기 이전의 상황에서는 이 새로운 소프트웨어에 대한 가치를 구입하여 사용해보기 이전에 확인할 수 있는 방법은 없었다. 그러나 전자상거래 환경에서는 경험재에 대한 가치판단도 기업들이 제공하는 데모버전과 같은 일종의 맛보기 판을 다운로드 받음으로써 가능해졌다. 상품을 '직접 구입' 하지 않은 채 상품에 대한 평가가 가능해졌다는 점에서 경험재와 탐색재의 구분은 이제 더 이상 의미가 없어지게 된 것이다. 결과적으로, 전자상거래 환경은 기존의 경험재를 탐색재로 상품의 성격을 전환시키는 역할을 한 셈이 됐다.

(5) 전자상거래는 효율적인 마케팅을 가능하게 한다

온라인 환경에서는 기업에서 제공하는 제품이나 서비스에 대한 소비자의 반응이 즉각 기업에 전달되고 고객의 불만이나 질문에 대해 기업이 즉각 응답해주는 효과적인 마케팅이 가능해졌다. 기업은 전자거래 파일에 기록된 구매정보나 웹서버 로그파일에 기록되는 소비자의 웹서핑 과정을 추적할 수 있어 소비자의 구매습관이나 취향에 관한 정보를 매우 신속하면서도 정확하게 획득할 수 있다. 이러한 정보를 데이터마이닝이나 다차원 분석 등의 여러 가지 분석도구를 이용하여 기업은 소비자의 구매습관, 상품 구매욕구 등을 분석하여 개인에 맞는 차별화된 마케팅 전략을 구사할 수 있게 됐다. 또한 전자상거래 환경에서 기업은 소비자와 직접 거래를 함으로써 인터넷 광고 및 시장조사 등을 통해 광고비 등을 포함한 마케팅 비용을 대폭 절감할 수 있다. 기존의 신문이나 방송매체를 이용한 광고나 판촉활동이 일정한 시간과 공간에서 이루어짐으로써 그 효과가 한시적이고 특정 지역에 국한되는 데 반해, 인터넷 마케팅은 이러한 시간적, 공간적 제약 없이 가능하다는 점도 기업의 효율적인 마케팅을 가능하게 해 주는 요인이다.

Ⅲ. 전자상거래의 유형

1. 거래주체에 따른 분류

전자상거래는 목적이나 범위 또 사용주체에 따라 다양하게 분류된다. 먼저, 거래주체에 따라 전자상거래는 기업내부에서의 거래, 기업간 거래, 기업과 소비자간 거래, 기업과 정부간의 거래, 그리고 소비자와 정부간의 거래 등으로 나눌 수 있다. 이를 구체적으로 살펴보면 다음과 같다.

① 기업내부에서의 전자거래(Within Business): 예컨대, 사내에서 구매 및 주문처리 등을 한다든지, 사내 구성원들간의 원활한 정보교환을 위해 통신망이 사용되는 경우가 여기에 해당된다.

② 기업간 거래(Business to Business: B2B): 사적 통신망을 이용한 전자문서교환(EDI)이 대표적인 예이다. 기업이 운송장의 발급과 수령을 인터넷과 같은 통신망을 사용하는 경우 등도 이러한 유형의 전자상거래에 해당한다.

③ 기업과 소비자간 거래(Business to Consumer: B2C): 우리들이 흔히 전자소매(electronic retailing)라는 개념으로 사용하는 거래방식이다. 이 유형의 거래는 인터넷을 통하여 서적, 음반에서부터 자동차나 부동산에 이르기까지 소비자 상품을 거래하는 방법으로 보통 전자쇼핑몰에서 전자결재를 통한 방식으로 거래가 이루어진다.

④ 기업과 정부간에 이루어지는 거래(Business to Government: B2G): 여기에는 기업과 정부조직 사이의 모든 거래가 포함된다. 예컨대, 정부가 필요한 조달상품을 인터넷을 통해 공시하면 기업들이 이에 응하여 계약하는 것과 같은 경우이다.

⑤ 소비자와 정부간 거래(Consumer to Government: C2G): 정부가 세금이나 각종 공과금을 인터넷을 통하여 환급할 때 사용하는 방법 등이 여기에 해당된다.

2. 사용목적에 따른 분류

한편, 전자상거래는 사용목적에 따라 커뮤니케이션 수단으로써의 전자상거래, 비즈니스 목적에 의한 전자상거래, 그리고 서비스를 위한 전자상거래 등으로 분류되기도 한다.

① 커뮤니케이션 수단으로써의 전자상거래: 상품정보의 전달에서부터, 상품과 서비스를 직접 배달, 지불하는 과정을 컴퓨터 네트워크를 이용하는 것이다. 상거래 활동의 전달체계를 인터넷과 같은 통신망을 통해 이루어내는 것이다.

② 비즈니스 목적에 의한 전자상거래: 업무의 효율성 측면에서 인터넷을 이용하여 사무자동화를 이룸으로써 생산비를 최소화시키고 업무의 정확성, 신속성, 효율성을 증진시키기 위해 이용하는 것이다.

③ 서비스 목적에 의한 전자상거래: 이는 기업이 소비자에게 중간유통마진을 최소화하고 고객에게 보다 저렴한 가격과 높은 품질의 서비스를 제공하기 위한 수단으로 전자상거래를 활용하는 것이다.

3. 운영방식에 따른 분류

또한, 전자상거래는 사업운영 방식에 따라서도 분류될 수 있는데, 각 유형의 특징과 여기에 해당되는 주요 사이트를 예로 들면 다음과 같다.

① 전자 쇼핑몰(Shopping-Mall): 자신이 직접 물건을 판매하지는 않지만 인터넷을 통하여 제품 및 서비스를 판매하고자 하는 판매상들을 모아 놓는 판매운영 방식이다. 제품을 사는 방법은 웹 브라우저를 이용하여 상품을 구매한다는 것만 차이가 날 뿐 나머지는 전통적인 방법으로 우리가 물건을 사는 방법과 매우 흡사하다. 전자 쇼핑몰에서 취급하고 있는 상품은 웹 프라우저 화면을 통해 볼 수 있으며, 사기를 원하는 제품은 장바구니에 모아 두었다가 한꺼번에 결재한다. 결제는 신용카드가 주로 사용된다. 현재 전 세계적으로 25만개의 전자 쇼핑몰이 존재하고 있는 것으로 알려지고 있으며, 우리 나라에도 약 300여개의 전자 쇼핑몰이 있는 것으로 조사되고 있다. 전자 쇼핑몰은 크게 특정 상품을 판매하는 쇼핑몰과 일반 모든 상품을 판매하는 쇼핑몰로 나뉘는데 특정 쇼핑몰은 포도주, 화장품, 식료품과 같이 특정화된 상품만을 전문적으로 취급하는 전문 쇼핑몰을 말하며, 일반 쇼핑몰은 사이버 공간에서 백화점과 같이 다양한 상품을 취급하는 쇼핑몰을 말한다. 예를 들어, 음악 관련 제품을 전문적으로 취급하는 Cdnow(www.cdnow.com)는 전문 쇼핑몰에 해당하고, 삼성몰(www.samsungmall.co.kr)이나 인터파크 등은 종합 쇼핑몰에 해당한다.

② 전자 상점(e-shop): 자신이 직접 도매상이나 제조업체로부터 제품을

구매한 후 혹은 자신이 생산한 제품 및 서비스를 직접 판매하는 방식이다. 전자 상점은 중개자가 주문처리와 보증에 대한 책임을 지느냐에 따라 크게 전자 유통업자(distributor)와 전자 중개자(broker)로 구분된다. 전자 중개자가 소비자들이 원하는 상품의 단순 중계역할에 그치는 반면, 전자 유통업자는 주문과 결재까지 책임을 지고 있다. 순수한 중개자에 해당되는 사이트로는 Amazon.com이 있고, 전자 중개자로는 인터넷 몰(www.internetmall.com)이 대표적이다.

③ 전자 경매(auction): 판매자 또는 소비자간의 경쟁을 통하여 매매가 이루어지는 방식으로 일반경매, 역경매 또는 개인간 거래와 기업대 개인간 거래로 구분된다. 전자경매가 인기 있는 이유는 거래비용의 절약이다. 경매장소까지 직접 가지 않아도 되고, 평균 1주일 정도의 경매기간이 있어 여유를 두고 생각하면서 경매에 참가할 수도 있다. 하지만 단점으로는 입찰자와 낙찰자에 대한 신뢰를 확인할 방법이 없다는 점인데, 거래 상대방이 누구인지 모르기 때문에 입금을 주저하는 경향이 발생한다. 전자경매의 가장 대표적인 사이트로는 eBay(www.ebay.com)로써, 현재 인터넷 경매의 약 40%정도를 담당하는 것으로 알려져 있다. 이외에도 옥션(www.auction.co.kr), 그리고 Priceline.com 등이 있다.

④ 공동구매: 소비자들이 연합하여 구매력을 극대화시키기 위한 거래 형태로써 여기에 해당하는 사이트로는 Accompany.com, 인터넷 공동구매(www.gonggoo.co.kr) 등이 있다.

⑤ 온라인 출판형태: 전자신문이나 웹진과 같이 정보를 웹사이트에 제공하면서 다양한 비즈니스 기회를 창출하는 형식이다. 디지털 조선(www.chosun.com)을 비롯하여 동아, 중앙 등 전자신문 사이트와 각종 웹진 사이트들이 여기에 해당된다.

⑥ 커뮤니티 형태: 인터넷 사용자들간의 상호작용을 활성화시키고, 이들을 집단화함으로써 다양한 비즈니스 기회를 창출하는 방식이다. 커뮤니티 회원들의 회비가 광고수입과 함께 주 수입원이며 고객의 반응이나 소비자의 서비스를 통한 관계구축에 기업들이 많이 활용한다. 대표

적인 사이트로는 하늘사랑(www.skylove.co.kr), iWillage.com 등이 있다.

⑦ 검색 서비스 형태: 인터넷 사용자들로 하여금 웹 문서나 웹사이트의 검색을 도와주는 서비스를 통해 비즈니스 기회를 얻는 방식으로, Yahoo나 Lycos, 심마니(www.simmani.com) 등이 대표적이다.

Ⅳ. 전자상거래의 미래

현재 추세대로라면 향후 몇 년 안에 전자상거래는 가장 중요한 상거래 수단으로 자리잡게 될 것으로 보인다. 하지만 그렇게 되기 위해서는 몇 가지 해결되어야 할 과제들이 남아있다. 전자상거래가 활성화되기 위해서 해결되어야 할 문제점은 무엇인가?

첫째, 제품에 대한 불확실성이 없어져야 한다. 어느 시장이든지 제품의 질에 대한 신뢰성이 보장되지 못한다면 그 시장은 실패로 귀결될 수밖에 없다. 인터넷이 여러 가지 장점을 바탕으로 현재 많은 사람들에 의해 중요한 상거래 수단으로 이용되고 있다고 할지라도 현재 인터넷에서 제공되는 상품의 질에 대한 신뢰성이 부족한 것이 사실이다. 전통적인 거래의 경우, 소비자들은 직접 자기 눈을 통해 제품을 확인해 보고 물건을 구입했지만 전자상거래에서 소비자들은 고작 웹사이트에 나타난 그림이나 사진 혹은 설명을 통한 정보를 바탕으로 물건을 구매해야 한다. 앞에서도 잠깐 언급했지만 전자 경매의 경우도 거래 당사자들은 직접 만나지 않기 때문에 상대방을 신뢰할 수 없게 되는 단점을 지니고 있다. 이러한 문제를 해결하기 위해서는 제품에 대한 신뢰를 인증해주는 방법들이 요구되는데 가령, 거래 당사자들에 대해 거래 경험이 있는 제 3 자가 평가를 해주는 방식 등이 도입되어야 한다. 이 밖에도 기업 및 상품 공신력 인증을 사이버 쇼핑몰 차원에서 제공해 주든지 혹은 소비자단체와 같은 공신력 있는 조직이나 국가단체의 인증과 보증제도 등이 도입되어야 할 것으로 보인다. 실제로 eBay.com에서는 현재 TrustE.org나 BBB.

org와 같은 인증기관을 통하여 자사의 사이트를 검증 받고 있는 것으로 알려지고 있다. 또 일정금액 이상의 거래에 대해서는 제 3 의 대행기관을 통하여 신뢰를 구축하고 있는데 이 대행기관은 구매자의 입금을 대신 받아 보관하고 있다가 구매자로부터 제품에 대해 만족한다는 메시지를 받을 경우 지불해 주는 역할을 수행한다. 이와 함께, 온라인 상에서 보여지는 물건을 실제처럼 보일 수 있게 하는 멀티미디어 기술의 발전도 지속적으로 요구된다. 실제처럼 보이게 하는 기술의 발달은 가상의 물건을 보고 구매를 하는 데 따른 부작용을 상당부분 해소해 줄 것이다. 어떤 방법이 되든지 간에 앞으로 제품에 대한 이러한 불확실성이 해결되어야만 전자상거래가 보다 활성화되고 발전될 것이다.

둘째, 신용카드나 직불카드 사용 및 개인정보 유출을 위한 보안장치가 철저하게 이루어져야 한다. 현재 암호나 전자서명과 같은 거래상의 보안문제를 해결하기 위한 많은 노력들이 행해지고는 있지만 앞으로도 소비자의 신뢰를 얻기 위해서는 보안기술의 발전이 지속적으로 진행되어야 한다.

셋째, 보다 효율적인 물류체계가 갖추어져야 한다. 전자상거래의 활성화에 신속하고도 안전한 물류체계는 필수적인 요소가 아닐 수 없다. 앞으로 생산업체와 물류회사 그리고 정보통신회사간의 원활한 협력체계가 구축되고, 이를 토대로 신속하고 안전한 배송이 이루어진다면 소비자들의 전자상거래에 대한 신뢰감은 더욱 커질 것이다.

마지막으로, 관련 법률이 제정되어야 한다. 유럽에서는 전자상거래를 활성화시키기 위한 관련법들이 제정되거나 제도적인 보호장치들이 갖추어지고 있는데 이러한 정책적인 노력들이 전자상거래를 촉진시키는 힘이 될 것이다. 대부분의 사람들이 전자상거래를 필연적인 대세로 여기고 있다. 하지만 이것이 미래의 확실한 상거래 형태로 자리매김되기 위해서는 기업과 소비자, 그리고 범 국가적인 차원에서의 이와 같은 구체적인 투자와 노력이 절실히 요구된다.

참고문헌

강승원 외(2000), 『전자상거래의 이해』. 학현사.

권순국, 김형국(2002), 『e-Business론』. 두남.

김영석(2000), 『디지털 미디어와 사회』. 나남, 2000.

김진우(1999), 『HCI Lab, 인터넷 비즈니스. COM』. 영진.COM.

오재인 외(2001), 『인터넷 비즈니스』. 박영사.

이재규 외(1999), 『전자상거래 원론』. 법영사.

정보통신정책연구원(2001. 8), 『정보통신상업동향: 인터넷 컨텐츠 편』.

Albarran, A., & Goff, D,(2000). *Understanding the Web; Social Political and Economic Dimensions of the Internet*. Iowa State University Press.

Brynjolfsson, E., & Kahin, B.(2000). *Understanding the Digital Economy: Data, Tools, and Research*. MIT Press.

Choi, S, Stahl, D., & Whinston, A.(1997). *The Economice of Electronic Commerce*. Macmillan Technical Publishing, IN..

Kalakota R., & Whinston, A.(1997). *Readings in Electronic Commerce*. Addison-Wesley.

Low, L.(2000). *Economice of Information Technology and the Media*. World Scientific.

McKnight. L., & Bailey, J.(1998). *Internet Economics*. MIT Press.

제13장

인터넷과 통합 마케팅 커뮤니케이션*

박 종 민**

몇 년 전 인터넷을 이용한 마케팅은 커다란 호황을 누리고 있었으며 TV나 신문 등 기존 매체에 비하면 규모는 미미하지만 폭발적인 성장률을 기록하고 있었다. 2000년 3월 펩시콜라와 인터넷 포털업체인 야후의 마케팅 제휴가 있었다. 신문이 지닌 광고의 지속성과 신뢰성, TV가 갖는 뚜렷한 임팩트가 인터넷상에는 없다는 이유로 그 이전까지는 인터넷 광고에 별 관심이 없었던 펩시는 이같은 생각들을 바꿔 2000년 초반부터 자사가 생산하는 연간 15억병의 콜라와 미국내 5만개 지점에 야후광고를 걸고 대신 야후는 자사 사이트에 펩시스터프닷컴(http://www.PepsiStuff.com)을 개설, 펩시콜라 마케팅과 광고를 담당한다는 데 합의했다.

파장은 퍼져나갔다. 이미 검색엔진 라이코스에 광고를 올리고 있는 피자헛은 인터넷 마케팅을 강화하였으며 마이크로소프트사의 포털 MSN 광고에 의존하던 종합소비제 메이커 유니레버도 온라인 광고 확대를 선언했다. 나이키와 가정용 의약품 제조업체 존슨앤존슨도 인터넷을 통한 광고를 대폭 늘리겠다고 밝혔다(최형규, 2000년 5월 1일).

인터넷 리서치회사인 주피터 커뮤니케이션스의 분석가 패트릭 키안은 "인터넷의 폭발력이 광고시장으로 직결되는 징조가 있으며 이것은 당연한 귀

* Integrated Marketing Communication: 이하 IMC

** 경희대 언론정보학부 교수

결로 보인다"고 말했다. 미국 인터넷광고협회(IAB)에 따르면 1999년 온라인 광고액수는 46억달러로 전년대비 1백41%가 늘어났다. 이는 처음으로 조사를 시작한 1996년(2억6천만달러)보다 무려 2천%가 늘어난 수치다. 또한 주피터 커뮤니케이션스는 2000년 당시 2005년쯤에는 인터넷을 활용하는 인구가 지금의 3억에 비해 훨씬 늘어난 8억이 될 것이며 온라인 광고 규모는 전체 매체 광고의 6%에 해당할 것이라고 예견했다(강일중, 2000년 6월 20일).

실로 1990년 중반부터 형성된 국내 인터넷 광고시장도 2000년 초반까지 빠르게 성장하고 있었다. 대표적 인터넷 광고 형태인 배너광고의 클릭률이 낮다는 이유로 온라인 광고의 효율성에 대한 논란이 제기되기도 하였지만 인터넷 광고시장은 2000년 들어서도 지속적으로 성장, 인터넷이 제 3 의 매체로 착근했다는 사실을 입증시켜 주고 있었다.

관련업계에 따르면 1999년 국내 인터넷 광고시장의 규모는 350억원으로 1998년에 비해 270%정도 성장했으며 2000년에는 1천300억-1천500억원 정도로 300% 정도 성장하였고, 이러한 속도라면 2005년내에 최소한 3천억원을 초과할 것이라고 전망하기도 하였다.

이렇게 2000년 초까지 온라인 광고시장이 빠른 성장세를 보였던 것은 광고효과에 대한 논란에도 불구하고 기존 오프라인의 광고주들이 온라인 광고 예산을 늘렸으며 온라인 광고를 원하는 새로운 광고주들이 계속 나타나고 있었기 때문이다. 특히 그 당시에도 배너광고가 온라인 광고의 효율성과 수익성에 회의론을 몰고오기도 했었지만 e-메일광고와 멀티미디어 광고, 특정 콘텐츠의 독점제공을 통한 광고, 맞춤형 광고 등 배너광고를 대체할 만한 다양한 광고기법이 등장하여 비교적 온라인 광고의 미래를 밝게 해주고 있었다. 1998년 이동통신업체와 단말기가 주류를 이뤘던 온라인 광고의 광고주는 1999년에는 증권과 보험 등에 이어 의류와 음료, 화장품 등 소비재 생산 업체들이 중심으로 등장했고 2000년 초반에는 인터넷 업체와 통신 사업자들이 최대 광고주로 부상했다(정규득, 2000년 5월 9일).

그러나 시장 환경은 돌변했다. 2000년 중반 미국에서부터 불기 시작한 인터넷 마케팅의 비관론은 그 당시 아마존의 부도설과 미국 인터넷주의 폭락장세로 시작되었고, 실익을 내지 못하는 인터넷 마케팅에 대한 막연한 기대는 점차 사그라들고 있었다.

2000년 중반 미국 증권가에서는 두 개의 '닷컴 기업 살생부'가 나돌고 있었는데, 하나는 월스트리트저널의 자매지인 배런스의 것이고 다른 하나는 투자은행인 골드만삭스가 공개한 것이다. 특히 미국 시간으로 2000년 6월 19일 발표된 배런스의 살생부는 '이대로 가면 이 정도밖에 더 못 산다'는 뜻의 잔존수명을 개월 단위로 나타내 충격을 주었다. 그 당시 미국에서 닷컴 기업들의 운명이 도마에 오른 이유는 주가폭락이었다. 2000년 초반까지 거침없이 솟았던 미국 인터넷 업체의 주가들은 4월 이후 3개월 동안 하락세를 거듭해 시가총액이 1조4,000억달러에서 6,930억달러로 50% 이상 줄어들었다(이철용, 2000년 6월 21일).

"수익을 보여라(Show me the profits)." 이말은 그당시 미국 실리콘 밸리의 닷컴기업 경영자들이 주문처럼 외우고 다니던 문구였다. 수익만 낼 수 있다면 회사를 반쪽 내는 것도, 직원들을 무더기로 잘라내는 것도 주저하지 않게 되었고, 닷컴기업들은 구조조정의 고통을 겪고 돈 쓸 곳을 찾아다니는 등 과거의 흥청거리던 분위기는 사라지게 되었다. 그당시 밸류아메리카, 비욘드닷컴, 퍼니처닷컴, 아마존닷컴 등 모든 인터넷 소매 및 콘텐츠 제공업체들은 20% 안팎의 감원을 단행하였고, 온라인 장난감 업체 KB키즈닷컴도 전체 직원 30%를 해고하였다(김준술, 2000년 5월 19일).

사실 이때부터 인터넷 광고의 대표적인 형태인 배너광고에 대한 광고주의 입장은 비관적으로 변하여 인터넷 광고의 75% 이상을 정보통신 관련 상위 10개사가 독점하고 있을 정도로 시장이 편중되어 버렸다(김승렬, 제533호). 문제는 인터넷 광고주의 편중성 뿐만 아니라 기존에 인터넷 광고의 효과를 믿고 있던 광고주들도 하나둘씩 인터넷 광고를 떠나버렸다는 것이다. 미국의 한 사례를 들면 단체로 물품을 싸게 구입하는 모브숍닷컴은 익사이트앳홈(excite@Home)과 거액을 주고 파트너 계약을 했다. 익사이트앳홈을 통해 모브숍닷컴을 찾은 고객 수를 계산해 매출을 나누기로 한 것이다. 그러나 뚜껑을 열어 보니 고객 한 명을 흡수하는 데 든 비용이 무려 1천달러였다. 당장 계약을 취소했음은 물론이다. 상황이 이러하니 인터넷 리서치회사인 주피터 커뮤니케이션스도 온라인 광고의 급성장에도 불구하고 광고를 통해 이 분야의 세계적인 브랜드를 키우는 데는 한계가 있을 것이라는 비관적인 예상을 내놓게 되었다(강일중, 2000년 6월 20일).

2000년 후반 닷컴 세계의 광고 · 마케팅 · 운송 등 거의 전 분야에 걸쳐 효용성 재검토 작업이 시작되었고 이러한 분위기는 현재까지 이어져오고 있다. 실제 2000년 이후 인터넷 광고 산업은 계속 마이너스 성장을 해오고 있으며, 이러한 현상은 이전의 낙관적인 시각에서는 생각지도 못한 결과이다.

그러나 전반적인 인터넷 산업이 조정기를 맞게 되었고, 인터넷을 이용한 광고의 형태도 시험대에 오르게 되었지만, 인터넷이 새로운 마케팅 커뮤니케이션 환경 변화에 가장 큰 영향을 미친 매체라는 것은 모두가 주지하는 사실이다. 특히 최근 이전의 마케팅 환경에서 TV, 신문, 잡지 등 몇 개의 마케팅 매체들에만 초점을 두어 매체 계획을 세우던 마케팅 전략에서 벗어나 모든 활용 가능한 매체들을 동원하여 이루어지는 관계마케팅(Relationshinp marketing)의 시대에 인터넷은 MPR(Marketing Public Relations)의 중요한 도구가 되고 있다.

실로 오늘날 기업들은 커뮤니케이션 기술의 발전, 사회구조의 변화 등으로 인해 새로운 마케팅 환경에 직면해 있다. 다매체 다채널 시대의 정보 홍수 속에서 매체의 신뢰도는 점차 하락하고 있으며, 소비자의 매체 선택 재량권은 더욱 커지고 있다. 또, 풍부한 구매력을 가진 중산층의 확대와 교육 수준 향상으로 소비자 욕구는 점차 다양화, 세분화되고 있다. 이렇게 급변하는 시장 상황 속에서 마케터들은 대중 마케팅[1]의 효율성에 문제를 제기하고, IMC에 관심을 가지기 시작했다. 1990년대 들어 광고주, 광고 대행사, 그리고 매체사들은 자신들의 새로워진 역할을 수행하기 위해 IMC를 실제 마케팅 활동에 적용하고 있다.

본 장에서는 인터넷을 하나의 광고매체로 이해하기 위하여 우선 인터넷 매체의 속성을 매체 관여도와 신뢰도의 차원에서 분석해보고 새로운 형태의 인터넷 마케팅을 소개하고자 한다. 두 번째 논의에서는 인터넷을 새로운 마케팅 환경의 도구로 이해하여 IMC와 MPR에 있어서 인터넷 채널의 활용가능성

---

1) 서로 비슷하고 차별화되지 않은 규격화된 대중 소비자들에게 대량생산제품을 판매하기 위한 활동을 말한다(Schultz & Tannenbaum, 1994, p. 22).

을 살펴보고자 한다.

1. 인터넷 매체 속성의 이해와 활용

인터넷 광고의 미래에 대한 전망은 엇갈린다. 따라서 앞으로 인터넷 광고의 미래를 살펴보고 과연 수익을 낼 수 있는 마케팅 수단인가 아닌가를 따져보기 위해서는 인터넷이 가지고 있는 매체로서의 속성을 이해하는 것이 필요하다. 인터넷 매체가 가지고 있는 관여도와 신뢰도를 살펴보자.

(1) 인터넷의 매체 관여도

NBC TV 인터넷 담당기자인 마이크 웬드랜드 2000년 1월 1일에 한 가지 실험을 하기 위해 신문구독을 취소했다. 인터넷과 손바닥만한 컴퓨터, 그리고 인터넷 접속이 가능한 휴대전화기만을 통해 뉴스를 접할 경우 그가 얼마나 많은 정보를 얻을 수 있는지 알아보기 위해서였다. 이를 위해서 그는 TV 뉴스와의 접촉도 자제했다.

이렇게 5개월간 온라인을 통해서만 뉴스를 접한 결과는 놀라운 것이었다. 지난 몇 년 동안 인터넷과 뉴미디어의 중요성을 역설했던 그가 종이에 인쇄된 신문을 접하지 못하는 것에 대해 커다란 좌절감을 느꼈던 것이다. 그는 신문이 그리웠다. 신문의 바삭바삭한 느낌도 그리웠고, 방의 커다란 가죽의자에 앉아 신문을 읽으면서 느꼈던 기쁨과 편안함도 그리웠다. 화장실에 있을 때에도 지금 내 손에 신문이 있었으면 좋겠다고 생각한 적이 이루 헤아릴 수 없이 많았다. 이러한 경험 후에 그는 다음과 같은 결론을 내렸다.

첫 번째, 인터넷 매체는 의제설정기능 즉 뉴스를 선별하고 차별화하는 기능이 기존 인쇄매체에 비해 떨어진다.

둘째로 인쇄매체가 가지고 있는 우연성 즉 재미있고 매혹적인 기사를 우연히 만나는 기쁨이 인터넷에서는 없다. 그는 컴퓨터 스크린에서 필요한 정보만을 꺼내본 후 재빨리 사이트를 벗어나곤 했던 것이다. 즉 인터넷으로 뉴스를 보면서 항상 그는 서두르고 있다는 느낌을 받았다.

셋째, 온라인 뉴스를 읽는 것은 불편한 일이었다. 온라인 뉴스를 읽으려면 우선 컴퓨터 앞에 앉아 인터넷에 접속을 한 다음 마우스를 계속 움직여야 한다. 그리고 그 동안 내내 자리를 뜰 수가 없다.

넷째, 그가 신문을 읽으며 자란 세대라서 그런지는 몰라도 신문에서 읽은 기사가 더 기억에 남았다. 그는 인터넷에서 발견한 재미있는 기사들에 북마크를 해두었지만, 신문더미를 뒤지는 것만큼 쉽게 원하는 기사를 찾을 수 없었다(Wendrend).

웬드랜드의 마지막 네 번째 불만은 그가 역시 구세대라는 것을 증명하는 것이였지만 나머지 세 가지는 아마 인쇄매체와 인터넷 매체가 가지고 있는 고유한 속성에 기인한 것 같다. 최근에 저자는 석사논문을 지도하기 위해 간단한 실험을 해보았다. 자이코프스키(1985, 1986)가 이야기한 관여도의 분류 중 정보 소스(Information source), 내용(contents), 상황(situation)으로서의 관여도를 분석하기 위해 소비자가 인쇄매체와 인터넷 매체를 통해 상업적 정보를 얻을 때의 관여도를 분석해 본 결과 정보 추구자(information seeker)로서의 소비자가 원하는 정보를 얻기 위해 인쇄매체에 있는 광고를 찾는 상황이 가장 관여도가 큰 상황이었고, 역시 정보 추구자(information seeker)가 인터넷을 통해 상업적 광고를 찾을 때가 그 다음이었다. 단순 사용자(surfer)들이 상업적 정보를 우연히 접할 때도 마찬가지로 인쇄매체가 인터넷 매체보다 관여가 큰 것으로 나타났다. 이 연구의 결과는 결국 인터넷이 가지는 속성은 기존의 방송, 인쇄매체의 매체 관여도와 비교하여 볼 때 중간적인 속성을 가지고 있으며 인쇄매체보다는 관여성이 떨어지는 것이었다.

(2) 인터넷 매체의 신뢰도 문제

인터넷 매체는 관여적 성격에서 인쇄매체에 비해 떨어질 뿐 아니라 신뢰도에 있어서도 문제가 있었다. 이러한 관여적 성격은 배너광고식 인터넷 광고에 영향을 미치는 반면 인터넷의 신뢰성은 e-메일 판촉과 같은 스팸메일 광고로부터 그 심각성이 대두되고 있다.

미국에서 개인의 e-메일을 판촉 · 광고에 이용하는 마케팅이 등장하여 상업성과 윤리성을 놓고 논란이 일고 있는 것이다. 인터넷 비즈니스 뉴스 사이트인 아이비즈투데이닷컴이 보도한 데 따르면 신종 e-메일 광고는 아들이 어머니의 안부를 묻는 e-메일을 보내면서 "쿠킹닷컴의 과자가 맛있으니 사드셔보라" 고 권유하고, 이 업체의 배너광고를 붙이는 식으로 되어 있다. 어머니가 쿠킹닷컴을 통해 과자를 사면 판매가의 10%가 아들에게 돌아간다. 오피스맥스닷컴 · CD나우 · 토미어 등 많은 온라인 판매업체들이 이같은 개인 e-메일 광고에 뛰어들었다(오대영, 2000년 5월 25일).

이렇게 PC통신이나 인터넷을 통해 개인 의사와 관계없이 일방적으로 전달되는 광고성 전자우편인 '스팸메일'은 전자우편 서비스 제공업체와 이용자에게 심각한 피해를 주는 것으로 나타났다. 이에 따라 많은 업체들은 전자우편 관련 설비를 증설하거나 인력을 보강했으며 다량의 e-mail 전송 방지를 위한 관련 규제의 보완 필요성을 제기했다(류현성, 2000년 6월 8일).

아마존닷컴, 이베이, 아메리카온라인, 라이코스 등 미국의 10대 온라인 대기업 최고경영자(CEO)는 400여개 온라인 기업에 서한을 보내 이용자의 개인정보를 보다 철저히 보호하는 방안을 마련하라고 촉구했다. 편지는 이들 회사가 공동설립한 홍보기관의 웹사이트(www.netcoalition.com)를 통해 공개됐다. 이들 CEO는 "인터넷을 이용자가 믿지 않게 된다면 전자상거래업체는 설땅이 없다"며 업체 스스로 개인정보 보호 방안을 마련해야 한다고 강조했다.

전자상거래시 이용자는 신용카드 정보가 새나가지 않을지, 제 3 자에게 정보가 팔려나가지 않을지를 크게 우려한다. 이같은 불안을 느끼지 않도록 온라인업체의 CEO들은

· 개인정보 수집과 이용에 관한 원칙 공개
· 정보 수집과 이용에 관한 소비자의 선택권 부여
· 사생활보호에 관한 문의창구 마련
· 개인정보의 정확성을 사용자가 확인할 수 있는 방법 마련
· 개인정보 유출을 막기 위한 보안체계 구축

등 5가지 방안을 제시했다.

미 연방무역위원회(FTC)는 2000년 5월말 인터넷상 개인정보 보호에 관한 보고서를 의회에 제출했다. 뉴욕의 주피터 커뮤니케이션스는 온라인상에서 개인정보가 보호받지 못한다고 사용자들이 판단하게 되면 온라인업계 매출은 연간 180억달러, 광고수입은 연간 27억달러가 줄어들 것이라고 경고하기도 하

였다(조헌주, 2000년 5월 12일).

(3) 인터넷 광고-새로운 전략 필요

위에서 본 바와 같이 인터넷 사업증시의 전반적인 침체와 인터넷 매체 자체가 가지고 있는 고유한 문제점들과 함께 최근에 부각되는 인터넷 사업의 비관론은 이제 인터넷 매체의 새로운 도약을 요구하고 있다.

그러나 전반적인 대상 소비자군을 생각할 때는 인터넷 산업이나 광고의 미래가 그리 어둡지 많은 않다. 한국의 한 광고대행사인 '리앤디디비'가 2000년 4월 10일부터 한달 여 동안 서울 지역 초등학교 5학년에서 대학 4학년까지의 학생 1,000명을 대상으로 실시한 인터넷 사용실태 조사결과 최근에 인터넷이 확산되면서 청소년층의 인터넷 중독이 심각한 것으로 조사됐다. "인터넷 때문에 잠을 못자거나 밥을 안 먹은 적이 있다"고 응답한 학생수는 전체의 29%로 이 가운데 초등학생은 11%였으나 연령이 높아짐에 따라 비율이 늘어 대학생은 35%를 차지했다. 또 며칠 동안 인터넷을 하지 않으면 왠지 불안하다고 응답한 학생이 전체의 27%를 차지했으며 전자우편을 확인해야 한다는 강박관념에 대한 경험이 있다고 응답한 학생도 18%에 이르렀다(채삼석, 이광철, 2000년 6월 2일).

중독이라는 것이 부정적 의미를 내포하지만 그렇게 치면 인류는 아마 대부분이 TV매체에 중독되어 있다고 해도 무방할 것이다. 이러한 조사 결과는 미래의 잠재적인 수용자군에서부터 지금의 젊은 소비자군인 20-30대중 상당수 인터넷 중독증세가 있다는 것이고 이들의 인터넷 사용은 갈수록 증가할 것이란 것이다.

인터넷 광고를 주요 테마로 하는 비즈니스 모델은 크게 네트워크형과 이벤트형으로 나눠 살펴볼 수 있다. 먼저 네트워크형 모델은 광고를 수주하려는 업체와 광고를 게재하려는 업체를 연결, 수수료를 챙기는 방식이 대표적이다. 다음으로 이벤트형의 경우는 다채로운 행사와 경품은 물론 재미와 오락이라는 요소가 더해진다. 많은 고객을 확보한 뒤 이들을 통해 광고효과를 보려는 비즈니스 모델이다. 다음은 이러한 인터넷 광고의 비즈니스 모델에 따라 최근에 등장하고 있는 새로운 인터넷 광고 전략들을 소개해 보기로 하겠다. 이러한 새로운 방법은 인터넷 매체가 가지고 있는 단점을 보완하고 장점을 부각시키는 방향으로 목표소비자의 구매동기를 얻어내기 위해 노력하고 있다.

1) 이벤트형 인터넷 광고

쿠폰광고-미국의 경제 격주간지 포춘 최신호는 인터넷상의 할인쿠폰 폭증을 기사로 다뤘다. 미국 소비자들은 원하는 물건을 자기가 값을 매겨 사는 경매보다는 온라인상의 쿠폰 찾기에 더 관심을 기울이고 있다. 할인폭이 워낙 크기 때문이다. 보통 지역신문 광고를 통해 발행되는 쿠폰은 생필품 가격의 1~2%를 되돌려 주는 반면 인터넷 쿠폰 할인율은 최고 90%에 달한다. '딜잇업닷컴(http://www.Dealitup.com)', '프라이스질라닷컴(http://www.Pricezilla.com)', '800닷컴(http://www.800.com)' 등 쿠폰으로 다른 회사 광고만 해주고 수익을 올리는 사이트도 여러 개여서 경쟁이 치열하다. 인터넷 약국편의점 '플래닛알엑스닷컴(http://www.PlanetRx.com)' 처럼 사이트 홍보를 위해 비타민 · 커피 등을 쿠폰을 통해 거의 무상으로 제공하는 업체도 있다. 800닷컴의 최고경영자(CEO) 그레그 드류는 "쿠폰만큼 훌륭한 광고수단은 없다" 며 "우리가 판촉을 처음 할 무렵 쿠폰 때문에 13일만에 10만명의 고객을 확보할 수 있었다" 고 말했다. 그는 "더욱 고무적인 일은 올해 매출액의 50%가 사이트를 다시 방문한 고객으로부터 창출된 것"이라며 쿠폰의 위력을 설명했다(홍수현, 2000년 3월 21일).

서핑광고-인터넷 광고계에서 '서핑광고'(Surfing Aids:보물찾기식 광고)라는 전혀 새로운 인터넷 광고기법을 선보여 네티즌들에게 신선한 충격을 준 업체가 있다. 총 상금 1억 5천만원이라는 국내 인터넷 사상 최고의 상금을 주는 행운의 사이트 '보물찾기'(www.bomul.co.kr)를 운영하는 이 업체는 이미 13만명의 회원을 확보하는 등 국내 인터넷 업계의 선발주자로 자리매김하고 있다. 1999년 9월 국내 최초로 특허를 따낸 보물찾기의 서핑광고는 쌍방향성 매체인 인터넷의 장점을 최대로 살린 광고기법이다. 인터넷 광고라면 대개 배너광고를 떠올리기 마련이다. 그러나 무료회원제로 운영되는 보물찾기 사이트는 일반 배너광고가 갖는 낮은 클릭률과 저조한 접속률 같은 단점을 보완하기 위해 인터넷 이용자들에게 일정한 인센티브를 제공, 인터넷 방문동기를 부여하고 있다. 그래서 회원들이 광고주 사이트에 숨어 있는 보물을 찾게 함으로써 정보를 많이 전달하려는 광고주의 욕구를 충족시키는 것은 물론 이용자에게는 상금이라는 인센티브를 제공, 사이트를 찾도록 유도하고 있는 것이다(김상우, 제 494호).

사운드 배너 광고 -디킴스커뮤니케이션은 소리를 접목시킨 '사운드 배너'를 선보였다. 배너에 커서를 갖다대면 그 광고의 특성에 맞는 소리가 자동적으로 나는 기법이다. 온라인 증권사 굿아이의 광고에는 '굿모닝~'이라는 음성을 넣었고 하나로통신 광고에는 '빠르다'는 점을 강조하기 위해 비행기 소리를 곁들였다. 디킴스 전략기획팀의 임장혁팀장은 "기존 배너보다 클릭률이 두 배정도 높아졌다"고 밝혔다. 이밖에 디킴스가 활용중인 기법은 '네임애드' 기법이다. 배너를 클릭하면 '00님께 드리는 새로운 정보'처럼 광고가 게재된 사이트의 회원들에게 각자의 이름이 삽입된 광고를 보여주는 것이다.

비욘드 배너식 광고-유로넥스트는 정보기술(IT) 관련 정보를 제공하는 한 사이트에 '비욘드 배너'를 선보였다. 광고주의 배너를 게재하는 게 아니라 광고주가 아예 사이트의 한 코너를 차지하고 그 사이트의 특성에 맞는 정보를 제공하는 방식이다. 사이트 방문자가 그 정보를 보기위해 클릭을 하면 광고주의 홈페이지로 자동 연결된다. 사이트 운영자와 광고주가 동시에 이득을 얻는 '윈-윈(win-win)' 기법이라고 유로넥스트측은 설명했다.

멀티미디어형 광고-최근 '차세대 온라인 광고'로 주목받고 있는 광고 형태로 '리치 미디어' 방식이 있다. 이는 배너상에서 단순한 텍스트나 이미지만 제공하는 것이 아니라 마치 TV광고처럼 비디오, 오디오, 애니메이션 등을 합친 화면을 보여주는 멀티미디어형 광고이다. 배너상에서 간단한 게임도 가능하며 더 나아가서는 전자상거래까지 할 수 있는 방식이다. 삼성전자는 지난해 12월부터 2달간 '리치 미디어' 방식의 광고를 미국 월스트리트저널과 CNN의 홈페이지에 띄워 일반 배너에 비해 10배 이상의 클릭률을 기록했다(금동근, 2000년 5월 2일). 최근 코리아야후사이트는 그들이 제공하는 주 정보 항목부분에 우선 멀티미디어형 광고를 제공하고 이것은 잠깐 감상한 후 주 정보 항목을 볼 수 있게 서비스를 하고 있다. 이제 중앙일보, 조선일보 등 일간신문 사이트에서도 이러한 멀티미디어형 광고를 흔히 접할 수 있다.

2) 네트워크형 인터넷 광고

위에서 소개한 이벤트형 인터넷 광고들이 배너광고의 변형된 형태라면 네트워크형 인터넷 광고는 다음의 IMC와 MPR에서 소개할 목표 고객 관리의 데이터 베이스 마케팅 형태에서 인터넷 활용의 기술적 모형을 제시하고 있다.

고객관리 시스템 개발-미국의 대표적 온라인 장난감 판매업체인 토이저러스닷컴(http://www.Toysrus.com)은 지난해 크리스마스 시즌에 주문이 밀려들어 제때 배달을 하지 못했던 잘못으로 지금까지 곤혹을 치르고 있다. 당시 배달 지연과 관련한 고객들의 분노와 질책이 쏟아졌지만 정작 별다른 대책을 마련하지도 못했다. e-메일과 전화를 이용한 고객의 질문이나 서비스 요구에 대응할 수 있는 고객관리(Customer Relationship Management)시스템이 부실했기 때문이었다.

미국의 닷컴 기업들이 최근 고객관리 경영에 혼신의 힘을 쏟고 있다. 수익모델 발굴 · 마케팅 · 광고 등에만 치중하다 고객관리를 소홀히 해 무너지는 기업들이 늘고 있기 때문이다. 이전에도 단순한 응답 차원의 고객관리 서비스를 실시하는 업체들은 있었다. 하지만 최근 선보이는 시스템은 여기서 한걸음 더 나아가 고객들이 보내는 메일을 통해 구매성향 · 요구사항 · 판매실적 등을 자세히 분석, 데이터베이스로 구축할 수 있는 기능까지 갖춘 게 특징이다.

온라인 가구 판매 사이트인 텐쓰애비뉴닷컴(http://www.10thAvenue.com)은 고객들로부터 하루 평균 3백여통의 e-메일과 2백여통의 전화를 받고 있는데 9명의 직원으로는 도저히 만족스럽게 응대할 수가 없었다. 이 회사는 오프라인의 거대 가구업체들과의 경쟁에서 살아남으려면 무엇보다도 친절해야 하고, 애프터서비스도 제때 제공해야 하는데 이래서는 안 된다고 판단했다. 결국 이 회사는 터치 스케이프사의 시스템을 채택, 체계적인 고객관리에 나섰다. 결과는 대만족이었다. 데이터베이스를 이용한 자동화 시스템으로 고객들의 다양한 질문에 척척 답변할 수 있게 됐고, 이전에 10시간 이상씩 걸리던 답변 시간도 10초 이내로 줄일 수 있었다. 현재는 문의 e-메일과 전화의 50%를 이 시스템으로 소화해내고 있다. 고객들의 방문 횟수도 급증했다(김준술, 2000년 6월 12일).

목표 소비자 대상 광고-네트워크형 비즈니스 모델의 대표적인 사례로 흔히 일컬어지는 것이 '더블클릭'(Doubleclick.com)이다. 더블클릭은 AOL이나 Yahoo 등과 어깨를 나란히 하는 인터넷 기업의 대명사로 떠오른 인터넷 광고 솔루션 제공회사이다. 더블클릭은 미디어와 기술력의 결합에 기반, 웹 출판업자와 웹 광고주에게 효과적인 인터넷 광고 솔루션을 제공하는 일에 초점을 맞추고 있다(김상우, 제 494호).

이 회사의 36세 최고경영자(CEO) 캐빈 오코너 사장은 이용자별로 흥미를 가질 만한 다른 광고를 보여 주는 '다이렉트 메일(DM)'의 발상을 응용했다. 이용자들이 '구(goo)'나 '알타비스타(Altavista)'등 검색엔진의 홈페이지를 열면 더블클릭의 관리센터는 이용자들의 어드레스(인터넷 주소)로부터 소속단체와 접속지역 등의 정보를 판별한다. 더블클릭이 개발한 프로그램은 접속시간대나 이용시간 등을 통해 이용자들의 특성을 추측할 수도 있다. 이처럼 이용자들을 파악한 다음 관리센터는 이용자가 열어 놓은 홈페이지에 속성이나 기호에 맞는 배너광고를 자동으로 내보내게 된다(김국진, 제463호).

더블클릭의 또다른 장점은 거대한 '광고 네트워크' 형태로 운영되는 광고 방식에 있다. 알타비스타(Altavista)나 트레블시티(Travelcity), 오토모빌 매거진(Automobile magazine)을 비롯, 우수한 사이트들을 일종의 네트워크로 연결해 광고를 게재한다. 광고주들은 더블클릭이 운영하는 광고 네트워크 사용료를 지불하고, 더블클릭은 광고주들의 메시지를 표적 고객에게 가장 잘 노출될 사이트에 게시한다. 예컨대 재즈음반 광고는 재즈 음악팬들이 자주 방문하는 사이트에 게재하고 영화 광고는 영화팬들이 자주 찾는 사이트에 게재함으로써 광고가 효과적으로 이뤄지도록 하고 있다. 이런 광고 네트워크 접근방식은 인터넷 사용자에게 원하는 제품 정보를 쉽게 획득할 수 있는 편리성을 제공하면서 광고 판매자에게도 원하는 고객과 효과적으로 연결될 수 있는 길을 열어줬다(김상우, 제 494호).

(4) 인터넷 매체의 마케팅 활용

텔레비전 드라마 사이에도, 인터넷 화면에도, e-메일 박스에도 광고가 가득하다. 텔레비전을 1시간 시청하면 40개 이상의 광고를 보고 신문 한 부를 보는 데도 100가지가 넘는 광고를 만난다. 이 밖에도 수없이 접하게 되는 로고, 게시판, 우편물…. 여기에 또 하나의 끼어들기 광고로 인터넷 광고가 소비자의 시간을 축내면서 마케팅에 도움이 되기를 기대하는 것은 무리일 것이다. 더구나 인터넷은 인쇄매체에 비해 관여도와 신뢰도도 떨어지고 방송매체처럼 볼거리가 많고, 다수의 시청자를 가지고 있는 것도 아니다.

야후(Yahoo.com)의 마케팅 담당 부사장인 세스 고딘은 기존의 마케팅 방식인 '끼어들기 마케팅(Interruption Marketing)'을 비판하며 그 대신 마케팅의 새로운 철학으로서 '퍼미션 마케팅(Permission Marketing)'을 제안한다. 고딘은 '고객의 허락(Permission)'이 바로 인터넷 시대에 걸맞는 마케팅의 기본이라고 주장한다.

사람들이 이미 과잉 상태가 된 정보에 무관심한 반면 시간은 소중히 여긴다. 시간만은 돈으로도 살 수 없는 자원이다. 고딘이 제안하는 퍼미션 마케팅은 소비자가 자발적으로 시간을 내서 참여하며 필요한 것들을 얻을 수 있는 장기적인 상호대화식 마케팅이다. 고딘은 퍼미션 마케팅의 5단계를 제시한다.

1. 고객이 자발적으로 참여하도록 인센티브를 주며 투자한다.
2. 관심을 보이기 시작하면 제품과 서비스를 단계별로 설명한다.
3. 허락을 계속 유지하기 위해 인센티브를 보강한다.
4. 추가 인센티브를 제공하며 더 높은 수준의 허락을 받아낸다.
5. 점차 기업이윤 쪽으로 유도하기 위해 '허락'을 활용한다(Gordin, 이상필 역, 1999).

인터넷 매체의 기술적인 발전은 눈부시다. 사운드 배너광고, 멀티미디어형 광고, 목표소비자 대상 광고 등의 다양한 방법은 이런 기술적 발전의 결과이다. 서핑광고, 쿠폰광고, 비욘드 배너식광고에서부터 고객관리 시스템 개발에 이르기까지 고객을 끌기 위한 인터넷 마케터들의 아이디어와 노력 또한 눈물겹다. 사운드 배너광고, 멀티미디어형 광고, 서핑광고, 쿠폰광고, 목표소비자 대상광고 등은 인터넷 매체의 부족한 관여도를 끌어올려 소비자에게 다가가기 위한 시도인 반면 비욘드 배너식 광고나 고객관리 시스템 개발은 인터넷 매체의 줄어드는 신뢰도를 되쌓기 위한 노력일 것이다. 그러나 인터넷 매체의 고유한 특성을 이해하고 목표소비자들의 욕구를 파악하며 그들을 끝까지 관리하는 통합 마케팅 커뮤니케이션, 즉 종합 마케팅(total marketing) 차원의 노력없이는 이 재미없고 시간만 뺏는 메시지를 소비자에게 전달하기는 쉽지 않을 것이다. 고딘이 제시한 정중한 허가와 확실한 인센티브는 아마 소비자의 마음을 여는 시작에 불과할 것이다.

다음 장에서는 이러한 종합 마케팅이 요구되는 새로운 마케팅 환경과 통합 마케팅 커뮤니케이션과 MPR, 그리고 이러한 환경에서 인터넷 매체의 활용 문제를 논하고자 한다.

2. 마케팅 커뮤니케이션의 새로운 환경

김유경 외(2001)에 따르면 전통적인 마케팅 커뮤니케이션환경은 크게 네 가지의 이유로 인해 변화하고 있다. 첫째는 기술 환경의 변화이다. 정보화와 뉴미디어의 발달은 대중매체에 의한 일방향적 커뮤니케이션에서 자유로운 정보교류를 지향하는 쌍방향적 커뮤니케이션 구조로의 변화를 촉진하였다.

〈표 1〉은 뉴미디어 등장으로 인한 마케팅 환경의 변화를 나타낸 것이다. 과거의 마케터는 소비자와의 커뮤니케이션 수단으로 대중매체를 주로 사용하였다(이현우, 1997). 그러나 보다 세분화된 매체의 등장으로 소비자와의 개별적인 커뮤니케이션이 가능하게 됨에 따라, 마케팅 비용의 효율적인 운영이 가능

〈표 1〉 뉴미디어시대의 마케팅의 변화(이두희 · 한영주, 1997)

구분	대중 마케팅 (mass marketing)	표적 마케팅 (target marketing)	일대일 마케팅 (1:1 marketing)
대상	대중	표적집단	개인
시장접근방법	비차별적 마케팅	차별적 마케팅 집중 마케팅	데이터베이스 마케팅
마케팅 목표	시장점유율, 매출액, 고객만족도		고객점유율, 고객만족도, 매출액
경제 원리	규모의 경제		범위의 경제
관리	제품관리		고객관리
커뮤니케이션	일방향 커뮤니케이션		쌍방향 커뮤니케이션

하게 되었다. 이에 따라 마케터는 다양한 매체를 통합 · 운영해야 할 필요성을 느끼게 되었다.

특히 뉴미디어는 커뮤니케이터들을 전자적으로 상호 연결시키며, 정보나 커뮤니케이션의 내용을 수시로 그리고 용이하게 변화시킬 수 있는 매체로 정의되며(이현우, 1997), 대표적인 뉴미디어는 PC통신과 인터넷, 각종 멀티미디어를 들 수 있다. 신문, 잡지, TV, 라디오 등 전통적인 4대 대중매체에 이어 뉴미디어는 제 5 의 매체로 미래의 효과적인 커뮤니케이션 도구로 주목받고 있다. 뉴미디어의 등장과 활성화는 전통적인 매스미디어가 갖는 목표고객에 대한 낮은 도달률(reach) 해결, 소비자 욕구의 이질화 및 전문화 추세에 효과적 대응, 기존 미디어와의 융합화를 이룰 수 있어 기업의 마케팅 커뮤니케이션 환경에 급속한 변화를 발생시키고 있다.

둘째는 소비자 환경의 변화이다. 온라인 채널의 급속한 보급과 다양화에 따라 소비자의 능동적 정보탐색과 상호작용 활동이 가능해졌다. 기술의 발전은 소비자의 탈대중화 현상을 가져왔고, 이는 소비자를 과거 대중매체에 의한 불특정 다수에서 특정 소수로 변화시켰다. 이제 소비자들은 자신의 개성과 취향에 바탕을 둔 개인적 소비형태를 갖게 된 것이다. 갈수록 핵가족화되는 가정 구조의 변화, 여성 노동자 수의 증가, 개인시간 요구의 증가 등은 기존 구매시장 구조를 편의적 혜택을 지향하는 직접구매 방식으로 바꿔 놓았다.

셋째는 시장 환경의 변화이다. 전통적인 산업경제가 제품 및 서비스 시장이었다면 21세기를 주도할 디지털 경제는 브랜드 중심의 시장이다. 즉 제품과 서비스 중심의 시장 형태는 다분히 생산자 지배 구조 하에 있는 시장을 말하지만 브랜드 중심의 시장은 철저히 소비자와의 관계를 중시하는 새로운 시장인 것이다.

넷째는 커뮤니케이션 환경의 변화이다. 대중매체에 의한 일방향적인 커뮤니케이션은 대체로 무엇을 말할 것인가에 중점을 두고 메시지 전략을 펼쳐왔으나 앞선 여러 가지 환경의 변화는 소비자로부터 듣도록 하는 기술을 끊임없이 요구하게 되었다. 소비자의 변화에 민감하게 대처해 나가려는 파워 브랜드들은 이 같은 매스커뮤니케이션 중심의 마케팅 전략의 한계를 인식하고 대안매체로서 비대중매체에 주력하면서 대중매체를 보조수단으로 활용하려는 새로운 커뮤니케이션 패러다임을 적용하고 있다.

이상과 같이 마케팅 분야의 새로운 패러다임은 다시 세 가지 차원에서 생각해볼 수 있다. 첫째, 오프라인 상에서의 마케팅 무대가 사이버 상으로 영역을 확장하면서 나타나는 시장확대의 패러다임, 둘째, 인터넷이 매체의 개념과 판매촉진을 위한 비대중매체 커뮤니케이션을 동시에 포괄하게 되는 새로운 커뮤니케이션 도구의 패러다임, 셋째, 소비자가 1회성 거래의 대상이 아니라 지속적인 관계형성을 위한 경험주체라는 상호작용적 관계 패러다임이 그것이다(김유경 외, 2001).

3. 통합 마케팅 커뮤니케이션(IMC)

1980년대 말 여러 가지 마케팅 환경의 변화와 4P중심의 마케팅 믹스의 효과성이 떨어지면서 통합 마케팅 믹스의 개념이 도입되게 되었고, 이것이 커뮤니케이션 분야에서 재해석되면서 통합 마케팅 커뮤니케이션이 등장하였다. IMC의 관점에서는 마케팅 커뮤니케이션이 마케팅활동의 핵심이다. 마케팅 성과의 가장 중요한 결정요인이 마케팅 커뮤니케이션이라는 것이다. 슐츠와 탄넨바움과 로더본(Schultz, Tannenbaum & Lauterborn, 1993/1992)은 마케팅이 곧 커뮤니케니션이고 커뮤니케이션은 마케팅이라고 주장한다.

1989년 미국 광고대행사협회는 IMC는 “광고, DM, 판매촉진, PR 등 다양한 커뮤니케이션 수단들의 전략적인 역할을 비교, 검토하고, 명료성과 정확성 측면에서 최대의 커뮤니케이션 효과를 거둘 수 있도록 이들을 통합하는 총괄적인 계획의 수립과정이다”라고 정의하였다.

IMC의 등장 배경은 기업의 마케팅 커뮤니케이션 방식의 변화에 있다. 이는 앞서 살펴본 마케팅 커뮤니케이션 환경의 변화와 그 궤를 같이 한다. 벨츠와 벨츠(Belch & Belch, 1995)에 따르면 마케팅 실행방식과 전통적인 광고의 역할을 변화시킨 몇 가지 현상은 다음과 같이 요약된다.

첫째, 광고 이외의 촉진활동(promotion)의 중요성 증대이다. 과거에는 마케팅 커뮤니케이션 광고가 중심이었다. 전통적으로 메시지의 설득과 브랜드의 인지에 강력한 효과를 가지고 있는 것으로 평가되는 광고는 점차로 구매행위의 직접적 유발여부, 경쟁사 광고의 간섭(interference)의 증대, 광고의 진실성의 문제 등 여러 가지 요인들에 의해 그 효과가 의문시되고 있다(최승현, 1997). 그러나 최근 들어 마케터들은 광고 이외의 다른 커뮤니케이션 방법들을 효과적으로 사용할 수 있음을 인식하기 시작했다. 판매촉진(sales promotion), 이벤트 기획, 퍼블리시티, 직접우편(direct mail), POP 광고 등과 같은 다양한 커뮤니케이션 방법들에 대한 가치를 재인식하게 된 것이다. 따라서 이러한 마케팅 커뮤니케이션 도구들에 대한 통합적 관리가 중요하게 되었다.

둘째, 매체시장의 세분화 현상이다. 과거 마케팅 커뮤니케이션은 주로 TV, 라디오, 신문, 잡지와 같은 대중매체를 이용하여 수행되었다. 그러나 최근 들어, 케이블 TV, 인터넷 등 쌍방향의 뉴미디어가 등장하면서 매체시장이 매우 세분화되어 가고 있다. 또한 인터넷이 주도하고 있는 쌍방향 매체는 정보통신 사용자에 대한 상세한 정보를 확보하여 개별적인 마케팅을 수행할 수 있게 해준다. 다음 〈그림 1〉는 쌍방향 뉴미디어의 등장에 의한 마케팅 커뮤니케이션 모델을 도식화한 것이다.

셋째, 세분화된 소비자층의 등장이다. 최근 다양한 문화와 라이프스타일을 가진 소비자층의 분화가 이루어져 서로 배타적인 소비욕구를 형성하고 있다. 따라서 기업은 도달범위가 넓은 대중적인 커뮤니케이션 도구와 소비자 선별성이 우수한 커뮤니케이션 도구, 예를 들어 판매촉진, 직접판매, 온라인광고 등을 통합적으로 운영할 필요성을 인식하기 시작하였다.

〈그림 1〉 뉴미디어를 이용한 마케팅 커뮤니케이션 모델 (이현우, 1997)

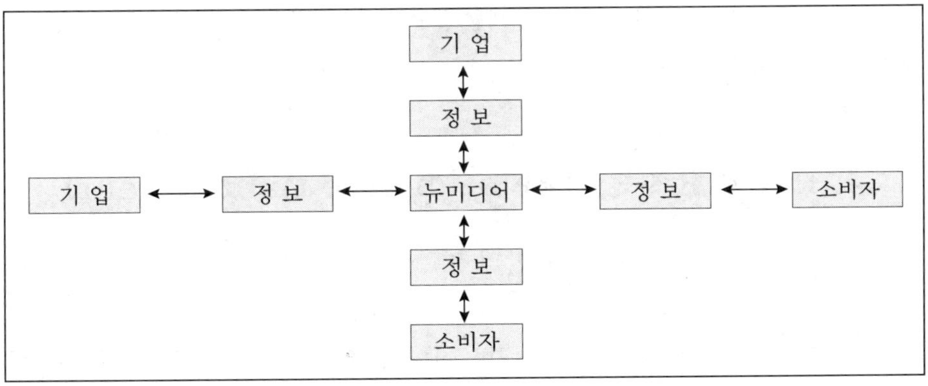

넷째, 시장에서 유통업자 역할의 중요성 증대이다. 소매산업은 대형도매상의 등장으로 변혁기를 맞이하고 있다. 과거에는 제조업자가 유통경로를 통제, 관리해 왔으나 대형소매상의 등장은 유통경로 상에 있어서 힘의 구조를 바꾸어놓고 있다. 즉, 유통의 파워가 제조업체에서 유통업체 쪽으로 많은 부분이 이전됨에 따라 대형화, 전문화된 소매상들은 제조업자에게 다양한 경로 서비스를 요구하게 되었고 이에 따라 제조업자는 최종 소비자들만을 고려한 광고뿐만 아니라 중간상들에 대해서도 적극적인 촉진활동을 집행할 필요성이 증가하게 되었다.

다섯째, 데이터베이스 마케팅 활용의 중요성이다. 과거의 마케팅 활동은 불특정 다수에게 제품을 판매하는 데 주력하여 왔으나, 최근 들어 고객욕구의 다양화와 경쟁격화로 인해 기업들은 목표 소비자 집단에게 개별적으로 접근하여 제품 판매를 유도하는 데 마케팅노력을 기울이고 있다. 즉 기업은 기존 고객과 지속적으로 우호적인 관계를 유지해야 함을 인식하게 된 것이다. 고객과의 개별적 관계형성 구축을 위해 기업은 고객에 대한 자세한 정보를 확보해야 한다. 과거에 기업들은 고객에 대한 정보를 체계적으로 관리하지 않았으나, 최근 들어 첨단매체와 경영정보시스템의 도입으로 고객정보에 대한 관리가 보다 체계화, 과학화되고 있다. 고객정보는 단순히 고객의 이름과 주소뿐만 아니라 구매시점, 구매횟수, 구매금액 등과 같은 구매관련 자료, 인구통계적, 지역적, 심리적 특성에 관한 자료 등을 포함한다. 고객정보를 토대로 마케터는 구매가능성이 높은 목표고객에게 직접우편을 보내고 이에 대한 고객의 반응에 따라 차별화된 판촉활동을 수행할 수도 있다. 또한 고객의 매체습관자료를 이용하여 고객집단별로 자사제품광고에 노출될 가능성이 가장 높은 매체를 선정할 수도 있다.

4. IMC와 관계 관리(Relationship management)

IMC는 개념, 진행 과정, 통합의 정도에 따라 다양하게 나타날 수 있다(Duncan & Everett, 1993). 키갠과 모리아티(Keegan & Moriaty, 1997, p. 549)는 IMC의 개념을 "브랜드나 기업에 대한 이미지를 형성하거나 소비자를 비롯한 관계자들과 관계를 유지하기 위해 사용하는 모든 메시지를 전략적으로 발전시키고, 조절하면서 영향을 미치는 진행 과정"이라고 규정했다. 그론스테드는 IMC가 "광범위한 커뮤니케이션 장치들 중에서 송신, 수신, 상호작용 도구를 알맞게 배합해 조직과 소비자를 포함한 핵심 관계자들 간에 상호 이익 관계를 형성하고 유지하는 것"이라고 말했다(Gronstedt, 1996, p. 292). IMC의 정의나 유형에 대한 논의도 학자나 연구자들마다 다양해 일관성이나 상호 동의가 부족하고 애매한 부분이 많은 것이 사실이다(Schultz & Kitchen, 1997). 마케팅과 마케팅 커뮤니케이션 분야에서는 통합적이고 체계적인 사고가 발전했지만, 실제 기업과 광고 대행사의 활동에 적극적으로 반영되지는 못했다. 그러나 최근의 연구에 따르면 IMC가 적극적으로 수용되고 있으며, 대부분의 실무자들이 긍정적으로 평가하는 것으로 나타났다(Schultz & Kitchen, 1997). 마케팅 커

〈표 2〉 IMC 발전 단계 (Duncan & Moriaty, 1994)

단계	설명
필요성 인지 단계 (awareness stage)	환경의 변화에 대한 인식과 새로운 경영 시스템을 요구(소매상의 위상변화, 국제적 마케팅에 대한 요구 등)
이미지 단계 (image stage)	일관된 메시지와 관점을 견지하는 것의 가치를 이해(문자, 시각적 메시지의 일관성, 미디어 수의 증가 등)
기능적 단계 (functional stage)	PR, 광고, 프로모션 등 기능적 커뮤니케이션 분야의 강점과 단점에 대한 전략적인 분석(커뮤니케이션 예산 증가 등)
협력 단계 (coordinated stage)	각각의 기능적 커뮤니케이션은 마케팅 활동에 기여할 잠재력 보유(데이터베이스 활용 증가, 프로모션 증가 등)
소비자 기초 단계 (consumer-based stage)	목표 소비자에게 가장 효과적으로 도달할 수 있는 채널 선택(소비자 지향, 다양한 접촉 지점, 소비자에 대한 정보 증가 등)
관계자 기초 단계 (stakeholder-based stage)	단순한 프로모션에서 벗어나 각 기능들을 관계자들과의 커뮤니케이션으로 폭넓게 정의(기업의 투명성 증대, 관계자의 확대)
관계 관리 단계 (relationship management stage)	관계자들과 원활한 커뮤니케이션을 수행함으로써 기업의 관리 기능을 비롯한 다른 복잡한 조직들과 전방위에 걸쳐 직접적으로 접촉하는 단계(전체적 질적 관리, 전략적 제휴 참여)

뮤니케이션 학자들도 그 중요성을 차츰 인식하고 있고, 마케터들도 다양한 마케팅 커뮤니케이션 프로그램들 간에 시너지 효과를 창출하고자 하기 때문에 IMC는 더욱 부각되고 있다(Sirgy, 1998, p. 4).

이런 배경에 의해 형성된 IMC는 일정한 단계를 거쳐 일반적인 통합의 과정으로 발전하는데, 던컨과 케이우드(Duncan & Caywood, 1996, pp. 21-33)는 이러한 발전 단계를 7가지로 나누고 각각의 특성을 〈표 2〉와 같이 설명했다. 각 단계가 성공하면 다음 단계로 발전하면서 통합의 정도는 진화한다. 이 과정에서 단순한 소비자와 고객의 개념을 뛰어넘어 수많은 대중과 관계자들이 기업의 성공과 실패에 영향을 미친다(Duncan & Caywood, 1996, p. 30). 여기서 보다 발전된 형태의 IMC모델은 소비자에 기초한 단계, 관계자에 기초한 단계, 관계 관리 단계 등이다(Sirgy, 1998, p. 7).

김일철(1997)의 연구에 따르면 광고인들은 IMC의 효율성과 효과에 대해 대체로 긍정적인 평가를 하고 있으며, 비용 절감 효과와 시장 변동 상황 대처에도 효과가 있다고 인식하는 것으로 나타났다. IMC의 가치에 대해 국내 30대 광고주를 대상으로 연구한 김충현(1999)의 연구에서도 IMC를 광고주들이 대체로 높이 평가하고 있는 것으로 조사됐다.

IMC에서 반드시 인터넷을 비롯한 모든 매체를 사용해야 하는 것은 아니지만 다양한 매체를 활용하고 이들의 전략적인 가치를 분석하는 것은 중요하다(서천주, 1996). IMC 전략 상황에서 다양한 형태의 커뮤니케이션 도구 활용에 적극적이어야 하기 때문이다. 맥아더와 그리핀(McArthur & Griffin, 1997)은 IMC에 있어 가장 본질적인 문제와 도전은 독특한 상품 시장 상황들이 다른 커뮤니케이션 도구와 기술을 요구하는 것이라고 말했다.

5. IMC와 관계자(stakeholders)

효과적인 PR을 위해서는 모든 세부 기능들을 통합해서 새로운 커뮤니케이션 계획 모델과 조직 구조를 만드는 것이 중요하다. IMC는 마케팅 활동에서 PR에 대한 요구를 불러 일으켰고 현재는 PR의 중요성이 광범위하게 인식되고 있다(Moriarty, 1994). 즉 PR이 성공적인 마케팅 믹스와 특화된 업무의 필요 요소로 자리잡고 있으며, 마케팅 상품과 서비스를 지원하는 일도 PR의 영역에 포함되고 있다(Saffir, 1992). 키갠과 모리아티는 PR이 마케팅 커뮤니케이션 활동에 가장 크게 공헌한 것은 바로 관계자 개념이라고 말했다(Keegan & Moriarty, 1995, pp. 586-589).

화이트만(Wightman, 1999)은 최근에 PR의 역할이 강조되면서 IMC에서 마케팅 부분을 생략한 IC(Integrated Communications)라는 개념이 표면적으로 도입되기도 한다고 지적했다. 그는 "이러한 명칭의 변화는 커뮤니케이션 과정의 진정한 통합으로 관계자의 개념에 초점을 맞춘 것"이라고 말했다. 관계자는 "기업이 목표를 성취하는 데 영향을 미치거나, 받는 어떤 개인이나 조직"으로 정의할 수 있다(Freeman, 1984, Gronstedt, 1996에서 재인용). 캐롤은 관계자를 "비즈니스 기업의 행동, 결정, 정책, 실행에 영향을 미치고 받는 사람들로 정의하면서, 비지니스와 사회의 관계를 이해하는 핵심적인 개념"이라고 말했다(Caroll, 1996, p. 71). 슐츠(Schultz)는 관계자들이 모든 커뮤니케이션의 영향들을 종합해서 조직, 상품, 서비스에 대한 전체적인 인상을 가진다고 주장했다(Wightman, 1999). 키갠과 모리아티는 관계자를 "기업의 성공과 실패에 관심을 가지는 모든 사람"이라고 정의하고, 피고용인, 공급 업자, 주식 보유자, 유통 업자, 입법부와 행정부 공무원, 소비자 지지자, 지역사회로 구분했다(Keegan & Moriarty, 1995, p. 49). 그들은 "관계자들이 기업과 상품에 대한 소비자의 평가에 영향을 미치기 때문에 중요하다"고 말했다. 벨츠는 PR활동을 위한 목표 청중을 내부 청중, 기업 피고용자, 주식 보유자 및 투자자, 지역사회 구성원, 공급자와 고객, 미디어, 교육자, 시민과 기업 단체, 정부, 금융 업계 등으로 나누어 설명했다(Belch & Belch, 1993, pp. 633-637). 그론스테드는 기업 활동에 영향을 미치는 관계자를 정부, 이익 단체, 금융 업계, 미디어, 학자 및 산업 의견 선도자, 피고용인, 지역사회, 유통 업자, 공급자, 업계 전문 조직과 경쟁자 등 10가지로 구분했다(Gronstedt, 1996, pp. 292-295). 그에 따르면 기업의 목표 달성에 가장 큰 영향을 미치는 것은 소비자이며 각 관계자들은 내부적으로 소비자의 속성을 동시에 지닌다.

와이스에 따르면 기업에 있어 첫 번째로 중요한 관계자들은 기업의 소유자, 소비자, 피고용자, 공급자와 기업의 생존에 가장 중요한 주식 보유자와 폭

〈표 3〉 관계자와 PR 채널 (Keegan & Moriarty, 1995)

목표 청중	채 널	목표 청중	채 널
소비자	· 미디어 뉴스 릴리스 · 이벤트 · 스폰서쉽	커뮤니티/ 일반 대중	· 미디어 뉴스 릴리스 · 공장 견학 · 지역 사회 활동 지원
피고용자	· 뉴스레터 · 사회활동 · 피드백	정부	· 로비 · 재계 출판물 뉴스 릴리스 · 직접 우편 · 대인적 방문
공급업자	· 거래 조항 · 인센티브	금융업계	· 브리핑 · 재계 출판물 뉴스 릴리스 · 직접 우편 · 대인적 방문

넓은 관리자를 포함한다. 두 번째로 중요한 관계자들은 미디어, 로비스트, 의회, 정부, 경쟁자, 대중, 사회 등 관심있는 모든 단체들을 포괄한다(Weiss, 1998, p. 31). 관계자들의 중요도를 나누는 다른 대안적인 논의도 있는데, 그것은 핵심적(core), 전략적(strategic), 환경적(environmental) 관계자로 분류하는 것이다(Caroll, 1996, p. 77). 핵심적 관계자는 전략적 관계자의 부분집합으로 조직의 생존에 본질적인 요소로 작용한다. 전략적 관계자는 특별한 상황에 직면했을 때 조직에 위협이나 기회를 제공하는 중요한 요소들이다. 환경적 관계자는 핵심적 전략적 관계자를 제외하고 조직의 환경 내에 존재하는 모든 사람들이다. 이러한 관계자들과 커뮤니케이션 하기 위해 광고 홍보 실무자들이 주로 이용하는 전통적인 마케팅 커뮤니케이션 채널은 〈표 3〉과 같다.

6. IMC와 마케팅 PR(MPR: Marketing Public Relations)

마케팅 PR(이하 MPR)이란 PR에 의한 마케팅으로서 PR의 마케팅 지원기능을 의미한다(신호창, 2000). 조재현 외(2001)에 따르면 MPR은 기업 PR, 쟁점관리, 위기관리와 함께 네 가지 PR 영역 중 하나로서 구체적인 상품이나 서비스를 판매하기 위한 시도가 아니라, 기업 전체나 브랜드를 판매하기 위한 활동이다. 또한 매체의 대가를 지불하지 않는 커뮤니케이션 활동이라는 특성을 갖는다(이수범, 2000). 해리스(Harris, 1991)는 MPR을 신뢰성 있는 커뮤니케이션과 정보의 제공을 통하여 소비자의 욕구를 자극하고 충족시키기 위한 프로그램을 계획하고 집행하며 평가하는 과정으로 정의한다.

앞서 살펴본 통합 마케팅 커뮤니케이션의 효과와 그 중요성이 인식됨으로써 MPR이 시작되었다. 대언론 관계와 소비자 관계 등과 같은 PR 전략과 밀접한 관련이 있는 MPR은 통합 마케팅커뮤니케이션을 선도적으로 이끄는 중심 전략이 된다. 즉 통합 마케팅 커뮤니케이션을 위한 PR이 MPR이다. IMC는 마케팅 활동에서 PR에 대한 요구를 불러일으켰고, 마케팅 상품과 서비스를 지원하는 일도 PR의 영역에 포함되고 있다(Moriarty, 1994).

마케팅이 상품이나 서비스를 판매하는 것에 집중된다면 PR은 기업 전반에 대한 판매를 시도한다고 볼 수 있다. PR은 기업과 소비자, 지역주민, 정부, 언론, 사원 등과 같은 공중 사이의 상호 관계를 증진시키는 기능을 발휘함으로써 기업의 마케팅 전략 및 그 결과에 직간접으로 영향을 미치게 되어 있다. 특히 지금과 같이 고객이 분화된 소비자주의 시대에는 소비자 공중들이 마케팅에 미치는 영향이 커짐에 따라 자연히 PR이 중요한 역할을 담당하게 된다(문영미, 1995).

한편 벨츠와 벨츠(Belch & Belch, 1995)는 마케팅과 PR의 활용 형태를 〈표 4〉와 같이 네 가지로 비교 설명한다. 마케팅과 PR의 통합 단계는 마케팅과

〈표 4〉 마케팅과 PR 활용의 네 가지 유형 (Belch & Belch, 1995)

		Public Relations	
		약	강
마케팅	약	1영역: 소규모시장, 저예산(사회봉사단체, 비영리단체)	2영역: PR 중심활동 (병원, 대학 등)
	강	3영역: 마케팅 활동 중심 (사기업, 소규모 생산자 등)	4영역: 마케팅과 PR의 조화 (규모가 큰 500대 기업)

PR 등 기업의 광고홍보 활동 전분야에 걸쳐 일관된 협력체계를 구축하고 통합적으로 커뮤니케이션하는 IMC의 발전단계와 일맥상통하는 것이다(박병원, 박종민, 2000). 따라서 MPR 전략에서는 소비자와의 직접적이고, 지속적인 대화를 통한 관계 구축이 중요하다.

7. IMC와 인터넷 채널의 활용

IMC하에서 효과적인 매체 전략을 세우기 위해서는 각 미디어의 특성에 대한 적절한 이해가 요구되며 이런 이유들로 인해 전통적인 마케팅 커뮤니케이션 매체의 특징에 대한 연구는 다양하게 진행되었다(Cutlip & Center, 2000, p. 256). 최근 들어 인터넷에 대한 사회적 관심이 높아지면서 새로운 마케팅 커뮤니케이션 미디어로서 인터넷의 역할에 대한 논의도 활발하게 전개되고 있다.

인터넷은 기존의 전통적인 매체들과는 달리 고객과의 쌍방향 커뮤니케이션이 가능하고, 정보 제공에서 구매 행동까지 한번에 연결할 수 있다. 뿐만 아니라 높은 광고비 부담을 줄일 수 있어 새로운 마케팅 패러다임에 알맞은 매체로 급부상 했다(이현우, 1997, pp. 130-134). 그러나 부쉬와 부쉬(Bush & Bush, 1998)의 연구에 따르면 미국의 많은 기업들은 인터넷 마케팅이 얼마나 효과가 있는지에 대해 불명확하거나 상반되는 입장을 보이고 있는 것으로 나타났다.

국내 기업들의 경우도 미국과 같이 마케팅 커뮤니케이션 채널로서 인터넷의 활용과 운영에 관해 활발한 논의가 진행되고 있다. 김봉현(2000)에 따르면 인터넷이 전체적인 마케팅 전략을 달성하기 위한 미디어의 일환으로 활용되기보다는 별개의 마케팅 커뮤니케이션 수단으로서 인식되고 있는 것으로 나타났다. 기존의 인터넷에 관한 연구 중 E메일, 홈페이지, 채팅 등 다양한 인터넷 채널의 미디어 특성을 파악하고 IMC상황의 관계 관리에 대해 적용시킨 연구가 있었다(박병원, 박종민, 2000).

인터넷의 구체적인 특성을 살펴보면 인터넷상의 여러 커뮤니케이션 채널들은 기술적인 차별성뿐만 아니라 커뮤니케이션 패턴에서도 이전의 매체와 다른 부분들이 많다. 따라서 다양한 인터넷 채널의 특성을 파악하지 못하면 각 인터넷 채널의 시너지 효과를 기대하는 것은 어렵다. 뿐만 아니라 IMC의 관계 관리 단계(relationship management stage)에도 적극적으로 활용되지 못할 것이다. 따라서 각 인터넷 채널을 전체적인 마케팅 커뮤니케이션 활동에 통합적으로 활용하기 위해서는 우선 각각의 인터넷 채널의 미디어 특성을 밝히는 것이 중요하다. 인터넷 채널의 구체적인 특성에 관한 경험적인 연구가 부족한 상황에서 매체로서의 가능성에 대한 막연한 낙관론에 치중하거나 새로운 마케팅 기준을 만드는 것은 무리가 따르기 때문이다. 즉 전통적인 미디어 채널의 속성의 적용과 미디어 믹스(media mix)의 논의를 근거로 각 인터넷 채널의 특성을 객관적으로 고찰하는 것이 필요하다.

웰스, 버넷 그리고 모리아티(Wells, Burnett & Moriaty, 2000)는 광고에 관계된 주요 행위자들인 광고주(advertiser), 광고회사(advertising agency), 미디어(media), 광고 제작 보조자(vendors) 그리고 수용자(audience)를 개념 규정하는 과정에서 미디어(media)를 "광고자가 수용자들에게 메시지를 전달하게 돕는 커뮤니케이션 채널(the channel of communication)"이라고 규정하였다(p. 13). 따라서 인터넷을 이용한 광고나 마케팅의 형태도 단지 인터넷 광고로 정의하기 보다는 인터넷 채널(Internet channel)이라는 개념을 사용해야 한다. 인터넷 채널은 광고 홍보 실무자들이 기업 밖의 모든 관계자들과 관계하는 과정에서 이용하는 모든 종류의 인터넷 통로이다.

좁은 의미의 인터넷 광고는 특정 사이트에 광고용 배너를 게재하여 자신의 사이트로 하이퍼링크 시키거나, 검색 엔진이나 다른 사이트에 자신의 웹사이트를 연결하고 그 대가를 지불하는 배너 광고를 중심으로 하고 있다(최환진, 1999, 119쪽). 그러나 광의의 개념의 인터넷 광고는 광고라고 규정하기보다는 하나의 커뮤니케이션 통로나 채널로 보는 것이 정확하다. 그렇기 때문에 대부분의 연구자들이나 실무자들은 홍보, 광고, 판촉 등 제반 마케팅 커뮤니케이션 활동을 포괄하는 광의의 개념으로 인터넷 광고를 설명하고 있다. 즉 IMC에서 활용되는 인터넷 매체는 인터넷 광고가 아닌 인터넷 채널인 것이다.

인터넷 이용자들이 전통적 광고 영역으로 분류하는 회사와 제품에 대한 로고나 설명 메시지는 물론, 홍보 영역에 해당되던 기업에 관한 정보나 기업 홈페이지, 더 나아가 마케팅 범주에서 수행되던 카탈로그, 쇼핑 가이드, 경품 등은 광고가 아닌 통합 마케팅의 영역인 것이다(Ducoffe, 1996, p.27). 따라서 상품 판매를 목적으로 메시지를 전달하는 고전적인 광고의 개념은 인터넷상에서는 더 이상 맞지 않다(이현우, 1997).

인터넷 광고에 대한 다양한 정의와 분류도 인터넷 이용자들이 생각하는 광고라는 개념에 대한 인식은 고전적인 것이 아님을 보여준다. 강미선(2000)은 "웹 광고는 광의로 해석되어야 하며, 웹 광고의 기능과 특징도 전체 웹사이트 관점에서 고찰해야 한다"고 말했다. 최환진(1999)은 넓은 개념의 인터넷 광고는 "기업이 인터넷을 이용하여 행하는 고객과의 일련의 커뮤니케이션 활동을 포괄한다"고 말했다.[2] 이것은 인터넷 광고가 기업 메시지를 전달하는 커뮤니케이션 채널의 역할을 한다는 것을 의미한다. 따라서 인터넷 광고에 대한 분류는 기업이 인터넷을 통해 활용할 수 있는 각각의 커뮤니케이션 채널을 의미한다고 할 수 있다.

전통적인 개념의 마케팅 커뮤니케이션 채널은 기업(송신자)이 소비자(수신자)에게 상품과 기업에 관한 정보를 전달하기 위한 광고, 홍보, 마케팅 활동을 매개하는 각각의 미디어를 의미한다. 키갠과 모리아티(Keegan & Moriaty, 1995)는 미디어 뉴스 릴리스, 이벤트, 스폰서십, 직접 우편, 대인적 방문 등을 기업 커뮤니케이션 채널의 예로 들었다. 인터넷의 경우도 이용자가 증가하면서 새로운 마케팅 커뮤니케이션 채널로 자리 잡고 있다. 광고 홍보 실무자들은 웹사이트를 비롯해 차별화된 메시지 전략이 가능한 E메일을 도입하고 있으며 즉각적인 피드백의 이점을 살리기 위해 채팅을 활용하기도 한다. 이렇게 다양한 인터넷 채널들은 기업의 메시지를 소비자에게 전달하기 위한 각각의 마케팅 커뮤니케이션 채널로서 기능하고 있다.

그러면 커뮤니케이션의 채널로서 인터넷은 어떠한 유형들이 있는가 살펴볼 필요가 있다. 인터넷의 종류에 대한 유형화는 여러 학자들에 의해 다르게 이루어지고 있다(홍영준과 유상윤, 1996, 안철민, 1998, 이명천과 백승록, 1999, 최환진, 1999). 다양한 분류 가운데 향후 인터넷 기술발달에 따른 분류체계의 가변성을 감안한 이현우(1997)의 연구는 인터넷 광고를 크게 푸시(push)형 광고, 풀

2) 특히 홍보 목적으로 웹사이트를 구축하여 각종 기업정보 소개, 고객관리, 제품소개를 하고 각종 이벤트 프로모션, 상거래 등의 인터넷 마케팅 커뮤니케이션 활동을 전개하는 것을 인터넷 광고로 정의한다(최환진, 1999, 119쪽)

(pull)형 광고, 배너광고의 3가지로 분류했다.

푸시형 광고는 인터넷의 능동적 속성에 알맞게 직접 소비자를 찾아가는 적극적인 형태의 광고 유형으로 전자E메일을 이용하고 있는 핀-포인트 광고와 인터넷의 푸시 기술[3)]을 이용하고 있는 푸시 광고로 나눌 수 있다.

풀형 광고는 일반적으로 홈페이지 광고라고 불리고 있는데 좁은 의미로는 웹사이트의 첫 번째 페이지를 의미하고 넓은 의미로는 웹사이트 전체를 지칭하기도 한다. 풀형 광고는 홈페이지 개설의 목적에 따라 정보 제공형 홈페이지 광고와 인터넷 쇼핑몰 형태의 상품 판매형 홈페이지 광고로 나누어진다. 배너 광고는 인터넷에서 가장 많이 사용되고 있는 형태로 하이퍼링크의 역할과 배너 안에서 소비자가 원하는 정보의 검색이나 구매 가능한 상품에 관한 메시지 제공 역할까지 담당하고 있다.

인터넷 채널 중에서 간과하기 쉬운 것이 채팅이다. 채팅은 주로 대인간의 커뮤니케이션 채널로 사용되어 왔지만, 요즘엔 고객과의 직접 상담에 활용하는 사례들이 늘고 있다.

최근 마케터들은 목표 청중과 보다 효과적으로 커뮤니케이션하기 위해 인터넷과 같은 신기술을 이용하는 일이 증가하고 있고(Sirgy, 1998), 인터넷은 PR실무자들에게 전세계의 기업들과 정보를 전달하고 설득할 수 있는 커뮤니케이션 기회를 제공하고 있다(Wilcox, 1999, p. 454). 더불어 인터넷 전문가들이 인터넷을 바라보는 최근 추세도 인터넷을 구매자와 판매자간의 거래에 초점을 맞춘 수직적 시장으로 보는 것이 아니라, 소비자와의 관계 구축을 위한 하나의 장으로 바라볼 것을 강조하고 있다(Blankenhorn, 1998). 이것은 인터넷이 PR활동에 긍정적인 역할을 할 수 있다는 것을 암시한다.

이렇듯 인터넷 채널은 기업이 관계자와 새로운 형태로 대화할 수 있는 도구를 제공하고 각 관계자들에게 제품이나 기업에 대한 정보에 접근하고 질문

3) 이용자가 원하는 정보를 해당 사용자의 컴퓨터로 보내주는 푸시 기술을 이용한 광고를 말한다. 다음 커뮤니케이션에서 제공하는 my daum과 네이버에서 제공하는 my naver 등이 대표적이다. 또, 스크린 세이버나 게임 등 프로그램을 다운 받게 해서 지속적인 광고를 제공할 수도 있다. 1996년 2월 미국의 포인트캐스트(pointcast)사에 의해 주문형 뉴스 서비스와 함께 최초로 소개된 것으로 원하는 정보를 제공하면서 동시에 광고를 게재하기 때문에 일반적으로 광고에 대한 반감이 크지 않다(이현우, 1997).

할 수 있게 함으로써 광고, PR, 마케팅 활동을 통합할 수 있다(최환진, 1999, p. 164). 또한 인터넷은 이러한 마케팅 커뮤니케이션 활동의 통합을 통해 시너지 효과를 창출해 IMC의 최종 단계인 관계 관리 단계를 효과적으로 실행하는 데 많은 도움을 줄 것이다.

따라서 향후 다른 매체들과 다르게 광고인들이 인터넷 채널을 어떻게 인식하고 있는지에 대한 경험적인 연구가 더 필요하다(Hoffman & Novak, 1996). 즉 유용한 쌍방향적 매체가 될 수 있는 인터넷 채널의 특성을 밝히는 것은 실무 영역의 활용도를 높일 수 있을 뿐만 아니라 전략적인 인터넷 채널 기획을 가능하게 할 것이다.

참고문헌

강미선(2000). 인터넷광고의 기존 연구동향 및 발전방향. 『커뮤니케이션 과학』, 제17호, 97-124쪽.

강일중(2000.6.20). 세계 온라인 광고 규모 2005년에 280억달러. 『중앙일보』.

______(2000.6.26). 미국 웹사이트 광고 20% 자사 광고. 『중앙일보』.

금동근(2000.5.2). [온라인 광고 새기법 봇물]멍청한 배너는 가라. 『동아일보』.

김국진(2000). 인터넷 광고업계의 새별로 떠오른 '더블클릭' 의 캐빈 오코너 사장 - 이용자 입맛에 맞는 광고 따로따로 보내줘야 성공. 『이코노미스트』 제463호.

김봉현(2000). 마케팅 커뮤니케이션 수단으로서의 인터넷 매체에 대한 국내기업들의 활용실태에 관한 연구. 『광고학연구』, 제11호, 87-109쪽.

김승렬(2000). 추적1: 불붙은 인터넷 광고 '효과' 논쟁: 배너광고 평균 클릭률 1.5% 미만…사이트마다 회원수 '부풀리기' 경쟁도. 『이코노미스트』 제533호.

김상우(2000). 인터넷 비즈니스로 본 '성공모델' ⑦ 온라인 광고 '광고속에 숨긴 1億5千만원 찾아가져라!' 보물찾기 사이트 '서핑 광고' 로 13만 회원 모아… 접속률 낮은 배너광고 약점 보완. 『이코노미스트』 제494호.

김유경 외 (2001). 『인터넷과 광고』. 서울: 한울 아카데미.

김일철(1997). 『통합적 마케팅 커뮤니케이션의 적용가능성에 관한 연구』, 한양대학교 신문방송학과 박사논문.

김준술(2000.5.19). [닷컴 세계는 지금 변화중] 下. 비전 없이는 미래도 없다. 『중앙일보』.

______(2000.6.12). 미국 닷컴들 고객 관리 '첨단 진화'. 『중앙일보』.

김충현(1999). 통합마케팅 커뮤니케이션의 이해와 광고주의 인식에 관한 연구. 『광고연구』, 제43호, 77-95쪽.

류현성(2000.6.8). 전자우편 서비스업체 '스팸메일' 피해 심각. 『연합뉴스』.

문영미(1995). 『Marketing Public Relations 효과에 대한 연구』, 석사학위논문, 서강대 언론대학원.

박병원, 박종민(2001). 마케팅 커뮤니케이션 수단으로서의 인터넷 채널에 대한 기업 실무자들의 인식 연구. 『한국방송학보』, 제15-1호, 121-168쪽.

서천주(1996). IMC(Integrated Marketing Communication)에 관한 재조명. 『사보 제일케뮤니케이션즈』 제248호, 12-19쪽.

신호창(2000). 마케팅 PR(Marketing Public Relations) 전략들. 선우동훈 외 (편),『21

세기 마케팅 컴뮤니케이션』. 서울: 커뮤니케이션북스.
안철민(1998). 『인터넷 광고의 크리에이티브 효과』. ADZINE.[URL:http://www.adzine.net/vol.1/marketing/i_marketing_3.html].
오대영(2000.5.25) 미국 개인 'e-메일 광고'. 『중앙일보』.
이명천 · 백승록(1999). 인터넷 광고 연구의 현황과 전망. 『광고홍보연구』 제7권 1호, 63-77쪽.
이수범 (2000). 마케팅 커뮤니케이션과 PR의 통합 모델. 선우동훈 외 (편), 『21세기 마케팅 커뮤니케이션』. 서울: 커뮤니케이션북스.
이현우 (1997). 인터넷의 경제적 가치에 대한 연구: 인터넷광고의 사이버마케팅을 중심으로. 『광고연구』, 제35호, 33~54쪽.
이두희 · 한영주 (1997). 『인터넷 마케팅』. 서울: 영진출판사.
이철용(2000.6.21) [韓-美 닷컴기업 현주소] "수익모델 없다" 돈줄 '뚝'. 『동아일보』.
정규득(2000.5.9). 美 E메일 사용자 5년내 40배이상 는다. 『동아일보』.
______(2000.5.9). 인터넷 광고시장 빠른 속도로 성장. 『동아일보』.
조헌주(2000.5.12) 美10大 온라인 CEO "전자상거래 개인정보 철저 보호를. 『동아일보』.
조재현 외(2001). 『PR 캠페인론』. 서울: 한울 아카데미.
채삼석, 이광철(2000.6.2). [청소년 인터넷중독 설문] 인터넷 없으면 못 살아. 『연합뉴스』.
최승현 (1997). 광고 투자의 효율 극대화 위한 기업의 뚜렷한 마케팅 전략 요구. 『광고정보』, 2월호.
최환진(1999). 『인터넷 광고-이론과 전략』. 서울: 나남출판.
최형규(2000.5.1) 美 인터넷 광고시장 폭발적 성장세. 『중앙일보』.
홍수현(2000.3.21). 美 전자상거래 시장 과열 경쟁. 『중앙일보』.
______(2000.5.18). [닷컴 세계는 지금 변화중] 中. 생사를 건 리스트럭처링. 『중앙일보』.
홍영준 · 유상윤(1996). 인터액티브 시대 광고의 주역, 인터넷 광고. 『광고정보』, 46-50쪽.

Belch, G. E., & Belch, M. A.(1995). *Introduction to Advertising and Promotion: an integrated marketing communications perspective*. Burr Ridge: Irwin. INC.
Blankenhorn, D.(1998). Getting personal improves online, offline performance. *Advertising Age*, 69, 20-22.
Bush, A. J. & Bush, V.(1998). Advertiser perceptions of the internet as a

marketing communications tool. *Journal of Advertising Research*, 38(2), 17-27.

Carroll, A. B.(1996). *Business & society: ethics and stakeholder management*. Ohio: South-Western College Publishing.

Cutlip, S. M. & Center, A. H.(2000). *Effective public relations and index*. New Jersey: Prentice-Hall.

Ducoffe, R. H.(1996). Advertising value and advertising on the web. *Journal of Advertising Research*, 36(5), 21-35.

Duncan, T. & Caywood, C.(1996). The concept, process, and evolution of integrated marketing communication. in Thorson E. & Moore, J.(1996). *Integrated Communication: Synergy of persuasive voice*. New Jersey: Lawrence Erlbaum Associates.

Duncan, T. R. & Everett, S. E.(1994). Client preceptions of integrated marketing communications. *Journal of Advertising Research*, 33(3), 30-39.

Duncan, T. R. & Moriarty, S. E.(1994). IMC audit workshop. Presentation to BBDO Europe, Paris.

Freeman, R. E.(1984). Strategic management: A stakeholder approach. Boston: Pitman.

Gordin, S, 이상필 역(1999). *Permission Marketing*, 21세기북스펴냄.

Gronstedt, A.(1996). Integrating Marketing Communication and public relations: A stakeholder relations model. in Thorson, E. & Moore, J.(1996). *Integrated Communication: Synergy of persuasive voices*. New Jersey: Lawrence Erlbaum Associates.

Harris, T. L.(1991). *The marketer's guide to public relations*. New York: John Wiley & Sons.

Hoffman, D. L. & Novak, T. P.(1996) Marketing in hypermedia computer-mediated environments: conceptual foundations. *Journal of Marketing*, 60(july), 55-68.

Keegan, W. J. & Moriarty, S.(1995). *Marketing*. New Jergy: Prentice Hall.

McArthur, D. N. & Griffin, T.(1997). A marketing management view of integrated marketing communications. *Journal of Advertising Research*, 37(5), 19-26.

Moriarty, S. E.(1994). PR and IMC: The benefits of integration. *Public Relations Quarterly*, 39(3), 38-44.

Moriarty, S. E.(1994). PR and IMC: The benefits of integration. *Public Relations Quarterly*, 39(3), 38-44.

Saffir, L.(1993). *Power public relations*. Illinois: NTC Business Books.

Schultz, D. E., Tannenbaum, S. I., & Lauterborn, R. F.(1993). 『통합적 마케팅 커뮤니케이션』 문영숙 외 (편역). 서울: 범우사. (원저 출판년도 1992).

Schultz, D. E. & Kitchen, P. J.(1997). Integrated marketing communications in U.S. advertising. *Journal of Advertising Research*, 37(5), 7-18.

Sirgy, M. J.(1998). *Integrated marketing communications: a system approach*. New Jersey: Prentice-Hall, Inc.

Wendrend,M.(http://www.nytimes.com/library/tech/00/05/circuits/articles/25pape.html)

Wells, W., Burnett, J. & Moriaty, S.(2000). *Advertising Principles and Practice*. Prentice Hall International, Inc.

Weiss, J. W.(1998). *Business ethics: a stakeholder and issues management approach*. Fort Worth: Dryden Press.

Wightman, B.(1999). Integrated communications: Organization and education. *Public Relations Quarterly*, 44(2), 18-22.

Wilcox, D. L.(1998). *Public relations: strategies and tactics*. New York: Addison-Wesley Longman, Inc.

Zaichkowsky, J. L.(1985). Measuring the Involvement Contruct. Journal of Consumer Research, 12, 341-352.

Zaichkowsky, J. L.(1986). Conceptualizing involvement. Journal of Advertising, 15(2). 4-14.

제 6 부

인터넷과 사회

제14장 인터넷 미디어와 산업
제15장 인터넷과 법제
제16장 인터넷 비판

제14장
인터넷 미디어와 산업

노 기 영*

인터넷 미디어가 경제적으로 높은 이윤을 창출하는 산업이 될 것이며 향후 주도적 매체가 될 것이라는 전망속에서 혹은 기존의 미디어시장을 방어하기 위해서 대부분의 미디어기업들이 인터넷 미디어사업과 서비스에 뛰어들었다. 전통적인 미디어채널인 텔레비전, 라디오, 신문은 물론 인터넷을 통해서 처음 콘텐츠 서비스를 시작한 인터넷 벤처들은 인터넷 네트워크의 가상공간속에서 새롭고 독특한 형태의 미디어간 경쟁을 만들어내고 있다. 미국만 보더라도 2002년 3월 현재 3,300여개의 온라인 신문과 1,000여개의 텔레비전 인터넷 서비스가 경쟁하고 있다. 인터넷 미디어 서비스의 참여기업군은 일간신문, 주간신문, 독립적인 인터넷 정보서비스, 텔레비전과 라디오 방송국의 인터넷 서비스는 물론 미디어간 조인트벤처(joint venture) 등을 포괄하고 있다. 인터넷 미디어는 주로 월드와이드웹 상에서 뉴스, 정보, 오락물을 생산하고 분배하는 새롭고 독자적인 매체로 정착되었다.

우리나라의 경우도 인터넷 미디어 서비스는 2000년 들어 폭발적인 확산과정을 겪었다. 인터넷 미디어의 급격한 성장은 초고속 인터넷 통신망의 하부구조의 대중화를 기반으로 하고 있다. 현재 초고속 인터넷 통신망은 비대칭디지털가입자회선(ADSL), 케이블인터넷 그리고 근거리통신망(LAN) 등이 대표적이다. 전화모뎀을 통한 인터넷 접속은 인터넷상의 동영상을 위해서는 상당한

*한림대학교 언론정보학부 교수

다운로딩시간이 소요되었고 그에 따라 인터넷 콘텐츠에서 동영상 등의 미디어요소(media elements)의 사용에는 한계가 있었다. 또한 수용자의 수요 역시 상대적으로 열위한 품질 등으로 매우 제한적이었다고 할 수 있다. 이와 같은 인터넷 멀티미디어 서비스의 발전에 장애요인이던 통신속도의 문제가 비대칭형 디지털 가입자망의 대중화와 케이블망을 이용한 케이블모뎀서비스 등으로 해결되었다. 따라서 향후 케이블 TV망, ADSL등을 통한 고속데이터서비스를 기반으로 인터넷 멀티미디어 서비스는 가장 주목받을 서비스가 될 것으로 예상하고 있다.

인터넷 미디어의 확산의 두 번째 주요요인은 인터넷 이용의 보편화 과정에서 모든 사회계층으로의 이용의 확산을 들 수 있다. 전반적인 인터넷 사용자의 증가경향은 1994년에서 1998년까지 매년 2배 이상의 증가율을 보이다 1999년 3배로 증가하였고 1,000만명을 돌파하여 2000년말경에는 전 국민의 약 50%정도가 인터넷을 사용하게 되었다. 이에 따라 그동안 인터넷 미디어의 노출이 제한적이었던 주부 및 고령층에게까지 인터넷 이용은 보편화되었다. 여성 이용자의 수가 1999년 약 97만명에서 약 445만명으로 크게 늘고 인터넷 이용자 구성도 남성 61.2%, 여성 38.8%로 여성 인터넷 이용자 비중이 늘고 있으며 인터넷 주 이용층인 10-20대 비중은 감소추세를, 30-40대 비중은 증가추세를 보여, 연령별 정보화 격차(Digital Divide)가 점차 줄어드는 경향을 보여주고 있다. 이러한 전 사회계층의 인터넷 사용은 인터넷을 정보(information)를 위한 미디어에서 오락(entertainment)을 위한 미디어로의 전환을 가능하게 한다는 점에서 인터넷 멀티미디어서비스의 확산과 궤를 같이 하고 있다.

1990년대 후반 인터넷 네트워크를 통해 월드와이드웹으로 정보미디어가 확장되고 대중화되면서 새롭게 등장했고 2000년 들어 초고속 인터넷망을 기반으로 한 인터넷 멀티미디어 서비스 산업의 경쟁환경에 대한 이해와 매체기업의 행동에 대한 분석은 현대 미디어의 이해에 필수적인 패러다임이 되었다. 미디어에 대한 경제적, 산업적 이해는 그동안 커뮤니케이션연구에서 미시적인 소비자수준의 심리학적 패러다임과 거시적인 사회학적 패러다임을 보완하고 특히 현대미디어 기업의 메커니즘을 실제적으로 이해해 줄 수 있게 한다.

특히 최근 인터넷 정보미디어의 시장구조에 대한 이해는 미디어 산업계의 최대의 관심사가 되었으며 뉴미디어의 이론적 측면에서도 매우 중요한 주제가 되었다. 본 장에서는 인터넷 미디어 산업의 경제적인 시장구조측면에서 제품과 서비스의 차원에서 그 특성과 경제원리를 설명하고자 한다.

Ⅰ. 인터넷 미디어산업과 시장범위

(1) 인터넷 산업의 지평

인터넷 산업은 인터넷 기반산업, 인터넷 상거래, 인터넷 콘텐츠산업 등으로 분류할 수 있다. 인터넷 기반산업은 인터넷 인프라산업과 인터넷 서비스산업으로 분류할 수 있으며 인터넷 인프라산업은 네트워크 장비, 단말장비 및 소프트웨어산업을 포괄하는 산업이라 할 수 있다. 반면 인터넷 서비스산업은 인터넷 백본 서비스를 제공하거나 가입자 접속서비스를 제공하는 초고속 인터넷 서비스 혹은 PC통신 접속서비스를 들 수 있으며 접속설비를 대여해주는 PC방 등도 이에 포함된다고 할 수 있다. 한국에서는 한국통신, 데이콤 등의 기간통신사업자의 인터넷 백본 서비스와 인터넷 접속서비스 등이 있으며 하이텔, 나우누리 등의 PC통신사업자들도 인터넷 접속서비스를 제공하고 있다. 또한 접속설비 대여업인 PC방은 한국의 인터넷 보급을 위한 핵심적이면서 과도기적 역할을 담당하여 왔다.

두 번째 유형인 인터넷 상거래는 직접적인 상품 및 서비스의 거래 등으로 기존의 오프라인에서의 기업활동과 유사한 성격을 갖게 된다. 인터넷 상거래는 단순한 인터넷 쇼핑몰에서 다수의 공급자와 구매자가 거래하는 B2B 전자상거래 커뮤니티인 이마켓플레이스가 구축되고 있다.

세 번째 유형인 인터넷 미디어산업은 포털, 인터넷 신문방송, 게임, 교육, 및 전문정보 등을 제공하는 비즈니스를 포괄한다. 이러한 인터넷 미디어산업은 정보산업의 핵심인 디지털정보의 생산 가공 유통을 하는 산업으로 인터넷 기반이 보편화되고 고속화되면서 더욱 핵심적인 산업으로 부상하고 있는 산업이다. 또한 인터넷 미디어산업은 그 특성상 인터넷 상거래와 밀접한 관계를 갖게 되며 기업 대 소비자간의 상거래에는 필수적 요소로 등장하고 있다고 할 수 있다.

포털서비스는 인터넷 이용자가 인터넷을 이용하기 시작할 때 제일 먼저 시작하는 출발점의 역할을 하며 현재 검색엔진을 기반으로 하는 포털과 커뮤니티를 기반으로 하는 포털서비스, 인터넷 접속(ISP) 포털 등으로 분류된다. 첫째 검색엔진 포털서비스는 인터넷 사용목적이 정보획득을 주목적으로 하는 사용자들의 요구를 해결하는 서비스라 할 수 있다. 누구나 인터넷의 방대한 정보에 효율적으로 접근하기 위해서 검색엔진에 연결한 후 원하는 정보를 검색하여 다른 사이트로 이동하게 되는 것이다. 방대한 인터넷상의 정보에 대한 효율적 접근을 위해서 검색엔진은 필수적이다. 검색엔진을 기반으로 한 국내 포털서비스에는 야후 코리아(http://kr.yahoo.com), 네이버(http://www.naver.com), 라이코스(http://www.lycos.co.kr), 한미르(http://www.hanmir.com), 엠파스(http://www.empas.com) 등이 있다. 두 번째, 커뮤니티 기반 포털사이트의 경우 검색기반 포털사이트가 보다 많은 이용자들의 접속을 유치하는 것이 목적이라면 커뮤니티 서비스 기반의 포털사이트는 보다 많은 고정회원을 모집하는 것을 주요한 목적으로 한다. 때문에 커뮤니티 포털사이트는 단순한 정보만을 제공해 주는 것이 아니라 게시판, 동호회, 채팅, 전자우편 등의 포괄적인 서비스를 통합적으로 제공한다. 다음(http://www.daum.net), 드림위즈(http://www.dreamwiz.com), 네띠앙(http://www.netian.com), MSN Korea(http://www.msn.co.kr), 프리첼(http://www.freechal.com) 등이 여기에 속한다. 셋째로 인터넷 접속 포털사이는 기존에 인터넷 전송망 및 인터넷 접속 서비스를 제공하고 있는 사업자들의 포털사이트를 뜻한다. 이 서비스를 하는 업체들은 대부분 인터넷전송망 사업자, 통신서비스 사업자 및 인터넷 접속 서비스 기업들을 그 모기업으로 하고 있으며, 기존의 기업자원을 활용하여 기존 서비스 가입자뿐만 아니라 타 서비스 가입자들에게도 통합적 포털서비스를 제공하고 있다. 통신망 사업자인 데이콤의 천리안(http://www.chollian.net), 하나로통신의 하나넷(http://www.hananet.net), 드림라인의 드림엑스(http://www.dreamx.net), 온세통신의 신비로(http://www.shinbiro.com), SK텔레콤의 넷츠고(http://www.netsgo.com) 등이 바로 이 모델에 속한다.

(2) 인터넷 미디어 시장

인터넷 미디어 서비스산업과 시장구조의 특성을 이해하기 위해서는 먼저 제품시장과 지리적 시장으로 각각의 시장을 정의해야 한다. 인터넷 미디어 서비스는 신문, 텔레비전방송, 라디오방송, 인터넷벤처 등 모든 형태의 미디어 기업들이 참여하여 새로운 형태의 교차 매체경쟁(cross-media competition)의 시장을 형성하고 있다. 인터넷상에서 정보오락서비스는 모기업이 인쇄매체이든 영상매체이든 혹은 컴퓨터매체이든 관계없이 동일한 표현과 기술적 재현 양식상에서 경쟁하게 된다. 이들 서비스는 뉴스, 날씨, 스포츠, 문화, 지역안내, 관광, 오락, 게임 등의 정보오락제품을 주로 월드와이드웹이라는 인터넷 멀티미디어 기술 기반하에 제공하고 있다. 따라서 사용자는 특정 웹 뉴스 서비스의 모기업이 어떤 유형의 매체이든 유사한 뉴스정보제품을 제공받는 것이 보통이다.

한편 인터넷 미디어 서비스는 엄격하게 지리적 시장으로 구분하기는 쉽지 않다. 그러나 차이와 실비(Chyi & Sylvie, 1998)는 인터넷 뉴스서비스 시장을 지역정보시장, 장거리정보시장, 지역광고시장, 장거리광고시장의 4개의 하위시장으로 분류한 바 있다. 예를 들면 전국을 대상으로 하는 일간지와 마찬가지로 전국적 사용자를 대상으로 하는 인터넷 뉴스서비스가 있는가 하면 지역도시의 수용자를 대상으로 하는 지역기반 웹 뉴스서비스도 존재한다.[1] 따라서 전국을 대상으로 하거나 국경을 초월한 소비자를 대상으로 하는 인터넷 정보 뉴스서비스의 경쟁양상과 지역을 근거로 하는 인터넷 뉴스서비스의 경쟁양상은 매우 다른 산업논리와 행태를 띠게 된다.

특히 최근 지역을 기반으로 한 인터넷 미디어 서비스가 특히 주목을 받고

---

1) 인터넷 기술의 특성상 지역 웹 뉴스서비스도 장거리 지역 혹은 타지역에서도 액세스가 가능하다는 점에서 지리적 시장을 엄격히 적용하기는 곤란한 점이 있다. 그러나 이와 같은 시장의 퍼지(fuzzy)현상은 위성을 이용한 인쇄신문에서도 나타나며 각종 지상파방송의 경우에도 저장매체 등을 통해서도 같은 현상이 나타나고 있다. 지역기반 웹 뉴스서비스는 그 지역의 사용자를 주 대상으로 하는 뉴스와 정보를 제공하고 있다는 점에서 지역시장내의 경쟁을 근거로 한다고 볼 수 있다. 물론 이러한 지역기반 뉴스서비스는 전국 뉴스서비스와 또한 중층적으로 경쟁하고 있다. 이러한 복합적 경쟁양상을 우산형경쟁(umbrella competition)이라 한다(Lacy & Simon, 1993).

있다. 이러한 원인은 인터넷 미디어 서비스의 모기업의 정보 데이터베이스가 지역을 기반으로 한 매체산업적 특성을 반영하고 있기 때문이기도 하다. 지역 시장내의 인터넷 뉴스정보서비스는 지역뉴스, 날씨, 스포츠, 부동산, 지역 전자상거래 등의 응용서비스들을 제공하는 것이 보통이다. 이미 미국의 경우 1998년경 전체 인터넷사용자의 46%이상이 최소한 일주일에 한 번이상 지역정보뉴스 포털사이트를 사용하고 있는 것으로 보고된 바 있다(Krasilovsky, 1998). 이미 여러 뉴스 서비스회사의 경우 상당한 뉴미디어 관련 이윤을 창출하고 있으며 지역 텔레비전 방송국의 경우에도 마찬가지이다. 가령, 미국 미니애폴리스의 Channel4000.com의 경우는 최초로 이윤을 발생시킨 텔레비전 기반 인터넷 지역뉴스정보 서비스로 보고된 바 있다(Outing, 1998. 2.). 우리나라의 경우에도 인터넷 지역뉴스정보 서비스는 어느 정도 지역경쟁의 단계에 접어들었다고 평가할 수 있다. 특히 인터넷 뉴스정보 서비스의 기반인 초고속 인터넷 통신망의 하부구조의 대중화를 통해 인터넷 멀티미디어 뉴스정보 서비스의 기반이 급격히 형성되고 있다고 할 수 있다. 인터넷 통신망의 대중화를 토대로 우리나라의 대부분의 대도시에도 15개에서 20여 개정도의 신문, 텔레비전, 라디오, 및 인터넷상에서 출발한 벤처 등이 지역 뉴스정보 및 오락서비스를 제공하고 있다. 예를 들면 인천광역시의 경우 텔레비전계열로 경인방송, 인천 케이블네트워크 등이 있으며 신문의 경우에도 인천일보, 경인일보 등 6개, 인터넷 기반 지역뉴스정보 서비스벤처인 미추홀넷 등 10여 개 이상이 지역뉴스정보를 인터넷상에서 제공하고 있다. 심지어 서울의 경우에는 각 구별로 지역신문이 한 개 이상씩 존재하는 등 전국적 인터넷 뉴스정보 서비스의 경쟁양상과 함께 지역수준에서의 지역뉴스정보 서비스의 경쟁양상 역시 심화되고 있다고 할 수 있다.

Ⅱ. 인터넷 미디어 제품시장

인터넷 미디어의 제품과 서비스에 대한 경제적 이해는 개별적 인터넷 기술변화에 초점을 맞추기보다는 산업의 경제법칙으로 파악해야 한다. 특히 인터넷 미디어는 기술과 정보의 결합이라는 측면에서 이해해야 한다. 기술이란 정보를 저장, 검색, 복제, 필터, 조작, 송수신할 수 있도록 하는 도구라 할 수 있다. 다시 말해 정보가 최종소비자에게 전달될 수 있도록 정보를 포장해주는 기능을 의미한다. 영화를 제작해도 영화를 분배해주는 상영관이나 케이블 텔레비전시스템이 존재하지 않는다면 무가치한 것에 불과하게 된다. 인터넷 미디어의 경우 기술은 정보에 대한 액세스를 가능하게 하는 것으로 기술자체가 정보의 가치를 증대시키거나 감소시키기도 한다. 정보와 기술양자는 인터넷 미디어 제품 및 서비스의 가치를 설명하고 이해하기 위한 중요한 두 개의 축이라 할 수 있다.

(1) 인터넷 미디어 정보상품의 경제적 특성

인터넷 미디어 상품은 제공되는 정보나 오락콘텐츠가 서비스별로 이질적(heterogeneous)이라는 점에서 동질적 제품시장을 전제로 하는 완전경쟁시장과는 차이가 있다. 개별 인터넷 미디어 기업은 시장지배력을 확보하기 위해 경쟁기업의 제품 및 서비스와는 무엇인가는 다르다는 것을 소비자들에게 인식시키기 위해 노력한다는 점에서 제품의 차별성(differentiation)이 존재한다. 제품판매자가 제품차별화를 한다는 것은 제품사이의 대체성(substitutability)을 감소시킨다는 의미로 다시말해 경쟁력을 강화시키는 것이다. 이러한 제품사이의 대체성 감소는 제품가격을 상승시켜도 제품의 고유한 특성 때문에 자신의 시장점유를 완전히 상실하지 않게 하는 요인이 되기도 하는 것이다. 따라서 제품차별화는 하나의 시장에서 특정기업이 일정정도의 지배력을 행사하도록 하는 전략이기도 하다.

인터넷 미디어 제품시장을 정의하고 제품의 경제적 특성을 이해하기 위한 복합성은 인터넷 미디어 서비스 제품이 중복제품(joint product)이라는 점에 있다. 인터넷 미디어 서비스는 동일한 생산과정을 통해서 한편으로는 소비자들에게는 정보와 오락을 판매하며 다른 한편으로는 광고주들에게는 광고를 판매하는 것이다. 전통적인 미디어제품과 마찬가지로 인터넷 미디어 서비스 역시 중복제품의 성격을 갖고 있으며 심지어 인터넷 미디어 서비스는 정보, 광고시장 외에도 중개 유통을 직접 담당하는 등 다른 시장을 위해 기능하는 다중복제품(multiproducts)의 성격을 갖고 있기도 하다(Lacy & Noh, 1997). 즉 인터넷 미디어 서비스는 정보콘텐츠와 서비스 외에 그 정보를 토대로 한 각종 예약서비스를 통한 직접적인 전자상거래를 제공할 수 있는 것이다. 인터넷 뉴욕타임즈지의 경우에도 레스토랑예약서비스를 제공하기도 하였으며, 인터넷 방송을 통해서 방송에 등장한 물건을 거래할 수 있도록 하는 기능도 제공할 수 있다. 예를 들면 MBC 인기 드라마였던 '허준'을 인터넷으로 방영한 에어코드에서는 허준이 '십전대보탕'을 다리는 장면에서 시청자들에게 십전대보탕에 사용된 재료와 약효에 대한 정보를 제공함은 물론 직접 구입할 수 있도록 하였다. 인터넷 미디어는 단지 콘텐츠를 제공하는 것을 넘어서 기존의 미디어가 제공하지 못했던 다른 시장들과 관련된 행위들을 제공할 수 있게 된 것이다.

인터넷 미디어 상품은 또한 유사공공재(pseudo-public goods)의 성격을 갖고 있다. 사용자가 인터넷 미디어의 정보 및 오락상품을 소비한다고 해도 그러한 소비가 다른 사용자의 가용성(availability)에 영향을 크게 미치지는 않는다는 것이다. 즉 인터넷 미디어는 타자의 소비행위에 의해 사용가능성이 없어지지 않는 비고갈성(non-exhaustibility)의 성격을 갖고 있다. 모든 네티즌은 웹 콘텐츠의 혜택을 언제라도 받을 수 있기 때문에 사용자들로 하여금 웹 콘텐츠를 사용하지 못하도록 막을 수 있는 길이 매우 제한적이다. 그러나 인터넷 콘텐츠의 경우 동시에 여러 사용자들이 접속사용가능하다고 할지라도 사용자가 많으면 많을수록 서버의 용량제한으로 정보의 송수신의 시간이 길어진다는 점에서 진정한 공공재라고 볼 수는 없다. 동시에 여러 사용자의 사용이라는 바로 이러한 성격으로 인해 인터넷 콘텐츠는 유사공공재라 할 수 있다.

인터넷 미디어 서비스 제품은 경험재(experience goods)의 성격을 갖고 있다. 경험재란 실제 서비스 제품을 구입 사용한 후에야 비로소 그 서비스 제품의 질과 특성을 평가할 수 있는 상품 및 서비스를 의미한다(Ekelund & Saurman, 1988). 소비자는 인터넷 미디어 서비스의 질을 평가하기 위해서 먼저 제공되는 서비스나 콘텐츠를 경험하거나 표본추출을 해 봐야 한다는 것이다. 경험재로서의 상품전략은 다양한 브라우징(Browsing)과 브랜드 신뢰도의 구축을 들 수 있다. 브라우징이란 경험의 표본추출의 일환으로 전체 내용을 보여주기보다는 그 일부분을 보여주고 경험하게 하는 경우로 영화의 예고편 등이 그러한 경우라 할 수 있다. 인터넷 신문의 경우에도 일부 헤드라인을 포함한 기사의 일부만을 무료로 제공해주는 방식이 경험재로서의 상품의 성격을 반영하는 상품전략이라 할 수 있다. 또한 경험재로서의 정보상품은 브랜드의 신뢰성으로 상품을 구매하게 된다. 다시말해 소비자들은 특정 브랜드의 정보상품에 대한 평판을 통해서 주로 구매하게 된다는 것이다. 대표적인 인터넷 기업인 야후 등의 브랜드의 가치는 실로 엄청나다고 할 수 있다.

이러한 경험재의 특성상 소비자의 구입행위는 반복적인 형태를 띠는 것이 일반적이다. 이러한 반복구매방식에 의해 소비자 역시 시장에서 일정 정도의 힘을 발휘할 수 있는 것이다. 다시 말해 소비자들은 불만족스러운 인터넷 미디어 서비스의 이용을 중단하고 보다 양질의 서비스로 전환할 수 있기 때문이다. 따라서 인터넷 미디어 서비스의 기업성과에서 중요하게 영향을 미치는 요인은 현재 사용자의 양적인 숫자라기보다는 그들을 반복 사용할 수 있도록 이끄는 양질의 서비스 경험이며 콘텐츠 경험인 것이다. 따라서 인터넷 미디어 산업에서는 수천 명의 충성스런 고객을 갖는 것이 다시는 반복해서 이용하지 않을 몇백만명의 뜨내기 고객보다 궁극적으로 더 가치 있는 자산이 된다는 것이다. 이러한 충성고객을 갖고 있는 인터넷 미디어 사업이 높은 광고비의 수익을 얻을 수 있기 때문이다. 따라서 인터넷 미디어 사업에서는 어떻게 고객을 유지시키고 다른 서비스로 이전하지 않도록 끊임없이 노력하는 것이 중요하다고 할 수 있다.

(2) 인터넷 미디어 서비스의 품질

이제 제품차별화의 다른 측면인 인터넷 미디어 서비스 품질(product quality)에 대한 설명을 해 보자. 서비스 품질은 사실 모든 산업에서 경쟁적 차별화의 토대로서 오랫동안 강조되어 왔다. 이와 같은 품질의 수준은 다른 조건이 일정할 경우에도 특정서비스를 소비자가 선택하게 하는 수직적 제품차별화라 할 수 있다(Whinston, Stahl, & Choi, 1997). 다시 말해 수직적 제품차별화란 그 제품의 질이 다르기 때문에 차별화되는 경우라 할 수 있다. 품질이란 소비자의 요구를 만족시키기 위해 기여할 수 있는 제품 혹은 서비스의 성격이라고 정의내릴 수 있다(Garvin, 1984, Reeves & Bednar, 1994).

그렇다면 인터넷 미디어 서비스의 품질은 어떤 차원으로 구성되어 있는가를 살펴보자. 첫째로 편집 콘텐츠(editorial contents)는 인터넷 미디어 서비스의 품질을 결정하는 가장 중요한 요소라 할 수 있다. 신문과 마찬가지로 제공되는 뉴스정보의 적절성, 시의성, 깊이와 폭 그리고 인터넷 미디어 서비스를 위해 만들어진 고유의 정보콘텐츠는 인터넷 정보 서비스의 품질의 핵심이라 할 수 있다.

그러나 이러한 양질의 정보도 형태나 색상 대조 등의 시각적 효과가 결부되지 않는다면 편집 콘텐츠를 이용하거나 탐사하기 위한 이용자들의 동기를 자극하지는 못할 것이다. 즉 인터넷 미디어 서비스의 시각적 효과나 레이아웃 등을 토대로 표현되는 미적 디자인(aesthetic design concept) 역시 품질을 구성하는 또 하나의 차원이라 할 수 있다. 미적 디자인개념이란 인터넷 디자인이 인터넷의 멀티미디어의 미적 가능성을 최대한 활용할 수 있는 정도로 정의된다.

또한 실시간으로 진행되는 소비자들의 토론이나 대화 등을 통해서 인터넷 정보서비스는 콘텐츠를 일방적으로 제공하는 전통적인 미디어기능을 넘어서 다른 시장들과 관련된 행위들을 제공할 수 있다고 할 수 있다. 이와 같이 기존의 미디어가 제공하지 못했던 기능들은 인터넷 미디어 서비스의 품질에서 기능적 디자인(functional design)으로 나타난다. 기능적 디자인이란 소비자들이 얼마나 커뮤니케이션과정에서 통제를 증가시킬 수 있는지와 관련되는 디자인측면이라 할 수 있다. 예를 들면 검색의 용이성은 기능적 디자인중에서도 강조되는 특성인데 사용자들이 특정 인터넷 서비스를 위해 전문성을 획득하기 위해 초기부터 많은 시간과 노력을 소비하지 않기 때문에 더욱 중요한 요인이 되고 있다(Nielson, 1998).

서비스 품질이 전통적인 미디어산업 연구에서 시장 및 기업성과를 향상시킨다는 점은 여러 연구에서 지적되고 검증되어 왔다. 예를 들면 신문의 질적수준은 구독률과 정적인 관계를 갖고 있다는 것이다. 또한 특정 기사에 할당된 지면이 증가할수록 신문의 시장점유는 증가한다는 것을 확인하였다. 소비자들은 양질의 서비스에 의해 이용 구매의욕을 갖게 되고 그러한 제품의 질적수준은 서비스 제공자에 대한 충성심을 형성하게 되는 것이다. 인터넷 미디어 서비스 역시 마찬가지로 소비자를 위한 경쟁에서 성공적인 기업성과를 획득하기 위해서는 각종 응용메뉴에서 양질의 서비스 품질을 제공함으로써 다른 인터넷 미디어 서비스 제품과 수직적 차별화를 형성해야 한다.

(3) 인터넷 미디어 기술과 수확체증의 법칙

기술측면에서 가장 먼저 이해해야 하는 것이 인터넷 미디어 기술은 체계(system)라는 점이며 이러한 시스템이 경쟁한다는 점이다. 특히 시스템으로서의 기술의 특징은 정보기술의 모든 국면에 존재한다. 따라서 정보기술 시스템에서 보완적이며 협조적 관계는 매우 중요하게 된다. 한 기업이 정보시스템의 모든 부품 혹은 구성요소를 제공할 수 없기 때문에 각 기업 간의 부품생산에서 호환성이 절대적이며 이는 곧 경쟁력으로 나타나게 된다. 가장 대표적인 사례가 마이크로소프트와 인텔의 파트너십을 들 수 있다. 애플컴퓨터회사와 경쟁하기 위해 두 회사는 상호협조를 위해 결합하여 서로의 기술조건에 적합하도록 자사의 제품을 생산 개발하였다. 이러한 전략적 결합으로 초기 기술력에서 앞선 애플컴퓨터의 시장경쟁력을 약화시키고 결국 시장전체를 지배하게 된 성공적인 사례가 되었다. 따라서 기술체계로서의 인터넷 미디어 산업의 가장 중요한 특징은 시스템의 성격으로 인한 상호 전략적 협조와 결합이 매우 중요하다는 점이다.

인터넷 미디어 서비스는 전통적인 경제학에서의 수확체감의 법칙과는 달리 수확체증(increasing return)의 법칙이 실현되는 정보산업의 특성을 갖고 있다. 수확체증의 가장 중요한 특징은 소비자들이 특정 서비스 제품을 선택하고 사용할수록 그 제품의 가치는 증가한다는 점이다(Hagel, 1999). 인터넷 정보서비스산업의 수확체증에 따른 규모의 경제는 정보콘텐츠 생산에 따른 비용구조의 특성, 네트워크 외부성, 전환비용이라는 세 가지 요인에 의해 발생한다. 첫째 방송프로그램, 컴퓨터 소프트웨어 등과 마찬가지로 인터넷 정보서비스 상품은 최초생산비용은 매우 큰 반면 이후 추가 생산비용은 저렴한 것이 일반적 특징이다(Shapiro & Varian, 1999). 따라서 높은 고정비용과 낮은 수준의 가변비용이 곧 규모의 경제를 실현시키게 하는 것이다. 인터넷 정보서비스는 신규서비스나 양질의 콘텐츠를 개발하기 위해 많은 노력과 투자를 한 다음 단위

생산비용이 감소함으로써 수확체증이 발생한다.

두 번째 요인은 인터넷 미디어 서비스의 네트워크 외부효과(network externality)에 의해서 수확체증현상이 발생하기 때문이다. 특정 소비자의 정보제품의 가치가 얼마나 많은 다른 사용자들이 있는가에 달려있을 때 그 제품은 네트워크 외부성을 갖는다고 표현된다. 이러한 네트워크 외부성의 전형은 전화, 이메일, 팩스, 모뎀 등을 들 수 있다. 인터넷 미디어 서비스 역시 전자게시판을 통한 사용자 콘텐츠의 구축, 이메일, 채팅, 홈페이지 등의 커뮤니케이션서비스와의 통합서비스를 제공하는 것이 보편적이다. 따라서 인터넷 미디어 서비스 역시 사용자들의 참여가 높을수록 다양한 정보제공의 가능성은 높아지며 제공되는 커뮤니케이션 매체의 효용성은 커지게 된다.

특히 인터넷 미디어 서비스의 네트워크 외부효과가 발생하는 주요인은 인터넷 정보서비스가 임의적 데이터베이스(discretionary database)의 성격을 갖고 있기 때문이다. 커널리와 손(Connolly & Thorn, 1993)에 의하면 임의적 데이터베이스란 여러 사용자들이 별도로 정보를 축적하는 데 기여할 수 있는 공유된 데이터군이라 정의된다. 특정사용자가 인터넷 서비스상에서 정보를 축적하면 다른 사용자들이 그 정보를 이용함으로써 인터넷상의 특성을 최대한 활용하게 되며 이로 인해 이득을 획득하게 된다. 인터넷 미디어 서비스는 지역포럼, 실시간채팅, 사용자로부터의 다양한 의견이나 이벤트 혹은 광고까지도 포함되는 여러 종류의 임의적 데이터베이스를 제공하고 있다. 따라서 임의적 데이터베이스의 성격과 각종 인터넷기반 커뮤니케이션서비스의 제공 등에 의해 인터넷 미디어 서비스는 사용자가 많을수록 개별사용자들의 서비스 가치와 효용성은 상승하게 되는 것이다.

셋째 요인은 인터넷 미디어 서비스의 고착화현상(lock-in)에 따른 전환비용(switching cost) 때문에 수확체증현상이 발생한다. 샤피로와 베리안(Shapiro & Varian, 1999)은 정보산업의 고착현상이라는 개념을 소개하면서 새로운 시스템으로 대체할 경우 그 시스템의 모든 구성요소를 반복해서 구입하거나 모두 교체해야 하는 현상이라고 설명하고 있다. 즉 정보산업에서 특정 제품의 교체는 하드웨어, 소프트웨어 심지어는 이용에 필요한 훈련과 지식의 교체까지 요구되는 것이다. 이러한 점은 소비자들의 입장에서는 상당한 전환비용을 가져오게 하는 것이다. 대부분의 인터넷 정보서비스가 개별화된 서비스 등을 사용자들에 제공함으로써 사용과정에서 축적된 정보 및 사용방식 등의 경험을 통해 고착현상을 구축하는 것이 일반적이다. 예를 들면 특정 인터넷 미디어 서비스에서 제공하는 이메일을 자주 사용하거나 여러 부가기능들을 사용할수록 다른 인터넷 서비스로의 대체에 따른 전환비용이 상승하게 되는 것이다. 이는 역으로 인터넷 미디어 서비스를 이용하게 하면 할수록 서비스를 소비자에게 파는 데 들어가는 비용은 감소한다는 사실을 설명하고 있다. 왜냐하면 소비자의 전환비용 상당부분을 서비스공급자도 부담하기 때문이다. 바로 소비자의 사용정도에 따른 학습곡선 혹은 경험곡선의 형태가 수확체증현상을 가져오는 것이다.

Ⅲ. 인터넷 미디어 시장구조

1. 구매자와 판매자의 집중화

특정시장에서 판매자의 수나 생산자의 수는 시장의 집중화를 상당부분 설명해준다. 일반적으로 집중화된 산업 및 시장구조는 몇몇 대자본을 가진 기업에 의해 지배되는 것이 보통이며 따라서 공급자의 수가 적을수록 각 기업들이 행사하는 시장지배력은 커진다고 할 수 있다. 인터넷 멀티미디어 서비스인 인터넷 방송산업의 가장 중요한 최근경향은 중소규모 위주로 형성된 인터넷 방송업계가 대기업의 참여로 대형화된 시장으로의 전환과정에 있다는 점이다. '와우TV' (www.wow-tv.co.kr), KBS와 한국통신의 합작 방송국인 '크레지오' (www.crezio.com), SBS 인터넷 방송국(www.sbs.co.kr), 삼성물산의 음악 방송국 두밥(www.doobob.com)등 대기업들의 인터넷 방송 참여가 두드러진 현상으로 나타나기 시작했다. 또한 인터넷 서비스업체인 천리안, 두루넷, 신비로, 유니텔 등도 천리안 포커스, 두루넷 엔터테인먼트, 신비로 인터넷 방송국, UCN 등의 인터넷 방송채널을 오픈하면서 대기업에 의한 인터넷 방송시장의 참여를 가속화하고 있다. 대기업들의 인터넷 방송의 대형화현상은 인터넷 방송이 그 시장성을 인정받기 시작했다는 증거라고 할 수 있다. 최근 인터넷 방송 포털서비스의 등장도 대형화에 한몫을 담당하고 있다. 예를 들면 캐스트스파이더(www.castspider.com)는 국내 700여 인터넷 방송국들의 프로그램 6,000여개를 네티즌의 클릭 수에 따라 순위를 매겨 인기 순위별로 검색하는 서비스를 제공하고 있다. 이러한 대기업들의 참여로 인터넷 방송시장은 프로그램질을 통한 시장경쟁이 치열해지고 본격적인 인수합병이 본격화 될 전망이며 이는 결국 인터넷 방송사업에서도 대자본의 주도기업들의 서열화가 진행된다는 것을 의미한다. 즉 거대자본과의 경쟁에서 실패한 중소규모의 업체들은 특성화전략 혹은 대규모 인터넷 방송의 하부채널로 흡수되는 집중화가 전개되고 있다.

2. 제품차별화

기업들은 특정시장에서 독자적인 행동을 통해 자신의 기업성과를 향상시키거나 유지하기 위해 여러 가능한 경쟁전략을 선택하게 된다. 이와 같은 경쟁전략가운데 포터(Porter, 1980)는 제품차별화(product differentiation) 전략을 주요한 전략행위의 하나로 설명하고 있다. 제품차별화란 판매자들이 생산하는 제품들사이에서 구매자들에게 지각되는 미묘한 차이를 지칭하는 개념이다(Albarran, 1996). 따라서 제품차별화 경쟁전략이란 특정 제품이나 서비스의 인지된 가치를 증가시킴으로써 경쟁우위를 획득하고자 하는 기업행동이라 할 수 있다. 기업들이 제품차별화를 하려는 주요목적은 기존의 경쟁 서비스 및 제품사이의 대체성(substitutability)을 감소시키는 것이라 할 수 있다. 다시 말해 차별화된 제품이 다른 경쟁제품에 대해서 불완전 대체재(imperfect substitutes)가 되게 하려는 기업행동이라 할 수 있다(Whinston, Stahl, & Choi, 1997). 결국 제품차별화를 통한 경쟁재와의 대체성 감소를 통해 기업은 일정정도의 시장력을 확보하게 됨으로써 기업성과를 향상시키게 되는 것이다.

그렇다면 이와 같은 소비자의 인지에서의 특정 제품의 차별적 우위는 어떤 기반에서 발생하는가? 캐비스와 윌리암스(Caves & Williams, 1985)의 제품차별화의 기반연구결과에 따르면 특정제품은 제품고객화, 제품복합성, 소비자 마케팅, 유통채널의 차별성, 서비스와 지원 등의 5가지 차원으로 차별화되고 있음을 발견하였다. 특정고객의 취향과 욕구에 따른 특화된 제품을 만들 경우 차별화가 발생한다. 인터넷 미디어 서비스의 경우 다른 서비스와는 다른 전문적이고 세분화된 정보를 제공하는 경우 서비스가 차별화된다고 할 수 있다. 또한 소비자들에 대한 광고 등을 통해 소비자의 인지상에 제품의 유용성과 차별성을 가져올 수 있다. 포터(Porter, 1980) 역시 제품차별화의 강력한 기반 가운데 명성(reputation)의 구축을 들고 있다. 이러한 명성은 제품차별화에 대한 적극적 프로모션 및 마케팅 등에 의해 개발될 수 있는 것이다. 한편 고객서비스와 같은 서비스와 지원 등의 기반에 의해서도 제품차별화는 가능하다고 할 수 있다. 또한 앞서도 설명한 바와 같이 특정 제품이 차별성을 갖는다면 판매자는 그들 제품을 선호하는 소비자들에 대해 일정정도의 시장력을 갖게 되는데 고객화(customization)는 소비자들에 대한 시장력을 갖기 위한 제품차별화의 극단적 형태라 할 수 있다. 즉 고객화란 제품이 일련의 소비자집단 심지어는 일 개인소비자의 특별한 수요를 만족시키기 위해 생산되는 차별화의 한 유형이기 때문이다.

인터넷 미디어 서비스의 제품차별화를 인터넷 방송을 중심으로 살펴보자. 인터넷 방송은 기존방송들이 제공하지 못했던 프로그램과 장르의 다양성을 보다 강화하여 실현시키고 있다. 방송국들의 장르에 대한 캐스트서비스사의 조사에 의하면 종합 방송국이 20.7%, 문화/예술/생활이 8%, 음악 방송국이 23.5%, 연예/게임/오락이 6.1%, 건강/의학 1.7%, 개인매니아 방송국이 8%, 교육 9.4%, 기타 11.3%로 나타났다. 구체적으로 살펴보면 가족용 인터넷 방송인 가티비(www.gatv.co.kr)는 가족을 대상으로 하는 〈홈다큐〉에서 각 가정으로부터 보내온 홈비디오를 상용하고 홈비디오를 제작하는 방법 등을 소개하며 주부인터넷교실, 육아코너 및 요리코너 등을 제공하고 있다.

한편 인터넷을 통해 소비자의 주문대로 동영상을 제공하는 인터넷 VOD 서비스는 영화 예고편을 보여주는 수준에서 영화전체를 보여주기 시작하는 단계로 성숙하고 있다. 씨네웰컴(www.cinewel.com), 시비엔21(www.cbn21.com), 퍼팝닷컴(www.pupop.com), 씨넥서스(www.cinexus.com), 쿨무비(kool-movie.com) 등이 시장을 주도하고 있다. 씨네웰컴은 200여편에 달하는 영상콘텐츠를 무료로 제공하고 있으며 씨비엔21은 단편 영화 및 독립영화에 초점을 맞추고 있다. 또한 퍼팝닷컴은 영화 외에 만화, 소설, 공연, 뮤직비디오 등 다양한 콘텐츠를 공급하면서 유료로 서비스를 제공하고 있다.

인터넷 방송의 프로그램 장르의 다양성은 기존의 다채널방송매체가 추구하는 장르의 폭(fractal breadth)의 증가를 통한 다양성방식을 넘어서 장르의 깊이(fractal depth)를 더하는 방식의 다양성을 추구할 수 있다는 점에서 가장 큰 장점을 갖고 있다. 채널용량의 무제한성 등으로 음악장르의 경우에도 세분화된 장르 즉, 재즈, 락, 클래식 등의 깊이를 갖는 채널 등이 가능하며 시대별로는 60년대, 70년대, 80년대 등의 장르의 깊이의 다양성을 확보할 수 있다.

특히 초고속통신망을 기반으로 하는 인터넷 방송의 경우 컴퓨터 모니터의 대형화, 통신회선의 전송능력의 급속한 향상 및 소프트웨어 기술 추세 등을 감안할 때 인터넷 방송은 기존 텔레비전에 대한 주요 경쟁 매스미디어로 등장하고 있다. 최근 아비트롱의 조사에 의하면 평균 미국인의 경우 하루 미디어 총소비시간의 33%를 텔레비전에, 28%를 라디오에 그리고 11%를 인터넷에 사용하는 반면에 초고속통신망 사용자의 경우 텔레비전 24%, 라디오 21% 그리고 인터넷의 경우 21%로 거의 다른 매체의 일일소비시간과 대등한 것으로 나타났다. 특히 초고속통신망 사용자는 인터넷으로부터 다운로드나 스트리밍 콘텐츠를 평균사용자보다 2배 이상 사용하고 있는 것으로 조사되었다. 초고속통신망 사용자의 49%가 스트리밍 오디오를 사용하고 있으며 이는 평균보다 2.5배 이상이 되는 소비시간이다. 비록 스트리밍 미디어 즉 인터넷 방송이 전체 미디어소비시간을 증가시킨다고 할지라도 상당부분은 기존의 텔레비전 시청시간의 비중을 줄이는 방향으로 나타나고 있는 것이다.

이와 같은 매체특성상 경쟁재의 역할을 하는 부분외에 인터넷 방송은 보완재의 역할도 담당하고 있다. 인터넷 방송을 한다는 것은 텔레비전과 같이 동영상을 전송한다는 것도 있으나 오히려 더욱 중요한 특징은 커뮤니티를 갖는다는 점이다. 대화방, 홈페이지, 게시판, 이메일, 전자상거래 등의 커뮤니티는 인터넷 방송을 과거의 대중매체 특히 텔레비전과 차별성을 갖게 하는 중요한 특징이다. 즉 인터넷 미디어 서비스는 동영상 콘텐츠(Contents), 회원들간의 공동체(Community), 그리고 상거래(Commerce)라는 세 요소의 복합체로 이해해야 한다는 점에서 다른 대중매체와 비교할 때 뚜렷한 제품 혹은 서비스 차별화를 갖고 있다.

3. 진입장벽과 시기

새로운 판매자가 특정 시장에 들어가기 위해 극복해야 하는 장벽이 시장 진입장벽(Barriers to entry)이다. 이러한 진입장벽은 자본이나 정책규제 등 다른 요인이 될 수 있다. 매체경제연구에 의하면 매체산업중에서 방송사업보다 신문사업의 진입이 경제적으로 더 큰 장벽을 갖고 있는 것으로 보고된 바 있다. 시장진입에 대한 규제가 거의 존재하지 않는 인터넷 미디어 산업의 경우에는 규제장벽보다는 경제적 측면의 진입장벽이 더 중요하다고 할 수 있다. 이러한 경제적 장벽은 의도적이든 비의도적이든 선점기업에 의해 형성되는 것이다.

인터넷 미디어 서비스와 같은 벤처기업의 경우 어떠한 경쟁전략을 선택할 것인가 하는 문제와 더불어 언제 서비스를 처음 제공함으로써 시장진입을 하는 것이 효과적일 것인가 하는 시장진입 시기전략이 또한 중요한 문제가 되는 것이다. 이제 인터넷 미디어 서비스의 진입시기에 대한 효과는 어떠할 것인가 하는 진입시기에 따른 논의를 전개해보자.

인터넷 미디어 서비스를 비롯한 인터넷 콘텐츠 산업에서는 선점효과를 인정하는 것이 일반적이다(Hagel & Armstrong, 1997). 이러한 선도기업들의 시장선점효과는 현실경제에서뿐만 아니라 그동안 경영학연구에서도 실증적으로 뒷받침되는 이론적 근거를 갖고 있다. 특정 시장에서 초기에 사업을 시작하는 선구적 기업은 그 시장 내에서 향후 지속적으로 다른 후발진입자에 대한 경쟁우위의 기반을 만들기를 희망하면서 여러 가지 선점에 따른 이점을 최대화하려고 하는 것이 보통이다. 기존의 연구결과들도 기업의 연령이 그 조직의 자원의 보유나 특성 등은 물론 그에 따른 기업성과에 강하게 영향을 미친다는 사실을 보고하고 있다. 모사코프스키(Mosakowski, 1993)의 연구의 경우에도 기업의 시장진입의 시기가 다를 경우 기업의 성과와 밀접하게 영향을 미치는 인적, 조직적 자원들의 결합방식이 상이하다는 것을 확인하였다.

특히 유아산업에의 조기진입은 기업의 장기적인 높은 성과와 연관성을 갖는 경향이 있다. 많은 시장선구자들이 높은 시장성과는 물론 기업생존에 있어서도 높은 비율을 보이고 있다는 조기진입의 효율성에 관한 연구결과들은 상당수가 된다(Lambkin, 1979; Robinson & Fornell, 1985; Mascarenhas, 1997). 이러한 조기진입기업이 높은 기업성과를 갖게 되는 것은 시장이 성숙되었을 때 기업이 선택할 여러 전략행위를 제한하거나 조건화하는 기업내 전략적 자산이 바로 산업의 초기단계에 형성되기 때문이다(Oster, 1994). 예를 들면 조기진입기업은 후기진입기업보다 훨씬 저렴한 가격으로 장비를 구입할 수 있으며 사업에 필요한 인력자원 등을 선택하기가 용이하다는 것이다. 그러나 무엇보다 중요한 것은 소비자들이 조기진입자 혹은 최초진입자를 새로운 서비스 및 제품범주의 전형(prototype)으로 본다는 점이다(Mascarenhas, 1997).

이와 같은 조기진입론에 비해 후발주자의 이점을 강조하는 선점열위를 주장하는 이론도 있다. 이는 선점기업의 경우 사업과 시장의 불확실성으로 올바른 전략행동에 대한 결정의 판단기준을 설정하기가 힘들다는 것이다. 이러한 경우 조기진입에 의한 선점이 성공적 전략이 될지는 불투명하게 되는 것이다. 따라서 진입시기의 결정은 벤처기업이 제공하는 제품이나 서비스의 특성과 산업구조의 형태가 어떠한가에 따라 다른 진입시기에 따른 전략이 요구될 수 있다고 할 수 있다.

4. 비용구조

비용구조(Cost structure)란 특정 시장에서 생산을 위한 비용을 의미하며 전체비용은 고정비용과 가변비용으로 구성된다. 특히 규모의 경제는 제품의 추가단위가 생산될 때 발생하는 평균비용이 감소하는 경향으로 일반적인 미디어 산업에서는 높은 고정비용으로 인해 생산자측의 규모의 경제가 발생하는 것이 일반적이다. 인터넷 미디어 정보생산비용의 가장 중요한 특징은 생산비용은 고가이나 재생산비용은 저가라는 점에 있다. 예를 들면 영화 1편을 제작하는 데 수십억원이 들지만 그러한 영화를 재생하는 비용은 공테이프가격에 불과하다. 이러한 점은 컴퓨터 소프트웨어의 경우 더 두드러지게 나타나는 현상이라 할 수 있다. 소프트웨어의 재생산은 디스켓이나 CD에 쉽게 복제가 가능하다는 점에서 재생산비용은 거의 들지 않는다고 할 수 있다. 따라서 이와 같은 정보상품의 경우에는 생산비용을 토대로 한 가격설정은 의미가 없게 된다. 정보상품의 가격은 소비자의 가치를 토대로 설정이 되는 것이다. 소비자들이 얼마나 그 상품에 가치를 느끼는가에 따라 가격이 설정이 된다는 것이다. 이러한 소비자측의 상품가치의 차별성에 따라 공급자는 차별적 가격을 설정할 수 있게 된다. 인터넷 미디어의 비용구조의 특성은 인터넷신문이나 방송의 유료가격의 설정방식을 이해할 수 있게 해 준다는 점이다. 인터넷 미디어는 원가를 토대로한 가격설정이 아닌 소비자가치(Consumer value)를 토대로 해서 가격을 설정하게 된다. 사람들은 특정정보에 대해 서로 다른 가치를 갖기 때문에 가치토대 가격설정은 자연히 차별적 가격(differential pricing)이 된다.

소비자 가치를 토대로 한 가격의 차별화전략은 정보상품의 버전방식이 대표적이라 할 수 있다. 특히 동일한 정보상품을 차별화하는 방식인 지연(delay)방식은 기존 영상프로그램의 배급과정의 시간적 차별화에 따른 이윤을 극대화하려는 창구화 효과(Windowing effect)가 대표적이다. 인터넷 정보제공에서도 주식정보의 경우 실시간 정보의 가치와 20분이후의 주식정보의 가치는 경제성의 측면에서도 큰 차이를 나타내게 된다. 그에 따라 지연방식에 따른 가격차별화가 발생하게 되는 것이며 각각의 지연에 따른 버전은 차별적 가격에 판매됨으로서 공급자는 시장에서 특정 제품의 최대가치를 추출해 낼 수 있게 되는 것이다.

5. 수직적 통합

특정산업에서 동일기업이 특정서비스와 제품의 생산, 분배, 유통의 여러 국면을 통제하는 경우를 수직적 통합이라고 한다. 타임워너의 경우 미디어산업을 수직적 통합의 대표적인 사례로 들 수 있다. 타임워너에 의해 제작된 영화는 타임워너 케이블시스템의 페이퍼뷰를 통해서 방영되며 이후 HBO와 Cinemax등의 유료채널을 거쳐 지역 케이블 네트워크의 영화상영을 위한 패키지로 제공된다. 이러한 과정을 통해 타임워너는 하나의 미디어 생산물을 자사가 소유하고 있는 분배와 유통망을 통해서 수익을 극대화하는 것이다. 다시 말해 수직적 통합이란 특정 미디어 산업의 생산과정의 전체를 통합화하는 형태라고 할 수 있다.

인터넷 미디어 산업의 하나인 인터넷 방송산업의 생산과정은 인터넷 접속 제공업(ISP), 인터넷 콘텐츠제공업(CP) 그리고 인터넷 방송사업자로 분류할 수 있다. 인터넷 접속 제공업의 경우 초고속 인터넷 통신망사업자인 한국통신, 하나로, 두루넷 등으로 점차 인터넷 방송 호스팅 등을 비롯한 인터넷 방송 애플리케이션을 통합하여 제공하는 경향으로 발전하고 있다. 예를 들면 한국통신은 초대형 인터넷 방송센터를 갖춰 자사가 보유한 대규모 네트워크를 기반으로 하드웨어와 소프트웨어 등 인터넷 방송 서비스에 필요한 모든 인프라를 인터넷 방송사업자에게 제공하고 있기도 하다. 초고속 통신망 제공업자들의 시장점유율을 보면, 2000년 9월 25일 현재, 기술별 초고속 인터넷가입자 현황은 5월 이후 대중화되기 시작한 ADSL가입자가 127만명에 달하는 등의 추세에 힘입어 전체의 50%에 이르고 있으며 케이블인터넷과 구내인터넷(LAN) 이용자는 각각 87만5000여명과 46만3000여명으로 기록됐다. 초고속통신망 제공업자들의 시장점유율을 살펴보면 2000년 9월 현재 한국통신이 ADSL 71만명을 포함해 100만 가입자 이상을 유치해 최대 사업자로 나타났으며 하나로통신도 ADSL 46만명과 케이블인터넷 23만명 등 70만 가입자를 넘어섰다. 이 밖에 두루넷이 56만여 가입자, 드림라인이 ADSL 10만명과 케이블인터넷 4만 가입자를 확보하고 있으며 데이콤도 케이블인터넷에서 4만 가입자를 보유하고 있다.

한편 인터넷 콘텐츠 제공업자(Content Provider)는 기존의 신문 방송 등의 미디어계열 인터넷 콘텐츠 제공업자와 인터넷 포털계열 콘텐츠 생산업자 등을 대표적으로 들 수 있다. 특히 KBS · MBC · SBS 등 지상파 방송사들이 인터넷 방송 콘텐츠를 확대하거나 서비스 질을 개선하는 등 인터넷 방송 서비스를 강화하고 있다. MBC의 경우 지상파로 전송된 방송 콘텐츠 100%를 풀 비디오 · 풀 오디오 형태로 서비스하는 방송 콘텐츠 재구성작업을 완료한 데 이어 음악, 쇼핑 등 전문채널을 보강했다. KBS의 경우에도 지상파 TV와 라디오에 대해서만 인터넷 생중계를 실시해 왔으나 최근 KBS 위성 1TV, 2TV에 대해서도 인터넷 실시간 생중계를 시작했다. 미디어계열 콘텐츠 제공업자는 직접 인터넷 방송사업을 분리된 자회사의 형태로 제공하기도 하고 제휴의 방식으로 참여하기도 한다. 또한 인터넷 포털사이트의 커뮤니티기반 콘텐츠를 제공하면서 회원 및 커뮤니티기반을 공유하기도 한다. 인터넷 콘텐츠제공업자의 경우 기존미디어계열의 콘텐츠 제공사업은 인터넷 방송사업과 수직적으로 결합되어 있는 것이 보통이다.

인터넷 방송사업자는 크게 방송사업자군, 통신사업자군, 독립사업자군으로 구분될 수 있다. 방송사업자군의 경우 멀티미디어 인터넷 방송국을 위한 동영상 프로그램의 자원과 제작의 용이성 등으로 활발히 운영되고 있고, 통신사업자군은 특히 PC통신서비스 업체들을 중심으로 운영되고 있으며 기간통신사업자들과 기존의 지상파방송국들과의 제휴를 통해서 인터넷 멀티미디어 서비스에 참여하고 있다.

Ⅳ. 독점적 경쟁시장과 인터넷 미디어 산업

전통적으로 시장구조모델은 완전경쟁, 독점적경쟁, 과점, 독점시장구조로 분류된다. 한 산업의 시장구조의 특성과 성격규정은 보통 지리적 시장이 한정된 경우에 기업의 수, 시장내의 제품의 동질성, 진입장벽의 정도에 의해 규정된다. 예를 들면 리트만(Litman)은 신문시장을 과점구조와 독점의 중간구조로 규정한 바 있다. 그러나 매체의 다양화와 수적증가로 인해 미디어 시장구조를 독점 내지는 과점구조로 규정짓는 것은 적합하지 않게 되었다. 최근 한 매체경제학자는 다채널 미디어 시장구조를 산업수준에서는 독점적 경쟁구조로, 그룹수준에서는 과점구조로 이해해야 한다고 주장한 바 있다.

이러한 미디어 시장구조의 성격에 대해서 더욱 혼란을 주고 있는 것이 인터넷을 기반으로 하고 있는 인터넷 미디어의 등장이라 할 수 있다. 전통적인 미디어 시장구조와 달리 인터넷 미디어 시장구조는 상대적으로 다수의 기업과 사업자가 존재하고 비교적 낮은 초기 진입장벽을 갖고 있다는 점에서 완전경쟁시장구조와 유사한 점을 갖고 있다. 철저하게 시장원리내에서 작동하는 완전시장구조에서 시장가격보다 높은 가격에서 제품공급자는 전혀 제품을 팔지 못하게 되는 것이다.

독점적 경쟁(monopolistic competition) 시장구조 모델은 제품차별화에 따른 시장구조에서 기업의 제품차별화의 노력이 어떻게 기업성과에 영향을 미치는가를 설명해 준다(Chamberlin, 1933). 일반적으로 시장구조의 특성은 진입장벽의 정도, 사업자의 수, 그리고 시장내에서의 제품의 동질성 등에 의해 분류될 수 있다(Lacy & Simon, 1993). 독점적 경쟁시장구조는 시장진입의 용이성과 다수의 사업자의 존재 등으로 외견상 자유경쟁시장구조와 유사하나 시장내에서의 제품이 이질적이라는 점에서 차이점을 갖는 시장구조 형태이다(Chamberlin, 1933 참조). 차별적 제품을 판매하는 기업은 완전경쟁시장의 수요곡선과는 달리 하향기울기(downward)의 수요곡선을 나타내게 된다. 이러한 하향기울기의 수요곡선은 소비자들이 경쟁적 제품과는 다르다고 독점적 경쟁기업의 제품을 인지하기 때문이다. 이와 같은 수요곡선의 하향기울기의 형태는 완전경쟁의 수평적 수요곡선과는 달리 기업이 자신의 제품이나 서비스에 대하여 가격을 설정할 수 있는 시장지배력(market power)을 갖고 있다는 것을 의미한다. 다시 말해 독점적 경쟁기업은 단순히 시장가격을 취하는 수동적 존재가 아니라 이윤을 최대화할 수 있는 가격수준을 소비자 수요에 따라 선택할 수 있는 것이다.

인터넷 미디어 서비스시장은 다수의 공급자가 존재하며 다른 미디어산업에 비해 상대적으로 시장진입이 자유로우며 특히 제공되는 서비스 제품이 이질적이라는 점에서 제품차별화를 기반으로 하는 독점적 경쟁(monopolistic competition)시장구조를 갖고 있다. 특히 서비스 제품특성의 이질성 혹은 제품간의 불완전 대체재로서 기능하고 있다는 점이 인터넷 뉴스정보 서비스의 시장구조를 설명하는 핵심적 특징이라 할 수 있다. 이러한 시장구조와 제품의 독점적 경쟁성격은 곧 기업성과를 위한 제품차별화 경쟁전략의 적절성을 설명하는 것이라 할 수 있다. 특히 인터넷 기술 등 새로운 정보통신기술이 복합성을 갖게 되고 다양화됨에 따라 인터넷 뉴스정보 상품의 이질성이 더욱 강화되게 되었고 이는 인터넷 미디어 상품 시장을 더욱 차별화할 수 있도록 하고 있다(Lacy & Noh, 1997). 즉 개별 인터넷 미디어 서비스 기업은 시장에서의 지배를 확보하기 위해 경쟁기업의 제품 및 서비스와는 무엇인가는 다르다는 것을 소비자들에게 인식시키기 위해 노력한다는 점에서 차별성(differentiation)이 존재하는 것이다. 서비스 제품사이의 대체성감소로 인터넷 미디어 서비스 기업은 가격상승에도 불구하고 완전경쟁시장과는 달리 자신의 시장점유를 완전히 상실하지 않게 되는 것이다.

이와 같이 독점적 경쟁의 시장구조를 갖는 인터넷 미디어의 경우 시장성과 및 시장행위에 시장구조가 미치는 영향력은 상대적으로 독과점의 시장구조보다 미미하다고 할 수 있다. 왜냐하면 독점적 경쟁시장구조에서의 미디어 기업의 지대의 창출은 시장구조를 통한 독점지대로 발생하기보다는 리카도식의 독특한 기업자원과 자원을 활용한 경쟁전략으로부터 지대가 창출되기 때문이다. 따라서 인터넷 미디어 시장과 같이 독점적 경쟁시장구조를 갖고 있는 경우 시장과 기업의 성과 혹은 행위 등은 경쟁 그 자체의 문제뿐만 아니라 기업들이 갖고 있는 독특한 자원과 전략을 통해서 더 정확히 파악될 수 있다고 할 수 있다. 독점적 경쟁 시장구조하에 사업자는 단순히 시장가격을 취하는 수동적 존재가 아니라 이윤을 최대화할 수 있도록 가격수준을 소비자 수요에 따라 차별적으로 선택할 수 있기 때문에 그들이 행하는 다양한 경쟁전략이 시장성공의 여부를 좌우하는 것이다. 따라서 인터넷 미디어 산업의 시장구조분석과 경쟁분석은 정태적인 시장구조의 분석뿐만 아니라 개별기업 혹은 전략집단(strategic group)의 자원과 행위를 구체적으로 분석함으로써 시장전체의 성과 등을 판별해 낼 수 있을 것이다.

참고문헌

노기영(2002). 웹 뉴스서비스 시장의 경쟁과 자원할당. 『언론과 사회』 10(1).

______(2001). 다채널 방송시장의 경쟁과 집중. 『방송연구』 52, 57-93.

______(2001). 인터넷 뉴스정보 서비스산업에서 제품차별화와 진입시기가 기업성과에 미치는 영향. 『한국방송학보』 15(1), 85-119.

______(1997). 유사방송매체 심의방향: 인터넷과 주문형 비디오서비스(VOD). 『방송연구』 44, 118-143.

정보통신부(2001.1.). 『유무선 통신서비스 가입자 현황』. http://www.mic.go.kr.

Arbition & Coleman(2000.11.1). The Broadband Revolution: How Superfast Internet Access Changes Media Habits in American Households. At http://www.arbitron.com/studies/broadband.pdf, 2000. 11.1.

Albarran, A. B.(1996). Media Economics: Understating markets, industries and concepts. Ames, Iowa: Iowa State University Press.

Caves, R. E., & Williamson, P.(1985). What is product differentiation, really? *Journal of industrial Economics*, 34, 113-132.

Chamberlin, E. H.(1933). *The theory of monopolistic competition*. Cambridge, MA: Harvard University Press.

Chan-Olmsted, S. M.(1997). Theorizing multichannel media econmics: An exploration of a group-industry structural competition model. *The Journal of Media Economics*, 10(1).

Ekelund, Jr., R. B., & Saurman, D. S.(1988). *Advertising and the market process*, San Francisco: Pacific Research Institute for Public Policy.

Hagel, J.(1999). Net gain: expanding markets through virtual communities. *Journal of Interactive Marketing*, 13(1), 55-65.

Krasilovsky, P.(1998, January). Market for local Web info services: An in-depth survey of user demand, mediainfo.com, 22-23.

Lacy, S. & Noh, G. Y.(1997). Theory, economics, measurement and the principle of relative constancy. *Journal of Media Economics*. 10(3), 3-16.

Lambkin, M.(1988). Order of entry and performance in new markets. *Strategic Management Journal*. 9, 127-140.

Mitchell, W.(1991). Dual clocks: Entry order influences on incumbent market share and survival when specialized assets retain their value. *Strategic Management Journal,* 12, 85–100.

Robinson, W. T., & Fornell, C.(1985). Sources of market pioneer advantages in consumer goods industries. *Journal of Marketing Research*, 22, 86–94.

Mosakowski, E.(1993). A resource–based perspective on the dynamic strategy performance relationship: An empirical examination of the focus and differentiation strategies in entrepreneurial firms. *Journal of Management* 19(4), 819–839.

Porter, M. E.(1980). *Competitive strategy*. New York: Free Press.

Shapiro, C., & Varian, H. R.(1999). *Information Rules*. Boston: Harvard Business School Press.

Whinston, A. B., Stahl, D. O., & Choi, S. Y.(1997). *The economics of electronic commerce: The essential economics of doing business in the electronic marketplace*. Indianapolis, IN: Macmillan Technical Publishing.

제15장

인터넷과 법제*

정 윤 식**

Ⅰ. 서　　언

인터넷은 표현의 자유를 한층 확대해 주는 특성을 지니고 있으므로, 많은 이용자들이 이 새로운 매체를 통해 폭 넓고 다양한 정보의 의견을 주고 받고 있다. 인터넷상에서는 누구나 송신자이며 동시에 수신자가 될 수 있어 정보제공자와 이용자의 기능이 뚜렷이 구별되지 않는 상호작용성의 특징을 지니고 있다. 또한 다양한 표현방식과 수단이용이 가능하고 이를 이용하여 자신을 여러 방법으로 표현할 수 있는 환경이 제공된다.

공간이라는 물리적 제약을 받는 기존 매체와 달리 인터넷은 물리적인 공간의 제약을 받지 않는다. 특히 인터넷의 전세계적 특성, 즉 국경이 없고 하나의 지구촌이 인터넷 공간에 존재하게 되기 때문에 한 국가 내에서의 가치는 그 의미가 약화된다. 지금까지의 시간적, 공간적 범위를 벗어나 다양한 새로운 사상과 의견을 접할 수 있다는 점은 개인이 보다 더 원숙한 시민으로 발전할 수 있는 동기를 부여할 수 있게 된다.

또한 인터넷은 익명성이 보장되므로 보다 거리낌없이 솔직하게 자신의 의견을 불특정 다수인에게 표현할 수 있는 독특한 매체이다.

---

* 이 글은 강원대학교 기성회 일반연구비 및 SBS 문화재단의 지원에 의하여 수행되었음.

** 강원대학교 신문방송학과 교수

그러나 인터넷의 발전은 정치, 경제, 사회, 문화 각 분야의 발전을 위한 큰 잠재력이 될 수 있지만 불법 및 불건전 정보가 유통되거나 인터넷이 사회적으로 바람직하지 않은 목적으로 사용될 수 있는 가능성도 배제할 수 없다.

인터넷에서의 불건전정보는 대체로 외설, 음란물을 전파하거나 타인에 대한 유언비어 유포, 명예훼손 등으로 인한 인격권 침해가 그것이며, 이러한 불건전정보에 대한 대응으로서 정책적 방안에 관하여는 미국을 비롯한 선진국의 사례가 많은 시사점을 제공하고 있다.

인터넷에 대한 규제와 관련된 법제문제는 미국의 법원이 최근 음란정보 등 불건전정보의 인터넷 게재를 불법화한 통신품위법(CDA: Communication Decency Act)에 대해 위헌판결을 내림으로써 전 세계적인 관심사로 떠올랐다. 사이버 공간을 통해 외설, 폭력적 정보를 게재하거나 전송한 이용자들에게 최고 2년의 징역과 25만달러의 벌금을 물린다는 규정이 담긴 CDA는 미국의 네티즌들과 정보제공업체들의 강력한 반발을 샀다. 그리고 이것을 계기로 해서 각국의 사이버 공간 규제법이 과연 타당한가를 따지는 논란이 제기되었다.

이와 같이 표현의 자유를 획기적으로 확대해 줄 수 있는 인터넷에 대한 규제의 당위성이 법제적 측면에서 본격적으로 논의되고 있다.

개인의 자유와 권리를 최대한으로 보장해 주어야 한다고 주장하는 고전적 자유주의자들은 인터넷에서의 표현의 자유가 절대적으로 보장되어야 할 것으로 보고 있는 반면, 개인의 자유나 권리가 공공선이나 공공의 이익을 침해해서는 안 된다고 보는 공동체주의자들은 외설과 욕설, 그리고 근거 없는 비방으로 가득 찬 사이버 공간이라면 규제를 받아 마땅하다고 보고 있다. 다시 말해서 이용자의 접근권이 어느 정도 보장되어 있는 인터넷의 경우 내용규제의 필요성 여부와 그 관련 법제의 제정 문제가 논쟁거리로 떠오르고 있다.

규제금지를 주장하는 측과 규제의 필요성을 주장하는 측 모두 사이버 공간체는 개인의 인격권을 훼손시킬 수 있는 불건전 정보의 유통의 심각성에 대해 인정하고 있다. 그러나 이에 대한 대응방안의 차원에서는 근본적인 차이를 보이고 있다.

우선 인터넷을 통신매체의 연장선상에서 파악하여 매체(선로)는 규제하되 그 내용에 대해서는 절대적인 자유를 인정해야 한다는 입장을 지지하는 측에서는, 사이버 공간에 대한 내용규제에 대해서 반대하고 있다. 그들은 이러한 문제가 표현의 자유를 제한하는 명분이 될 수 없음을 주장하면서 외부의 개입이나 검열에 의한 규제에 반대하고 있다. 사이버 공간에서의 표현의 자유는 헌법이 보장하는 기본권에 해당하기 때문에 사이버 공간에 대한 정부의 검열과 감시는 중단되어야 한다는 것이다.

이들은 사이버 공간에서의 이러한 문제는 이용자들이 상대방의 인격을 존중하고 예절을 중시하는 '네티켓'(네티즌의 에티켓)을 지키고 건전한 가상공동체문화를 창출함으로써 해결될 수 있다는 낙관적인 생각을 지니고 있다. 다양한 의견교환과 토론을 통해서 불건전 정보를 추방할 수 있는 자체 정화능력을 기른다면 정부의 규제는 더 이상 필요 없다는 것이다.

규제론자들은 사이버 공간에서의 표현의 자유보장이라는 원칙 때문에 개인의 인격권이 훼손되는 것이 정당화되어서는 안된다고 지적하면서 사법적 제재의 당위성을 주장하고 있다. 쉽게 말해서, 확인되지 않은 사실이나 욕설로 상대방의 인격을 침해하는 것이 표현의 자유는 아니며, 인터넷의 확산으로 말미암아 사이버 공간에서의 게시물이 전세계의 이용자들에게 전달될 수 있다는 점에서 볼 때 당연히 규제의 대상에 속해야 한다는 것이다. 특히 인터넷에 게재되는 정보의 대부분이 미국에서 공급되고 있다는 점에서 볼 때, 인터넷 내용규제를 한 국가의 기준으로 판단하는 것은 곤란하므로 각국이 나름대로의 사정을 감안하여 국내법의 적용을 엄격히 해야 한다고 보고 있다.

자유주의적 사고에 기초할 경우에는 사이버 공간의 한 부분인 인터넷에서의 표현활동에 대하여 가급적 국가적 관여와 개입이 없는 것이 바람직 할지 모른다. 그러나, 인터넷도 우리 사회의 현실세계의 한 부분으로 인간의 행위에 기초한 어두운 면을 반영할 수밖에 없다는 점에서, 법으로부터 자유로운 영역으로 남아 있을 수는 없을 것이다.

인터넷에 대한 규제는 기술적인 한계가 있을 뿐만 아니라 국경을 넘는 관계로 실효적인 규제수단이 되지 못하는 측면이 있다. 그렇지만, 규제를 전혀 하지 않는다면 인터넷에서의 불법적인 활동이 용인되는 결과가 된다. 반면에, 인터넷에 대한 과도한 규제는 인간의 창의성에 기초한 지식정보사회를 가로막게 되는 결과가 되므로 가치충돌을 가져온다. 이를 잘 조화롭게 조정하여 바람직한 인터넷의 규범과 관련 법제를 제정하는 일이 중요한 과제이다.

여기에서는 이러한 인식을 토대로 인터넷 관련 법제로서 음란물, 명예훼손, 개인정보와 프라이버시 보호 등 표현 및 언론의 자유와 관련된 인터넷 규제와 법제 내용들을 살펴보기로 한다. 아울러 인터넷의 국제적 성격을 고려하여 국제규범과 재판관할권 문제를 간략히 알아보고자 한다. 인터넷 관련 법제로서는 이외에도 저작권, 전자상거래 등과 관련된 법제도 정책적 쟁점이 되고 있으나 언론학의 범주를 벗어나는 것으로 판단하여 생략하기로 하였다.

인터넷 법제는 미완성의 정책 및 법률과제이지만, 이 논의가 사회적으로 가장 활발하고 그 판례가 어느 정도 축적되고 있는 미국의 사례를 중심으로 살펴보기로 한다.

Ⅱ. 음란물 법제

음란물 문제는 인터넷이 끼치는 가장 큰 해악으로 일컬어진다. 그러나 규제 방법에 있어서 각국은 서로 다른 의견을 보이고 있는데 규제의 범위를 어떻게 결정할 것이며 인터넷 특성상 어느 한 국가의 법이나 한 지역 공동체의 기준을 일률적으로 적용하여 규제할 수 없다는 데 동의하고 있으며 각국의 내국법과 그 나라의 공동체 규범과 가치판단기준에 따른다는 큰 원칙을 세우고 있다.

인터넷에서 발생하는 문제에 대처하는 방법은 크게 법, 제도적 방법과 기구설립을 통한 방법, 그리고 소프트웨어를 사용하는 방법 등과 같은 자율규제로 이루어진다.

대략 미국을 비롯한 서구 자유민주주의 국가들은 자율규제를 보다 강조하고 있으며 독일과 프랑스는 자율규제와 함께 정부에 의한 최소한의 법적규제의 필요성을 강조하고 있다. 아시아 국가들은 법적규제와 자율규제를 함께 추진하고 있는데 일본의 경우 법적규제와 함께 자율규제를 보다 중시하는 반면 싱가포르는 정부에 의한 강력한 규제를 시행하고 있다. 우리 나라는 자율규제의 원칙을 지키려 하면서 법 제도적 행정규제를 함께 적용하고 있으며 대부분의 개발도상국가들은 타율규제에 보다 중점을 두고 있다.

결국 이러한 인터넷 규제방법의 차이는 각국의 문화, 사회적 풍토와 정치 제도에서 유래하고 있다.

이와 같은 음란물을 법으로 규제하려는 이유는 음란물과 상충하는 법익이나 보호해야 할 사회적 가치가 존재하기 때문이다.

인터넷에서의 성표현물에 대한 규제시 가장 문제가 되는 것은 그러한 규제가 인간의 기본권인 '표현의 자유'를 억압할 수 있느냐 하는 점이다. 미국 수정헌법 제 1조는 "연방의회는 국교를 정하거나 신앙의 자유를 금지하는 법률을 제정할 수 없으며 언론, 출판의 자유를 제한하거나 국민들이 평화적으로 집회할 권리와 불만의 구제를 정부에 청원할 권리를 제한하는 법률을 제정할 수 없다."고 표현의 자유를 보장하였다.

우리 나라 헌법도 제21조 제 1 항에 "모든 국민은 언론, 출판의 자유와 집회, 결사의 자유를 가진다"고 하여 이를 국민의 기본권으로서 인정하고 있다. 그러나 이러한 자유는 절대적으로 또 무제한적으로 보장되는 것은 아닌데, 이러한 권리가 국가, 사회, 타인의 권익을 침해한다면 이는 부득이하게 제한을 받을 수 밖에 없다.

우리 헌법은 제21조 제 4 항에 "언론, 출판은 타인의 명예나 권리를 침해한 때에는 침해자는 이에 대한 피해의 손해배상을 청구할 수 있다"고 언론, 출판 자유의 한계를 규정하였다. 음란, 외설물 규제의 근거는 공공의 위험감정, 피해의식 그 자체의 보호에 있는 것으로 생활환경의 오염과 같이 이익형량에 의해 해당 도서가 표현자유의 사회적 이익과의 불특정 다수인에게 불쾌 감정이나 생활상의 불편을 끼치게 된다는 데 두고 있다.

미국은 표현의 자유를 보장한 수정헌법 제 1 조에 대해 높은 가치를 두고 최소한의 내용규제만을 하도록 하고 있지만 동시에 인터넷에 대한 규제 입법을 일찍이 추진한 나라 중 하나이다. 여기에서는 미국의 인터넷 음란물과 관련된 규법과 법제를 최근의 판례를 통해 살펴보고 그 의미를 분석해 보고자 한다.

1. 통신품위법(CDA: Communication Decency Act)의 위헌판결과 쟁점

개정통신법(Telecommunication Act of 1996) 중 제 5 편인 음란과 폭력편은 통신을 통한 음란물 규제, 케이블 TV의 음란, 폭력적 내용 규제, 프로그램 등급체계, 그리고 브이 칩(Violence Chip) 장착 등을 주 내용으로 하고 있다. 이 통신품위법의 제정취지는 인터넷상에서 유통되고 있는 정보들 중에서 품위에 어긋나는 정보로부터 청소년들을 보호하기 위해서이다.

통신품위법상 인터넷 음란물 규제와 관련된 주요 내용은 다음과 같다.

즉 누구든지 통신 시설을 이용하여 고의로 상대방을 괴롭히고 위협할 목적으로 상스럽고 외설적이고 불결하며 품위에 어긋나는 코멘트, 요구, 시사, 제안, 의도, 기타 이와 유사한 행위를 한 경우, 통신수단을 이용해 18세 미만인 상대방에게 음란 또는 외설적인 코멘트 요구, 제안 등을 한 경우, 자신의 통신시설이 위와 같은 행위에 이용되는 것을 알면서도 이를 허가한 자는 미 연방형법에서 정한 벌금에 처하거나 2년 이하의 징역 또는 양형 모두에 처할 수 있도록 규정하고 있다.

그러나 이 법안이 통과되자 이른바 네티즌(Netizen)들은 CDT(Center for Democracy and Technology)등의 주도로 인터넷 웹 페이지를 검정색으로 바꾸는 방식으로 항의시위를 하거나 또한 표현의 자유의 상징인 파란 리본을 웹페이지에 올리는 캠페인 전개를 하는 등 통신품위법에 반대하는 항의시위를 전개하기 시작하였다. 또한 1996년 2월 미국 시민단체인 ACLU는 미 연방정부를 상대로 미국 펜실베니아 연방지방법원에 통신품위법은 미합중국 수정헌법 제 1 조 표현의 자유와 제 5 조의 적법절차 규정에 위배된다는 이유로 소송을 제기하였다.

통신품위법의 문제점을 지적하는 사회운동단체에서는 이 법의 조문에서 규제가 불가피한 정보유형에 대한 정의가 지나치게 포괄적이기 때문에 규제의 정당성을 지닌 사회적으로 해로운 정보만을 차단하는 것이 아니라 민주적 커뮤니케이션 공간으로서의 사이버 스페이스의 가장 중요한 상호작용성을 위축시킬 가능성이 많다고 주장했다.

이 법이 통과될 경우 상업적인 목적에서 유통되는 음란물뿐만 아니라 이용자들이 사적으로 교환하는 메시지와 정보에 대한 위법여부까지 고심하지 않을 수 없고 그만큼 언론자유는 축소될 수밖에 없다는 것이다. 이는 인터넷이 방송매체와는 달리 이용자들이 자발적으로 참여하여 정보를 이용해야 하기 때문에 인쇄미디어 같이 이용자가 접근하려는 의지에 달려 있다고 주장했다.

펜실베니아 연방지방법원에서 위헌판결을 받은 1996년 통신법의 관련 조문은 CDA 가운데, 특별히 통신의 상대방이 18세 이하의 청소년이라는 것을 알고서도 의도적으로(knowingly) 외적으로 혐오적인(patently offensive) 성적 내용물을 보내거나 현시(display)하기 위하여 쌍방향(interactive) 컴퓨터 서비스를 이용하는 것에 대한 처벌규정이다.

펜실베니아 연방지방법원은 문제 규정의 위헌성 여부를 판단하기 위해 우선 유해 내용물을 차단할 수 있는 소프트웨어와 기술적 대안들에 대해 검토하였는데 분명한 것은 현재의 기술로는 특정 사이트나 단어에의 접근을 막을 수 있을 뿐 음란한 영상물 자체를 차단할 수는 없다는 점이다.

또한 인터넷 이용자의 연령을 확인함으로써 청소년을 보호할 수 있는 방법은 익명을 사용하는 식의 이용형태에 대해서는 효과적 대응책이 되지 못할 뿐만 아니라, 인터넷상의 주소와 이름을 공식적으로 확인하여 주는 체제도 없기 때문에 음란물을 보내는 입장에서는 수신자가 청소년이 될지의 여부를 미리 정확하게 확인하는 것 자체가 불가능하다고 보았다.

신용카드나 은행 계좌를 통해 간접적으로 성인 여부를 확인한 후 접근을 제한하는 방법은 현재 기술적으로 실용화되고 있지 않다. 뿐만 아니라 상업적 거래가 아닌 비영리적 단체의 활동에 대해서는 이런 방법을 통한 확인 절차가 적용될 수 없는 근본적 한계가 내재한다. 또한 성인이라 할지라도 신용카드를 마음대로 이용할 만한 재력을 갖추지 못한 사람은 결과적으로 인터넷을 이용하지 못하게 만든다는 점에서 효율적인 기술적 대안으로 보기가 어렵다.

성인에 대해서만 특별한 암호(password)를 부여하는 방법은 상업적 목적의 포르노 사이트에서는 부분적으로 사용하고 있지만 비영리적 목적의 단체들에게는 적용될 수 없을 뿐만 아니라 암호체계를 운영하는 비용이 엄청나다는 점에서 현실적 대안이 되지 못하고 있다.

정부가 생각하는 것처럼 모든 내용물에 대해 사업자로 하여금 등급표시를 하도록 한다는 것은 기술적으로는 가능하지만 엄청난 비용과 인력을 요하는 작업이라는 점에서 현실성이 떨어질 뿐만 아니라 인터넷에서는 전세계적 통일 기준이 필요하다는 문제점이 있다.

결국 인터넷 유해물로부터 정부가 청소년을 보호할 필요성 자체는 강력함(compelling)에도 불구하고 CDA 관련 조문들은 지나치게 '광범위하기(broad)' 하기 때문에 성인의 표현자유를 침해할 위험이 있을 뿐만 아니라 '본질적으로 모호하다' (inherently vague)는 이유로 CDA는 위헌판결을 받게 된다. 이 판결에 대하여 미국 정부는 필라델피아법원에 결정에 불복하고 1996년 7월 1일 연방대법원에 상고하였다.

연방대법원은 6월 26일 통신품위법의 불건전한 전송과 명백하게 도발적인을 포괄적으로 금지하는 조항은 미국 수정헌법 제 1 조에 의해 보호되는 표현의 자유를 침해하는 것이라는 판결을 내렸다.

청소년을 보호하기 위한 정보유통 차단이 결국 인터넷의 정보유통을 통제했다면서 표현의 자유와 통신상의 의사교류의 자유가 억압되고 있다고 주장했다.

또한 동법에 명시된 통신품위와 관련된 용어 즉 "품위없는"과 "명백하게 불쾌한"이라는 용어의 표현이 너무 애매모호하다고 판단하였다. 이를테면 품위에 어긋난 정보와 명백하게 불쾌한 표현은 개념정의하기가 애매모호하여 상황에 따라 달리 해석되고 적용될 수 있어 자칫 표현의 자유를 억압할 수 있다는 의견이다.

CDA가 내용물 자체를 규제하는 것이기 때문에 규제의 모호함은 곧 표현의 자유를 냉각시키는(chilling) 부정적 효과를 가져온다는 우려도 제기되었다.

대법원은 유해한 프로그램을 사전에 효과적으로(effective) 차단하는 소프트웨어는 현재 존재하지 않을 뿐만 아니라 존재하더라도 잠재적 수용자까지 보호될 수 있는 것인지 확인하는 방법이 없다는 점도 지적하였다.

또 신용카드나 성인 여부를 확인하는 방법 등을 통해 접근을 제한하는 것은 실제 기술적으로 가능하고 상업적 목적으로는 이미 실용화되고 있지만 대부분의 비상업적 서비스 제공자들에게는 지나친 경제적 부담을 가져오기 때문에 비현실적임을 판시하였다.

뿐만 아니라 미성년자들의 보호 못지 않게 성인의 권리도 보장받아야 한다라고 반박했다. 또한 인터넷의 정보를 18세 미만 수준에 맞추도록 내용을 격하할 수 없다는 것이다.

또 다른 판결근거로는 인터넷은 방송보다는 인쇄미디어에 유사하기 때문에 예기치 않게 음란물을 컴퓨터 화면에게 보게 되는 경우는 거의 없으며 인터넷에 접근하는 것은 라디오 다이얼이나 텔레비젼 채널 등을 바꾸는 것보다 훨씬 복잡하여 이용자들의 적극적인 노력에 의해 가능하다는 것이다.

대법관들의 법적 논리는 표현의 자유를 제약하는 정부의 규제는 그 목적과 대상이 분명하고도 그 효과에 대한 확신이 있어야 하며, 그 규제방법 외에는 다른 대안이 없다는 것을 입증해야 한다는 것이었다.

결론적으로 연방대법원은 이론적일 뿐 확인되지 않는 검열을 통한 이익보다는 민주 사회에서의 표현 자유를 신장시키는 이익이 훨씬 크다는 것을 다시 한번 강조하면서 CDA에 대해 위헌을 선언하였다.

2. CDA Ⅱ의 위헌소송과 쟁점

통신품위법을 제안했던 코츠(D. Coats)위원은 그것을 보다 구체화시켜 1997년 11월 미국 의회에 상정하여 CDA Ⅱ를 1998년 7월 상원에서 통과시켰다. 이 법안은 인터넷을 통하여 미성년자에게 해로운 정보(harmful information)를 유통시키는 자는 6개월 이하의 징역형과 5만달러 이하의 벌금형에 처할 수 있다. 벌금형은 매일 5만달러씩 추가될 수 있다. 피고가 신용카드, 은행카드, 성인이용코드 등을 이용하여 미성년자의 접근을 방지하였다면 면책될 수 있다. 이 법이 규정한 '미성년자에게 해로운 정보'라는 용어는 의사소통행위(communication), 그림, 이미지, 그림 이미지 파일, 글, 녹음, 문장, 및 다음과 같은 기타 정보를 가리킨다.

미성년자에게 해로운 정보의 내용은 다음과 같이 요약된다.

① 전체적으로 보아 미성년자들에게 누드, 성행위 등 순전히 성적인 흥미

만을 유발시키는 정보

② 미성년자들에게 적절치 않게 명백한 성적 호기심을 자극하는 방법으로 실제적이거나 실험적인(simulated) 성행위(sexual act) 또는 성접촉행위(sexual contact), 정상적이거나 비정상적인 성행위, 성기의 도색적인 노출을 그림이나 글 등의 방법으로 묘사한 정보

③ 진지한 문학성, 예술성, 정치성, 또는 과학적인 가치를 결핍한 정보이다.

이와 같이 의회가 별도의 법으로 제정한 이른바 CDA Ⅱ는 웹사이트를 이용하여 청소년에게 유해한 내용물을 상업적으로 판매하는 것을 민·형사상의 처벌로 규제하기 위해 제정한 것이었다. 시민단체의 반대로 이 법안에 대한 위헌소송이 다시 제기되었고, 펜실베니아 연방지방법원은 무거운 형사처벌을 피하기 위해 사업자가 자체 검열을 하게 됨으로써 결국 표현의 자유가 위축되는 회복불가능의 피해가 발생하게 되고 아무리 짧은 기간동안 표현의 자유가 상실되더라도 이것은 곧 회복 불가능의 피해가 발생하게 된다는 논리를 제시하였다.

즉 청소년 보호를 위한 내용 규제의 필요성은 인정하지만 문제의 법규정들은 현실적으로 웹사이트 운영자들로 하여금 청소년은 물론이고 성인들까지도 내용물에 접근하기 전에 신용카드 또는 성인 식별 프로그램이 먼저 나타나도록 웹사이트를 재조정하게끔 함으로써 오히려 보호되어야 할 정당한 성인용 표현물까지도 과도한 규제 속으로 밀어 넣는 잘못을 범하게 된다고 보았다.

또한 면책 규정에 있는 내용 차단 프로그램 역시 청소년에게 유해한 것을 완전히 차단할 수 있는 것은 아니며 오히려 도움이 되는 내용물도 과하게 차단할 수 있는 불완전한 것임을 들어 문제의 CDA Ⅱ 규정이 최소한의 규제법으로 표현의 자유를 침해하지 않는 범위 내에서 만들어진 것이 아님을 판시하였다.

3. 어린이 온라인 보호법(COPA: Child Online-Protection Act)의 제정과 쟁점

음란한 자료에 관한 CDA의 규정이 위헌이라고 판시되자 1998년 10월 미국 의회는 Child Online Protection Act(COPA)를 제정하게 되었다. COPA는 웹을 통하여 자료를 배포하는 업체로 하여금 해로운 자료에 대한 접근을 성인에게 제한할 것을 요구하고 있다. 의회는 ① 어린이의 감독, 보호, 양육은 부모의 책임이지만, 인터넷이 광범위하게 이용됨으로써 부모의 감독이나 통제가 좌절될 수 있으며, ② 해로운 자료를 청소년에게서 봉쇄함으로써 청소년의 육체적 및 심리적 복리를 보호하는 것은 정부의 이익이 되며, ③ 온라인 산업이 어린이에게 해로운 자료에 접근하는 것을 부모와 교육자가 억제하는 것을 도울 수 있는 진보적인 방법을 개발하였으나, 온라인 산업은 웹상에서 해로운 자료에 접근하는 청소년 문제에 대하여 효과적인 해결책을 제공한 것이 아니었으며, ④ 정부의 이익을 충족하기 위하여 가장 효과적이며 가장 제한적이지 않은 방법은 해로운 자료를 그 출처단계에서 배포하는 것을 금지하여 그 출처자에게 정당한 방어수단을 제공하는 것이며, ⑤ 인터넷상에서의 해로운 자료에 어린이가 노출되는 것으로부터 보호하기 위한 방법을 계속 모색할 필요가 있다는 것을 지적하였다.

COPA가 보호하고자 하는 "청소년(minors)"은 17세 이하의 자로 정의되며, "청소년에게 해로운"이라는 기준은 음란하거나(obscene) 다음의 세 가지 요건을 갖추는 모든 종류의 통신, 그림, 이미지, 그래픽이미지 파일, 글, 녹음, 서면, 기타 자료로 정의된다. 세 가지 요건으로서는, ① 평균인이, 현대사회의 기준을 적용하여, 문제된 자료를 전체적으로 그리고 청소년에 관하여 고려하여 음란한 것에 호소하거나 이를 선동하는 것이라고 여기는 경우, ② 자료가 명확하게 불유쾌한 방식으로 주법에 특별하게 정의된 성적인 행위를 설명하거나 묘사하는지 여부, ③ 전체적으로 보았을 때 자료가 청소년에 대하여 진지한 문학적, 예술적, 정치적, 과학적 가치가 있는지 여부이다.

결국 이 법안의 규제 목적과 내용이 기존 법안과 크게 다르지 않다고 판단한 미국 시민단체가 동법의 위헌선언과 일시집행정지를 구하기 위해 펜실베니아 연방지방법원에 제소하였다. 펜실베니아 연방지방법원은 무거운 형사처벌을 피하기 위해 사업자가 자체 검열을 하게 됨으로써 결국 표현의 자유가 위축되는 '회복불가능의 피해'가 발생하게 된다는 논리를 들어 동법에 관해서 법정에서 합헌판단이 내려질 때까지 집행을 연기하는 잠정적 유지명령의 가처분결정을 내렸다. 이어서 펜실베니아 연방지방법원은 어린이 온라인보호법이 현실적으로 웹사이트 운영자들로 하여금 청소년은 물론이고 성인들까지도 내용물에 접근하기 전에 신용카드 또는 성인 식별 프로그램이 먼저 나타나도록 웹사이트를 재조정하도록 하는 등의 규제를 포함하고 있는바 이로 인해 성인용 표현물까지 규제하는 것은 과도한 규제이고 내용차단 프로그램도 아동에게 유해한 것을 완전히 차단할 수 있는 것이 아니고 도움이 되는 내용물까지 과도하게 차단할 수 있는 불안전한 것을 들어 위 법률이 수정헌법 제 1 조상의 표현의 자유를 침해한 것으로 위헌이라고 판시하였다.

이상에서 살펴 본 바와 같이 인터넷상에서의 미국의 내용규제 법제를 전반적으로 보면, 어린이를 보호하는 규범을 제외한다면 대체로 미국정부는 인터넷을 규율하고 있지 않은 것으로 보인다. 현재 인터넷을 관리하는 부서가 없으며 미국 정부가 방임적인 정책방침을 취하고 있기 때문에, 의회가 장래에 입법하겠다는 일종의 위협에 의하여 산업계가 자발적으로 규제하는 것을 유도하고 있는 상태이다. 인터넷의 내용 규율에 대한 미국의 방임적인 방침은 불필요하고 과도한 규율이 인터넷의 발전을 저해할 수 있다는 것에도 근거하고 있으나, 자칫하여 광범위하게 규율한 경우에는 미국 헌법상의 표현의 자유에 관한 규정을 위반하게 된다는 인식에 기초하고 있다.

자기규율을 통한 국가적 개입을 대체할 수 있다는 논리 중에서 인터넷에서의 내부규율이라고 할 수 있는 네티켓(Netiquette: Netizen과 etiquette의 합성조어)과 인터넷 서비스제공업체(ISP: Internet Service Provider)의 자발적인 자기통제를 들고 있다. 국가적 규제에 앞서 인터넷상의 내부규율을 지키지 않은 자에 대하여 ISP에 의한 자율적 규제가 선행되어야 하지만, 그것이 한계를 갖는 한 국가에 의한 개입은 불가피하다고 본다. 다만 인터넷이 갖는 특수성으로 인하여 국가의 과도한 개입은 인터넷이 갖는 많은 장점을 퇴색시킬 수 있다는 점도 염두에 두어야 할 것이다. 결론적으로 인터넷 음란물 규제법제는 표현의 자유와 청소년보호 등 기타의 법익간의 균형과 공존을 위해서 기술적 조치의 강구가 필요하다고 할 것이다.

Ⅲ. 명예훼손 법제

인터넷에서는 신문이나 방송보다 명예훼손으로 인한 법률적 분쟁이 많이 제기될 가능성이 높아지고 있다.

예를 들어 이용자들은 전자우편이나 전자게시판에서 자신의 의견을 표현하기도 하며, 뉴스그룹에서 토론에 참여하기도 한다. 또한 인터넷에 정보를 제공하는 정보제공업자들 역시 정보의 제공뿐 아니라 관련된 사이트에 접속할 수 있도록 중개해 주는 정보배급업자의 역할을 수행하기도 한다.

그리고 사이버 스페이스 운영에 필요한 하드웨어와 소프트웨어를 관리하는 운영업자들은 전자우편을 전달하는 정보운반자 역할뿐만 아니라 직접 정보를 생산하기도 하고 배급하기도 하는 다양한 역할을 동일한 공간에서 동시에 수행한다.

인터넷상에서 현재 법적으로 심각히 논의되고 있는 문제 중의 하나가 바로 인터넷 서비스제공업체(ISP: Internet Service Provider)의 책임 범주에 관한 것이다. 이는 곧 인터넷을 통해 명예훼손적 메시지가 전세계에 유포될 경우, 누가 그러한 행위에 책임을 지느냐에 관한 법적 문제이기도 하다.

명예훼손적인 인터넷 서비스제공자의 법적인 책임유무를 판단하는 기준은 그 서비스제공자가 자신의 정보통신망에서 제공되는 정보내용에 대하여 '편집권'이나 '심의권'을 보유하고 그것을 행사하느냐에 달려있다. 만약 인터넷 서비스제공자가 그러한 권리를 보유하고 행사하면, 정보내용에 대하여 책임질 가능성이 높다.

1991년 쿠비 대 컴퓨서브(Cubby v. CompuServe) 사건에서 법원은 컴퓨서브는 가입자들이 올린 정보에 대한 편집권이나 감독권이 없으므로 책임을 지지 않는다는 판결을 내렸다.

이 사건은 온라인서비스를 하는 컴퓨서브가 자신의 여론 광장에 Cameron Communications 사라고 하는 정보물 공급업체가 제공한 정보를 올렸는데, 은행업을 하는 큐비 사가 그 내용에 관하여 명예훼손혐의로 고소한 것이었다. 이에 대해 법원은 컴퓨서브 사가 문제가 되는 표현의 잘못을 알지 못한 이상 명예훼손에 관한 편집자의 책임은 물을 수 없고 서점주인 정도의 책임이 있다고 판결하였다. 즉, 서점주인은 자신이 판매하는 책이 음란이나 명예훼손과 관련이 있다는 것을 알고 팔았을 경우에는 명예훼손에 관한 한 2차적인 책임을 질 수 있으나, 그 내용을 전혀 알지 못한 경우에는 단순히 돈을 받고 책을 운반해 주는 트럭 운전사와 같은 운송인의 지위에 지나지 않는다는 것이다. 요컨대, 서비스 제공과정에서 전달하는 모든 명예훼손적 정보를 게시판을 운용하는 자가 일일이 점검한다는 것은 현실적으로 불가능하다는 것이다. 결국 게시판 운용자가 그 내용의 문제성을 실제로 알지 못한 이상(actual-knowledge) 그에게 책임을 물을 수 없다는 것이다.

이 판결은 결과적으로 자유로운 정보의 흐름을 증진시켰다는 면에서 상업적 정보제공자에게는 환영을 받았으나, 서비스 제공자는 분명 서점과는 다른 기술적인 통제권(technological control power)을 갖는다는 점에서 분명 잘못된 판결이라는 비난도 동시에 받았다.

그러나 1995년 오크몬트 대 프로디지(Stratton Oakmont v. Prodigy) 사건에서는 프로디지 사가 인터넷 내용선별, 차단소프트웨어를 사용하여 가입회원들이 올린 정보내용의 유해성을 확인하고 필요시 편집권을 행사하였기 때문에, 가입자가 다른 회원에 대하여 명예훼손적 표현물을 게시한 경우 이에 대한 법적인 책임을 져야한다는 판결이 나왔다.

이 사건은 프로디지社의 전자게시판인 Money Talk에 익명의 이용자가 증권투자회사인 Stratton Oakmont 사 사장의 명예를 훼손하는 글을 게시했다며 Oakmont 사가 프로디지 사를 상대로 제소한 것이었다. 법원은 프로디지 사가 이용자들에게 게시판에 게재되는 내용을 통제한다는 사실을 명백히 밝혔기 때문에 프로디지 사는 단순 배포자가 아니라 편집권을 갖는 출판사의 지위에 있다는 이유로 응당 그에 대한 책임을 져야 마땅하다고 판결하였다. 즉, 일정한 기준과 지침(guide line)을 가지고 게시판을 운영하는 경우에는 인터넷 운영자와 그 게시판 관리자는 당연히 편집자로서의 책임을 면치 못한다는 것이다.

1997년 8월 세계 최대의 인터넷 서비스제공업체인 아메리카 온라인(America Online)은 1998년 4월 자신의 인터넷서비스망을 통하여 정보제공자(IP)가 제공한 정보에 대한 책임을 묻는 클린턴 보좌관 불루멘덜(Blumenthal)이 제소한 3천만달러 명예훼손 소송사건에서 무죄판결을 받았다. 미국 워싱턴 연방지법 판사 프리드먼(P.Friedman)은 1996연의 연방통신법(47 U.S.C. section 230)에 포함된 통신품위법은 제 3자가 올린 인터넷 정보내용에 대하여 인터넷 서비스제공자들에게 민사책임이 없다는 것을 명백히 하고 있다며 이같이 판결하였다.

이상의 판례를 분석해 보면 인터넷 운영자가 단순히 인터넷 서비스제공업체의 정보를 받아서 실어주는 역할만 하는 것이냐, 아니면 그 내용에 대하여 통제권을 행사하느냐에 따라서 가상공간에서의 표현행위에 대한 책임 문제가 완전히 달라진다는 것을 알 수 있다.

즉, 단순히 장소를 제공하여 정보를 게재해 주고 일체의 관여를 하지 않는 경우에는 전자회사나 우편배달부, 또는 책이나 신문을 배달해 주는 트럭운전사와 같이 일반 운송인의 지위에 머물러 그 내용에 관한 일체의 책임을 지지 않지만, 일정한 기준과 원칙을 가지고 그 내용을 관리하고 점검하며, 일정한 사유가 있는 경우 차단하는 기술적 통제제도를 두고 운영하는 경우에는 편집자로서 문지기 또는 병목에 해당하는 책임을 져야 한다는 것이다.

그러나 인터넷상의 불건전 정보를 제어하기 위해서는, 불건전 정보를 감시하고 통제하는 ISP의 역할이 기대되는데, 그러한 통제를 일정 부분 수행한 ISP는 편집자 모델에 의해 책임이 귀속되고, 그렇지 않고 방관한 ISP는 단순전송체로서 책임이 부재하게 되는 현실적 모순에 빠질 가능성이 존재한다.

Ⅳ. 개인정보와 프라이버시 보호 법제

개인정보가 제공자로부터 이용허락을 받지 아니한 채 유통되고 있다. 더

군다나 웹상 이용자의 검색내용을 추적할 수 있는 정도로 디지털 기술이 발전하고 있음을 볼 때에, 웹상에서의 개인신상에 관한 내용이 이제 손쉽게 공개되고 있다. 개인의 신용카드번호를 알아낸 자는 카드번호를 이용하여 웹서비스를 이용하여 물건을 구매하거나, 개인의 진료내용은 보험회사의 중요한 영업실적을 확보할 수 있으며, 상품의 구매내역은 상품판매자에게 스팸(spam)광고를 하기 위한 자료가 될 수 있다.

과거에는 국가권력으로부터의 개인정보보호의 문제가 크게 논의되었으나 이제는 정보통신서비스제공자인 기업을 통한 개인정보유출이 더 큰 사회문제를 야기할 가능성이 높아졌다.

개인정보의 침해의 양태를 간단히 살펴보면, ① 전자적 거래시 또는 정보이용시 제공된 개인정보의 악용, ② 시스템관리자(sysop)의 과실로 인한 개인정보의 유포, ③ 해커에 의한 정보통신망상 개인정보의 침입, ④ 웹 상에서 프로그램을 이용한(tracking) 개인정보의 수집 등이다. 여기에서 마지막의 것은 인터넷 서비스의 이용자에게 심각한 경각심을 불러오게 한다. 웹 상에서 사이트를 방문, 검색한 경로, 이용자의 주소뿐만 아니라, 이용자 개인컴퓨터의 하드웨어, 설치된 소프트웨어까지 완전히 공개되고 있다.

인터넷 서비스 이용에 따른 개인정보는 전자적 거래시 물품구입과 배송에 필요한 정보인 이용자 개인이 제공하는 개인의 성명, 주소, 전화번호, 카드번호 및 주민등록번호 등이다.

개인정보는 거래 당사자 이외에 제 3 자에게 공개되지 말아야 할 뿐만 아니라, 제 3자에 의하여 관리되어서도 안된다.

그러므로 ① 개인정보의 수집은 수집목적에 부합하게 최소한 범위에 그쳐야 하고, ② 개인정보의 관리는 상대방에 의하여 일방적으로 관리되고 있으므로 자신의 개인정보에 대한 정보접근권(access)이 개인정보 제공자에게 인정되어야 하며, ③ 내용을 최근정보로 수정할 수 있도록 청구할 수 있는 내용이 허용되어야 한다. ④ 본인의 동의에 의하지 않고 개인정보를 전파할 수 없다는 것이 원칙이다.

더욱이 개인정보보호에 있어 중요한 것은 자신의 정보를 스스로 통제할 수 있는 권리가 필요하다는 것이다. 이는 자기정보통제권 내지 자기정보관리권, 자기정보결정권이라고 할 수 있는데, 국가나 기타 사회조직이 수집관리하는 정보가 적절하지 못한지 여부를 검토하여 그 시정을 구할 수 있는 권리가 바로 적극적 의미의 개인정보보호수단이 된다.

또한 인터넷 통신이 정보통신망의 핵심적인 위치로 그 자리를 잡아감에 따라서 개인의 정보를 보호하기 위해서는 암호이용이 필수적인 기술적 수단이 되고 있다. 인터넷과 같은 개방된 통신환경에서 정보의 안전과 비밀성을 보호하기 위해서는 암호에 의존할 수밖에 없고, 특히 전자서명과 관련하여 불가결한 요소이기도 하다.

이와 같은 취지에 상응하여 OECD(Organization for Economic Cooperation and Development)는 1997년 '암호정책을 위한 지침(cryptography policy guidelines)'에서 암호의 개발과 이용에 통일된 규범을 형성하기 위하여 다음과 같은 8개의 기본 원칙을 채택했다.

① 암호방법에 있어서 신뢰성: 정보통신시스템에 이용되는 암호방법은 신뢰할 수 있어야만 한다.

② 암호방법의 선택: 암호방법과 준거법을 선택할 권리는 이용자에게 주어야 한다.

③ 암호방법의 시장주도적 개발: 암호방법은 개인, 산업체 및 정부의 필요, 수요 및 책임에 상응하여 개발되어야 한다.

④ 암호방법의 표준화: 암호방법에 대한 기술적인 표준, 기준 및 규약은 국내, 외적인 차원에서 개발되고 채택되어야 한다.

⑤ 프라이버시와 개인정보의 보호: 통신비밀과 개인정보의 보호를 포함한 프라이버시에 대한 개인의 기본적인 권리는 국내적인 암호정책과 암호방법의 실행이나 이용에서 고려되어야 한다.

⑥ 합법적인 접근: 국내적인 암호정책은 암호화된 평문이나 암호키에 대한 합법적인 접근을 허용할 수 있다. 이 정책은 가능한 한 넓게 지침에 담겨진 다른 원칙들을 고려해야 한다.

⑦ 책임성: 암호서비스를 제공하는 개인과 기관의 책임은 계약에 의하든 또는 법률에 의하든 간에 암호키의 보유나 접근에 대하여 명확히 해야 한다.

⑧ 국제적 협력: 정부는 통일적인 암호정책을 위하여 협력하여야 한다. 이러한 노력으로 정부는 암호정책의 이름으로 만들어지는 불공정한 무역의 장애물을 제거 또는 회피해야 한다.

인터넷을 통한 국가기관 등을 의한 직접 또는 간접적인 정보수집활동과 관련하여 개인의 사생활의 비밀 내지 프라이버시권의 침해 사례도 늘어나고 있다.

프라이버시권은 현대의 도시생활 가운데 볼 수 있는 바와 같이 밀접한 사회생활이나 복잡한 인간관계 중에 개인의 사생활이나 사적인 일의 간섭으로부터 개인을 보호할 이익 즉 타인으로부터 벗어난 자신의 사생활이 공개되지 않을 이익으로 미국에서 확립된 이론이다. 전통적인 프라이버시 권리는 혼자 내버려 둘 권리(a right to be let alone)이었으나, 오늘날은 컴퓨터의 발달과 사회에의 보급에 발맞추어 민간단체나 정부기관에 의해 대량의 개인정보가 수집, 집적, 가공, 전달되는 것이 가능하게 되어 1960년대 후반부터 미국에서는 개인의 정보가 남용될 위험성이 인식되어 종래의 혼자 내버려 둘 권리라는 개념으로 대응할 수 없어 프라이버시권 개념은 새롭게 정립되었는 바, 이는 자기에 관한 정보를 통제할 권리로 이해하게 되었다. 즉 프라이버시권은 개인, 단체 등은 자신에 관한 정보를 언제, 어떻게 또 어느 정도 전달할 것인가에 관하여 스스로 결정할 수 있는 권리를 말한다.

사생활의 보호는 인간의 존엄과 가치에 비롯되는 인격권의 본질적 내용으로서 이해되어 왔다. 이에 따라 개별적 기본권으로서의 사생활은 주거생활의 평온(안전)이나 통신의 안전 정도가 고전적인 사생활의 보호영역으로 인식되어 왔다. 그러나 현대적인 정보화 사회의 진전에 따라 개인의 프라이버시 보호의 중요성이 대두되면서, 1980년 한국헌법에서도 사생활의 비밀과 자유를 개별적인 기본권으로서 규정하기에 이르렀다.

종래 표현의 자유, 특히 언론의 자유는 개인의 언론의 자유보다는 오히려 언론기관의 보도의 자유적인 측면이 강하였으나, 이제 인터넷 시대에 있어서는 개인에 의한 표현의 자유의 남용이 심각한 문제로 제기되고 있다.

인터넷 분야에서 프라이버시(privacy)는 상당히 많은 관심을 끌고 있다. 인터넷상에서 공개될 수 있는 개인적인 데이터로서 이용자가 제공한 데이터

(성명, 전자우편의 주소, 사회보장번호, 신용카드번호 등), 이용자가 웹사이트를 방문한 기록에 관한 정보(검색한 웹사이트, 구매한 내용, 검색한 광고 등), 쿠키(cookies, 이용자가 최근에 방문한 웹사이트에 기초하여 이용자가 선호하는 웹사이트의 기록) 등을 들 수 있다.

특히 인터넷상에서 야기되는 사생활보호에 관한 한, 무한대적인 정보의 유통에 비하면 그 규제는 사실상 불가능한 실정이다. 설사 그 규제가 국내법적인 차원에서 정립된다고 하더라도 국경을 초월하는 인터넷의 특성상 아무런 의미도 갖지 못할 우려가 있다. 여기에 국내법적인 규제가 갖는 한계가 있다. 비록 국내법적으로 규제를 가하려고 하더라도 그것은 자칫 표현의 자유에 대한 검열의 성격을 지울 수가 없다. 그런데 사전검열은 헌법상 금지되어 있을 뿐만 아니라, 실제로 사전검열은 행하는 것 자체가 기술적으로 불가능하다. 결국 그 규제는 사후적인 것에 불과할 것이나, 그 규제는 즉각적으로 또 다른 사이트로 이행하게 되어 전파 속도나 위력에 비추어 본다면 실정법적인 규제는 초보적인 수준에 머무를 수밖에 없게 되기 때문에 그 규제는 자연히 비법적인 방법으로 이행할 수밖에 없게 된다. 비법적인 방법으로서의 규제는 처벌이라는 국가적 규제의 차원보다는 그 규제를 수용함으로써 오히려 실질적으로 정보를 보유, 관리, 처리하는 기업이나 당사자에게 혜택이 돌아갈 수 있도록 지원과 권장의 형태로 나아가는 것이 바람직한 방향일 것이다.

V. 국제규범과 재판관할권

어떠한 국가의 법원이 재판관할권을 갖느냐는 피고에 대한 인적관할권이 없는 법원의 판결은 무효라는 점에서 대단히 중요한 문제라 할 수 있다.

불법복사 프로그램이 A국에서 올려져 B, C, 및 D국에서 다운로드 받았다면 다국적 인터넷 해적행위가 발생하였다고 할 수 있다. 이 경우 어느 국가의 법률이 적용되는가 또한 국제조약이 어떠한 역할을 할 수 있는가가 문제가 된다.

결론적으로 말해 현재로서는 모든 인터넷을 통한 도용행위에 대해 단일의 법제가 적용되지 아니한다. 국제저작권법의 지배적 원칙의 하나가 영토성(territoriality)이기 때문이다. 각각 자신의 영토상의 경계를 가지는 다수의 법제가 존재하며, 이 문제를 심리할 세계저작권 법원이나 적용할 국제저작권법도 존재하지 아니한다. Berne Convention, Universal Copyright Convention 및 GATT, TRIPs 협정은 저작권 보호의 최소기준 및 외국인에 대한 내국민대우를 요구하고 있다.

미국에서는 외국의 법원이 관할권을 행사할 수 있는지의 여부를 결정함에 있어서는 "예측가능성"(foreseeability)을 결정적인 고려요소로 하고 있다. 이러한 예측가능성이라 함은 피고가 그 행위의 성격 및 법정지국과의 연관성으로 보아 그 국가의 법원에서 재판을 받게 될 것임을 당연히 예상할 수 있어야 함을 의미한다. 미국의 연방대법원은 개인이 특정한 행위가 외국의 관할권에 속할 수 있다는 정당한 경고(fair warning)를 받아야 한다는 요건에 대해 "법원은 응소하지 아니하는 밖의 피고에 대한 관할권을 행사하고자 하는 경우, 당해 피고가 법정지의 어떤 거주자를 대상으로 특정한 목적으로(purposefully) 자신의 활동을 수행하였고 또한 소송이 그러한 활동으로부터 발생한 또는 그와 관련된 문제의 피해로 인해 제기된 것이라면 상기의 정당한 경고 요건은 충족된 것이다"라고 판시한 바 있다.

1990년대에는 유럽연합내에서도 일련의 칙령(Directive)을 통한 회원국의 저작권법의 조화정책에 의하여 기준통합을 위한 보다 근본적인 조치들이 취하여졌다. 인터넷의 범세계적인 성격은 저작권 문제에 대해서 국내적 대응만으로는 불충분하며 국가간 통합접근방법(convergent approach)이 필요하다는 것이 강조되고 있다. 그러나 기본 개념들에 대한 뿌리깊은 차이가 국제적 논의에 영향을 주어 때로는 타협을 어렵게 만들고 있다.

Ⅵ. 결 어

인터넷은 이미 초창기부터 자유롭고 자율적인 가상공간을 형성해 왔다. 하지만 오늘날과 같이 인터넷이 급격하게 발전하고 그 이용도 보편화되고 있는 경우에는, 결국 현실세계의 규범을 그대로 적용할 것인가 아니면 가상공간 나름대로의 규범을 인정할 것인가의 문제가 제기되지 않을 수 없게 된다.

사이버 공간이 현실세계와 만나게 될 때, 다음과 같은 네 가지 이유로 '본질적인 긴장관계(essential tension)'가 형성될 수 있다. 첫째, 기술적인 이유이다. 즉 컴퓨터와 네트워크 기술이 분야에서 발전은 종종 현실세계가 따라가지 못하므로 가상공간에 대한 현실세계의 규제는 항상 한계를 가질 수밖에 없고 또한 두 세계간의 충돌은 피할 수 없다. 둘째, 미디어의 특성이다. 즉 인터넷의 탈중앙통제성, 공개성, 접근의 용이성, 다양성이라는 특성 때문에, 사이버공간은 광범위한 정부의 규제를 받아 온 방송매체와 비교해 볼 때 상당한 정도의 자유를 그 전제로 깔고 있다. 셋째, 사이버 공간의 자유정신(liberal spirit)이다. 즉 사이버 공간에서의 모든 행동의 주된 목적은 애초부터 자유로운 표현과 사상 및 정보의 자유로운 교환에 있었기 때문에, 이러한 자유정신이 제대로 실현되지 못하는 현실세계와 사이버 공간이 상호작용하는 경우에는 긴장관계가 발생할 수밖에 없다. 넷째, 경제적인 이유이다. 수익성이 뛰어난 사이버공간의 새로운 기술의 개발과 발전은 더욱 광범위한 자유의 여지를 보장할 것을 요구한다.

사이버 공간과 현실세계간에 발생하는 이와 같은 '본질적인' 긴장관계를 인정한다면, 우리는 결국 이러한 긴장관계를 어떠한 방식으로 해소할 것인가를 고민할 수밖에 없다. 여기서 제기되는 문제가 바로 자율규제와 국가에 의한 규제의 문제이다.

앞에서 살펴 본 바와 같이 일단 사이버 공간에 대해서는 자율규제를 강조하는 견해가 지배적인 것으로 보인다. 그리고 그 논거들도 다양하게 제기되고 있음을 볼 수 있다. 첫째, 그 형성 및 발전과정에서 자유롭고도 자율적인 행위를 위한 공간으로서 자리잡아 온 사이버 공간의 성격이, 일정 정도의 독립성과 자율성 보장의 근거로 제기된다. 둘째, 기술적인 이유도 하나의 논거로 제시되고 있다. 즉 기술적으로 표현자의 익명성이 보장됨으로써, 표현행위자의 추적 및 확정이 사실상 거의 불가능함은 물론 증거확보도 매우 곤란하다는 이유 등이 제시되고 있다. 이러한 자율규제의 논거 이외에도 시기(時機)상의 문제로 국가에 의한 규제의 신중론을 펴는 견해도 있다.

이상의 견해들은 사이버 공간의 자율성을 보장하기 위한 논거들로서 나름대로의 의의를 가지고 있는 것으로 평가된다. 하지만 이상의 논거들 이외에 표현의 자유가 추구하는 가치의 맥락에서도 사이버 공간에서의 자율규제의 강화는 여타의 영역이나 언론매체에서보다 더욱 요청되고 있다고 생각된다. 왜냐하면 인터넷의 특성인 탈중앙통제성, 개방성, 접근의 용이성, 다양성이 바로 표현의 자유가 추구하는 가치와 이념에 가장 근접하고 있기 때문이다.

그러나 인터넷은 그 역사가 대단히 짧아 이에 관한 국내법이 등장한 것도 최근 일이며, 얼마 전까지도 인터넷은 법으로부터 자유로운 지대(law-free zone)라고 생각하는 경향이 있었다. 현재도 인터넷이나 사이버 공간에 대한 정의는 충분하지 아니하며, 이 분야의 법이 형성되고 있는 추이라고 보아야 할 것이다.

참고문헌

김경희(2000). 『인터넷상의 표현의 자유와 업적 통제에 관한 연구』. 강원대 대학원 석사학위논문.

김용섭(2000). 인터넷과 행정법상의 과제. 『법제연구』 제18호. 한국법제연구원.

문준조(2000). 인터넷과 국제법상의 과제. 『법제연구』 제18호. 한국법제연구원.

박선영(2000). 가상공간에서의 표현의 자유: 인터넷을 중심으로. 『사이버커뮤니케이션학보』 제6호, 사이버커뮤니케이션학회.

배대헌(2000). 인터넷과 민사법상의 과제. 『법제연구』 제18호. 한국법제연구원.

방석호. 사이버 스페이스에서의 검열과 내용규제. 『사이버커뮤니케이션학보』. 제3호, 사이버커뮤니케이션학회.

______(1999). 인터넷 내용물 규제와 청소년보호법. 『사이버커뮤니케이션학보』 통권 제1호. 사이버커뮤니케이션학회.

성낙인(2001). 인터넷과 헌법상의 과제. 『법제연구』 제18호. 한국법제연구원.

성동규(1999). 인터넷 포르노그라피 규제방안. 언론연구 96-Ⅱ. 언론연구원.

안동근(1998). 인터넷과 정보내용규제. 정보법학회 제10회 세미나.

안용모(1996). 표현의 자유화 음란성과의 관계. 『건국대학교 학술지』 제10집.

오택섭(1997). 인터넷 연구의 영역과 현황 및 과제. 『사이버커뮤니케이션 학보』 통권 제 1호, 사이버커뮤니케이션학회.

유의선, 우지숙, 권헌영, 강준모(1998. 12.). 『온라인상의 불건전정보 규제방안』. 정보통신정책연구원.

윤영철(1997). 사이버 공간에서의 표현의 자유와 명예훼손. 『언론중재』 1997년 겨울호. 언론중재위원회.

이대희(2001). 『미국의 인터넷 법제에 대한 고찰』. 한국법제연구원.

현대호(2001). 『인터넷상의 정보보호에 관한 법제연구』. 한국법제연구원.

황성기. 인터넷에서의 표현의 자유 -내용적 규례의 정당성 문제를 중심으로, 『사이버커뮤니케이션학보』 제3호. 사이버커뮤니케이션학회.

Fred H. Cate(1998). *The Internet and the First Amendment.* Phi Delta Kappa Educational Foundation.

Jan Samoriski(2002). *Issues in cyberspace,* Allyn and Bacon.

Lawrence Lessing(1999). *Code and other Laws of Cyberspace.* A member of the Perseus Books Group.

Richard A. Spinello & Herman T. Tavani(2001). *Readings in Cyberthics,* Jones & Bartlett publishers.

Robert S. Peck(2000). *The First Amendment and Cyberspace,* American Library Association.

Stuart Bigel(2001). *Beyond Our Control?.* The MIT press.

제16장
인터넷 비판*

박 천 일**

많은 사람들은 디지털 사이버 공간을 원하는 모든 커뮤니케이션이 가능한 유토피아의 왕국이라고 생각한다. 이러한 환상적인 관점에서는 사이버 공간이 국민 참여가 더욱 확대되는 열린 민주주의 사회를 만들어가는 데 있어 그 핵심은 인터넷에 있다는 것이 인터넷 옹호론자들의 일반적인 주장이다. 즉, 사이버 공간이 참여에 기본을 두고 각 개인을 연결하는 데 있어 인터넷이 기본 요체라는 설명이다. 인터넷은 상업적이지 않은 커뮤니케이션 영역이자 열려있는 전세계적인 공유지이며, 정보의 내용과 정보전달의 측면에서 경제적 가치가 매우 높은 커뮤니케이션 광장으로 평가된다. 이러한 인터넷 속에서 네티즌들은 민주주의의 르네상스를 경험하게 되며, 공중들의 담론을 꽃피우게 되며, 공개적인 의견표명의 수단을 찾지 못했던 수백만 사람들의 목소리를 들을 수 있게 된다는 것이다.

그러나 문제는 누가 이러한 유토피아의 왕국을 이끌어가는가 하는 것이다. 네트 이용자인 우리들은 우리의 창조적인 목적을 위해 인터넷을 이용하며 유토피아에서 행복할 수 있다고 가정하는 경향이 있다. 그러나 이러한 유토피아적 환상을 설계하는 다른 종류의 사람들이 있다. 네트 이용자들은 인터넷을 이용하는 데 있어 시간당 겨우 몇 푼의 돈을 낼 뿐이며 이용하는 주파수대역 또한 아주 미미할 뿐이다. 그러나 미디어 산업은 이메일이나 웹 사이트 검색

---

*본 글은 삼성언론재단의 언론학자 해외연수 지원에 의해 쓰여졌습니다.

**숙명여대 정보방송학과 교수

보다 이용건당 엄청나게 높은 부가가치를 만들어 내는 기존의 거대한 통화량을 사이버 공간으로 가져갈 수 있으며 주파수대역 또한 거대한 용량을 차지하게 된다. 우리 이용자들은 이용건당 상품가격을 지불하려 하지만, 미디어 산업은 그들이 필요로 하는 것은 무엇이든지간에 지불하고 사려고 한다. 순전히 경제적인 관점에서 보면, 미디어 산업의 관심사는 사이버 공간에 있는 도로의 규칙을 지배하려는 데 있다.

이런 측면에서 미디어 산업이 더욱 독점화, 민영화, 그리고 상업화되는 추세속에서 인터넷이 민주주의를 더욱 신장할 수 있는지에 대한 회의적인 시각이 팽배해지고 있다. 즉, 인터넷의 상업화는 더 이상 사이버 공간을 공공의 영역으로 남겨두지 않고, 대안 매체로서도 기능을 할 수 없게 만든다는 비판이다. 본 장에서는 사이버 공간과 민주주의의 발전가능성에 대해 비관적인 시각에서 인터넷을 비판한다. 이와 함께 인터넷의 보급확대로 인해 나타나는 디지털 격차와 인간소외 등의 문제를 지적한다

Ⅰ. 매스미디어 산업 통제하의 인터넷: 미국의 사례

미국의 매스미디어 산업체계는 독점적 모델이다. 1996년 6월 3일 내이션(Nation)지가 발표한 미국의 뉴스와 오락산업 현황을 보면, 지이(GE), 타임워너(Time-Warner), 디즈니-캡-시티즈(Disney-Cap-Cities) 그리고 웨스팅하우스(Westinghouse) 등 네 개의 미디어기업이 헤게모니를 잡고 있는 것으로 나타났다. 이들 메이저 회사들은 각각 수직적으로 잘 통합되어 있으며, 프로그램 제작시설 및 콘텐츠를 소유하고 있을 뿐만 아니라, 배급체계와 라디오 및 텔레비전 방송국 그리고 위성방송, 케이블 TV 그리고 극장 체인까지도 장악하고 있다. 타임워너와 디즈니는 독보적인 미디어 기업이라고 할 수 있으나, 지이와 웨스팅하우스 소유의 미디어기업은 부수적인 비즈니스라고 할 수 있다. 이 두 기업은 원자력발전소와 전투기 제조산업에서부터 보험과 의료장비 산업에 이르기까지 사업영역이 다양하다. 따라서 이들 기업의 방송정책은 미디어 기업의 이윤추구뿐만 아니라 다른 것을 소유한 기업들의 이윤확대도 동

등하게 반영하고 있다. 요컨대, 매스미디어가 제공하는 정보나 내용은 소유주의 관심사를 그대로 반영하게 된다. 예컨대, NBC의 경우 지이가 소유한 원자력발전소의 안전문제라든가 정부와의 협상과 관련된 부정부패 등의 문제는 보도하지 않는다. 인터넷 그 자체는 망을 통해 모든 사람의 생각을 충분히 공유할 수 있으나, 매스미디어에서의 토론은 소유주의 세계관을 체계적이고 협소하게 반영할 뿐이다.

이러한 미국의 독점적이고 민영화된 매스미디어 산업체계에서 네트워크는 완전히 상업화된 프로그램 제작자이고 배급자이며 소유자이다. 이런 현실 속에서 매스미디어는 결코 건전한 여론을 형성하지 못하며, 교육적이지도 못하고, 궁극적으로는 민주주의에 기여하지 못하고 있다. 매스미디어는 상업화된 기업의 상품을 소비자에게 팔려고 전달할 뿐이며, 여론을 조작하려고 할 뿐이다. 매스미디어의 소유권을 논하거나 기업 광고주의 부가적인 영향력을 고려한다면, 매스미디어의 내용은 뉴스뿐만 아니라 오락프로그램까지도 기업의 관심사에 우호적인 세계관을 반영한다는 것은 놀라운 사실이 아니다.

따라서 이러한 매스미디어는 사이버 공간도 상품 배급체계의 일환으로 간주할 뿐이며 여론 통제의 수단으로 활용할 뿐이다. 2000년대에 들어 미디어 기업들이 인터넷 영역에 진출하고, 매스미디어와 인터넷의 통합이 가속화되는 시점에서 이제 인터넷은 더 이상 공공의 영역에 남아 있는 것이 아니라 상업화되고 미디어 기업의 이윤극대화의 도구로 활용될 뿐이다. 이런 관점에서 보면 네티즌은 민주주의의 참여자가 아니라 소비자일 뿐이다. 온라인 토론 또한 단지 새로운 종류의 미디어 상품일 뿐이다.

Ⅱ. 매스미디어와 인터넷의 통합

비즈니스 위크가 발행한 2000년 산업전망에 따르면, 인터넷은 미디어 산업부분에서 가장 빠르게 성장하는 분야이다. 컴퓨터와 전화 네트워크의 가격이 급속히 하락함에 따라, 보다 많은 사람들이 매출액을 높이는 중요한 원천으로 인터넷을 연결, 이용하고 있다.

인터넷과 텔레비전간의 통합에 따라, 미디어 기업들은 뉴 미디어를 포함하는 새로운 전략을 개발하고 있다. 예컨대, 1998년 미국에서 판매부수가 가장 많은 텔레비전 안내 잡지인 뉴스 코퍼레이션의 'TV 가이드'는 전자 및 쌍방향 프로그램 안내 제공업자인 'United Video Satellite'와의 협상아래 멀티플랫폼에 걸쳐 작동하는 선도적인 텔레비전 뉴스 및 프로그램 안내 서비스를 개시했다. 조만간, TV가이드 채널은 기존의 인터넷검색 엔진과 같은 포털사이트가 될 것이다. 뉴스 코퍼레이션의 미국 뉴 미디어 사업부문인 'News America Digital Publishing'은 고속 인터넷서비스를 운영하면서, 이를 통해 폭스 뉴스와 스포츠 콘텐츠를 제공하고 있다. 또한 소비자의 정보를 담고 있는 데이터 베이스를 개발해 책과 비디오 그리고 기타 상품 등을 인터넷을 통해 판매하는 이-커머스(e-commerce)도 개시했다.

아메리칸 온라인[1]과 타임 워너의 합병으로 약 3천 5백억불의 가치가 되는 거대한 인터넷-베이스 미디어 기업의 창출은 인터넷의 상업적 잠재력을 잘 보여주고 있다. 뉴 밀레니엄이 시작한 지 몇 주 지나지 않아 이루어진 이 합병은 텔레비전, 영화, 라디오, 출판 그리고 컴퓨터가 하나로 접근가능한 미디어로 통합되는 커뮤니케이션의 새로운 단계로서 인터넷의 시대가 열린 것을 의미한다. 올드 미디어와 뉴 미디어의 합병으로, AOL은 타임 워너의 거대한 케이블 네트워크를 통해 인터넷 가입자 서비스를 제공하게 되었으며, 타임 워너는 AOL의 소비자를 다양한 미디어 상품의 새로운 소비자로 얻게 되었다. 예컨대, 워너 브라더스 영화들은 AOL의 2천만 가입자들에게 프로모션되고 있다.

인터넷 이용자의 수가 급증함에 따라 모든 메이저 미디어 기업들은 온라인을 장악하기 위해 치열한 경쟁을 펼치고 있다. 이런 가운데 AOL과 타임워너의 합병은 그들의 자원을 공유함에 따라 사이버 세계를 지배할 수 있게 되었으며, 미디어, 오락 그리고 인터넷 액세스 비즈니스 사업에 있어 경쟁자들

1) 아메리칸 온라인은 1985년에 설립된 세계에서 가장 큰 인터넷 회사로서, 주식가치가 1996년 50억불에서 2000년 1천6백4십억불로 치솟았다. AOL은 CompuServe와 Netscape 등의 다른 잘 알려진 인터넷 서비스 제공업자도 소유하고 있으면서, 연인들을 위한 온라인채팅룸을 설치, 운영하면서 더욱 유명해졌다. 한편, 'You' ve got mail!' 이라는 용어를 창출하였는데, 이는 후에 사이버 공간에서 사랑을 꽃피우는 헐리우드 영화의 제목이 되기도 하였다.

의 시장 점유율을 잠식하게 되었다.

세계의 메이저 미디어 기업들은 멀티 미디어 환경속에서 인터넷을 이용함으로써 신문출판, 방송 그리고 온라인간의 상호 촉진을 통한 시너지를 극대화할 수 있을 것으로 전망한다. 예컨대, BBC 온라인은 전 세계에 걸쳐 이-커머스 매출액을 높이기 위해 BBC의 상표를 최대한 이용하고 있으며, BBC 월드 서비스는 12개의 언어로 운영되는 쌍방향의 웹사이트로 발전시킨다는 계획 아래 온라인 서비스를 꾸준히 확장하고 있다. BBC의 첫 쌍방향 프로그램인 'Talking Point'는 인터넷과 라디오 수용자들을 함께 생방송으로 토론에 참여시킴으로써 전세계적으로 인기를 더해가고 있다.

월드와이드웹(WWW)의 보편화와 함께, 미국 대부분의 메이저 신문사들은 웹판을 이미 띄우고 있으며, 모든 방송사들도 인터넷상으로 프로그램을 보내고 있다. 초기에는 이런 형태가 메인 신문과 잡지의 보조적인 형태였으나, 현재는 독립적인 형태로 중요하게 운영되고 있다. 아직은 월스트리트저널을 제외하고는 웹신문이 이윤을 추구하지 못하고 있으나, 이러한 독립적 현상은 2000년까지 미국뿐만 아니라 전세계에 걸쳐 아주 보편적인 것으로 자리를 잡게 되었으며, 미디어 기업의 통합적 부문이 되었다.

한편, CNN과 같은 메이저 미디어 기업도 온라인 저널리즘에 박차를 가하고 있다. 예컨대, CNN Interactive는 2000년 11개의 웹 사이트를 설치했다: CNN.com, CNNSI.com, CNN과 Sport Illustrated 스포츠뉴스 웹 사이트, CNNfn.com, CNN Financial News 단위, AllPolitics.com, 그리고 Time과 Congressional Quarterly, Custome News와 함께 운영하는 US정치 웹 사이트, Oracle과 함께 운영하는 CNN개인뉴스 상품, 그리고 스웨덴, 스페인, 포르투갈, 노르웨이, 덴마크, 이태리판 CNN 웹 사이트 등이다.

이와 같이 인터넷이 미디어 산업에 급속히 통합되면서 인터넷도 미디어 기업의 상업적 이윤 추구 도구로 전락하고 있다.

Ⅲ. 글로벌리즘과 매스미디어 그리고 인터넷

오늘날 신자유주의 글로벌리즘의 세계속에서 경제적 엘리트들은 그 주도적 지배권을 더욱 확대해가고 있다. 엘리트들이 갖는 권력과 소유권의 대표적 수단은 초국적 기업[2)]이며 탈규제와 민영화, 점점 더 낮아지는 기업에 대한 세금 그리고 자유무역주의로 특징지워지는 글로벌리즘이다. 이러한 추세속에서 권력의 힘은 국가에서 초국적 기업으로 급진적으로 이동하고 있으며, 시민들은 이러한 변화에 대해 아무런 영향을 미치지 못하고 있다. 예컨대, 과거에는 주권국가의 관할영역이었던 경제정책 입안은 이제 WTO와 IMF 그리고 다른 얼굴을 알 수 없는 위원회로 넘겨진 상태이며, 이들 국제기구들은 바로 초국적 기업들에 의해 완전히 지배되고 있는 실정이다. 이런 경제적 주권의 이양은 제 3 세계에서 더욱 급진적으로 이루어지고 있는데, IMF는 이들 국가의 경제, 회계, 그리고 사회정책의 세세한 부분까지도 그 지배를 넓히고 있다. 요컨대, 글로벌리즘은 글로벌 경제적 엘리트들에 의한 일종의 쿠데타라고 할 수 있다.

글로벌리즘 세계속에서 미디어 그 자체도 이미 세계화되어가고 있고, 집중화되고 있다. 인터넷이 그러하듯이 오늘날 매스 미디어 산업도 전세계적인 커뮤니케이션 네트워크를 구축하고 있으며, 외견상 무한정한 정보접근을 가능하게 하고 있다. 그러나 인터넷과 매스미디어간에는 이러한 유사사성에도 불구하고 근본적인 차이가 있는데, 인터넷은 비상업적이라는 데 반해 매스 미디어는 완전히 상업화되어 있으며 그것이 더욱 확대되고 있다는 점이다. 따라서 글로벌리즘에 대한 선전은 매스 미디어의 가장 중요한 상품중의 하나가 되었으며, 글로벌리즘은 미디어 선전의 위력을 더욱 확대하고 있다.

그러나 인터넷이 초국적 기업의 국제광고와 미디어 기업의 글로벌리즘 최전방 도구로서 이용되면서, 인터넷 국제광고시장이 확대되고 있다. 미국의

2) 1973년에서 1993년 기간 동안 선진국에서의 초국적 기업의 수는 7천개에서 2만 6천개로 증가하였다. 1998년 자료에 따르면 세계 100대 비은행계 초국적기업들은 1조 4천억달러의 외국자산을 소유하고 있는 것으로 나타났다.

〈표 1〉 인터넷 국제광고시장의 매출액 전망 (백만불)

지 역	1998	1999	2000	2001	2002
북 미	1,300	2,340	3,995	5,425	7,890
유 럽	105	235	525	1,050	1,840
아시아-태평양	80	130	250	475	815
남 미	20	45	110	230	420
전체 미디어광고 중의 퍼센트	0.1	0.2	0.4	0.7	1.1

출처: Forrester Research의 자료

경우, 1999년 인터넷 광고매출액은 미디어 국제광고시장 전체에서 단지 0.2%만을 기록해 매우 적은 양을 차지했지만, 인터넷의 급속한 상업화와 소비자들 사이의 이용확대는 광고미디어로서 그 영역을 넓혀가고 있다.

이런 시각에서 보면, 사이버 공간도 매스미디어 상품을 위한 전세계적인 전달수단에 불과하고, 민주주의 이상을 실현하기보다는 보다 정교한 여론조작의 전달수단일 뿐이다. 요컨대, 사이버 공간은 매스미디어 산업을 위한 궁극적인 상업적 전달 채널이자, 궁극적으로 글로벌리즘하에서 일부 경제적 엘리트를 위한 이상적인 권력 도구일 뿐인 것이다.

Ⅳ. 마이크로소프트의 독점 심화

미국의 마이크로소프트사는 전세계 컴퓨터 소프트웨어 산업을 거의 지배하고 있다. 19세기 전세계의 단일 통화를 꿈꾸던 식민지 무역업자들처럼, 마이크로소프트는 전세계에 걸쳐 공통의 컴퓨터 언어를 창조해나가고 있다. 1998년의 경우, 전세계 컴퓨터의 90퍼센트가 마이크로소프트의 오피스 응용프로그램을 이용하고, 88퍼센트가 같은 회사의 컴퓨터 작동프로그램을, 그리고 44%가 마이크로소프트의 인터넷 브라우저를 이용했다. 이에 따라 마이크로소프트사의 매출액도 매년 기하급수적으로 증가하고 있다. 1975년 출범당시 1만6천5불이었던 매출액은 1986년 1억9천7백5십만불을 돌파하고, 1999년에는 1백9십7억불을 기록했다. 1990년대초반부터 영향력이 커지자 미국 연방무역위원회(US Federal Trade Commission)와 유럽연합은 마이크로소프트의 컴퓨터 시장 독점에 대해 조사하기 시작했다. 미국과 유럽 위원회의 시장 독점 조사는 마이크로소프트사로 하여금 그들의 시장전략을 재고하게 하였고, 결국 1994년 컴퓨터 제조회사와의 협정을 개정하게끔 하여, 다른 소프트웨어 제조회사들에 대한 제한을 풀었다. 이 결과, 1995년 미국과 유럽의 1차 반독점 조사는 일단락되었다. 이후 1995년 개인재정소프트웨어 제조회사인 Intuit를 인수하려던 협상이 컴퓨터 산업의 경쟁을 저해한다는 이유로 미국 법무부로부터 금지당하기도 했다.

그러나 마이크로소프트는 1996년 'Slate' 서비스를 개시, 사이버매거진을 출범시킨 첫 메이저회사가 되었으며, 같은 해 NBC와 함께 24시간 뉴스 네트워크인 MSNBC를 출범시켰다. 1998년 Slate는 이코노미스트와 르몽드의 내용을 포함해 뉴욕타임즈의 글로벌뉴스배급서비스와 손잡고, 세계 최초의 인터넷 베이스 매거진이 되었다. 저널리즘의 영역에 마이크로소프트의 진입은 기존 미디어 기업에게는 커다란 위협이 되었다. 뿐만 아니라, 마이크로소프트사는 IBM, Intel, Apple 등과 같은 경쟁업체를 그들의 소프트웨어 영향력으로 억누른다는 비판을 받으면서, 1997년 미국 법무부에 의해 다시 제소를 당하기도 했다. 1995년에는 라이벌 Netscape에 대항하기 위해 인터넷상의 네비게이션 도구인 인터넷 브라우저 '인터넷 익스플로러'(Internet Explorer)를 발표하여 발표 며칠만에 1백만부를 돌파하기도 하였다. 1997년에는 텔레비전을 통해 인터넷을 액세스할 수 있는 WebTV사를 인수했으며, 2000년 2월 윈도우 2000을 출간, 컴퓨터 소프트웨어의 표준을 계속 구가하고 있다. 현재 마이크로소프트사의 최대 관심사는 비즈니스 환경속에서 모바일 전화와 위성을 이용해 인터넷에 액세스되는 이-커머스에 있다.

마이크로소프트의 독점에 관한 문제와 이에 따른 소송은 아직도 끊이지 않고 계속되고 있다. 독점을 해결하는 궁극적인 논의는 과거 AT&T 분할과 같은 마이크로소프트사의 분할에 초점이 모아지고 있다. 그러나 그 전까지는 빌

〈표 2〉 마이크로 소프트사의 독점소송 일지 : 1998-2001

연 도	주요 내용
1998. 5. 18	미 법무부와 20개주가 넷스케이프 등을 포함해 경쟁사와의 공정경쟁을 저해하는 마켓 파워를 남용한다는 이유로 마이크로소프트사를 제소함.
1998. 9. 22	넷스케이프사가 마이크로소프트사의 인터넷 익스플로러에 브라우저 시장의 선두 자리를 빼앗겼다고 마케팅 조사기관이 발표함.
1998. 10. 19	1차 소송이 열림.
1998. 11. 17	소송을 제기한 20개중 사우스 캐롤라이나주는 인터넷 시장에 충분한 경쟁이 있다는 이유로 마이크로소프트사에 대한 독점소송을 취하함.
1999. 2. 26	1차 휴정에 들어감.
1999. 3. 4	마이크로소프트의 본사가 있는 워싱턴주의 공화당 상원의원인 Slade Gorton은 법무부가 월권행위를 하고 있다며, 자기 선거구 유권자에 대한 소송을 취하할 것을 제기함.
1999. 3. 30	양쪽 진영의 변호사가 협상을 벌임.
1999. 6. 1	2차 소송이 열림.
1999. 11. 5	Thomas Penfield Jackson판사는 마이크로소프트사가 독점권력을 행사하고 있으며, 소비자와 경쟁회사 및 다른 기업에까지 피해를 입히고 있다는 내용의 판결을 발표함.
1999. 11. 30	Richard Posner판사의 중재아래 양쪽 진영의 협상이 시작됨.
2000. 1. 19	Jackson판사의 판결에 대해 마이크로소프트사는 폭넓은 경쟁이 마이크로소프트사로 하여금 독점력을 갖게 하지 못하고 있다는 내용의 공식 입장을 표명함.
2000. 2. 1.	마이크로소프트사는 AOL의 타임워너 합병 사례를 들며 소송의 철회를 제기함.
2000. 4. 1	법원은 Richard Posner판사의 중재노력을 중단하기로 결정함.
2000. 4. 28	정부측 변호사는 마이크로소프트사가 반독점법을 위배한 벌칙으로 기업분할을 할 것을 제기하는 제안서를 Jackson판사에게 제출함.
2000. 6. 7	Jackson판사는 마이크로소프트사를 2개 기업으로 분할할 것으로 판결함.
2000. 9. 26	대법원은 마이크로소프트사의 항소심을 기각함.
2001. 2. 27	연방법원은 Jackson판사의 결정에 대한 마이크로소프트사의 항소심을 수락함.
2001. 6. 28	연방법원은 마이크로소프트사의 분할명령을 철회함.
2001. 9. 6	미 법무부는 마이크로소프트사의 분할노력은 더 이상 없을 것이라고 발표함.

게이츠의 '거칠 것 없는 자본주의'(frictionless capitalism)는 계속될 것이다. 이는 인터넷이 정보의 자유유통을 촉진하는 뉴 미디어에서 상업적 거래의 자유 유통을 촉진하는 상업적 미디어로서 그 위상을 더욱 넓혀가고, 일부 경제적 엘리트와 초국적 기업의 권력을 확대하는 데 최전선의 미디어로 이용되는 것을 의미하는 것이다.

Ⅴ. 사이버 공간과 민주주의의 미래

매스미디어 산업의 궁극적인 방향은 큰 미디어산업체들간의 인수합병이후에 수직적으로 완전히 통합된 미디어 기업에 의해 지배를 받는 단 하나의 거대한 매스 커뮤니케이션 산업을 구축하는 데 있다. 규제(regulation)는 글로벌리스트의 패러다임과 일치해서 사이버 공간을 지배할 것이다. 그 규제는 거대한 메이저 미디어 기업들에 의한, 그리고 메이저 미디어 기업들을 위한 규제가 될 것이다. 메이저 미디어 기업들은 서로 경쟁을 할 것이나, 그 경쟁은 콘텐츠 — 가장 잘 팔리는 상품을 제공하려는 데 목적이 있음 — 와 커버리지 — 그들의 마케팅 영역을 확장하려는 데 목적이 있음 — 에 초점을 둘 것이다. 소비자(consumer)로서 우리는 이들의 경쟁이 더욱 흥을 돋우는 오락을 가져다 주기 때문에 이득을 얻을 수 있지만, 시민(citizens)으로서 우리는 오락과 정보의 범위와 메시지가 미디어 기업의 관심사에 의해 제한되고 조절되기 때문에 형편없이 대접을 받게 될 것이다. 이러한 전망은 민주주의와 사이버 공간 모두를 암울하게 만들고 있다. 사이버 공간 그 자체는 기존의 많은 테크놀로지가 그랬던 것처럼 문제해결의 방책이 아니라 문제를 야기하는 테크놀로지로 전락하게 될 것이다. 예컨대, 인터넷의 여론공론화와 관련해 살펴보면, 서방국가와는 달리 많은 제 3 세계 국가에서는 프라이버시에 관한 법률이 존재하지 않거나, 매우 엄격하게 적용되고 있다. 바로 이런 법제의 부재는 권위적인 정부가 이메일의 통화를 일일이 검색하게 하는 것을 용이하게 하고 있다.

직접 민주주의를 추구하는 많은 네티즌들은 자체적으로 기술 인프라를 소유하고 있지도 않으며, 정책 결정에도 참여하지 못하고 있다. 기업과 일부

사회적 엘리트 그리고 정부만이 정부의 정책과 체계를 변화시킬 수 있을 뿐이다. 이런 관점에서 보면 전자 민주주의 — 전자 네트워킹을 이용한 보다 직접적인 민주주의 형태로서 대표민주주의를 극복하며, 정부의 정책을 결정함에 있어 네트워크를 이용한 국민투표 내지는 공식적인 온라인 토론장을 이용하는 형태 — 는 전망이 그리 밝지 못하다.

Ⅵ. 디지털 격차(Digital Divide)

2000년 당시 미국 대통령인 클린턴이 유니온 연설에서 디지털 격차 — 저소득층의 소수민족과 농촌지역 가구보다 고소득층의 가구가 인터넷 접근이 훨씬 높은 현상 — 문제가 국가적으로 더욱 심화되고 있다는 연설을 한 이후, 미국 정부는 민간기업과 지역단체들과 함께 전화서비스처럼 인터넷 접근을 보편화하기 위해 노력하고 있다. 미국 상무성이 발표한 자료에 따르면;

- 연간 수입이 약 7만5천불 이상되는 가구는 그 이하의 가구보다 인터넷 액세스가 약 20배이상 된다.
- 학력이 초등학교 졸업이하인 사람들 중 단지 6.6퍼센트만이 인터넷을 사용하고 있다.
- 농촌지역에서는 대학졸업의 학력소유자가가 초등학교 졸업의 학력소유자보다 컴퓨터 소유비율이 약 11배 높으며, 인터넷 액세스는 약 26배 높은 것으로 나타났다.
- 직장에서 일할 때, 대학졸업 이상의 학력소유자는 고등학교 졸업의 학력소유자보다 인터넷 액세스가 약 10배 더 높은 것으로 나타났다.

이런 통계자료는 결코 가볍게 넘길 수 없는데, 그 이유는 디지털 격차는 현재의 정보경제가 직면하고 있는 가장 중요한 국민 기본권 중의 하나이기 때문이다. 텔레커뮤니케이션 자체가 교육 및 재정 그리고 고용기회 등과 점점 더 깊게 맞물려 가기 때문에 그 액세스가 부족한 지역이나 사람들은 그만큼

사회에서 뒤쳐지게 된다. 인터넷은 이용자에게 새로운 기술과 새로운 시각, 새로운 자유, 그리고 심지어 새로운 목소리까지 부여하는 잠재력을 갖고 있지만, 인터넷에서 격리되어 있는 사람들은 주변부적인 삶에 더욱 몰리게 될 것이다.

그렇다면 디지털 격차는 본질적으로 액세스의 문제인가? 정보 테크놀로지에 접근할 수 있는 사람들과 그렇지 못한 사람들간의 차이는 점점 더 커지고 있다. 그래서 디지털 격차를 다룰 때는 우선 보다 많은 사람들이 인터넷 액세스를 할 수 있도록 하는 데 초점을 맞출 필요가 있다. 그러나 사람들에게 액세스 할 수 있도록 하는 것이 우리 지역사회와 학교에서 나타나는 다양한 문제들을 즉각적으로 해결하는 것은 아니다. 만약 그렇다면 모든 학생들은 A학점을 받을 것이며, 액세스할 수 있는 성인들은 모두 월급 많은 일자리를 얻고, 전도양양할 것이다. 이 문제는 그리 간단한 문제가 아니다. 테크놀로지에 대한 접근은 해결해야 할 많은 숙제 가운데 아주 작은 한 부분일 뿐이다. 여기 또다른 고려해야 할 사안들이 더 있다.

둘째, 디지털 격차는 콘텐츠에 관한 것이다. 인터넷의 가치는 인터넷이 담고 있는 콘텐츠와 직접적으로 연관이 있다. 만약 우리가 온라인상에서 발견할 수 있는 것이 포켓몬 장난감이라든가 포르노뿐이라면, 사람들을 인터넷에 액세스하게 하는 것이 그리 중요한 일이 되지 않을 것이다. 인터넷이 올바른 도구로서 이용될 때만이 우리들은 보다 다양한 목적으로 온라인 미디어를 이용하고 — 지식의 축적, 다양한 언어나 문화의 습득 등 —, 그 이점을 활용하게 될 것이다. 인터넷은 잠재적인 이용자 모두에게 진정한 가치가 있는 콘텐츠를 내포할 때만이 엘리트만을 위한 인터넷에서 벗어날 수 있을 것이다.

셋째, 디지털 격차는 읽고 쓰는 능력(literacy)에 관한 것이다. 1990년대 초반 시행된 미국 성인의 문맹에 관한 전국 설문조사에 따르면, 약 4천4백만의 성인이 — 4명중의 1명꼴 — 기능적으로 문맹이고, 다른 5천만의 성인은 부분적으로 문맹인 것으로 나타났다. 인터넷 사용에 관해 다룰 때, 우리는 종종 정보를 다루는 능력에 대해 얘기하곤 한다. 그러나 미국 성인의 반이 읽고 쓰는 것도 제대로 못하는 현실에서 어떻게 디지털 격차에 역점을 두고, 문제를 해결할 수 있겠는가? 읽고 쓸 줄 아는 능력은 보다 많은 사람들이 테크놀로지를 효율적으로 다루는 기회를 제공하기에 앞서 보다 기본적인 문제인 것이다.

넷째, 디지털 격차는 교육(pedagogy)에 관한 것이다. 학교안에서 인터넷을 액세스하는 문제는 교사들이 이 테크놀로지의 장점을 충분히 활용할 수 있는 준비가 되어 있지 않다면 의미가 없는 것이다. 연구조사에 따르면, 수동적이거나 참여적이지 않은 교사는 수업시간에 인터넷을 이용하는 데 소극적인데 반해, 적극적인 교사는 인터넷 이용이 활발한 것으로 나타났다. 이에 근거해 실제 사회생활에서 사교적이고 활발한 교사는 온라인을 활용하는 데 보다 적극적인 것으로 나타났다. 이에 대한 전문적 연구개발이 디지털 격차를 설명하는데 어떻게 유용할 수 있을 것인가?

다섯째, 디지털 격차는 지역사회에 관한 것이다. 인터넷의 가장 큰 장점 중의 하나는 그 설비가 지역사회를 활성화한다는 것이다. 지역사회는 기술수준이 가장 낮은 곳으로 평가되곤 한다. 그러나 이제는 지역 이메일 리스트서버에 등록해 다른 주민들과 의견을 나누며 함께 어울릴 수 있게 되었다. 바로 인터넷으로 인해 주민들이 자기가 속한 지역사회에 합류하게 되고, 새로운 지역사회를 온라인상에서 만들어나가게 된다. 공공의 영역이 온라인상에 존재함으로 주민들은 어떤 다른 마케팅이 필요없이 함께 만날 수 있게 된 것이다. 그러나 사람들이 온라인상에서 의미있는 관계를 형성하지 못한다면, 무엇으로 인터넷에 끌릴 수 있을 것인가?

디지털 격차문제를 풀기 위해 우리는 액세스, 콘텐츠, 읽고 쓰는 능력, 교육, 그리고 지역사회 등 다섯 가지의 사안들에 대해 논의했다. 인터넷 액세스는 중요한 문제이나, 고려해야 할 많은 사안들 가운데 하나일 뿐이다. 학교와 도서관 그리고 지역센터는 첫 단계로 연결망을 넓혀가고 있으나, 이와 함께 이 기관들을 지원하는 학생들과 교사들, 그리고 지역주민들의 요구를 함께 고려해야 할 것이다.

한편, 학생들, 부모, 주민들의 읽고 비판적으로 사고하는 능력을 증진시킬 수 있는 공식적, 비공식적 기회를 확대함으로써 그들의 문맹을 퇴치할 수 있도록 노력해야 할 것이다. 또한 우리는 프로그램 프로듀서에게 좋은 콘텐츠를 요구해야 하고, 교사들의 요구에 부응하지 못하는 하류의 콘텐츠는 거부해야 할 것이다. 우리는 학생들이 창작자가 될 수 있도록 북돋아주어야 하고, 그들의 건전한 논의가 온라인과 오프라인상 모두에서 교류될 수 있도록 해야 할 것이다. 그리고 학교와 도서관이 언제나 지역사회와 연결되도록 개방해야 할 것이다. 이러한 예는 교육기관이 할 수 있는 몇 가지 예에 불과하다.

디지털 격차는 실질적인 것이다. 이를 우리가 무시한다면, 점점더 악화될 것이다.

Ⅶ. 인간소외

미국 카네기 멜론대학의 연구팀이 1998년 발표한 가정에서의 인터넷 이용의 사회심리학적 효과연구 발표[3)]에 따르면, 주당 수시간씩 인터넷을 이용하는 사람들은 그렇지 못한 사람들보다 우울증과 소외감을 느끼는 정도가 보다 높은 것으로 나타났다. 이같은 연구결과는 인터넷 이용이 개인의 심리적 안정에 도움이 될 것이라는 기대와는 정반대의 결과이다.

그동안 인터넷은 텔레비전과 기타 다른 수동적인 미디어에 비해 이용자가 받기를 원하는 정보를 스스로 선택하고, 다른 이용자들과 이메일을 교환하거나 채팅을 하기도 하고, 또 전자게시판을 통해 커뮤니케이션하는 등 능동적으로 반응을 보일 수 있다는 우월성에 의해 찬사를 받아왔다. 그동안 텔레비전 시청효과에 관한 연구는 사회적 참여를 줄이는 경향이 있다는 결과를 제시해 왔는데, 이번 'HomeNet' 제목의 인터넷 이용효과연구는 쌍방향 미디어가 기존의 올드 미디어에 비해 사회적으로 유익함이 별로 없다는 결과를 낳은 셈이다. 이 연구는 사이버 커뮤니케이션의 본질에 대해 곤혹스런 문제를 제기한 것이며, 사이버 공간이라는 진공상태에서 종종 형성되는 현실과 유리된 관계를 여실히 보여주는 것이라고 하겠다.

이 연구의 응답자들은 신문을 읽거나 비디오를 시청하는 것같은 수동적인 정보습득보다는 이메일이나 인터넷 채팅 등과 같은 사회적 기재를 보다 많

3) 2년여에 걸친 이 연구에는 1백50만불의 연구비가 투입되었으며, 인텔사, 휴렛 패커드, 애플 컴퓨터, AT&T, 그리고 국가과학재단 등이 후원하였다. 이 연구에 참여한 응답자는 총 169명으로 피츠버그시의 네 군데의 학교와 지역단체에서 선정되었다. 그러나 이 연구의 한계는 표본추출이 무작위로 이루어지지 않아, 일반 모집단에 적용하기에는 아직 시기상조이다.

이 이용하는 사람들이었는데, 이 결과 가족구성원과의 상호작용이 줄어들고, 온라인상에서 연락을 주고받는 시간에 반비례해 친구들의 규모가 줄어드는 것으로 나타났다. 바로 이 같은 연구는 결국 인간적인 유대는 물리적인 근접성을 가지고 유지될 때 심리적으로 건강하다는 것을 제시하고 있다.

요컨대, 인터넷 이용이 급속히 확대됨에 따라, 어떻게 이용하느냐에 따라 인터넷 테크놀로지는 사회의 분절화를 더욱 가속화할 수 있고, 반대로 융합시키는 데 도움을 줄 수도 있을 것이다.

참고문헌

Barrie, C.(1999), "Beeb gears up for Internet," *The Guardian,* 13 October, p 29.

Carvi, Andy(2000), "Mind the Gap: The Digital Divide as the Civil Rights Issue of the New Millennium," Erik P. Bucy(2002), *Living in the Informational Age:* A New Media Reader, U.S.: Wadsworth, pp. 251–254.

Harmon, Amy(1998), "Researchers Find Sad, Lonely World in Cyberspace," Erik P. Bucy(2002), *Living in the Informational Age: A New Media Reader,* U.S.: Wadsworth, pp. 224–226.

Katz, I.(1999) "Final Edition," *The Guardian(Media),* 13 December, pp. 2–3

Moore, Richard K., "Democracy and cyberspace," Barry N. Hague and Brian D. Loader(Ed.),(1999) *Digital Democracy: Discourde and Decision Making in the Information Age,* London: Routledge, pp. 39–59.

Nee, E.(1999), "Microsoft gets ready to play a new game," *Fortune,* 26 April, pp. 59–61

News Corporation(1999) *Annual Report,* 1998–1999.

Schiller, Dan(1999) *Digital Capitalism: Networking the Global Market System,* Cambridge, MA: MIT Press.

Thussu, Daya Kishan(2000) *International Communication: Continuity and Change,* London: Arnold.

색 인

약력

원우현

서울대 법대 졸(법학사)
미국 보스턴대 대학원 졸(언론학 석사, 박사)
한국 언론학회 회장
한국 PR협회 회장
한국 언론법학회 회장
한국 사회과학연구협의회 회장
현재 고려대 언론학부 교수
저서: 인터넷 커뮤니케이션론
현대미디어 이론 외 다수

오종환

고려대 신문방송학과 및 동 대학원 졸업
고려대 대학원 신문방송학과 박사수료
현재 경성대학교 디지털콘텐츠학부 디지털영상전공 교수
저서: 방송론 외 다수

남종훈

성균관대학교 한국철학과 졸업
미국 오하이오 대학교(Ohio University) 텔레 커뮤니케이션 석사
고려대학교 신문방송학과 박사과정
현재 동신대학교 언론광고학과 교수
저서: 인터넷 방송: 웹케스팅 구축과 서비스 외 다수

정만수

고려대학교 신문방송학과 졸업
미국 플로리다 대학교(University of Florida) 언론학 석사
미국 미주리 대학교(University of Missouri) 광고학 박사
현재 숙명여자대학교 언론정보학부 홍보광고학전공 교수
저서: 글로벌 마케팅 커뮤니케이션(공저) 외 다수

안보섭

고려대학교 대학원 방송학 전공(M.A.)
Boston대학교 대학원 PR학 전공
Boston대학교 대학원 Communication Ph.D.(PR학 전공)
현재 숙명여자대학교 언론정보학부 홍보광고학전공 교수
저서: PR 전략론(공저) 외 다수

강명현

고려대학교 신문방송학과 및 동 대학원 졸업
미국 미시건주립대학교(Michigan State University) 언론학 박사
현재 한림대학교 언론정보학부 교수
논문: "방송 프로그램 등급제 정착방안" 외 다수

박종민 | 고려대학교 문과대학 졸업, 동 대학원 언론학 석사,
미국 미주리 주립대학교 광고홍보학 석사, 언론학 박사(광고홍보전공)
현재 경희대학교 언론정보학부 부교수
저서: 여론홍보론(공저) 외 다수

노기영 | 고려대학교 신문방송학과 및 동 대학원 졸업.
텍사스대학교(오스틴), 방송영화학 석사
미시간 주립대학교, 신문방송학 박사
현재 한림대학교 언론정보학부 교수
논문: "Theory, economics, measurement and the principle of relative constancy" 외 다수

정윤식 | 고려대학교 신문방송학과 및 동 대학원 졸업(문학박사)
현재 강원대학교 신문방송학과 교수
논문: "독일방송체제의 법개정적 고찰" 외 다수

박천일 | 고려대학교 신문방송학과 및 동 대학원 졸업
미국 오하이오 대학교 언론학 박사
현재 숙명여자대학교 언론정보학부 정보방송학전공 교수
저서: 뉴미디어론(공저) 외 다수

이광엽 | 전남대학교 영문학과 졸업
고려대학교 대학원 언론학 박사
현재 YTN 보도국 기자
논문: "정보화 사회의 문화적 표상에 관한 연구" 외 다수

개정판
인터넷 커뮤니케이션

2002年 8月 30日 初版發行
2006年 6月 5日 改訂版印刷
2006年 6月 15日 改訂版發行

共著者 元佑鉉 外
發行人 安 鍾 萬
發行處 (株) 博 英 社
서울特別市 鍾路區 平洞 13-31番地
電話 (733)6771 FAX (736)4818
登錄 1959. 3. 11. 제 300-1959-1호(倫)

www.pakyoungsa.co.kr e-mail: pys@pakyoungsa.co.kr

定 價 25,000원 ISBN 89-7189-448-2